ประเทศไทย

# 泰國

## 美國與中國間的角力戰場

在夾縫中求存的東南亞王國

BENJAMIN ZAWACKI

班傑明・札瓦基

楊芩雯——譯

# THAILAND

Shifting Ground between the US and a Rising China

獻給艾拉・諾爾與梅・雅斯敏

# 目次

## 第二部

# 前言與謝辭

我是一個美國人。從二〇〇二年底就開始在東南亞居住和工作，只有在口語能力這方面才算是個「外派人員」。我不僅持有美國護照與公民身分，而且抱持與生俱來的美國觀點，只不過對此有所自覺。經已故的歷史學家霍華德．津恩（Howard Zinn）提醒，「你無法在一列行駛的火車上保持中立」①，對於本書我完全放棄宣稱中立。

兩項或可減輕罪責的因素應加以考慮。首先，我是一位外派人員，也是一個前愛國者：此人深深關懷他的國家，可是他的海外經驗卻使他對國族主義感到憂心。在我離開的這幾年，美國外交政策不僅缺乏理應深植其中、賦予啟發的「價值」與「理想」，甚至見到另一股更加負面的標準興起。二十一世紀以來，即使美國在泰國的政策成本高昂，這可從塔克辛．欣那瓦（Thaksin Shinawatra）在曼谷掌權且全球恐怖主義打擊華府說起，但仍舊無法跟其他區域相比。歷經喬治．布希（George W. Bush，以下簡稱小布希）執政下的權衡與目的導向，歐巴馬（Barack Obama）在

①《你無法在一列行駛的火車上保持中立》（*You Can't Be Neutral On a Moving Train*）是津恩的自傳書名與紀錄片片名。若無特別說明，本書隨頁注皆為譯注。

位時的猶豫不決與混亂，美國外交政策獲得的勝利稀少，敗仗眾多，其中尤以國防與人權進步方面為最。本書追溯上述其中一項政策失靈，其成因與後果的迴響遠遠超出所在戰場。

其次，我願意為流傳於外派人員間的格言下一點賭注：「如果有人說他了解泰國，他得到的是錯誤情報。」我不主張自己了解泰國的一切，或者總是了解泰國較易於理解的層面。**泰國是一個複雜的國家**。然而，主動放棄了解此國家基礎的任何主張，不啻是智識上的輕慢與文化上的東方主義。在二〇一四年政變的六個月前，數百萬泰國人要求以菁英領袖取代選舉式民主，外界自然認為這群人反民主。

從二〇〇二至二〇〇四年，我代表尋求政治庇護的中國人，並且幫助他們逃到柬埔寨（在把他們弄進一場聯合公園〔Linkin Park〕的演唱會後）。二〇〇六至二〇〇七年，我在難民營身著聯合國藍②的衣裝，此處的難民遭泰國當局推拒回緬甸的戰火與迫害當中。而身為一位國際特赦組織（Amnesty International）的研究員，我在二〇〇八年深入南方訪談遭虐的受害者，記錄二〇一〇年曼谷的暴力衝突，受到首相艾比希・維恰奇瓦（Abhisit Vejjajiva）的寬恕，免入罪於泰國的褻瀆王室法（lese majeste law）。八年內我兩度目睹坦克車開進首都，接管整個王國。

與這本書有關聯的人們遠超過我所能感謝。謝謝朋友與導師Sam Zarifi、David Mathieson，以及堅韌的新聞記者Shawn Crispin在寫作早期的支持。Aticha Chaivichian短暫擔任研究助理，能力相當好；Greg Lowe提供寶貴的出版建議。我很感謝哈佛大學，法學院的人權中心邀我於二〇一四至二〇一五年任訪問學者，其新成立的泰國研究小組給予我背景脈絡與意義解讀。Radcliffe學院的Tyrell Haberkorn提出支持建言與鼓勵。值得記上一筆的是直到一九四〇年，美國的暹羅／泰國外交政策顧問皆出身法學院，而泰王蒲美蓬・阿杜德（Bhumibol Adulyadej）生於一九二七年左右。隨著泰國兩位任職最久的外交部長身故，泰王也在本書撰寫期間的二〇一六年十月逝世。另外，我深切感謝 Jeff and Chu Race，他們的熱忱接待與友誼，為波士頓的嚴寒冬天帶來暖意。

有機會訪談九十多位繁忙人士是我的莫大榮幸，其中三十二位要求保持匿名，他們皆來自所屬國家的外交或軍事機構。有幾位完全是不公開發言，其他人則在特定時機點偶爾行使「部分否決權」③。幾乎所有的受訪者皆懷著坦誠與確信發言，偶爾帶著情緒。二〇一五年八月，在數度遭拒後，泰國首相塔克辛答應在倫敦接受罕見且全面的訪談。我收到確切的時間與地點，他的保全護衛隊站在門邊（並且買了昂貴的咖啡給我）。身為一個施政常挑戰加諸其上簡單界定的人，塔克辛樂於提供說明且大致直率。其他許多人也展現莫大善意，諸如 Kraisak Choonhavan 在他位於阿黎巷（Soi Ari）的花園，撥出貨真價實的四個小時回答問題；Denny Lane 不僅提供諸多回憶與名片，還有華府舒適宅邸裡的客房。有些人為東南亞大力效勞，甚至在細述經歷時表現得樂在其中。

謝謝你們：Abhisit Vejjajiva、William Aldis、Ammar Siamwalla、Anand Panyarachun、Chris Baker、Bhokin Polakul、Stephen Bosworth、Ralph “Skip” Boyce、John Brandon、Chalermsuk Yugala、Chaturon Chaisang、Chuan Leekpai、Chulacheeb Chinwanno、John Cole、Anthony Davis、

② 聯合國藍（UN blue）是聯合國組織的官方代表色，聯合國會旗背景的藍色即為聯合國藍。

③ 部分否決權（line item veto）原指總統可否決法案的部分條款，而非整個法案，在此作者可能借指有些受訪者選擇不回答某幾個特定問題。

Robert Fitts、Nirmal Ghosh、Gotham Arya、Denis Gray、Karl Jackson、Jakraprob Penkair、Kantathi Suphamongkhon、Karuna Buakamsri、Kasit Piromya、George Kent、William Klausner、Jim Klein、Kobsak Chutikul、Korn Chatikavanij、David Lyman、Kim McQuay、Noppadon Pattama、Nick Nostitz、Panitan Wattanayagorn、Pansak Vinyaratn、Peter Bunnag、Pisan Manawapat、Jim Pollard、Pravit Rojanaphruk、Lionel Rosenblatt、Sarasin Viraphol、David Steinberg、Jim Stent、Sulak Sivaraksa、Sunai Pasuk、Surakiart Sathirathai、Suranand Vejjajiva、Surapong Tovichakchaikul、Teddy Spha Palasthira、Tej Bunnag）、Thanet Aphornsuvan、Victor Tomseth、Michael Vatikiotis、William Warren、Paul Wedel、Weng Tojirakarn、Matthew Wheeler、William Whorton和Derek Williams。

衷心感謝身邊與遠方的朋友，你們給我的只有鼓勵：Will and Amanda Adamczyk、Keith Baldi、Matt Bugher、Tina Chen、John Cheverie、Gary DeAngelis、Justin DeVito、Skip and Susan DeVito、Tim and Kim Mooney-Doyle、Brittis Edman、Marshall Flowers、Todd Gustin、Jim Hayes (S.J.)、Leah Kim、Medhapan Sundaradeja、Jeff Paterno、Nigel Pickles、Matt and Amy Smith、Ralph Steinhardt、Jenny Thambayah和Veerawit Tianchainan，以及許多人。謝謝曼谷Passport Books的Noom和Yo。尤其感謝Donna Guest，少了你的堅定指引與信任，這本書將不可能寫成。

最後我想感謝我在美國的家人，我的兄弟Andrew和Ryan，還有父母親John和Cathryn，你們在各方面使這項計畫成真，而且從未質疑我選擇當一個住在泰國的美國人。

——班傑明・札瓦基，二〇一七年四月於曼谷

何謂大陸漂移？意指隨著地質年代演變，各個大陸在地球表面上的逐漸遷移。

# 序幕

**日期：**一九七六年初。

**地點：**烏隆塔尼（Udon Thani），泰國北部。

**設施：**美國第七無線電偵查站，人稱「拉馬森」（Ramasun）或「象欄」。此站的規模與精密度僅次於德國站。

**目的：**拉馬森維繫美國在東南亞的整合通訊系統，用途是攔截通訊與監控軍隊的移動與行動。它有能力攔截一個排發出的訊號，範圍遠及越南和中國的雲南省。

**法律地位：**拉馬森是泰國與美國間唯一紙本協約的規範對象，協約內容關於網絡全面涵蓋泰國境內的基地與設施。一九六四年與一九六五年間由雙方軍隊祕密簽署，授權美國不受限使用此土地與設施，維持時間不定。此站及其數千位「技術人員」直到近一年內才為泰國總理與外交部長所知悉。

**公開地位：**拉馬森是唯一從未出現泰國指揮官掛名指揮的美國設施，且泰國官員鮮少獲准入內。此站直到一月底才向泰國大眾公開。

**爭議：**兩國間正在討論美國部隊從泰國撤軍事宜。二月時，泰國要求美國在三月二十日前接受七項原則，在限制條件下保留拉馬森。美國反對五項原則，尤其是「美方設施與人員應受泰國司法管轄」。[1]泰國聲稱，美國意在尋求延續其人員的外交特權與免責權，以及拉馬森的掌控權。

**決議：**美國保持沉默直到三月十二日，其駐曼谷使館未收到指示。泰方猜測華府漠不關心，或預期泰國軍隊能逼使政策轉變。可接受的妥協方案期限將至，但是美國堅持此方案有效期僅三個月。期限前雙方未能簽署協定，而美國從泰國完全撤軍的行動始於三月二十日。拉馬森於六月二十日關閉。

**結果：**美國放棄「越戰背後的大腦」[2]，亦為美國針對中華人民共和國攔截通訊與蒐集情報的主要設施。

# 導言　起點

二〇一四年五月二十二日向晚時分，我接到半島電視台（Al-Jazeera）打來的電話，問我能不能立刻趕到他們的曼谷攝影棚接受訪問。兩天前，泰國的軍方宣布戒嚴。當他們問我宵禁前能否及時返家，我恍然大悟，事情不只這麼簡單：泰國正在發生八年內的第二次政變。

泰國的戒嚴法於第一次世界大戰期間制定，幾乎將所有權力從人民和其他行政機關轉移給軍方。相對地，國際人權法遲至二戰後才生效，從未超越言之鑿鑿的修辭表象，無法在泰國生根。曼谷的軍人毫不關心在日內瓦和紐約簽署的協定，也不受其影響，他們統治泰國已近十五個年頭。在當今的年代，泰國的現況究竟算是依法治理（rule of law）或以法治理（rule by law），大多取決於外國強權的消極、政治信念與壓力。

其他國家立即回應了那個五月傍晚的泰國最新動亂。兩個國家挺身而出，一如他們七十年來在泰國的作為：美國與中華人民共和國。然而兩國的回應卻是再極端不過。政變發生後僅僅數小時，美國國務卿發表聲明表示他「對政府失望」，並補充，「此次軍事政變毫無正當理由」。[1]兩天後，美國政府暫緩三百五十萬美元的軍事援助，其中三分之一的援金撥給泰國。美國暫停所有非必要的官方參訪，並且敦促美國人審慎考慮赴泰旅行。值得注意的是，國務卿也呼籲釋放政治領袖，讓媒體機構重新營運，回歸民主並尊重人權。

中國並未發表聲明，而是在隔天透過尋常的新聞記者會，由外交部發言人評論：「我們希望各方皆能審慎行事，開啟對話與磋商，盡快重建國家秩序。」[2]三天後，另一位發言人補充：「中國駐泰大使館如常履行職責與運作。我們希望無論情勢如何演變，中國與泰國間能持續友善交流與互利的合作。」[3]

上述回應的時間點與本質，暗指或斷然透露兩個論點。第一，他們完全陳述了各自國家對泰國的政策，皆已確鑿實施數十年。美國私底下雖暗中鼓勵或樂見泰國這些年來的十九次政變，但從未給予公開支持，且幾乎總是發表公開批評。相反地，中國從未公開譴責或縱容泰國的政變，而是維持一種中立的不干涉立場。儘管中國熱烈關切並涉入泰國的政治賽局，但其一貫政策是不加評斷泰國「內部事務」。

第二點看似違反直覺，對於政變的反應關乎兩國的泰國政策成效——即各國的影響力強弱。至少從世紀之交以來，地理距離遙遠、政治注意力分散且策略搖擺不定的美國，對於泰國的影響力日見衰退。至於鄰近且沉著的中國，其豐沛影響力則迅速增長。美國發表聲明的內容（「失望」）與時間點，對於目前的政策失靈且未來的政策面臨危機，透露出驚訝與猛然的憂慮。中國的情報機構必定掌握程度較高，且無論如何維護了中國的利益（「無論情勢如何演變」）。除了兩國對「人權」和「秩序」的公開關懷之外，檯面下有更多張力上演。

## 塔克辛

美國與泰國的密切關係在程度與建設性上皆顯現衰退，跟二〇〇一年塔克辛在泰國當選同時發生、且部分相關。如前所述，在不明智的反恐協定與未見成效的自由貿易協商下，美泰關係衰弱欲墜。二〇〇六年的政變因此不為華府所樂見，不再是美國六十年前支持過的文明、迅敏、救贖般的軍事統治。相反地，在塔克辛治下，中國與泰國的政治、外交、經濟和軍事連結全都增長且茁壯。泰國不僅積極地接觸北京，而且在半世紀以來，中國首度有能力且熱切給予回報。

此外，奪權軍政府關注的焦點仍然在中國身上，而泰國混亂的經濟決策對美國的貿易投資影響較大，對更靈活的中國影響較小。泰國增加的百分之六十軍事預算裡，大部分用於向中國購置武器與軍需品。依據美國的原則，會在政變後降低供給泰國軍事援助，但原意在懲罰與遏制的原則，卻相對限縮了美國的勢力。當華府行使中止何項計畫的決定權後，可預期且蓄意地傷害了兩國關係。但美國的做法卻未能造成泰國政權有所改變。國務卿的回應可視為世紀之交以來美國對泰政策的縮影，優柔寡斷、錯估情勢且適得其反，既無民主原則，亦非以務實精明（如同中國一般）為優先。更值得關注的是，泰國將領不再如過去那般想要、或需索美國的認可。

在抗議、鎮壓環繞，且利用王室做為政治戰場下，二〇〇八年的大選將塔克辛提名的另外兩位候選人送上掌權大位。動盪並非美國或中國所願，美國還換了一位缺乏必要經驗的大使，使自己落入更惡劣的不利局面。直到與美國有深厚歷史連結的政黨，在獲得泰國軍隊的關鍵助力，於二〇〇八年底重新掌權。這件事證實，來自歷史的連結，終歸只是歷史。勉強維繫了十年，且受到泰國與野心勃勃中國間的新近往來所挑戰，美國與泰國舊菁英階層的關係已是窮途末路。

伴隨著二〇〇九年的紛擾預兆，二〇一〇年泰國經歷十八年來最嚴重的政治暴行。軍隊為其支持的政府違法出兵干政，且將於四年後對另一個軍隊反對的政府出手。美國的聲明同樣蹩腳、含糊，泰國勢力若非無視即宣稱獲得美方支持。中國的沉默說明了其專注與自信。二〇一一年大選讓塔克辛的妹妹盈拉．欣那瓦（Yingluck Shinawatra）掌權時，美國支持泰國的投票權，卻對此結果產生新的擔憂。確實，盈拉繼承了中國的人脈網絡，在質與量方面皆使美國對手相形見絀。

二〇一二年十一月，當美國總統歐巴馬選擇泰國做為連任僅僅十一天後的出訪國，但表態在那時已太遲，遠遠太遲。儘管歐巴馬將泰國描述為「美國在亞洲最老的朋友」，他的用語卻無疑承認這是一段受輕忽的友誼：「重建美國的密切關係」、「重申支持民主的重要性」、「重振我們的結盟」。[4]彷彿要強調這一點，相隔兩天，在北京選出其繼任者僅僅四天後，即將卸任的中國國務院總理①溫家寶來到泰國，參訪行程與歐巴馬高度相仿。但是他在泰國待了兩天、勝過歐巴馬的一天，務實地談論利益、策略與進步，而且不稱泰國為友邦，而是「自古以來」的親族。[5]

## 原因與影響

在二〇〇〇年代的開端，以及塔克辛時代草草終結的二〇一四年，泰國對其西方盟友和亞洲鄰國的觀點，跟他們看待泰國的觀點一致。儘管起初塔克辛自身需為此漂移負責，事實是二〇〇六年或二〇一四年漂移未見中止，代表變遷並非連結至任一個人、家族、政黨、派系，或者以顏色為符碼的泰國政治信念。移入中國的地緣政治勢力範圍（且遠離美國的勢力範圍）成為根深柢固的、文化上的與國家的共識，不僅超越了泰國國內的「黃衫軍對抗紅衫軍」分裂，更是雙方陣營的罕見默契。

此外，泰國的外交事務與國內的政策推行皆貫徹此一漂移——在塔克辛政府更見深厚扎根。從世紀之交開始，以威權治理監督自由經濟的「中國模式」，穩定取代了泰國有過的民主表象。二〇一四年政變後泰國外交部未自主發表聲明的舉動，指出外交部的角色是泰國強人，諸如塔克辛與眾位將領所做決策的美化轉譯和傳聲筒。

在泰國，二十世紀與二十一世紀初之間勢力劃分的差異，僅限於世家與地方省分。前者是保守反動的「黃衫軍」，由君主、軍隊和資本菁英結盟，根據地在曼谷與南方省分。反對者組成「紅衫軍」，混雜塔克辛支持者、新富階級，以及一再遭剝奪公民權的泰國北部與東北省分人口。雙方陣營爭相主張代表泰國的民主與「真正的聲音」，卻雙雙遠離民主且充滿謬誤至極的見解。他們的政黨不願扮演盡責的反對黨；他們的成員樂意動用暴力打擊反對陣營；他們的領導人只追求自身的權力，不顧選民的任何合理想法。

伴隨泰國此種「民主」的修辭軍武競賽，繼之而起的是對「人權」的主張。然而，漸趨中國模式的威權主義透過（而且包含）二〇一四年的兩次政變，僅僅揭露極為政治化且高度選擇性的人權議題。塔克辛在任期間以其「反毒戰爭」與鎮壓南部的惡劣濫權著稱，外加打壓媒體。他的繼任提

① 中國國務院總理一職是政府最高領導人，於國內地位僅次於黨領導人中共中央總書記。此後簡稱為中國總理。

名人及軍人領導或支持的政府，全都引人注目地迫害難民、明顯違反言論自由，且自始至終令人難以置信地免責。就在軍人違法動用致命武力對付民主人士的同時，泰國也在二〇一〇年五月加入（與隨即主持）聯合國人權大會，這讓泰國與大會同樣蒙羞（美國與中國雙雙投票給泰國）。

回溯較早的年代，在歷史與文化因素的貫穿驅使下，泰國成為國際關係介入國內政治的一處戰場。一百年前，「暹羅」（Siam）搶先將權利與領土獻給西方強權，如此才倖免於殖民統治。與此同時，對於不受曼谷穩固控制的土地與人民採取準大一統（quasi-irredentist）的手段。此種對外退讓與對內鞏固的做法，自此成為泰國領導階層與人民的特徵，形塑出一個欠缺意識型態的國家。泰國在一九三〇年代初期經歷一段共和主義，而後根基不深的共產黨員的起義延續了二十年，直到一九八〇年代中期，接著是一九七〇年代與一九九〇年代初期短暫綻放的民主熱潮。除此之外，泰國僅有的意識型態情感是一種未受明確界定，且愈發受到操縱的「忠君思想」。

泰國君王於二戰尾聲時展現親美的外交政策，一年後蒲美蓬國王登基時亦然。這兩個事件接連上演並非偶然；蒲美蓬在美國出生且深切反對共產主義，他協助培養、維繫並促進泰國與世界最具權勢國家間的關係。此後二十五年，植基於反共人士的政策亦公開或實質上反中國。即使共產主義與中國在泰國眼裡的威脅開始減退，然而後者持續提倡共產主義且穩定躍升為全球強權，使泰國繼續靠攏美國，直到世紀之交。同樣地，泰國尊重民主人權的政策始終與美國一致。威權主義於一九七〇年代進逼，到泰國決定更開放的體制較符合自身利益後，美國人成功鼓動了一九八〇年代與一九九〇年代的自由改革。

泰中關係的倒退非以十年為單位，而是數個世紀，體現於保護和進貢、交流及貿易。到一九四九年，泰國與中國在二十世紀的連結偏重文化與經濟層面，遠勝政治，結果造成集中的華人移民，以及他們被迅速排拒於非經濟面的嘗試。下個二十五年間的泰華關係因共產主義而陷入敵對，泰國華人有些受到寬容，有些淪為歧視和迫害對象。泰華關係從一九七〇年代晚期開始解凍，華人的地位隨即提升。到了二〇〇〇年代，華人開始茁壯興盛，泰國人則領導國內幾乎所有領域。與半世紀前相比，國際與國內的動態關係都已徹底轉變。

泰國的軍方—君王菁英階層與美國皆無理由抗拒上述現象，直到塔克辛個人導致此現象形成對他們的直接挑戰。但是到那時賽局已近終了，二〇〇六年的政變成為最後手段。政變全盤皆輸。政變未能推翻塔克辛，反而讓他的影響力與權勢延續了八年。政變未能修正美國對泰國的不做為，反而使隨之而來的關係惡化發展得更迅速。政變未能遏止深化的泰中關係，反而加速中國在東南亞的地緣政治擴張，使美國付出代價。而且，政變未能反轉政治上分歧的「中國模式」在泰國的吸引力漸增，反而導致民主人權急速衰退。

隨之在泰國發生的二〇一四年政變，完全是前八年最赤裸的例證與最戲劇化的產物；沒有什麼能像失敗如此成功。

## 手段與意義

本書試圖說明二十一世紀初期泰國政治地景演變的三個原因，它們分立卻彼此相關，值得加以關注。首先，一位美國政治家曾說過一句巧妙名言，指稱「所有的政治都是在地的」（all politics is local）；國家與國際議題在較小的選區具有意義、影響與重要性。反之，全球化主張地方或國家事務，諸如思想、產物、體制、文化，則有能力超越地理發源地，在全球規模獲得應用或接納。上述兩項原則有時直接互動並非新鮮事。這位政治家的評論語出於一九八二年，當時對於全球共產主義與資本主義的擔憂，使他們在莫斯科與華府的擁護者各自干預遙遠小國的領袖與事務。小國接著影響超級強權的政治與政策，美國在東南亞最好的例子是中南半島的戰爭，以及貫穿諸場戰事的「骨牌理論」（domino effect）。

本書將下列態勢視為不證自明的事實：在政治勢力的分布與預測層面，世界再度變得更加兩極而非多極化，而這將隨著二十一世紀的推進愈演愈烈。無論美國在海外有效造成影響的能力是否逐漸、有限度衰退，或者僅僅漸趨平穩（相對於高峰的平穩停滯期），仍有待商榷。但是在可預見的未來，美國將依舊是全球地景的兩股主導亮點之一。另一方是中華人民共和國，且將持續自外於「金磚四國」（巴西、俄羅斯、印度、南非）、歐盟和日本。遲早中國將挑戰美國，而非其餘任何「新興」（意指區域）勢力，但是在一個主要層面上將有所區隔：只有美國人將會持續不懈，至少視民主人權為其外交政策名義上的重點項目。

美國與中國雖公開承認彼此為全球「夥伴」，但他們當然是競爭者；兩極化或許是當前及短期內的現實，不過絕非任一國家的長遠目標。兩國中的哪一國能逼退對手，將取決於「地方」，即某個國家、國界、聯合國投票、空軍基地、次區域與航道，在一段時間內的發展。公然的領土擴張比較像是過往數世紀，而非今日的典型，然而冷戰形式的「勢力範圍」依舊是當今的秩序。隨著中國勢力占領有爭議的島嶼並構成新的爭議，南海（South China Sea）成為這項原則的部分例外。無論如何，國際人權法律的可及範圍與效力是絕佳例證。做為美國人和中國人爭搶地緣政治勢力的泰國則是另一個。

第二，假如所有的政治都是在地的，那麼所有的政治也就**完全相關**。兩極化的特徵，在於兩國的勢力與其他所有國家相關。但這也是兩國間相對力量的指標。泰國呈現的是一種零和賽局，美國讓步多少、中國就擴張多少，導致權力平衡狀況已不再偏向前者，開始由後者取得優勢。對於美國人而言，泰國已然從長期而忠實的盟友，一個全球強權的理想友邦，可信賴度已轉為模糊或有條件式的。而對於中國人而言，泰國基本上逐漸居於相仿的地位，只是對其代表著進展而非損失，並且持續轉向中國一方。

另一方面，一個向全球強權尋求結盟的國家，通常會藉由戰略上的模稜兩可達致較好成效。對泰國而言，這**不是**一個零和賽局；美國和中國**皆為**有條件的盟友，這會勝過僅有一個本質上無甚差異的友邦。這包括大多出於不得不然、雖鞏固卻排外的結盟關係，如同二十世紀前半葉的泰美關係。而在一個無深厚民主人權根源的國家，民主人權會在哪種劇本下興盛或衰微，端視盟友／盟友群的優先順序。

第三點與最後一點，二十一世紀初期的泰國政治地景轉變值得關注，簡單來說，因為發生地點在東南亞。其他區域定將於未來數十年間的美—中全球權力平衡上扮演某種角色，但是沒有一塊區域可能超越亞洲的重要性。這同時是歐巴馬將此區域視為「樞紐」（Pivot）的原因與後果，藉此回應中國的興起。無論如何衡量，泰國皆非亞洲最有力量國家的其中一員。然而日本、印度、兩韓，甚至印尼，從結盟關係來看皆未偏向美國或中國，不過中國將投注難以預期的努力與活動，甚至企求情勢在中程的階段產生改變。巴基斯坦是一個顯然的例外，巴國全力配合美國在南亞的軍事行動，但同時也與中國為友以抵制美—印關係。未來決定美—中權力比重的大部分亞洲國家都是小國，而且目前的政治影響力有限——後一種特徵將要改變，起初只不過基於一張地圖。

## 地緣政治及其不滿

在一九八〇年代中期至二〇〇〇年代初期之間，由於不具地緣政治的重要性，使得泰國跟上述國家脫鉤於全球活動和優先考慮事項。相反地，此後十數年間，泰國因為地緣政治重要性顯著上升而加入那些國家，這與二戰後泰國的地位不無相似之處。戰後期間與今日的關鍵差別，在於美國賦予泰國最重要的任務為何，而現在中國也正如法炮製。

在「政治」地圖上，國家從來不只是塗滿顏色的民族國家。它們也是穿越、圍繞、居間、含括於那些土褐色區域的「有形」對應物。對泰國而言，這代表昭披耶河（Chao Phraya）、湄公河（Mekong）和薩爾溫江（Salween River）。代表泰國灣（Gulf of Thailand）、安達曼海（Andaman Sea），以及分隔兩片海域的克拉地峽（Isthmus of Kra），也代表延伸海域的馬六甲海峽（Straits of Malacca）、南海和孟加拉灣（Bay of Bengal）。代表二十座丘陵或山脈的部分地帶。而且代表位於這些有形實體底下、之中、之上的一切事物，還可能包括它們鄰近或通往之處。國家是**地緣政治**的實體，為了地緣政治競爭與結盟。

馬六甲海峽是一條吞吐量龐大的航海捷徑，也是國際衝突事件發生時海上封鎖的理想位置。原因何在？因為它是全球三分之一的貿易、世界三分之二的石油與液化天然氣運輸航道。每一天，經由馬六甲海峽運送的石油是蘇伊士運河的三倍、巴拿馬運河的十五倍。中國是世界上最大的石油淨進口國，也是地球上最大的市場之一。由此觀之，美國海軍實質控制馬六甲海峽數十年就是為了美國的地緣政治利益。

自從二〇〇〇年代初期，中國就開始回應美國的海上優勢。中國逐步組建一支藍水海軍②，在南海展示海空軍力。在寮國，中國資助建造水壩，援助供應南方省分雲南的能源需求。在緬甸，中國從安達曼海和孟加拉灣擴建石油和天然氣管線，管線路徑滿是港口、道路和其他穩固的基礎設施。中國控制柬埔寨百分之二十的海岸線，能源和海濱近用權是期望的結果。

中國也以美國自一九七〇年代初期後不復見的方式利用泰國領土，使得美國在有採取行動時，將回應面臨新的現實。當美國公開反對中國在寮國興建的最大的水壩，並且到二〇一一年起才改變對緬甸的孤立政策，中國則已在泰國投資造路與鐵路線達兩年餘。同一年歐巴馬宣布「亞洲樞紐」，要點是在澳洲部署海軍兩千五百人而一直未臻完備，以及派幾艘船艦航向新加坡。同一時間中國在南海建造三千多英畝的人造島嶼，威脅要在人工島領空實施禁飛區。諷刺的是，雖然美國意在回應崛起的中國勢力，但歐巴馬允許他的政策在任期將盡時淡隱，中國日漸強盛。

經濟永遠是地緣政治的一項要素。為了解釋美國政府為何未於災難性的一九九七年金融危機時

---

② 藍水海軍（blue water navy）指有能力遠征作戰的海軍，目前有能力在全球範圍作戰的僅有美國海軍；中國海軍的等級屬於「能在專屬經濟區之外投射有限的作戰單位」。

幫助泰國紓困，如同數年前對墨西哥伸出援手一樣，一位美國官員如此評論：「泰國不在我們的邊界上。」[6]而身為區域唯一的經濟強國，且無疑因為泰國位處近鄰，中國撥給了泰國十億美元。

然而，由於美—中貿易協定與後者在二〇〇一年取得世界貿易組織（World Trade Organization）會員身分，國家追求經濟利益的能力與迫切性，獨立於（其他）地緣政治政策興起。大多數國家承認，全球經濟整合會使其對手獲益，而他們自身及其盟友也同樣獲益。不過，他們也承認其對於實現自身利益的必要性。因此，與各國之間與內部的支配性地緣政治競爭相反，經濟因素通常並非零和賽局，因此得以免除別無選擇或不得不然的等式。各國做出選擇，一則在其經濟利益極其微薄時（例如美國在一九九二年對古巴禁運），或者當關係低點導致他們將經濟利益居於次要地位（例如美國／歐盟在二〇一四年制裁俄羅斯）。然而經濟利益漸增的支配地位，使得國家被迫保護其經濟利益，不顧其他的地緣政治優先考慮事項，這在二〇〇八年全球金融危機時最能戲劇性地闡明。一九九七年時泰國不在美國的邊界上，正如二〇〇八年時美國不在中國的邊界上，但中國當時是（並且依然是）美國債券市場的主要債權人。身處二十一世紀，為貿易而起的戰爭將持續極其罕見，「貿易戰爭」則像是技術性的餘興節目。

中國近年的興起勢不可當，對於美國的經濟重要性自然增加。然而，雖然中國與泰國地處鄰國且經濟連結漸深，美國的對泰經濟政策並未同步強化。中國與泰國在二〇〇二年簽署一項自由貿易協定，且於二〇〇六年政變至二〇一四年底期間，中國從泰國的第三大貿易夥伴躍居第一。美國和泰國間不存在自由貿易協定，在這段期間內，美國從泰國的第二大貿易夥伴落居第三。在二〇一四年，中國對泰國的直接投資預期將於未來五年間翻倍，美國在此領域排行第六，僅占百分之二。無論將其視為地緣政治的可能要素或一項獨立任務，美國與泰國的經濟關係遠非蓬勃。

## 地緣政治下的民主人權

國務卿希拉蕊・柯林頓（Hillary Clinton）於二〇〇九年二月出訪中國，當記者問到西藏、台灣和人權事項，她答覆道：「我們對於那些議題的堅持，不能有礙於全球經濟危機。」7

假若此次危機證實了經濟是新的必要事項，那麼民主人權就是經濟或能取代、勝過的其他地緣政治要素。希拉蕊的盤算（由她的公開招供構成）意味著中國大獲全勝，不僅西藏和台灣的情勢未受質疑，而且表述的理由出自美國的脆弱而非戰略。「那些議題不能有礙於」，因為美國歸類此兩地具有可忽略的地緣政治重要性；他們被看待且充分揭露為次要、附屬地位。相反地，由於將「一個中國」政策視為必要，中國認為西藏與台灣是毫無談判餘地的關切事項。

然而就在同一年，美國對亞洲他國展現其行使更負責任且有效手段的能耐。美國選擇在一九九〇年對高壓的緬甸實施經濟制裁，且於二〇〇九年的政策評估後撤銷。一九九〇年中國的經濟實力有限，而美國在緬甸的其他利益微不足道，使制裁成為地緣政治上合理的政策。二十年來中國在緬甸的勢力迅速增長下，制裁延續的時間已超越其具爭議的效力，且變得產生反效果。美國的地緣政治盤算需要更加介入且細緻的緬甸政策，也讓民主人權更有進步的機會。

泰國在此盤算裡的地位於過去數十年間大幅變動，在某部分上造成此地民主人權的推遲與衰退狀態。冷戰期間，「自由世界」（the Free World）多在指涉資本主義而非政治權利，而經濟、社會與文化權利也常在共產主義陣營找到擁護者。坐擁可觀的美國援助，泰國始終成功打壓國內與日漸滲透的共產主義，但是直到冷戰於一九九二年終結前未曾經歷自己的「泰國之春」。事實上，泰國在反共主義上的勝利，是仰賴於其獨裁與政治鎮壓，這同樣也受到美國的援助與支持。

在一九九二年與一九九七年的金融危機之間，泰國的擁抱民主人權僅獲美國的有限投入，當時共產主義久已退避成不再尋求輸出的意識型態。美國的反恐戰爭在泰國形同一部分的冷戰再臨，民主遭到遺棄，不法活動與違反人權卻反而成為雙方的表徵。而且自泰國的二〇〇六年政變後，美國在泰國的活動無論採取何種取向（較不傾向將其「外交政策核心價值」視為地緣政治要素），皆欠缺關聯與一致性。

中國的做法並非如此。從塔克辛時代之初開始，相對於常見的評判，他們對泰國的態度集中於治理和權利議題。中國確實鮮少批評其他國家損害民主人權。然而其沉默既響亮清晰，並且意義非凡。在最低限度上，沉默代表對威權主義的理解與接受，最糟的情況則代表認可與支持。更重要的是，其他威權國家逐漸將沉默理解為更強烈干預的邀請函（而且可能出自中國的盤算）。儘管中國反覆重申並非如此，它對泰國政變與違反人權的沉默，實則位居「不干預國內事務」的對立面。

同時評估美國對泰國更具條件限制的關係，如此做法顯然符合中國的地緣政治目的。前泰國財政部長功・恰帝卡瓦尼（Korn Chatikavanij）如此描述：「對他們而言，泰國維持威權主義的好處是泰國將失去選擇，只能與中國為友，因為你無法交其他任何朋友，而且絕對無法跟西方民主國家結為友邦。所以那正合中國的心意。」[8]二〇〇六年以來，美國對泰國的政策既不如二〇〇九年對中國的做法般明確實務（不計代價介入），也不如二〇〇九年以前對緬甸的做法般富道德原則（不計代價孤立）。美國也不應如此，因為這兩種做法皆使民主人權脫離了地緣政治的其餘重要考量。

美國若要在海外重獲且維持對其「核心價值」的可信度，政策必須具有一致性，同時發揮效力。美國拒絕譴責二〇一三年的埃及政變極其不利，尤其看在泰國人眼裡，他們批評這相對於美國批評其國內政變不啻是「雙重標準」。而且，除了遭逢悲慘至極的人權與人道情況（此時甚至軍事干預都可能具有正當性），強加「民主黑洞」或「人權真空」等評語同樣是不明智之舉。當地緣政治的其他所有考量在等待華府發布決策期間消滅，罕能見到民主人權獨善其身、獲得強化。民主人權的形式相當容易滿足，如在選舉與法律層面，但其意義與實質內涵卻凋零。中國潛伏於泰國的威權勢力已使民主受到侵害，美國的教條主義並非答案。考量到中國日漸擴張的全球影響力，美國在一個少有國家真能孤立的世界實施孤立政策，注定招來失敗。

若要革新對泰國的政治、外交、經濟與軍事涉入，美國必須開始跟中國**競爭**意識型態的影響力。美國必須開始跟中國人一樣看待泰國的治理與權利：具有真正地緣政治重要性的事務。這代表發布更關鍵的聲明，屬於適當的手段、並非長期戰略。不再只是呼籲泰國領導階層採納民主體制與尊重人權，美國必須**說服並展現這麼做對泰國有利**。借用一位美國官員最近的發言，美國不能堅持「只對泰國人抱有更高期待」。[9]在二十一世紀，美國人必須對自身懷抱更高的期待。

# 第一部

# 第一章 和平迷霧

## 一九四五至一九四九年

暹羅深處於四周鄰國中，諸如中南半島、緬甸、印度和印尼。暹羅總是足夠明智或狡猾，歷經一個又一個帝王而能保有她的主權，立足於潮流的淺灘處；但是無庸置疑，這個善變的王國總有一天會感受到潮流的全力沖刷。[1]

——亞歷山大・麥克唐諾（Alexander MacDonald），一九四九年

這段敘述來自前美國情報官員與《曼谷郵報》（*Bangkok Post*）的創辦人，他的報紙於一九四六年初的暹羅問世。在他的祖國與他視為家園的國家之間，半世紀來的結盟關係難以預測。例如日本人，在剛打完的世界大戰中，王國與其亦敵亦友，於四年的占領後已消逝無蹤。至於美國在暹羅的歷史既不長久也不確切；直到一九四〇年代末，美國傳教士的人數依舊勝過官員。在一八三三年，暹羅是與美國簽署《友好通商條約》（*Treaty of Amity and Commerce*）的第一個亞洲國家。一八五六年有位暹羅官員宣告：「我們愛美國人，因為他們從未傷害我們或是東方的任何人。」[2] 然而美國早

在一九〇三年就以提供外交政策顧問的方式，針對性且策略性地靈巧發揮影響力。一九二〇年，美國總統伍德羅・威爾森（Woodrow Wilson）的女婿幫助暹羅，重新取回暹羅先前曾向歐洲強權放棄的諸國暹羅居民的管轄權，為美國贏得高度讚賞。

美泰的密切關係將延續至二戰結束，並且對緊接著的戰後動態關係具有重大影響。就在日本轟炸夏威夷珍珠港的同一年，日軍對泰國的九個地點發動攻擊。不久前美國取消對泰販售戰鬥機的訂單，泰國總理披汶・頌堪（Phibun Songkram）信守承諾，下令執行大膽卻短暫的抵抗。①數日後，泰國駐美大使西尼・巴莫（Seni Pramoj）聲稱脫離政府，並宣布創建支持同盟國的小規模自由泰運動（Free Thai Movement）。日後他憶述一位美國官員的回應：「你是我們的首要盟友。」[3]西尼亦拒絕將泰國向同盟國的宣戰聲明，遞交給美國國務卿。

與此同時，比里・帕儂榮（Pridi Phanamyong）開始在泰國組織另一個規模浩大的自由泰運動，以對抗日本，美國則成立戰略情報局（Office of Strategic Services），即中情局（Central Intelligence Agency）的前身。戰略情報局為比里的多達一萬個泰國成員提供組織、資金、訓練、武器和作戰意義（最知名的戰略情報局人員是金・湯普森〔Jim Thompson〕，不過他的名聲來自日後的泰絲事業與神祕失蹤）。兩股自由泰運動皆未構成重大運動或起義，但是雙方陣營的領袖雙雙對於戰後的暹羅政治走向留下印記。西尼當上總理，比里則擔任暹羅年輕國王的攝政，美國總統哈利・杜魯門（Harry Truman）希望這位泰王能出訪美國。不過在一九四六年，比里遭懷疑涉及泰王猝死案，這位泰王死於前戰略情報局人員給他的一把手槍。

## 華人遷入

位居暗殺疑慮根源的是一個內戰不斷的中國。一九三二年比里協助終止暹羅的君主專制，隔年王國通過一項反共人士法，這部分來自憂心比里的經濟計畫。二戰期間，比里和戰略情報局曾派遣自由泰代表團造訪中國。蔣介石跟一九四七年邀比里赴美的杜魯門，都懷疑過他的共產傾向。而且比里在一九四九年出逃的國家即是中國，時間恰好是共產黨在漫長內戰取勝的八個月前。比里住在北京、且因政治宣傳緣故在雲南省任職，日後他將持續困擾著祖國，且在中國的土地上中傷美國盟友。

從十九世紀起，華人就以更深入、更細緻的方式影響著泰國，並且比美國人的影響更加活躍。在一九一〇年時已有一百萬華人移民遷入暹羅，但他們遭公然排拒於政治與軍事參與之外，而且除了擁有優越的經濟角色外，仍舊無法融入暹羅社會。一九〇八年孫中山曾造訪暹羅，說服大多數暹羅華人支持他的民族主義事業，對抗共產黨人②的挑戰。在一九一三年政府頒布《國籍法》（*Nationality Act*）之前，華人可以藉著「臣民登記」成為暹羅國民，取得本地姓名，並且宣示效忠

---

① 一九四一年日本對泰國發動攻擊後，時任泰國總理的披汶曾與日本簽署軍事結盟，對英美宣戰。

② 此處作者可能認知有誤，一九〇八年孫中山對抗的主要勢力是滿清，中國共產黨要到一九二一年才在中國成立。此外，英文的 nationalist 在本書可指民族主義人士或國民黨（Chinese Nationalist Party），考量到宋教仁創的國民黨成立於一九一二年，後由中華革命黨改組的中國國民黨則成立於一九一九年，均早於孫中山赴泰時間，所以在此譯為民族主義。

於國王與國家。但是中國和暹羅的華人對君主皆無好感，暹羅國王將他們描述為：「跟猶太人一模一樣不擇手段和違背良心……生下來就是異邦人，本質上、情感上、語言上如此，最後也選擇如此。」[4]

撇開種族歧視，華人並非完全出於「選擇」，而是受法律限制才如此聚焦於金錢和市場。這結果導致華人明辨且企圖保護遭排斥下的優勢地位，手段就是祕密結社與壟斷行徑。最後一波大規模華人移民出現於一九二〇年代，由每年約十萬人組成。一九二一年，日後稱為卜蜂集團（Charoen Pokphand）的事業創立了。在這個世紀的後續年月裡，其規模、經濟擴展範圍與政治勢力注定成長，且穩穩延伸至下個世紀，而卜蜂集團的開端只不過是曼谷的一間簡陋種籽商行。

披汶於一九三八年擔任總理後，將國名改成泰國以表達民族主義觀點。他擬定反華政策，降低其經濟力量並增進同化，並對泰人施行大量文化法令，隔離泰人與華人。匯款流入中國的問題造成泰國經濟上的顯著消耗，中國人的民族主義追求目標亦然，因為正在跟中國交戰的日本，正是泰國的主要貿易夥伴。華人企業遭徵稅或充公，規定二十七種職業只限泰人才能從事，華人要隔離就學且受到監控，華語報紙被迫歇業。儘管一九四〇年蔣介石去信請求當局保護在泰華人，披汶仍持續監禁或驅離國民黨與共產黨的領袖。[5]

然而當同盟國開始在二戰中取得優勢，披汶就屈從於突然產生的疑慮，默許泰國華人協助自由泰運動與成立新的泰國共產黨（Communist Party of Thailand）。此偏移意義重大，因為正是披汶跟西尼、比里撕破臉，於一九四一年依附日本向同盟國宣戰。最後，披汶跟比里同樣仰賴蔣介石的海外部隊，並允許美國借道泰北，供應武器和援助給緬甸的國族主義者。到了一九四四年底，披汶政府、比里的自由泰運動和美國戰略情報局，以及泰國國境內外、內戰雙方陣營的中國人，全都短暫合作對抗日本。

## 廣泛妥協

結盟關係維繫了近三年。美國除了視暹羅③是被迫向同盟國宣戰，也協助暹羅跟中國建立外交關係，並取得新近成立的聯合國會員身分，兩件事都發生於一九四六年底。為了進一步避免暹羅被視為日本盟友，美國不僅允許披汶在國內受審戰爭罪（而非在東京），並且默許、且可能影響了宣判其無罪的決定；「個人考量優先於法律細節」。6

更有甚者，在戰後情緒高張的那幾個月裡，單單這件違背美國對暹羅政策的舉措，協助定調了往後半個世紀的泰國政治本質與軌跡：軍人主導與親美。除了短暫的例外期間，泰國將不會採行民主，泰國也不會孤立，或跟任何其他國家、意識型態陣營結盟。無罪判決亦對反覆請求美國支持的比里不利，他當時是泰國的民選與平民總理。披汶恢復名譽不僅幫助他重獲軍事聲望，也讓軍隊在泰國的地位於戰後不久即無疑慮。

中國的國民黨人反對披汶的無罪判定，卻在戰時仿效他發表模稜兩可的言論。蔣介石於一九四三年初宣告，中國對泰國不具領土野心，且懇求泰人一同打擊日本。美國總統法蘭克林・羅斯福

③ 一九四五年九月八日至一九四九年五月十日間，泰國短暫易為舊名暹羅。

（Franklin Roosevelt）為此背書。然而，當比里派遣一支代表團前往中國南部會見國民黨與同盟國勢力（其中尚無人知曉泰國的自由泰運動），他們卻遭受國民黨人士拘留。主要理由是端視戰爭結果為何，國民黨人對泰懷抱的意圖將是民族統一思想或尋求泰國庇護，因此不想要蔣介石夫人當時身處的美國插手干預。最終代表團獲准於流亡期間成立自由泰政府，並且會見同盟國勢力，讓兩股自由泰派系得以首度聯繫。這也使得羅斯福和蔣介石於一九四四年堅定承諾，恢復並保護泰國在戰後獨立。

西尼雖於曼谷動用武力鎮壓機會主義派的民族主義「勝利者」（一位目擊者憶述看見日本卡車被遺棄在素坤逸路十九巷〔Sukhumvit 19〕，那是城市的其中一條要道），他也廢除了某些反華人的法律與政策。在暹羅的首部《移民法》（*Immigration Act*）裡，中國的一萬年移民額度遠勝過其他國家的兩百人。暹羅也撤銷一九三三年的反共人士法，並使泰國共產黨合法。一九四七年，比里成為曼谷新的泰中友好協會（Thai-Chinese Friendship Society）會員。

## 時機成熟

一九四八年，披汶從「親美」的民主黨手裡奪權，接著隔年共產黨在中國獲勝。[7]檯面上的要角與利益再度重新排列組合，只是這一次定調了下半個世紀。美國從原則與自我領域出發抗議披汶的舉動，但是「並未白費力氣在道德取向的政策上，尤其不會在中國落入毛澤東手裡、泰國軍隊能實質控制國家的時間點這麼做」。[8]美國完全了解披汶未經選舉、以軍人身分當上暹羅總理，且立即重新考慮他先前提出的軍備需求。

中國內戰雙方陣營以「一陣幾乎可察覺的集體寒顫」，迎接披汶在曼谷的回歸。[9]國民黨陣營的大使雖然續任了近三十年，披汶卻使運動一走出圍牆外就違法。在政變的二十五個官方理由中，有一項是「華人凌駕法律」。[10]同時埋下增加同化與恐懼共產主義滲透的種子後，有些華人離開曼谷前往泰國地方省分。相反地，泰人不被允許赴中國旅遊或讀書，至少十種職業再次僅保留給泰人。披汶將華人移民的年額度大幅減至兩百人，明定華人社團違法，關閉所有高於小學階層的華人學校。到了一九四九年中期，美國要求國民黨陣營支持新的泰國政權。

美國對披汶的支持，儘管有時顯得勉強，伴隨而來的是與比里間關係的反向發展。比里派往中國國民黨陣營的自由泰代表團，在戰後扮演某種政治污點的角色。在忠誠至極的戰略情報局始終支持下，他最親近的夥伴全都在受警方羈押或監禁時遭到殺害；如同比里，他們被當成共產主義或共和主義人士，抑或兩者皆是。考量到比里受到譴責的真正政治傾向，共產黨當權後美國不允許他放棄支持「中國」，如同美國所為。④戰略情報局在披汶掌權前協助比里逃往新加坡，不過是在美國國務院拒絕他赴美後。一九四九年比里返國自行發動政變失敗（幫手是國民黨人而非美國人），隨後最後一次逃往北京。

而這就是歷史的諷刺之處。國務院對披汶的支持，使得美國的對泰外交政策淪落得不再活躍。

---

④ 意指在一九四九年中國共產黨成立中華人民共和國後，國際社會承認的「中國」仍是台灣的蔣介石政權，直到一九七〇年代中國加入聯合國、中美建交後才轉為承認中國。而比里則被視為骨子裡親共。

戰略情報局在抗衡中落居下風，而做為其後繼者的中情局將在泰國斷然扮演主導角色近二十五年——與披汶的另一位對手結盟。跟中情局並立的是美國軍隊，美軍早在一九四七年就提倡跟披汶進行一項軍武交易。美國國際開發署（US Agency for International Development）除外，其運作全然受到中情局吸納、滲透和／或指示，在美泰關係上國務院將變得微不足道。數十年來在華府與曼谷皆施展有技巧、大膽，甚至富創意的外交手腕，一再擊退對王國主權的挑戰，並且兩國都準備好要發展長久的結盟關係。但是隨著披汶重新掌權，上述服務不再受到需要。

# 第二章　權力手段

## 一九四九至一九五七年

美國人在亞洲通常成效不彰。他們是我口中所謂有智慧的馬奇諾防線①。他們認為要是人人都像自己一樣是富有體面的好人，他們一定能把事情辦好。我能懂那種感受。你看著異國臉孔，聽見奇怪的語言——然後你覺得待在記者俱樂部、美國俱樂部或軍官俱樂部裡就是比較舒服。[1]

——《醜陋的美國人》②裡的茹絲・久依帝（Ruth Jyoti），一九五八年

① 馬奇諾防線（Maginot Line）位於法德邊境，於一九二九至一九四〇年間由法國投入五十億法郎興建，戰爭期間德軍繞道攻擊，使防線失去作用。

②《醜陋的美國人》（*The Ugly American*, 1958）是一本描述美國在東南亞外交挫敗的小說，作者是尤金・柏迪克（Eugene Burdick）和威廉・萊德瑞（William Lederer）。茹絲在小說裡是一位東南亞報人，赴美發表演說時講述美國人在亞洲為何失敗。

距離毛澤東宣布在中國獲勝不到一年前，有件人們較少想起、卻同樣歷久不衰的事件在全球發生：聯合國大會通過《世界人權宣言》（*Universal Declaration of Human Rights*）。見識過二戰的恐怖後，一九四九年的《日內瓦公約》（*Geneva Conventions*）旋即將《世界人權宣言》的精神用於武裝衝突，且於兩年後延伸至難民處境。暹羅、美國和中國全都簽署了《日內瓦第一公約》；只有中國最終同意加入《日內瓦第二公約》。披汶希望，「在聯合國的支持與美國的積極參與下，成立鞏固且有效的東南亞同盟」。[2]一九五一年泰國開始支持美國的立場，認為共產中國對待人民的方式違背《世界人權宣言》，並且宣告「包括（華人）與其他外國人之人身安全與財產等人權，將於（國內）受到完全保護」。[3]

儘管如此，戰時法治在泰國的崩壞，以及決定誰將重建法治的過程常暴力不堪。在年輕的泰王逝世後，比里宣告戒嚴與媒體審查。披汶暴力對待南部馬來亞邊界處的穆斯林，並且針對華人採取行動。在比里企圖發動政變後，披汶和他的警察首長鮑．斯里亞農（Phao Sriyanond）刑求許多自由泰成員，「提醒人們跟警方勇士作對等於自掘墳墓」。[4]日後數十年，諸多相仿的違反人權行為在泰國土地上一再重演，廣泛與常見的程度有如成為國家政策，無論在公開或效力上皆然。最能長久延續的是舉國風行的無罪文化，是讓披汶免責於戰爭罪的遺產。「一個放任協商的自由國家，」西尼日後論斷，「一個讓（泰國人）以他們所能做到最低劣的方式縱情政治的自由國家，這就是實情。」[5]

## 因中國分裂而聯手

美國對泰國的關注於戰後轉成善意的主因，源自於毛澤東在中國的勝利。冷戰的初始階段突然變成令人擔憂的一陣強風，因為在意識型態層面，蘇聯獲得擁有五億人口的亞洲巨人加入。美中雙方在二戰期間曾為盟友，而且都是聯合國新成立的安全理事會的常任理事國。從一九四九至一九五七年，美泰動態關係的特徵是一項共同信念，即結盟為明智之舉，不過並未迫切到任一方必須跨出所謂的第一步。然而互利的關係一確立，「承諾升級」的憂慮就油然而生：既有的政治資本（泰國）和物質資源（美國）投資，是否過分影響了未來的投資？這股張力將延續四分之一個世紀。

美國和泰國就是需要雙方所能提供的，而且不可能在別處尋得。做為軍隊統帥的披汶欠缺士氣與軍需品，他需要加強「原先打造他之人」的支持。[6]做為政府首長他欠缺政治正當性，他需要擊退平民對手。於是他謀求武器、援助物資與戰時搜刮或上繳資產的使用權。美國人愈來愈需要一個東南亞的政治軍事盟友，最好是一個既受信念且由盤算驅使的友邦。此外，披汶與眾多後繼者相仿，既不真正擁護或反對任何政治意識型態，他和他的對手皆滿足此項條件。一九四九年美國歸還戰時資產，且於隔年對泰發出三度要求，披汶視為機會並善加利用。

美國極力要求披汶承認越南的保大（Bao Dai）政權，且於朝鮮（俗稱北韓）入侵大韓民國（俗稱南韓）後，要求泰國回應聯合國請求的「所有可能支援」。[7]披汶無視外交部長的意見（這位部長辭職了，不過立即轉任駐美大使），承認保大政權並允諾派遣四千人的部隊抵禦入侵。接著在一九五〇年，中情局計畫支持國民黨入侵中國南方的雲南省，這同樣需要泰方的默許、支援，甚至是直接參與。披汶再度忽視外交部的反對，不僅同意為行動保密，而且將在行動曝光時宣稱是泰方主動發起。籌備成果大多來自鮑的功勞，他很快就讓手下的警力成為中情局的寶貴助力，在整個一九五〇年代大多是如此。他允許中情局的飛機在泰國補充燃料，並且親自運送第一批軍武到緬甸給國民黨，跨越國界就到雲南。一九五一年八月間國民黨發動三次入侵，期間鮑飛往美國進行簡報。

對美國而言，國民黨每每都被擊退，但其重要性比不上「白紙行動」（Operation Paper）所預示的訊息：在一系列朝結盟邁進的嬰兒學步後，披汶作勢猛撲。披汶起初對支援國民黨感到遲疑，是為了避免激怒共產黨，北京廣播電台③甚至稱披汶是「華爾街的應聲蟲」，而美國大使艾德華．史丹頓④同樣有此擔憂。[8]

然而，披汶在了解風險後立下先例，忽視泰美雙方的外交建議。泰國的領導人更廣泛地支持美國的海外勢力規劃，藉此在國內換取金錢與權力。因此披汶擺明表示：「凡與中國相關的事務，政府將採取與美國一致的行動。」[9]

## 提高賭注

披汶的新決斷將值回票價，立即獲取長久謀求的美國軍武。美國國防部在泰國成立美軍顧問團，展望以西點軍校的方針建立六萬多人的軍隊。一九五一年美國投入四百五十萬美元的軍援，接下來兩年將超越六千七百萬美元，且另行設立技術與經濟特別代表團管理經濟援助。

然而一如白紙行動所證明，最重要的資金掩護在中情局於一九五〇年開發管理的計畫之下。與其他機關不同，國會並未介入。有眾多前戰略情報局人員派駐當地（以及在佛羅里達，即運輸砲彈連的位址），中情局得以迅速行動，且有人際關係做為基礎。這包括與曼谷的菁英家族聯姻，數量相當顯著。連美國外交官都對白紙計畫一無所知，直到氣憤的英國大使告知他們：「美國人是泰國政治裡看不見的手，而且你的中情局探員非常、非常有影響力。」[10]中情局主要施力於鮑和他手下的警察，不過監督委員會的成員也包括沙立・塔納勒（Sarit Thanarat），時任陸軍第一師的第一步兵團團長。警察很快就成為比軍隊更大的勢力，隨之開啟政治上必然且常動用暴力的對立，一直持續至今。

一九五一年的一樁事件，彰顯了美國人未經整合、且前後不一在泰國建立分裂防衛勢力的致命後果。鮑企圖將海岸巡防任務交給警方後，海軍利用一艘美國疏濬船（曼哈頓號）的移交典禮，發動另一起未完成的政變。期間披汶被短暫押上疏濬船當人質，三天的交戰導致三千多人傷亡。中情局支持警方而海軍吞了敗仗，但是美國大使向華府抱怨中情局的私下行動與相互衝突的資助。

共產黨進逼鄰近的寮國，迫使美國擴張防衛方針，聚焦於泰國東北部。東南亞最早的「贏取民心」（hearts and minds）政策自此上演：發展規劃、情報專案、醫療援助、基礎建設。一九五三年初，當美國要披汶同意聯合國對支援寮國的請求，他「無意使美國政府失望」。[11]

中情局與美軍在利益和目標上的聯手，於隔年一位前戰略情報局人員就任大使時達成。此人是

---

③ 北京廣播電台（Radio Peking）是中國國際廣播電台的前身，從一九五〇年開始對東南亞廣播。

④ 艾德華・史丹頓（Edwin Stanton）於一九四六至五三年擔任美國駐暹羅大使。

「野比爾」威廉・唐納文（William Donovan）。唐納文原是比里的支持者，也是唯一獲頒全部四種軍事徽章的人，他的任命克服了國務院的強烈反對。

但是身為中情局的共同創辦人，唐納文象徵著美國情報網絡的進化，以及對於美國外交政策的防衛建置，迅速增加主導力量。類似作為將於接下來的二十年盛行於泰國。披汶打造一支高階的美泰心理戰團隊，並在國內建立新的情報機構，由鮑擔任首長。中情局將《共產黨宣言》（*Communist Manifesto*）翻譯成泰文，在本地培養對於共產黨滲透的恐懼，並且供應資金給新成立的亞洲基金會（Asia Foundation），讓他們印製反共黨教材提供給華人學校。一年內，邊防警隊（Border Patrol Police）、空中巡警隊（Police Aerial Reconnaissance）和志願防衛隊（Volunteer Defense Corps）相繼成立，鮑的身影皆於其中扮演要角。

一九五四年越南的奠邊府（Dien Bien Phu）陷落後，美國和泰國討論從泰國領土發動空襲，並且在泰國土地上部署美軍——獲得雙方同意卻延後執行。美、泰與其他六個國家簽署《馬尼拉條約》（*Manila Pact*），據此成立東南亞條約組織⑤。西尼描述那是「自由泰運動的快樂成果」。[12] 阿南・班雅拉春（Anand Panyarachun）被派往東南亞條約組織辦公室，他將於二十年後成為駐美大使，且於近四十年後當上泰國總理。儘管想要更堅實的條約，披汶無條件同意《馬尼拉條約》且率先簽署，並且確保組織的總部位於曼谷。

披汶希望平衡，甚至打破鮑和沙立（大部分非法）的經濟基礎，以及幾近獨占外資的中國資金，他致力於新的美國投資行動。持續的不穩定與貪腐使私人企業退避，美國的經濟援助卻突升。《馬尼拉條約》簽訂前的四年間，美援約為每年九百萬美元，在簽約隔年增加至超過四千八百萬美元，直到一九五〇年代終結前未曾低於兩千六百萬美元。披汶和鮑都在一九五四年赴美，競相爭取支持。雖然正式軍援於當年達到約四千萬美元，鮑延長他在金錢遊戲裡的領先地位，並且獲頒功績動章。假使國會掌控的美國資金依舊是主要的挑戰，唐納文也淪為在華府為鮑遊說的大使。到那時，泰國外交部已經與國務院相仿，僅僅是「披汶與軍方決斷的政策執行者」。[13]

## 重新考量

披汶或鮑在意識型態上都不是反共人士，他們會與共產黨為敵，僅僅是出於政治權宜和個人利益。到了一九五五年，對披汶而言狀況已大不如前，他的權力基礎迅速縮減。不僅由於美國餽贈的軍事資本大多流向鮑，甚至連較小的一塊都轉移給陸軍第一師指揮官沙立。駐泰大使唐納文也嚴重削弱了披汶的政治支持，而泰國在野的民主黨，一如其餘軟實力持續受到美國人的漠視。中國對於挑釁且脆弱的《馬尼拉條約》而言或許過於強大，在此憂慮漸增下（這是政策面的「買家懊悔」案例），披汶重拾他在二戰期間的模稜兩可態度。做為泰國政治哲學的當代先鋒，要能超越其他所有國內與國際考量，獲取、維持且於必要時收回權力，披汶向中國友好表態幾乎是必然的。

披汶曾在一九五〇年拒絕承認中國的新政府。他原先表示將等待聯合國決定中國的地位，卻依循較快做出、持否認立場的美國決策。延續他在朝鮮對抗中國的大膽舉動，隔年披汶在聯合國加強

⑤ 東南亞條約組織（Southeast Asia Treaty Organization, SEATO）的主要目的，在於防止中國與北越等共產勢力南侵。

力道，投票贊成針對中國的貿易與軍武禁運令。同時間，毛澤東的言語攻擊增加。而在泰國協助創建東南亞條約組織時，中國也昭告世界它願意接受中立的表象，並且縮小目標至中國視為敵對的國家。《馬尼拉條約》簽署的兩週後，中國總理斥責泰國，稱之為勾搭美國的東南亞「殖民」勢力。[14]

然而泰國所察覺最嚴重的威脅，是一九五三年共產黨在中國雲南省建立的泰族自治區（Thai Autonomous Zone）。自治區由共黨的新華社宣告，且以相等力度攻擊美國和國民黨。確實，儘管屬於政治宣傳多於真正憂心的原因，披汶仍相信在一九四九年逃往中國的比里，「與此政權擁有密切關聯，且擔憂比里最近在北京廣播電台的嚴詞譴責，呼籲泰國人民推翻政府，趕走『美國帝國主義分子』」。[15]他擔憂比里一直握有的影響力與意圖，近乎執念。自治區因此遭疑懼為共產黨入侵的基地和共黨顛覆的源頭，只是由於欠缺美國的支持，披汶才未在聯合國追究此事。

一九五五年，美國與中方開啟低階談話，國會和其他國民意見開始批評披汶使用美國軍武。披汶愈發感到孤立無援，公開重申將依照可能的聯合國決策承認共產黨政府。事實上，幾個月前他在印尼萬隆（Bandung）的會議開始私下接觸中國，與總理周恩來碰面。縱然披汶捍衛東南亞條約組織、且拒絕討論關於如何對待泰國華人的提議，他仍否認泰方將永不承認共產主義是一種意識型態。在泰國獲取權力的手段總是開放協商。至於中國這一方，他們解釋和平共處五項原則，擔保比里並未涉及泰族自治區，且大幅降低對於泰國國內政策的批評音量。[16]

披汶的反覆無常或許導致他與美國的關係更加落居鮑之後，除此之外，美國仍舊視兩人為一枚銅板的兩面，而非競爭對手。鮑無疑企圖利用美國的不悅，一九五五年尋求協助以反對披汶，卻在曼谷遭受狠狠冷落，赴華府的最後手段也同樣遭拒。鮑不得不接受這件實質上的政治大事，並且向共產黨送上罕見的機會：他也將尋求中國的支持，而這回過頭來會造成披汶必須對這層關係加倍使力。

當一位既不受歡迎也缺乏成效的美國大使於那年稍晚就任，泰國的機會主義者可預期地整合協調，全速往東方靠攏。他們的代表將在兩個月內由毛澤東親自接見兩次，第一次屬祕密會晤，第二次則公開且對美國而言，是「違法」的。關於比里的相關事務，中國會給予更多保證，且正式邀請披汶出訪北京。泰方會撤銷部分貿易禁運，且計畫（日後取消）讓總理周恩來於飛行途中祕密在曼谷停留。

耐人尋味的是，披汶也允許一位親近顧問私下把他的兩個幼子送去跟周恩來同住，這是披汶「企圖向中國展示，儘管泰國與美國具有深厚連結，但正致力於跟中國建立強健關係」。[17] 締結正式關係也在討論範圍。

一九五六年底，披汶冷淡接見一位來自福爾摩沙⑥的密使，相反地，泰國官員和華人則熱烈歡迎僅是轉機過境泰國的中國外交官。泰國也指控仍然受到中情局援助的國民黨，非法獲取武器和資金。接下來兩年，兩國間的商業貿易代表、僧侶、海軍官員、新聞記者、娛樂界人士、運動員頻頻互相造訪；許多人獲最高階層人士接見且廣為宣傳。披汶的妻子時任聯合國協會世界聯合會（World Federation of UN Associations）主席，明言歡迎中國加入。

⑥ 國民黨政府撤退至台灣後，當時國際上的稱呼慣用福爾摩沙（Formosa），亦見諸國際條約，日後才逐漸改成台灣（Taiwan）。

## 家國裡的華人

對於美國而言，事態更糟的是（且回想起來對中國更覺遺憾），泰國具有共產傾向的華人狀況獲得適度改善。一九四九年，披汶曾公開警告本地華人社群遠離中國的政治事務，但是毛澤東的勝利讓他更難以宣稱自己並未專門鎮壓共產分子。當他們掌控華人商會，披汶成立泰華聯合協會（Combined Thai Chinese Committee）。他也將五十位華人教師驅逐出境，原因是散布共產主義思想，並且確保大選候選人的父親必須具有泰國血緣。但是面對美國持續施壓下，務實與安撫成為關鍵，正如同他反覆延遲反共人士的法律，卻讓美國人主導政治宣傳。

然而，由於美援在一九五〇年起遽增，披汶和鮑認為有需要從國內保護海外的反共主義投資。儘管中國在朝鮮戰事裡扮演的角色、它的國內土地政策，以及對於海外華人的召喚等諸多事實，這導致中國在泰國華人間的名望下降。美國人並未挑戰披汶限制批評其外交政策的禁令，以及他的驅逐華人社群。他們樂見披汶在反共主義運動裡召募勞工領袖、公僕、學者、僧侶和商人，並且鼓勵他審查、抑制、沒收共黨報紙，重新考慮反共人士法，並逮捕行為不當的新聞記者。甚至泰國華人與家鄉親人間的往來受到監控，泰國學生赴中旅行也受限。在一連串先發制人、未經法院程序的殺害反對人士後，鮑也同樣鮮少感受到美方的壓力。

克萊薩克・春哈旺（Kraisak Choonhavan）在漫長的職涯裡將培養泰國與中國的關係，他遙想當年：

我的父親總是說，我們跟中國的接觸必須瞞著鮑叔叔。身為警察總監，他顯然跟中情局走得愈來愈近。我祖父密切聯繫的另一個人是位商人，名叫練・磨素旺（Luan Buasuwan）。我父親從我還十分年幼就告訴我這件事，直言不諱地說，這個人是我們跟中國的聯絡人，他是一個泰國華人。甚至他的兒子小弟（Tee），總是來跟我一起度週末，還留下來過夜。我父親一定要我們成為朋友，我不懂為什麼。現在這些已經永遠伴隨著我。[18]

一九五二年，當局針對異議人士更廣泛的鎮壓，部分原因是滿足美國的要求，並且獲得反轉「四年空洞承諾」的讚譽。[19]

鮑禁止共產黨人控制的中央工會（Central Labor Union），研擬新的反共人士法令。他也逮捕多達一千人，其中包括新聞記者、「共產主義運動人士」（包括比里的兒子）、政治家、學生、前自由泰成員、反美領袖，許多人被殺。幾乎所有的泰國共黨領袖都是純正的華人，尤其受到毛澤東思想的意識型態滲透，但是許多基層人士是擁有華人血統的泰國人。隔年披汶在無視中國的請求下廢止雙重國籍。與簡報和政治宣傳皆口徑一致，美國大使館宣稱曼谷的「軍事設施相關地圖和資訊」被賣給了蘇聯，「進行中的計畫是要廢黜國王、推翻政府並建立一個『人民的政府』」。[20]一九五五年初國民黨寫了一封信給東南亞條約組織，宣稱泰國華人大多支持共產中國。

但後來披汶和鮑聯手致力於對中關係，代表反中國／共產主義活動的路線再度反轉。披汶舉行新聞記者會，表示容許反美觀點、譴責政變並樂見新的政黨。鮑釋放政治犯，並且加入中國，批評讓他們遭受封鎖的法律。一九五六年的國籍法讓所有在泰國出生的人獲得國籍。兩位領導人都做出驚人之舉，雙雙邀請比里回國（卻未成功），並且援引民主，主張友好對待中國是出於人民的意志。

立場循環反覆且自私的舉動招來反效果。改變與華麗詞藻來得太遲，選民在一九五七年大選拒絕做為美國追隨者的披汶，並且怪罪美方駐泰大使館意圖影響選舉。鮑的往來關係也被視為一丘之貉。僅有陸軍第一師的團長、立場一貫反美的沙立獲益，他的支持者來到中情局和標準石油（Standard Oil）辦公室前抗議，這有可能象徵著泰國外交政策的顯著轉捩點，以及未來數十年的截然不同軌跡。

相反地，同樣笨拙的美國人逃過一劫，而中國人浪費了絕無僅有且代價高昂的機會。泰國人不贊成轉向。

# 第三章　戰事降臨

一九五七至一九七三年

從我們關係的開端直到當下，從無發生任何形式的衝突，從而擾亂我們的友誼與相互理解。相反地，兩國對彼此的善意與緊密合作，甚至更緊密合作的時機已成熟。它將對世人展現，我們的目的與信念一致，而且合作只會導向一件事：共同利益。[1]

——泰王蒲美蓬，一九六〇年六月

泰國皇室政府邀請，而我今天已下令，包括地面和空軍的美軍部隊，將增援前往泰國，駐守當地等待後續命令。這支軍隊是為了要確保此和平國家的領土完整性。[2]

——約翰．甘迺迪（John F. Kennedy），一九六二年五月

沙立與其後繼者塔農．吉帝卡宗（Thanom Kittikachorn）的軍事統治，在泰國延續的時間幾乎是披汶政府的兩倍。這很適合，因為泰美關係在這十六年間，在各種層面的深度與強度皆倍增，而

且對泰國與此區域意義重大。雙方關係在一九五七年充滿張力與不確定，接著迅速上演一連串與國家目標、利益相關的轉向——只是將於一九七〇年代初期再度驟然動搖。一九六〇年代下半雙方關係的強健程度空前絕後。在披汶與鮑的統治下由中情局—警方的網絡主導，兩人的軍方繼任者上台後則由美軍勢力在泰國推動政策。確實多虧了沙立的威權統治，國內政治在泰國對美政策上扮演的角色不如披汶當政時，相對的國際事件占據了決定性地位。在寮國、越南、柬埔寨的戰爭體現於湧入泰國的難民、叛亂人士、普遍的恐懼，以及美軍部署在海外的第二大駐軍和軍需品。中華人民共和國不僅依舊是妖魔，而且再度成為盟國的絆腳石。泰國華人，這難纏的百分之十六人口，若非獲得認可就是漸漸同化，因為他們不再是唯一出鋒頭的共產黨人與商業引擎。取而代之受迫害的主要目標，是不被視為絕對支持政府的人，「沙立的新政權是泰國史上最高壓與威權的一任」。[3]

大選後結束領導真空，沙立發動政變並肅清舊勢力。這包括鮑的中情局後盾，他們在坦克車緩緩行進時焚燒檔案，而且被迫將警方的專案轉交給美國國際開發署。接下來十三個月，沙立重回軍營且赴美就醫，成為總統杜懷特·艾森豪（Dwight D. Eisenhower）的座上賓。沙立誓言遵守對聯合國和東南亞條約組織的承諾，他任命的總理曾在披汶治下擔任外交部長、駐美大使與東南亞條約組織祕書長。但是一九五八年十月他再度掌權，甚至廢止形式上的平民政府，在事件前後皆深切寄望、也順利獲得美國的支持。美國人拒絕將他的行動稱為政變，同時沙立則任命泰國駐美大使為外交部長。儘管沙立私下照顧那些曾赴中訪問的前任在位者，他辯稱政變在某部分上是反轉諸多示好姿態所必須的，而且他立即禁止中國商品進口。中國做出有力卻無實效的回應：「泰國當局忽視中國迄今的友善態度」，而且「將必須承擔一切後果」。[4]

確實，在沙立治下，美泰同盟的復興與升級，在更大程度上歸因於泰國的主動運作，而非美國的任何行動或中國的遲疑。美國人解讀此泰方強權政治（以及延伸至外交政策）的轉移時，若非到誤讀的地步，至少是一貫的單純簡化。他們的回應生硬且粗略，大多屬於曼谷大使館的職權範圍，使得在評估美國的安全建置時，進一步降低外交官的地位與可信度。中國人或許相信（這並非完全不合理），泰國顯然已朝他們的方向重新校準，因此沒有理由要在此開局進逼。他們把全副心力放在寮國、越南、蘇聯，甚至西藏身上。又或者，他們可能蒙受情報失誤之害。無論是哪種情況，沙立的大轉向成為一九五七年政變數週內發生的既成事實，既是對美國的天降好運，也是對中國的突襲。

## 「美國出生的泰王」

沙立堅守美國路線的原因同樣難以斷然推測。在一九六一至一九七三年之間，他的決策於當下顯得具有先見之明，在他人看來無可避免。但是在一九五七年，將界定接下來十年的區域危機尚未完全具體化。與披汶相異，沙立並未面對實力可敬的挑戰對手，儘管飽於一九五〇年代獲得優勢資金，但當時沙立的軍隊規模已經是警方的兩倍。意識型態也無法解釋，一如過去與未來在泰國政治和外交政策扮演的角色，沙立會策略性地時而反美、時而反華與反共，基於「現存的世界權力結構，而非共同的意識型態許諾」。[5]最後，從軍隊指揮鏈一路往上爬的沙立始終跟政治保持一定距離，對國內軍隊事務的興趣遠勝外交政策。

某種程度上沙立將重塑美泰關係視為一次機會，讓他的軍事系譜連結至世界頂尖的軍事強權。一九五七年，他辯護政變在某個部分是保護泰王的必要手段，他從事件的第一天就晉見泰王，並且將手下的陸軍第一師第一步兵團改名為「泰王衛隊」（King's Guard）。他也確保當年頒布的憲法禁止褻瀆王室，視其為冒犯君主政體與國家安全。沙立仰賴泰國的年輕泰王授予軍隊新的「超越政治」合法性與目的，且因此期盼美國能提供國際援助。在一九五九年的軍人節，沙立將二十一步兵團的榮譽上校頒給泰國王后（由此成為「王后衛隊」〔Queen's Guard〕），同時國王將個人旗幟授予每個陸軍兵團。一九六二年，泰王樞密院（Privy Council）的一位成員辭去職位，轉任沙立的國家安全委員會（National Security Council）首長。

一九三二年君主專制廢止後代表著邊緣的權力基礎，泰王蒲美蓬生於美國、在西方受教育，是擴張對美關係的絕佳媒介。已因反共主義消極聯手的兩個國家，日後將由「美國出生的泰王」提供團結的正向來源。[6]此外，沙立藉著創造軍隊與年輕國王間的互利關係，出色地將原先的政治負債轉為資產。此種做法與披汶形成對比，後者對國王的觀點介於矛盾情感與敵對之間。隨後沙立將泰國的國慶日從君主專制廢止日改成泰王生日的十二月五日。一九六三年沙立的葬禮由國王與王后共同主持。

在美國認可軍隊的新重要性下，沙立維繫泰方的持續合作，如此安排同樣符合美國人的需求。中情局和美國新聞署（US Information Service）散布消息，指稱泰國共產黨公然反對君主政體。沙立的最終繼任者和年輕的國王夫妻，相繼於一九五九至一九六〇年間的九個月內訪美並非巧合——或是後者在向國會聯席會議演說時提及「更緊密的合作」。[7]美國總統甘迺迪日後將寫一封信給泰王蒲美蓬，表達他對王國安全的個人承諾。

雖然沙立也誓言「尊重人權宣言規範的權利」[8]，軍隊、國王和美方之間締結的新網絡，導致無甚空間抗議沙立違反真正或想像中的共產黨人權。中國主張沙立針對華人的作為「違反國際間確立的基本人權」，華府或曼谷皆充耳未聞。[9]披汶對媒體與和平集會的限縮是面臨政治險境的舉動，沙立則搶在國內與外交政策前頭。此外，沙立起初未能撲滅反美主義，造成華府指示大使館自行反制反美主義分子。大使館銜命請求沙立逮捕七十二位名義上的「共產分子」。根據美國在一九六〇年代初期的一項泰國報告：「假如我們在此時教育大眾民主，有可能會產生反效果。」[10]沙立宣告戒嚴，並且頒布提供他權力不受限制的憲法。他禁止所有政黨、工會以及五人以上的集會，並且勒令十八間報社停業。

幸運者會以反共人士法起訴，立即受軍事審判；其餘則成為未經法庭程序處決的受害者。沙立不僅讓這項手段在泰國惡名昭彰，也交接給他的眾多繼任者。

## 衰退中的援助

沙立赴美就醫期間受政府人員說服，多元的外國投資將能同時促進國內發展、並且遏阻共產黨擴張，他尋求美國專家協助泰國在一九六〇年的第一項經濟計畫。在一九五五至一九五七年間，美國提供或促成世界銀行（World Bank）貸款超過一億美元，並且支持泰國分拆或私有化一百五十間國營企業的計畫。美方的直接經濟援助在一九六四年落至一千五百萬美元的低點，兩年後兩國簽署

《友好經濟關係條約》（*Treaty of Amity and Economic Relations*）復攀升至六千萬美元的高峰。到了一九六八年，美國成為泰國私人企業的最大投資方。

考量到沙立是在美軍參與韓戰和越戰間掌權，對泰的軍事援助在一九五七年，從前一年的四千三百萬美元降至兩千六百萬美元。而在一九六三年沙立過世的前兩年，分別大幅躍升至八千八百萬與七千兩百萬美元。加上許多中情局行動的轉移、縮減與廢除，使泰國警方獲得的美援急遽下降，沙立任期的特徵是持平而非增長。

一九六〇年的一項美國報告證實所有的對泰美援皆是為了「安全」理由，這是在兩國間盛行卻刻意不點明的觀點。[11]一年後，隨著寮國的情勢惡化，甘迺迪召集的小組建議泰國加入美國新近反叛亂行動（counterinsurgency operations）的十二個重點國行列。大多數援助直接撥給泰國北部與東北部的交通、基礎建設與通訊專案。那是泰國最貧窮的區域，長久受到泰國中央領導階層的忽視，且由於跟寮國和柬埔寨鄰近，最容易受共產黨的侵略或滲透。幾乎所有的資金皆由美國國際開發署和泰國內政部管理，將外交部推離至決策圈的更外圍。

## 東邊鄰國與《塔那—勒斯克備忘錄》

不過，援助陷入低迷多少透露了沙立治下的美泰關係走向。未存書面協議下更增加法律的模糊地帶，在泰國建造的七座基地於一九六〇年完工，數量「多得不得了」。[12]在一九六〇年代與一九七〇年代初期，確實是飛機而非士兵定義了「寮國的祕密戰爭」。主要的例外是泰國特戰游擊隊，以及少數民族苗族人（Lao Hmong），兩支部隊皆由中情局資助與訓練；後者的困境將糾纏美國人直到下個世紀。從自由泰運動至今，美國與泰國的利益不曾像對寮國這般完全重疊。

一九六一年，在共產黨的巴特寮組織①進逼下，兩百名泰國傘兵在中情局教練協助下飛過邊界。甘迺迪也派出海軍數百人前往邊界，接著他的副總統正式提議在泰國派駐美國軍隊。美國在太平洋地區的所有軍力加強戒備，而美國海軍的第七艦隊（Seventh Fleet）主力則開往南海。但儘管如此，沙立拒絕號召東南亞條約組織軍事演習，並且威脅要一舉退出組織。

直到泰國外交部長在一九六二年從華府返國，帶回一份由對應單位簽署的共同防衛公約，即《塔那—勒斯克備忘錄》②，沙立才打消念頭：「要找到像美國這麼關心我們福祉的真誠朋友並不容易。」[13]接著巴特寮部隊進逼邊界，美國國防部長羅伯特·麥克納馬拉（Robert McNamara）飛往曼谷，監督近七千名駐泰美國士兵的首波調度。

寮國的共同事業未受一九六三年甘迺迪遇刺事件及沙立過世所影響，兩樁事件相隔不到三週；新任美國總統林登·詹森（Lyndon B. Johnson）和泰國總理塔農彼此認識且無縫接軌地持續進行。儘管在接下來的五年內未公開，塔農與美軍於一九六四年協議一項緊急方案，基本上是寮國專屬版

---

① 巴特寮組織（Pathet Lao）在一九五〇年由寮國親王蘇發努馮（Souphanouvong）成立，在寮國對抗殖民勢力，日後成功掌權。

② 《塔那—勒斯克備忘錄》（*Thanat-Rusk memo*）由時任泰國外交部長的塔那·柯曼（Thanat Khoman）與美國國務卿迪恩·勒斯克（Dean Rusk）簽訂。

本的《塔那—勒斯克備忘錄》。當年約有七十五架戰機和三千名美、泰飛行員駐守基地，另有較小規模的中情局空襲行動。在三年內與直到一九六〇年代末，行動數目從五百遽增至三萬三千。戰機數量也從一九六四年的二十架左右，大幅攀升至隔年的超過四千五百架。偵察任務、空投、轟炸突襲與運輸的累計次數，到一九六九年將躍升至九萬次。

同樣構成一九六〇年代美國與泰國之間張力來源的柬埔寨，花了較長時間才塵埃落定。前國務卿迪恩．亞契森（Dean Acheson）早在一九五〇年代與披汶互動時就為泰方熟知，並且在甘迺迪任內依舊擔任非官方顧問。然而在一樁柬埔寨與泰國之間的爭端中，一九六二年他站上國際法庭支持柬埔寨，成為將於整整半世紀後回頭糾纏美國人的不智之舉。共同創辦親美民主黨的西尼．巴莫率領泰方。法庭裁定，對兩國皆具有歷史文化重要性的柏威夏寺（Preah Vihear temple）位於柬埔寨境內。當沙立毅然壓下國內怒火並允諾遵守裁決，他覺得自己被美國人背叛了。使他更為惱怒的是美方不顧泰方反對提供柬埔寨軍武，在柏威夏寺裁決案後持續了一年。僅僅由美國大使公開聲明，柬埔寨並沒有利用美方軍武來對抗泰國，是不足夠的。

## 越南

歷時五十年的美泰同盟到達高峰期，是由總統詹森決定從一九六四年開始轟炸北越所觸發。在一九六五至一九六八年之間，對北越的所有空襲至少達百分之七十五是從泰國起飛，B-52轟炸機則於隔年投入作戰。於是在一九六〇年代的後半，這兩個盟國對寮國、柬埔寨、越南，甚至確實包括對中國的政策幾乎完全一致，他們真正或預期中的共產主義輸出是彼此結盟的基礎。此短暫期間是披汶和沙立時代為兩國奠下的基礎，而在此後四十年，美國人將帶著某種期盼與悔恨回望。

美國駐寮國大使安克志（Leonard Unger）依照職權做出最終許可，讓戰機飛至寮國領空，包括泰國飛行員坐在駕駛艙裡的那些戰機，彰顯了美國對泰國的影響力。安克志將在一九六七年成為美國駐泰大使，他是獲任命去重塑大使館能力與可信度的其中一人。然而在中情局支持下獲得、國務院所萌生的權威，大多僅限於妝點門面。軍方（美軍聯合顧問團〔Joint US Military Advisory Group〕和美國軍事援助泰國司令部〔Military Assistance Command/Thailand〕）幾乎對所有議題皆採拖延戰術，且時常獲勝。軍方不顧大使反對，在泰國部署特種部隊，並且自行發送情資報告給華府。詹森在一九六六年決定派出一支美軍部隊，人數正好落在國務院（較少）與五角大廈③（較多）建議的中間值，表明前者的有限職權。此外，與一九五〇年代的中情局相仿，國防部立即乘勝追擊，派出固定人數的「臨時」部隊以拉高整體數據。最後，在大使切斷美國軍事援助泰國司令部與泰國反叛亂機構間的聯繫後，泰方同樣持續與美軍的非正式會議，且列為優先考量。美國軍事援助在沙立死後削減百分之五十，後於一九六五年和一九六六年再度增加為五千九百萬美元和七千七百萬美元。

創造改變的人是國防部長麥克納馬拉，他在華府的影響力僅次於總統和塔農。麥克納馬拉挑明說道：「越南和泰國是迫切且最重要的動亂地點，對美國來說至關緊要。」[14] 塔農讓五萬人左右（於高峰期間）的美軍人員得以利用泰國的七處基地，附設龐大且具爭議性的休閒娛樂計畫（rest and

---

③ 五角大廈（Pentagon）是美國國防部所在地，也成為國防部的俗稱。

recreation program）。塔農的上述承諾並未完全告知他的外交部長，後者中選的原因是擁有在華府擔任使節的經驗，以及身為內閣裡唯一的平民成員——直到一九七一年塔農自行擔任此職位。這位部長的功能縮減至發表「屬於獨立意見的雜音，用意在提醒美國不能把泰方的作為視為理所當然，同時也安撫擔憂外國軍隊進駐的泰方敏感人士」。[15]事實上若非為了表面工夫，兩國皆向美國軍方退讓大多數政策主導權，例如飛往寮國戰機所需的大使安克志許可，常在起飛後才獲得。④

## 共產黨與華人

泰國的共產黨叛亂從一九六〇年代初期開始醞釀，但是沙立迅速回歸美國陣營，將共產黨人從曼谷逼往鄉間，延緩其組織與活動。從一九六五年中至隔年底，估計有五百名戰士與泰軍發生超過一百五十次交戰。行動大多發生於東北部，另一支共產主義恐怖組織在泰國、馬來西亞邊境發動攻擊。早在一九五四年美國大使史丹頓就曾主張：「共產黨特務暗中組織泰國南部省分的眾多華人。」[16]

在美國支持下，塔農於一九六五年成立鎮壓共產人士行動部隊（Communist Suppression Operation Command）。為了擴大成效，在八年的精簡駐員與低調行事後，中情局獲得泰國領導階層的歡迎回歸。中情局主要跟邊防警隊一起祕密行動，截至一九六六年配有二十三架戰機、泰方手中僅有的M-16突擊步槍，以及美國特戰部隊擔任顧問。

從一九六五至一九六九年，美國挹注泰國警方的資金也從七百萬美元增加至一千七百萬美元，相較於一九五〇年代晚期以來的五十萬美元呈大幅增長。在較小的規模下，美國國際開發署增加跟志願防衛隊和地方警察的合作，其餘計畫則獲創建或擴展，諸如鄉村廣播專案（Village Radio Project）、鄉村安全部隊（Village Security Force）、道路安全專案（Security Roads Program）、加速農村發展計畫（Accelerated Rural Development）、行動發展小組（Mobile Development Units）。美國新聞署與其新成立的行動資訊團隊（Mobile Information Team），在一九七一年獲得的年預算擴增至約兩千六百萬美元。計畫大多位於泰國北部與東北部，開啟了為期十年的第二輪「贏取民心」行動或為其奠基。

一九六五年的泰國華人社群達曼谷人口的一半，是當時東南亞最大的華人社群。即使沙立不像披汶那麼將華人視為第五縱隊，整體政策仍在確保華人的財富不致流向資助國內外的共產主義。⑤福爾摩沙獲得保證，泰國鎮壓的基礎在於政治觀點，而非族群，國民黨的大使館也得到最高層級的禮遇。沙立反對實施全國人口控制措施，唯恐華人將反抗且因此占據更大的人口比例。沙立藉由婚姻讓泰國人融入傳統華人企業與家族，企圖稀釋華人的密度與控制泰國的財富。他也下令所有的學校教泰語，拆除中國城的華語招牌。於中泰關係而言最具隱含意義的是，始自一九七〇年代晚期，沙立允許華人擔任泰國軍職與公務員。

④ 編按：此處意指軍方可自由派出戰機，大使安克志只能事後追認。

⑤ 第五縱隊（fifth column）起源自一九三〇年代晚期的西班牙內戰，多指埋伏在敵方暗中破壞、裡應外合的臥底勢力。這句話意指沙立對泰華的疑心相對較淺，可是在政策面仍要確保泰華資金不流向共產人士。

## 中國與東協

沙立停止造訪中國官員，對中國恢復貿易禁令，並且拒絕廢止反共人士的立法。[17]中國因此回歸較挑釁的外交政策，於一九五八年柬埔寨承認北京政府後，站在柬方立場批評泰國。一九六二年西尼在柏威夏寺爭議落敗後，相信中國很可能干涉了裁決。一九六四年中國成為擁核強權，進一步升高了區域恐懼，使泰王做出評論：「（當）數百萬中國人在挨餓，中國卻有餘裕製造核彈。」[18]而且揭露中情局戰機飛往寮國的正是新華社。

但政治炸彈在一九六五年一月一日落下，在中國的泰國人宣布成立泰國愛國陣線（Thailand Patriotic Front），幕後推手是泰國共產黨。陣線背後有五年的政治宣傳，是至少五個團體間的鬆散結盟，包括泰國獨立運動組織（Thailand Independent Movement）。泰國相信中國供應武器和金錢，且「有證據顯示南方的雲南省勐臘縣⑥有泰國叛亂分子訓練營，距離泰國邊境七十五英里左右」。[19]泰國人警戒地關切中國在鄰國寮國持續建造的鐵路，並且擔憂中國對於轟炸北越的反應，後者跟中國有一小段邊界接壤。由於雲南省距離泰國土地僅僅一百公里，「在一九五〇年代，中國展開朝鮮式入侵的最可能方式，是橫切過泰國北部而來，這被泰國人認為是絕對有可能發生的，且持續困擾美國與泰國政策決策者直到一九六五年。」[20]

中國的文化大革命從一九六六年開始，將擾亂其外交政策，以及在某些角度上使中國「從東南亞的主要威脅轉變成非玩家（nonplayer）」。[21]與此同時，文革也包括開放與主動支持世界各地的本土共產人士運動。一九六七年泰王蒲美蓬表示：「華人永遠都是東南亞的威脅，因為他們是向外擴張的民族。」[22]在此背景下，東南亞國家協會⑦同年於曼谷成立。聯盟宣言明確指出，四個創始國期望確保「穩定與安全，遠離外部干擾的任何形式或表現」[23]，泰國外交部長則稱東協為「集體的政治防衛」。[24]載明「外國基地為暫時、且唯有在相關國家表達同意下才能存在」[25]的條款，被理解成只不過是大眾消費的官樣文章。事實上，東協在未來十年將不會影響泰國與中國的關係，與一九七七年東南亞條約組織的解散時間一致。

## 王室背書

美泰同盟的頂點體現於一連串的互訪，包括詹森前往泰國以及泰國王室夫婦赴美，詹森成為美國總統訪泰的第一人。儘管泰王與王后逐漸受到熱烈愛戴有其純粹的國內因素，沙立和塔農更像是把泰國夫婦拱成泰國外交政策的一部分：親美和反共。同樣的道理亦適用於他們迅速推展的王室發展計畫，正好位於美國決議遭逢共產人士抵抗的相同區域。泰王和王后是不可或缺且無可取代的一塊拼圖，五十年後將證實這一點。一九六六年十月，詹森在泰王和王后陪同下展開四天的全國訪問，企圖澄清與申明：「我能理解泰國人民為何會被宣稱你們被美國人『利用』或『宰制』那群人迷惑，或者懷有相同目的的其他任何人。事實是泰國和美國走在同一條道路上……我們基於雙方確

⑥ 勐臘縣在雲南省的最南端，與緬甸、寮國相鄰。

⑦ 東南亞國家協會（Association of Southeast Asian Nations, ASEAN），簡稱東協，在中國與香港則稱為東南亞國家聯盟（東盟）。

信的共同利益而行動。」[26]十四個月後詹森回來檢閱泰國東北部的部隊。在這之間的一九六七年六月，王室夫婦訪美兩趟，為期三週。

最顯著的結果是泰國軍事人員於三個月後首次派往南越，即王后的眼鏡蛇軍團（Cobra Regiment）兩千兩百人。儘管在對越空襲暫停上扮演關鍵角色，且對於派軍將可能使泰國蒙受攻擊這方面的承諾感到不滿，國王仍同意詹森的請求。

不同於起初請求的兩萬人部隊，泰國總計派出三萬七千六百四十四人前往南越，從一九六八年中至一九七一年間維持一個師的規模，即一萬一千人。這相等於百分之十四的泰國軍隊，也是第三大的外國派遣部隊，僅次於美國和韓國。在泰國指揮官率領下沿著一條戰略公路前進，他們經常跟敵方交戰且有五百三十九人陣亡。泰軍也執行「贏取民心」計畫，基於族群與較了解當地狀況，時常獲得比美國友軍更好的成效。因此，「華府可宣稱，泰國加入是他們致力招募更多亞洲軍力參戰的勝利」[27]，同時祕密給付泰國兩億美元[28]，並且致贈夢寐以求的防空武器。

假使某些層面的美國對泰政策與駐軍，變得不受泰國官員與平民歡迎，派遣本地軍隊並非其中之一。美國指揮官熱烈歡迎前往越南的泰國軍隊，且駐曼谷的外交人員出席軍人在國內的葬禮。但是王室背書再度成為決定性因素。早已是眼鏡蛇軍團所屬部隊榮譽上校的王后，在他們飛往越南後定期探視傷兵。一九六七年在她的三十六歲生日宴會上，有些人獲得顯眼的席位。那年，國王表示軍團「並非普通泰國士兵」[29]，把極其重要生日演說的焦點給了他們：「見到眾多部將承擔最高層級的犧牲、勇於志願作戰，令人振奮不已。」[30]他親自出席泰國反共主義英雄的歡送、典禮與葬禮。

這並非僅是一九五〇年泰軍派往韓國的中南半島版本，王后的眼鏡蛇軍團代表十年前沙立連結軍方與皇室的主要體現。美國的評論家將於一九七〇年代初期變得更響亮、更具影響力，但是泰國的媒體、工業領袖、宗教領袖和名流都追隨君王，強烈支持軍隊。日後泰國社會背離美國人與戰爭時，上述態度仍舊不變，甚至預先抑制了憤怒敵意。派往越南的泰國軍隊延長了泰國軍方領導階層的存續，並且深化與美國間的同盟。整整二十三年後，王后將為越戰泰軍英勇陣亡紀念碑題上獻詞。

## 事態分崩離析

相比於一九五五年，當時披汶／鮑的競爭導致泰美關係陷入風險，而在一九六八年，泰王或塔農皆未遲疑。心生遲疑的是美國人，他們正要輸掉中南半島的戰爭，並且喪失多年來政策一致性的表象。接下來五年內，兩國間看法一致的程度將劇烈波動，最後迎來一段審慎重新平衡的短暫時期。正如同此舉曾促成美泰同盟的高峰，轟炸北越同樣導致雙方關係衰退（衰退並非逐步，而是直接採行某種程度的中止）。隨後詹森宣布不尋求競選連任時，塔農的擔憂加深。直到新當選的總統理查・尼克森（Richard Nixon）在並未完全告知塔農下將部分美軍撤離越南，泰國軍事領袖徹底陷入恐慌。

一九六九年，塔農最終接受了美國撤軍並試圖扭轉情勢，召回披汶與鮑，並且接觸中國。他的外交部長語意簡明：「在共產中國從著眼內部轉向外部利益，以及美國企圖從亞洲現場溜走後，共產中國將成為亞洲和平、安全與自由的樞紐。」[31]尼克森飛行途中停留曼谷時，親自向塔農重申美國的安全承諾，並且在一九六九與一九七〇年提供迄今最高額的軍事資金（一億五百萬美元）。

但是這人日前才發表「尼克森主義」將防衛責任推到盟國身上，使這些表態失去意義。美國參議院揭露且質疑美國的泰國防衛計畫，藉此強調上述論點，並且指稱派往越南的泰國士兵是「傭兵」。[32]塔農的外交部長再度以牙還牙：「美國的不成熟且不負責任因素，持續展現於對泰國如此忠誠的友邦與夥伴的迫害侵擾」，而泰國「必須忍受醜陋美國人施加的傷害」。[33]一九七〇年，美國拒絕支持泰國派兵至柬埔寨的舉動，卻開始在泰國的土地上訓練柬埔寨部隊。對泰的預算、人員和計畫大減，當時穩定維持在四萬八千人左右的美軍人數，於一九七一年縮減至三萬兩千人。

在泰國鄉間，共產人士叛亂於一九六八年可能達到三千名戰士的陣容，與泰軍交戰至少三百七十次。隔年泰國共產黨宣告泰國人民解放軍（People's Liberation Army of Thailand）成立。到一九七二年叛亂人數達約七千五百人，當泰國派出一萬人部隊、發動至今最大規模的鎮壓行動，進展卻不大。說來諷刺，此次行動違背了美國的建議。塔農也支持國民黨殘餘部隊，「做為泰國北部的鎮壓叛亂維安兵力」。[34]責任落在塔農的最高統帥克利安薩克．差瑪南（Kriangsak Chomanand）身上，日後他將當上總理。

一九七一年七月，做為二十世紀其中一件最重要的國際發展，尼克森宣布他將出訪共產中國。在公開消息前數週先前往北京的途中，國家安全顧問亨利．季辛吉（Henry Kissinger）停留曼谷重申安全保證，然而正是他閉口不談他和尼克森祕密拜訪中國，隨後將使泰國人震驚不已。當泰國重拾一九六九年開啟的友好表態後，卻發現中國人並無回應。因此中國再度爭取聯合國會員時，泰國原本想討好雙方：投贊成票，但也加入美國另行投票維持福爾摩沙的會員資格。面對複合難題，泰國棄權了。而當一九七二年底美國突然中止從泰國撤離部隊，他們的東道主也並未反對（儘管過去兩年泰國利用此舉促進跟中國間的關係）。美國對泰軍事援助隨後達到有史以來最高峰的一億兩千八百萬美元，塔農也允許派駐中南半島的美軍於一九七三年全數移防至泰國。「以轉變路線而言，泰國有一段不知所措的歲月」，化為一顆不知情的乒乓球，在「乒乓外交」中來回於美國和中國之間。[35]

但是垂死掙扎不會延續太久，當越南的結局已可預見，美國國會終究堅定地對東南亞盟友放手。戰事在泰國來了又去，共產黨人獲得勝利。耗費四分之一個世紀備戰與參戰的美國人，將對泰國投注相等的時間直到政策調整。在這期間，戰敗會找上每一方算總帳。

# 第四章 實驗中斷

一九七三至一九八〇年

我的祖父總是跟周恩來保持密切聯繫。我的父親一直反反覆覆地說他們有互相聯絡。大躍進的時候中國發生大饑荒，據說我的祖父送去一種繁殖迅速的魚，幫助緩解了中國的饑荒。我不知道真實性有多高，但是他一再灌輸我中國對我們有多重要，從我還很幼小時就開始了。[1]

——克萊薩克．春哈旺，二〇一五年一月

部隊滯留泰國的協議並未獲得同意，讓美國人感到惱怒。他們必須離開。在那之後，美國會從不同的脈絡來看待泰國。我們原來是東南亞策略的重要成分，但是在一九七〇年代變得無足輕重。現在那使我們煩心嗎？不，我們完全不為此苦惱。沒錯，泰國仍有一些死硬的親美觀點，可是從務實的觀點來看，我想那對泰國一點幫助也沒有。重點是我們並未遺棄美國，但是你們遺棄了我們。[2]

——阿南．班雅拉春，二〇一五年一月

一九七三年在泰國是人盡皆知的一年，原因是從二戰終結以來支配國家的假設、權威、結構和同盟幾乎全數翻轉，隨後再於一九七六年以暴力重申地位。儘管常被描述成插曲或過渡期，倡議者不把這三年視為一段短暫期間來展望與對待，而是無限延續的新時代開端。如同過去與未來的許多國家，泰國經歷一段縱然不成熟卻廣獲支持的運動，往更民主的社會邁進。然而在反對挑戰與改變的泰國人看來，一九七〇年代中期令人驚恐，並且比他們所了解的更成功。在三十多年的軍事統治後，泰國的軍方領導階層並未準備好，甚至不願面對像這樣的權力與威信喪失。

在泰國「民主實驗」[1]影響與受其影響的眾多陣營中，包括泰國與美國的結盟，以及雙方結盟的主要基礎，即共產中國。若稱披汶治下的美泰關係受泰國國內政治所驅動，下一個階段則是由國際事件驅動，一九七三年開始則是兩種因素的均勢相互作用。似乎選錯了贊助人，泰國軍方在解釋國家，而非其自身獲得什麼時失語了。即使道德勝利也將他們排除在外，因為他們的盤算限於政治力量與國家安全，不涉及意識型態。軍方因此對盟國懷有疑慮，而越南的敗仗使泰國其他群體放膽全力譴責。

獲益者是中國，不過程度有限。就在不久前的一九七一年，美國朝共產巨人靠攏的舉動，使泰國擁有強烈誘因去思考明確的戰略轉變。兩年來，戰敗迫使泰國必須考慮大規模的策略重整。然而泰國面對的是零和賽局邏輯，不容非結盟或中立主義。直到一九五四年以前，毛澤東的確堅持視不結盟為反共，把泰國推向美國的懷抱。泰王和美國的戰爭使現況繼續維持了近二十年。

異議泰國學生（以及其他平民和勞工領袖）不把民主連結至共產中國，而是抗議個人權利的喪失，以及拿國家主權去交換美國的「保護」。人們未將結盟看待為捍衛其民主權利不受共產陣營侵略，反而認為結盟排除了前者，並且以聯合軍事統治取代後者。某種民族主義於是在異議學生間盛行；不是披汶散播的那種軍國主義式民族主義，而比較接近民粹主義，並且充滿遭到背叛的感覺。反對尼克森對越南與對中國政策轉變的示威遊行，傳達的觀點是美國放棄戰事、棄泰國於不顧，對他們的損失並不大。若說中國人民未能投票，二十五年來泰國平民領袖與憲法則是完全受到操控、忽視或摒棄。一九七一年塔農同時解雇外交部長與撤銷憲法，尤其引起不滿。學生對共產人士的同情從未像對手宣稱的（或是他們身上毛澤東中山裝所暗示的）那麼強烈，他們對中國特務的恐懼則遭到過分誇大。不過在示威抗議被消滅後多達三千人逃往叛亂者的叢林據點，確實代表更親近中國價值（或政治宣傳）而非美國價值。

從體質上就反對年輕（且有時不善於表達）人口的所有一切要求，軍方蔑視學生。至於「仍將美國視為緊密盟友」卻普遍支持美軍撤離的外交部，軍方對其的重視程度僅略高於學生。泰國軍方人士就是無法想像，中國的支持比得上美國過去，以及未來仍可能做到的程度：從一九五七年到一九七五年，美國提供了百分之六十的軍事預算。

① 編按：一九七三年十月泰國發生學運，事件導致掌權十五年的軍人總理塔農下台，此後三年泰國進入「民主實驗」時期，直到一九七六年十月軍人再度發動政變，奪回政權為止。

## 中國與美國觀點

一九七〇年代初期，在尼克森訪中、與泰國官員數度訪中以外的時間，兩國討論美國在泰駐軍的議題。然而在隨後數次訪泰時，中國人不僅改變立場，甚至強烈建議美軍繼續駐守泰國。潛藏於下的是體認到（且使前後不一更添諷刺意味），中國基本上是在贊成美國跟他們從頭到尾支持的勝利者交戰。中國人和越南人雖然有一段爭議不休的歷史過往，共產主義卻給予他們對抗美國人的共同動機。然而在日漸加深的中蘇競爭下，越南站在蘇聯那一方立即使他們成為敵人，而非以往的盟友。泰國、中國和美國至少始自一九五〇年代中期的共同假設因此立即失效：越南的勝利並非中國的勝利，而美國戰敗不代表中國共產黨會迅速跨越泰國邊界。

這一方面開啟了改善與泰國關係的大門，甚至是先前無法想像的觀點，即中國有可能提供安全。另一方面，越南的共產黨同志阻擋中國向泰國進逼戰略優勢，直接挑戰美國。中國人取代的是國民黨、並非美國，而美國駐軍仍是區域安全所必須——包括中國的安全。北京對於影響泰國外交政策的興趣，確實總是勝過推翻其政府體制，入侵領土的意願則更弱。全神貫注於與美國的交戰、與蘇聯的敵對，以及從毛澤東到鄧小平的暴力領導權轉移，或許也讓中國無法不在泰國的過渡期審慎行事，更甚於中國與美國關係的和緩。但是僅僅把泰國跟越南的地位交換，對中國而言算不上淨利，若是出兵且成真，中國入侵泰國將出於戰略而非策略；暫時而非長久之計。正如一位泰國協商人員所憶述：「美國人在泰國留下的軍事空缺，我們並不想要中國來替代。」[3]

美國人主張他們不像在中國和中南半島那樣完全「失去」泰國，但是他們在一九七〇年代中期的行動，一再給予東道主理由請走駐軍。他們絲毫未支持泰國的學生及學生爭取的民主權利；大使稱他們為「新馬克思主義人士」。[4]大使館若非錯失、就是主動放棄興建運河跨越泰國克拉地峽的提議，並且疑似放出假消息，指中國計畫在共黨執政的寮國開闢一條橫貫公路。上述所有舉動將於步入二十一世紀後重新浮上檯面，使美國人居於劣勢；後者甚至未能將撤軍的損害降到最低，更別提將中國新近的弱點轉化成資本。若說泰方對於美國撤軍先是感到驚訝，而後接受，使其加速推進且擴展至最大限度，那麼一開始是美國發動了撤軍，接著立即失去了控制權。

一九七六年十月的政變使泰國的初次民主實驗告終，並且進一步妨害了第二次實驗，因為軍方暴力鎮壓民主運動，直到向中國伸出雙手的路線反轉。與此同時，泰國和美國採取謹慎卻穩定的步驟以修補結盟關係。在三十年後才會真正改變的模式延續下，政變削弱泰國與中國的關係，並且強化泰美關係。兩年後中南半島發生的事件，將使中國轉成友邦直至一九八〇年代，但是真正結盟的機會仍繼續推延。

## 王室的準則

一九七三年，受尊崇卻僅擁有適度權威的君王被迫在此後三十年扮演同一個角色：泰國政治的「國王推手」（與打手）。十二位學生運動人士遭逮捕後，至少二十萬人在十月走上街頭要求釋放學生。維安部隊與治安警力的回應造成近千人受傷，殺害至少一百人。在敞開的直升機上向學生開火的人裡頭，有一位是塔農的兒子，他置身第一批在越南作戰的泰國士兵之中，獲得美國人的表揚。

然而將軍指稱學生背後有共產黨陰謀的主張未能成立，反共的泰王蒲美蓬認為那是在嚇唬人。或許六年前在華府目睹過示威遊行影響了泰王的裁決，在此他也得知後續的美援端視泰國能否改善國際形象。塔農被迫流亡（至波士頓），而軍隊回到軍營。三年後，在塔農返國煽動類似的示威後，軍方動用治安暴力發動政變。官方宣稱有四十六人、實際上很可能超過一百名示威者在一九七六年十月六日被害，以及另外三千人遭逮捕。「有些人被吊在樹上，用金屬椅子猛砸」。[5]由於美軍已離開，而新聞報導有中國人或越南人滲透，確信這一次共產主義是示威背後的核心力量下，泰王背書且任命塔寧．蓋威謙（Thanin Kraivichien）為領導人。中國凶殘的「四人幫」就在同一天被政變推翻的事實，讓他更肯定自己做了正確決策。

對於泰王蒲美蓬而言，一九七〇年代中期的主要優先事項是防止共產陣營入侵，消滅共產人士的叛亂，並且跟反共的美國維繫關係。他在決定泰國盟友時擁有關鍵票，勝過美方或中方的任何作為。至為關鍵地，他也確保任何改變的規模適中、內容無虞且終究短暫。以中國減弱其共產勢力威脅的程度而言，他不反對改善關係，進一步降低風險。但是蘇聯愈來愈支持中南半島的共產勢力，其中兩國跟泰國相鄰，而且都在近期失去君主體制。美國未能阻止這些事件，以及普遍的憤恨感受絕對影響了泰王；居於領導高位不代表他聽不進意見。但若有許多泰國人開始相信泰國押錯馬了，泰王不表同意。美國是輸了，但是反共是正確的，而且在保護王國這方面主要算是成功。簡言之，跟過去和未來的每一位泰國領導人相反，意識型態深深影響泰王的想法與決策。到了一九七六年，共產人士持續在此區域進逼，而距離冷戰告終仍有十五年。泰王清楚表明他的觀點：「你不能在中途換馬。」

此外，沙立為泰國軍方與君王搭起的連結在一九七三年雙雙斷裂，接著再於三年後重建，泰王翻轉了前者高於後者的優先地位。截至今日，軍方內部主張與公開宣稱其任務和使命是要「捍衛君王」。因此在外界看來，軍方於一九七六年重新奪權僅是重回現狀，背後卻是泰國權力動態關係的根本轉變。

## 人權

一九七七年，美國總統吉米．卡特（Jimmy Carter）提出人權是美國對泰政策的一項正式要素。此議題從未扎根，就跟過去四分之一個世紀未能做到的原因相同：（重新）建立同盟跟泰國真誠致力於人權並不同時成立。主動的違反已較不具必要性，人權的復興則需要不以迅速發展的標準去過度嚴格規範泰國人。就現實政治考量，曼谷和華府雙方都接受的速度，端視兩國關係的重新發展有多迅速與深入：起初緩慢且不確定，卡特去職後大力邁開步伐。

在塔寧的第一波施政中，其中一項事關公然的違反言論自由，即褻瀆王室的刑期增加至十五年；一九七七年有四十二位泰國人犯此罪被捕。他也允許壓迫被視為「危害社會」的九種人民，這導致政府對克萊薩克．春哈旺發出拘捕令，因為這位外交部長之子寫了一份報告給國際特赦組織。[6]一位負責人權的美國官員，在國會聽證會後於一九七八年出訪，他表示軍事和經濟援助雖然減少，但「無法證明種種削減出於對泰國政府人權表現的不滿」。[7]

在塔寧的繼任者治下，違反中南半島難民人權的情況愈發突顯，尤以遣送四萬五千名柬埔寨人回國為最。在一九八〇年，媒體限令加強，鄉間地區的強迫失蹤案②增加，並且恢復五人以上集會的禁令。三百本書遭禁，褻瀆王室的司法管轄權移轉至軍事法庭，開啟往後三十年的先聲。

符合與中國展開接觸的政策，泰國華人不再是迫害目標。相反地，在兩次全球石油危機的刺激下，泰國政黨將觸角伸往商業和工業，而這兩個領域久為泰國華人的堡壘。距離他們主導且廣泛定義泰國的「金錢政治」仍須二十年，但是國家立基轉變的淺根已向下生長。政府也鼓勵還不是或不僅僅是泰國公民的人們放棄中國國籍，包括估計三十萬名國民黨人。中國藉由修改國籍法提供助力，規定泰國出生的華人將不再是中國國民。數量可觀的泰國華人涉入一九七〇年代中期的騷亂事件，「但是讓他們身陷麻煩的是他們的想法，而非他們的國籍背景或族群」。[8]有些是共產黨人，在一九七六年的暴力政變過後，以叛亂做為順理成章的躲避方式，但是他們聚焦於泰國而非中國。政變後政府對華語教學的嚴格管控，事後證明屬於例外情況且歷時短暫。

有組織的民兵和準軍事組織在違反人權方面扮演主要角色。大多數勢力表明組建是為了對抗「共產黨」以保護國王，而且，相對於中情局先前創建的組織，他們多半獲得美國援助，其他方面則由本地發動。邊防警隊於一九七一年成立鄉村保皇軍（Village Scouts），因此同樣獲得王室資助，截至一九七六年的鎮壓期間鄉村保皇軍人數占泰國成年人的近百分之十。一九七四年，中情局運用一筆本地資金成立那瓦波衛隊（Navapol, Power of King Bhumibol's Ninth Reign），疑為二十一位農民領袖謀殺案的背後主腦。儘管由平民組成，鄉村保皇軍和那瓦波皆獲軍方的鎮壓共產人士行動部隊援助；後者則於一九七三年連番示威後成立粗暴的紅野牛衛隊（Red Gaurs）。一九七八年標記著泰國準軍事巡邏隊的成立，加速推動鎮壓共產人士行動部隊把受害者塞在油桶裡燒死的做法；

到一九七〇年代結束時，已發生多達三千件未經法庭程序的處決案。民兵日後將解散或逐漸消失，巡邏隊的遺產則會在二十一世紀初期南部穆斯林叛亂重現時有所貢獻。

## 承認共產中國

泰國最早對中國發表安撫性質聲明的開端可回溯至一九六九年，卻因為矛盾行為減損了接觸；外交部長於一九七〇年「公開」主張中國有興趣展開「祕密」談話。[9]最終在一九七一年底，外交次長（與未來的總理）恰差・春哈旺（Chatichai Choohavan）赴北京參訪。尼克森突破性的宣告引入新鮮氣息，春哈旺當局則受限於法律擬制「禁止」出訪中國。史上第一次，泰國官員指稱接待他的東道主為中華人民共和國。泰國和中國版本的「乒乓外交」始自一九七二年九月，另一次泰國官員的「私人」造訪則是隨國家桌球隊同赴北京。郭薩・朱迪昆（Kobsak Chutikul）是負責重修關係的總幹事，且將於一九七五年中以前另行安排兩次體育相關的出訪。據他所述，中國關切的主要議題是仍於泰國邊界活動的國民黨人；「中國會支持哪種駐軍在國內出現？」[10]雙方均未提及駐防泰國的美軍，當時的人數達到最高峰，中國總理周恩來確曾表示將繼續支持此區域意識型態友邦的意向。中方未就發給台灣簽證和通商向泰方施壓，不過明確表示他們監控的雙方往來，細緻到包括出

② 強迫失蹤（forced disappearance）指在獨裁國家政府的授權或默許下，人民遭到綁架、非法拘禁、謀殺等迫害，並且隱瞞受害者下落與生死。

訪官員的姓名以及國旗的放置。確實，給予泰國額外的猶豫期，關乎承認「一個中國」狀態下的聯合國會員身分，以及中國與蘇聯間漸增的敵對情勢。

一九七二年底的中泰貿易協定簽訂後，一連串非正式的「走廊外交」③會面，在朱迪昆團隊的小組長德汶納（Tej Bunnag），以及中國外交部的對口單位間上演。在這些場合翻譯，甚至面見毛澤東的人物，是泰國顧問於一九五六年送去跟周恩來同住的女兒，現年二十四歲。兩國的國家桌球隊於一九七三年互訪，隨後中國接待泰國的羽球隊和代表，進行十七天的體育活動與談話。當年泰國定案，部分撤銷歷時十四年的貿易禁令，於是在接下來的三年間，通商金額從五百萬美元上揚至一億三千六百萬美元。相信中國停止援助泰共也將遏阻越南侵犯泰國，一九七四年恰差．春哈旺採取的策略，是將於十五年後改變此區域的初始版本。根據恰差的兒子克萊薩克所述：

> 他真心相信越南與中國之間存在摩擦，其他人則不這麼想。我記得他說軍隊只能守住曼谷四十八小時。我問他：「真的嗎，越南人攻下曼谷市中心只要四十八小時？」他回答是。他說唯一的解決方法是外交，在父親與兒子的晚餐談話中，他向我說明，他在紐約跟周恩來祕密會面。現在他不想讓季辛吉知道，也完全不想讓尼克森知道，所以他從飯店的廚房悄悄溜走。他告訴周恩來，我們想要在美國之前讓關係正常化，在所有人這麼做之前。當然他動用了自己的中國後代背景，出身自雙親皆為華人的家庭，即使那實際上是發生在兩百年前的事。你知道他們常那樣，互稱兄妹兄弟的，中國是老大哥。而且總是提起我祖父在大躍進時期送魚的事，當作與周恩來夫婦間極其私人的往來。[11]

一九七五年中泰關係確實加速進展，包括以阿南・班雅拉春為首的紐約會面；阿南原先任職東南亞條約組織，屆時已是常駐聯合國代表。泰國國防部長坦承，花在「討論政治的時間比體育多」。[12]中國承諾停止支持共產黨人叛亂，並且開始支持泰國爭取聯合國教育、科學及文化組織（United Nations Educational, Scientific and Cultural Organization）的席次，協助與緩和泰國與越南的關係。在「我們關係的種種戲劇性轉折事件之中」[13]，中國於全球石油危機期間折價賣給泰國十二萬五千噸石油，並且「承認美國有需要持續在泰駐軍」。[14]發言具重要地位的周恩來，指稱自己的國家是泰國人的「親戚長輩」。[15]到那時泰國總理克里・巴莫（Kukrit Pramoj，西尼的弟弟及政治對手）已做足準備：「本政府將與中華人民共和國建立外交關係，並且將透過友善協商要求外國軍隊於一年內撤離。」[16]

一九七五年七月克里出訪北京且兌現承諾，提醒東道主「泰國人與中國人的往來可回溯至數千年前」。[17]充斥著歷史諷刺下，另一方總理直言警告，美軍撤離的真空可能導致區域面臨何種危險，並且要求克里與毛派（赤柬④）新近掌權的柬埔寨關係正常化。行將就木的毛澤東跟他會面約一個小時，據說笑稱泰國若要打擊共產黨人，應該停止喊他們共產黨。中國將允許兩國共黨人士維持黨對黨關係，另一方面卻正式同意停止對於泰共的官方支持。克里宣告東南亞條約組織將於一九七七年中逐步停止運作，並且同意跟台灣斷交。只能有「一個中國」。

③ 走廊外交（corridor diplomacy）指兩方政治人物在走廊「巧遇」，短暫商討重要議題。

④ 赤柬（Khmer Rouge）指柬埔寨共產黨，由波布（Pol Pot）領導。

兩國大多數的要求皆獲對方首肯，而且所有的讓步與好處都由美國承擔。美軍撤離明顯連結至泰國的新外交政策，致命打擊叛亂分子的功勞歸於中國而非美國。歷時二十一年的《馬尼拉條約》將延續下去，但是條約的主要擁護者與目的已不再受到需要。

## 美國人退場

一九七三年四月，季辛吉指示國防部停止駐泰裁軍的所有後續規劃，並且設想為期五至十年的「大量撤軍」。[18]然而在六個月內，關係開始迅速、徹底重組。對美國而言，一九七六年十月政變前的三年間成為外交失靈與外交政策毀壞的教科書。他們也使國務院重新加入研擬對泰政策做為回應。自一九四九年起，中情局和／或國防部在華府與曼谷贏得內部戰役，卻在中南半島輸掉整場戰爭。因此最後一批美國人於一九七五年四月撤離西貢時，季辛吉自我辯護：「美國不以成為盟友來幫助其他國家。其他國家也無需做為我們的盟友來對美國施惠。」[19]國防部長坦承，他不知道美國在法律上是否仍須防衛泰國。不到一年內，美國人將同意不僅從泰國「大量撤軍」，而是全數撤離。

同樣地，泰國外交部「於一九七三至一九七六年間，對於美國在泰駐軍和泰美關係方面，得以扮演主導政策規劃的角色」[20]政策，獲得國家安全委員會的罕見支持，否則此平民顧問組織通常站在軍方那一邊。泰軍總司令尤其反對美軍撤離。內部辯論因而複雜且爭議不斷，不僅是完全裁軍對上完全撤軍，而且數十年來第一次結果並非注定。泰國在位最久的外交部長是為軍事獨裁者服務的平民，他贊成美軍撤離，卻擔憂「假使美國向世界宣告，他們從東南亞、即泰國撤軍，是因為泰國政府要求他們離開駐防點，那麼沒人會責怪美國」。[21]美方未能意識到平民領導階層的崛起，也不了解人民的觀點有可能盛行，構成他們如此迅速且恥辱離開泰國基地的部分原因。

泰國民主變遷的根基當然是較先前強大的民意，到了一九七〇年代初，人們責怪美國駐軍造成經濟發展不均衡、賣淫增加以及漠視文化。在一九六〇年代晚期，美軍的確是泰國第二大的雇主，僅次於泰國政府。但是在一九七〇年代上半，美國經濟援助大幅下滑，投入鎮壓叛亂與戰爭事務為明顯主因。一九七五年的總額為九百萬美元，是一九六四年以來的最低點。

美國在曼谷的麻煩始於美國駐泰大使威廉・金納（William Kintner），他的中情局系譜可上溯至一九五〇年代中期的「野比爾」唐納文。金納在一九七三年塔農下台不久前到職，立即面對一位要求所有政府機關報告中情局活動，並且反對在印度洋興建美國海軍基地的民選總理。中情局隨即偽造一封東北部「叛亂領袖」寫給塔農的信，提議以停戰換取少許土地；這封明顯的假信，卻招致對於美國要在泰國第二座城市設置領事館的抗議。金納立刻向總理道歉，並且確保負責的中情局官員遭開除，但是此項出奇笨拙且玩弄兩面手法的事件，只會推升正在上揚的民族主義。

一個月後美軍開始撤離泰國，不過還需要兩年才能完成。美方縱然合理提出運輸方面的困難，但他們也同時公然忽視國會指示的裁減駐軍、停火、撤離。於一九七四年的開端，泰國有六百架戰機和三萬五千名美軍人員，到年底只剩下三百五十架戰機和兩萬五千人。然而直到一九七五年初，飛往柬埔寨和寮國的戰機仍維持每天至少三十架的次數，有些仍在執行中情局的任務。要到四月西貢陷落才讓他們罷手，這卻也開啟了跟南越間關於戰機命運的爭論，長達一年方休。最終求得的資源並不多，美方選擇保留最好的戰機，其餘則留給東道主，此做法同時開罪泰國人和越南人。

一九七五年五月，馬亞圭茲號（Mayaguez）被柬埔寨的赤柬政府扣留，而救援馬亞圭茲號事件劃下「二戰結束以來泰美關係的最低點」，點明美國是如何依舊困在距離不遠卻時代錯置的過往。[22]總理克里向美國大使館表明他反對美軍使用泰軍基地，也獲得對方的明確保證。但是跟一九五一年的中情局白紙行動如出一轍，大使館、更別提泰國總理未獲告知一千名海軍人員已在前往泰國途中。美方行為失當且蔑視平民領導階層，僅僅通知陸軍副總司令（及未來的總理）差瑪南。海軍人員隨後聽從克里的命令，於二十四小時內離開，以避免「嚴重且具破壞性的後果」；只是他們並未返回基地，而是前往奪回馬亞圭茲號。[23]克里從華府召回大使。美國大使金納表達「遺憾」，並且見證了另一波反美示威，美國總統傑若德．福特（Gerald Ford）的肖像遭到焚燒。[24]在實質影響的層面，此舉「讓克里氣炸了，並且簽署文件趕走美國人」。[25]他下令立即檢視所有的軍事方案與協議，聲明堅決的意圖（在承認共產中國的六週前），要見到美軍於一年內全數撤離。美國駐軍已淪為「一筆債務」。[26]

如同泰國的一九五七年大選最後讓沙立掌權，美國關係也在一九七六年四月的選舉扮演重要角色。一月，阿南從駐華府大使的職位返回泰國，公開賦予克里的撤軍規劃可信度。一個月後，阿南與當時的外交部長恰差．春哈旺找上新的美國大使，提出關於泰國東北部拉馬森情報設施的七項原則。接受的截止期限是三月二十日。自從克里於前一年的馬亞圭茲號餘波期間，發現一九六四至一九六五年間建設拉馬森的祕密協定，他就私下告訴美國人，他們的「技術」人員可以留下，並且不受泰國司法管轄。他也公開表示撤軍期限將可能延展三個月，改成一九七六年六月。公開宣告的七項原則與期限牴觸上述兩項承諾，聲明「美方設施與人員應受泰國司法管轄」。[27]克里原本企圖利用拉馬森做為談判籌碼，換取美軍撤離後留下的軍備；他的七項原則是與泰國軍方間的權勢角力。此舉將對每一方皆造成傷害，並且招致美方的最終誤判。

泰方的要求「像一枚炸彈般擊向大使館」。[28]不理會泰國的反覆聲明且拒絕接受近期的事件，美國對七項守則感到震驚，且最為反對司法管轄權事項。與過往三十年泰國的多數情況相符，在偏向通融的國防部與較無彈性的國務院之間存在莫大歧異。毫無意外地，前者預期泰軍總司令將介入、建議以拖待變；後者讓曼谷的大使館空等指示。大使僅僅面見泰王本人，竭力試圖至少爭取一些時間。美方定案的提議是遵守七項原則三個月，期望屆時美方立場能被接受，這項提案立即遭泰方駁回。期限將至的泰國大選前兩週，美國終究醒悟泰方並非在虛張聲勢——對於民主、中國、平民領導階層，以及美國部隊完全撤軍。如同從一九五九年住在泰國至今的一位美國公民所述：「美國人找到門了。」[29]

歷史的諷刺於此彰顯：在一九二〇年，美國人靠著默許本國人民亦接受泰國司法管轄，贏得泰國人的歡迎，而同樣一件事在五十六年後形成爭議。當時他們簽署一項寫明此條款的合約，並且說服歐洲強權照辦。對日後的影響則更重大，關閉的設施擁有能力偵查貧窮卻強大的中國。美國人唯恐設施在己方人員撤出後落入共黨手裡，離去時將拉馬森拆除。在日後的協商中，美國將確保泰國軍方獲得少量慰問獎，基本上，軍方在克里的拉馬森賭局中幾乎一無所獲。親美的西尼再度成為總理，對美軍全面撤離語帶保留。不過即使他有意願為拉馬森翻盤，到一九七六年政變之時亦隨著最後的美軍離去。

## 外交政策的政變

泰國軍方在七項原則發布時，以及三月二十日的期限前兩天發出警示。未能阻止、拖延或限縮美軍的撤離，泰軍將領至少確保克里輸掉隨後的大選，且於十月親手掌權。跟向中國開放相比（有些軍中人士認為此舉若稱不上明智，卻是無可避免），克里處理拉馬森與美國撤軍的方式，確實讓軍方更普遍地介入政治。塔寧在毛澤東死於北京的同一個月任職總理，對泰國軍方人士而言代表著結束，而非一個新開始。「反共貫穿塔寧所做的一切。」西尼表示。[30]

與中國正式建交的僅僅十五個月後，西尼記得泰國大使告訴他：「關係將不再如同一九七五年七月一日至一九七六年十月六日的一年蜜月期。」[31]他取消預定在中國舉辦的兩場體育活動，而且一方面購買中國軍武，卻又在東南亞非共產國家間號召新的軍事協定。依循長久以來的傳統、卻斷然重申中立場，塔寧又任命了一位當前駐美大使擔任外交部長，阿南則突然「在一九七六年淪為右翼的攻擊目標，稱他是『外交部的共黨人士』」。[32]在泰國近期的中國與美國政策扮演必要角色後，阿南及同事「全部被遣送進一間辦公室，沒有工作可做」。[33]

塔寧也雇用兩間美國企業興建本地武器工廠，並且深化肇始於一九七〇年代初期的打擊非法藥物雙邊合作。二十多年來，在泰國北部邊界販運毒品受到莫大寬容，曾協助中情局挹注國民黨與苗人，且讓泰國的維安部隊致富。然而，開始將毒品視為治安威脅與（默許的）經濟利益後[34]，美國在一九七三至一九八一年提供泰國世界第四大的反毒資金。在泰國政變發生隔月當選的美國總統卡特，寫了一封信給塔寧稱許他在此區域的功勞。掃毒的一項效應是共黨叛亂人數升至最高峰，因為人們尋求保護與抵禦途徑。另一方面，部分泰國維安部隊不滿於失去收入，於是又對塔寧發起一次政變。但是泰王蒲美蓬立即延攬塔寧進入他的樞密院，再度證明國王一貫的反共與親美觀點。

陸軍上將差瑪南於一九七七年十月掌權，十年前他從越南戰場上退役。同為反共人士，他在一九七八年接待卡特的副總統，並且樂見卡特重申《馬尼拉條約》和《塔那─勒斯克備忘錄》下的美國承諾。差瑪南曾擔任塔農派往泰國北部支持國民黨殘餘部隊的人馬，他也終結了這股潛伏勢力的最後頑抗。然而差瑪南也意識到中國有助於改善泰柬關係，共同對抗越南的武力恫嚇。做為某種「重新開始」的指標，他派克里回北京，並且以指派首任駐中國大使為他的初次出訪劃下完美句點。差瑪南也幫助前一年在外交部內部遭逐的人士重回崗位，並且得以持續用「友邦」價格購買中國軍武。[35]

泰國的叛亂在一九七七年達到數量上的高峰，約計一萬四千起叛亂事件，超過大半發生於東北部。根據一位泰國將領所述，塔寧「徹底輸給」叛亂陣營，他贊成實行美軍在越戰採用的「死亡人數統計」方式，既暴力且成效不彰。[36]

然而泰國共產黨為了前一年的鎮壓公開譴責國王，隨即擊落一架載有王后副官的直升機，此後共黨倏地迎來劇烈衰退。在中國援助持續減少下，差瑪南主動發布特赦，單單在一九七八年就獲得約四百人叛離。

當年差瑪南兩次會晤鄧小平，討論叛亂、未來的經濟關係，並且特別聚焦於雙方皆預期越南將入侵柬埔寨。然而在曼谷的二度會面時，泰國王后威脅要在同一時間出訪台灣，藉此表明反共立場。甚至曾一度提及合併國防部與外交部，確保對中國的路線更加一致。不過鄧小平展現了外交與策略的靈活手腕，他設法跟泰王會面，甚至出席泰國王儲的剃度儀式，所栽下的果實尚需數十年才會完熟。在鄧小平一手主導下，王室的態度驟轉，意味著他了解中國再也承擔不起與攻擊王室的泰國共產黨存有任何聯結。

## 跨越國界（一）

一九七八年耶誕節當天，越南入侵柬埔寨。隔月美國和中國正式建交。再下個月中國回應越南侵略的方式是入侵越南，也將泰國的請求考慮在內。中國「跟泰國擁有共同的利害關係，意在抑制越南人（和蘇聯）在此區域漸長的勢力。因此，泰國總理差瑪南將美國總統卡特的中國關係正常化舉動，視為『正面貢獻』」。[37]美國迅速重拾與泰國的結盟地位，中國則未完全退讓一九七〇年代稍早的進展。結果導致三國之間罕見且短暫懷抱一致的安全關切，此後則重回原先的雙邊動態關係。

在首波入侵發動前，鄧小平告訴泰方，他預期赤柬會屈服，中國將出兵攻擊越南做為回應。然而他很清楚，中國可預見中南半島的戰事延長，泰國的安全將因此面臨風險。他提議雙方共同支援以擊退越南軍隊。差瑪南反對正式聯軍，不過同意讓中方戰機飛經泰國運送補給至柬埔寨。侵略行動的十六天後，在事先規劃的商貿訪問團赴中期間，鄧小平提高賭注，向差瑪南的副手施壓，要求使用泰國領土滿足同樣的目的。就在行程的前或後（記載各有不同），上校（及未來的總理）差瓦立．永猜裕（Chavalit Yongchaiyudh）和差瑪南的外交部長（又是一位前任駐美大使）被派往香港，向鄧小平傳達同樣的訊息：武裝柬埔寨人。中國軍事代表團於一月中造訪時，差瑪南的簡報人員坦率告知來客，泰國打不過越南，並且同樣請求援助。根據簡報官的重述，這基本上促成了中國決定在一個月後的二月十七日入侵越南。最終泰國同意中方利用所有的運輸設施與領土，運輸軍需品給赤柬。中國在一九七九年四月過後公開聲明：「假使越南發動攻擊，中國將站在泰國這一方。」[38]

泰國相信越南的宣告，即越軍有能力一早跨越泰國邊界，還「來得及到曼谷吃午餐」並非虛言。越南人告知泰國共產黨，他們「把美國人趕走以後滿副美軍裝備」，所以「有能耐一小時內從柬埔寨駕駛美軍的F-16戰機到泰國，並且在三小時內攻占全國」。[39]然而是否真像簡報官所說的「中國救我們一命」，仍在未定之天。[40]鄧小平曾表明柬埔寨沒有能力擊退侵略勢力，而中國只會短暫入侵越南，「給他們一個教訓」，並非有意在越軍撤離柬埔寨後繼續作戰。誠然，中國必須看守東北部跟蘇聯為鄰的國界，並且在越南邊界長駐多達十二個師的軍隊，用意是將越南部隊從柬埔寨引開，同時收到嚇阻之效。但是鄧小平相當有可能企圖讓泰國陷入此種情勢，好讓中國扮演泰國的新任安全主要保證人，藉此減緩泰國重回美國懷抱，或甚至使其止步。反常的是，無論迄今或日後，從未有一位泰國重要領袖公開提出此種可能性。儘管疑慮在一九八〇年代中期漸增，泰國人仍口徑一致，贊許中國顯然曾在一九七九年趕來拯救他們。

上校差瓦立在未來十年一直擔任泰國派往中國的主要外交使者，他受邀赴越南發射象徵性的第一發砲彈。他也重中泰國的請求，要中國停止泰共以雲南為基地發送的廣播，自雙邊關係重建後廣播僅僅變得較溫和；中國則關閉了泰共在寮國和柬埔寨的基地。一九七九年兩國間也開啟了定期軍事交流：中國人民解放軍的副司令造訪曼谷，泰國的海軍總司令飛往北京。

## 跨越國界（二）

假使這兩次入侵讓中國置身重要地位，曼谷與華府的新領導階層則雙雙揮別一九七五至一九七六年的失敗主義歲月，確保美國循別種路徑回歸。儘管雙方的人權政策分歧，但是同時凌駕其上的，是兩國在逐漸升溫的區域難民危機下找到共同目標。在西貢、金邊和永珍陷落後，越過邊界的難民人數即成為泰國的安全象徵，以及某種程度的測量指標。此外，史上第一次（以及最後一次）美國人將在東協的深度涉入下，於對泰關係方面獲得策略優勢。

截至一九七六年底，單單從寮國逃至泰國的難民就達六萬四千人左右（尚有來自柬埔寨的一萬人和越南的兩千六百人）。同一年，克里將東協形容為「泰國外交政策的核心」，緣由是共產人士在中南半島的侵略，以及因此背離家園的人們。[41]

有鑑於克里先前保證於一九七七年解散東南亞條約組織，加上隔年的兩次入侵行動，他強調東協將迅速成為繼任者的安全迫切考量。塔寧當上總理後確實立即拜會其他東協領袖，並且在一九七七年底出席第一次美國—東協會議。截至當時，每個月有一千七百位難民逃離越南，包括約五百名海上「船民」（boat people）。卡特決定資助難民基本需求，以及將他們重新安置於美國的計畫，同時具有人道援助與維護泰國安全的雙重功能，且傳達了他的人權議題。一九七七年有一萬五千位難民赴美定居，隔年的人數幾近三倍，因為每個月逃抵泰國的人數持續增長：一九七八年一月有四千五百人，到了八月是六千人。大約半數來自寮國。一位前美國援助工作者憶述，泰國官員曾詢問他，「假如泰國失陷了」，美國會不會實行類似的專案。[42]

在入侵柬埔寨和越南的行動後，泰國的難民人口增加一倍之多。這促使卡特於一九七九年初在聯合國支持東協，當時差瑪南正造訪華府。儘管存在非法驅離與關閉邊界，單單在一九七九年五月，就有驚人的六萬五千名難民逃抵，導致美國副總統在隔月拜會東協。而到了美國第一夫人羅瑟琳·卡特（Rosalynn Carter）於十一月探訪難民營，宣告給予六千萬美元人道援助之際，又有五十萬人抵泰；美國負擔了難民在泰國相關支出的三分之一。美國人也提高軍事援金至三千七百萬美元，並且同意擴增自一九七二年以來顯著趨緩的軍武銷售。差瑪南甚至表達開放看待美國軍隊與戰機回歸。然而一位泰國將軍憶述，美軍的貢獻「僅屬象徵性」，而且「在傷口上施加侮辱的是，他們還寄帳單來」。[43]當泰國將領詢問一位美軍駐外武官，假若越軍跨越邊界的話援軍何在，武官指著自己的副手答覆道，「他在這裡」。[44]

至於中國這一方，支持泰國的舉動包括撤換波布，不再讓他擔任赤柬名義上的領袖，以及同樣贊成大多數東協—聯合國的行動。但是中國的外交角色就跟美國的微薄軍事投入不相上下，肇因於兩國近年對此區域的經驗與認識，限制了他們的可能作為。

卡特在一九八〇年最後一次發布國情咨文時，表示美國試圖「阻止越南攻擊泰國領土」。[45]六個月後發生第一波攻擊。泰國擔憂共產黨入侵長達三十年，迫使其曾短暫跨越國界協助美軍作戰。美國人突然面臨必須保衛盟友的可能性，而援救對象已不再是美國軍事人員與軍需品的東道主；卡特追加一千七百萬美元的軍事援金。不過最值得一提的是，此波攻擊假定一項打破平衡的重大演變，即美泰關係重回一九七三年以前的相互理解程度，這個年代的實驗已告終。

# 第五章　政策漂移

一九八〇至一九八八年

我向各位重申，美國是站在你們身邊的夥伴和友邦。我們對於自由和友誼的共同承諾，在過去符合雙方利益，而我相信跨越半個地球連接我們的共同價值，將持續幫助增長兩個國家的福祉。[1]

——朗諾・雷根（Ronald Reagan），一九八二年

做為在此區域扮演顯著且受人關注角色的強權，美國尤其受創於因缺乏明確目標所導致的猶豫不決傾向。另一方面，美國在此區域的關鍵利益，普遍認為是美方強勢行動的合理基礎，但是種種關鍵利益從未特別定義與聚焦，以形成統一的行動模式。[2]

——沙勒辛・維勒波①，一九八二年

---

① 沙勒辛・維勒波（Sarasin Viraphol）長期任泰國外交公職，曾為駐菲律賓大使。

在一九八〇年代的泰國，炳．廷素拉暖（Prem Tinsulanonda）、雷根和鄧小平這三個名字，幾乎是泰國、美國和中國的同義詞。直到一九八九年天安門廣場的顛覆事件前，三國領導階層皆持續一致推動泰國與兩強權國的互動，形成獨特現象。三國間政策制定者的私人關係能夠影響決策是不證自明的事情。從二十世紀初期起，美泰關係獲益於許多厚實的私人關係，在過去十年間轉變的中泰關係情況類似，這部分歸因於私人互信關係。雷根以善於對外國領袖施展魅力著稱，而鄧小平為中國的外交換上新面貌，實質與比喻方面皆然。即便在一九七六年毛澤東過世後中國籠罩深長陰影，鄧小平的改革事項仍包括實施和平共處五項原則。一九八〇年，炳和雷根各自獲得指派／當選，分別領導兩國至一九八八年。鄧小平比他們早兩年上任，在位期間還多出四年。中南半島此前十年的三邊緩和關係與共同動機成為助力，三國政府的觀點與展望，將在未來八年間多能獲得彼此的相互理解。

然而觀點與展望並不相同，泰美與泰中的關係強度亦非對等。當一九七〇年代的政治塵埃終於落定，美方和中方察覺，他們各自對應泰國的位置再度開始轉移，正如曾於衝突期間縱使堅定卻短暫成形的情勢。美國從強大的策略盟友變成非盟友的軌跡，已見迅速穩定的轉向。同時間從敵國變成戰略夥伴的中國，則開始緩慢卻穩定地朝非盟友的地位演變。隨著一九八〇年代推進，兩國的上述走向將顯著深化。到雷根任期結束與中國坦克車開進天安門之際，炳的繼任者將再度視美方為泰國在世界上最親近的盟友，中國則是不確定的威脅。以資深政治家西尼．巴莫一九八九年的話來說：「美方涉入我們國家是自由泰運動的後果──我們總得仰賴某個對象。」[3]

然而，做為從民主黨人卡特手裡接棒的保守共和黨繼任者，難以預料雷根會強化卡特的自由主義舉措。美國的國家安全（雷根的主要盤算與依循），與一九八〇年的此區域完全沒有顯著或迫切的利害關係，即使將天然資源、新市場，以及泰國的超過五十萬難民皆納入考量亦然。越戰與中國幽靈成為冷戰的「熱」實踐，一直是美國涉入此區域的一項爭議性不可抗力，也突顯了美方干預的軍事與意識型態本質。然而在一九七〇年代中期，美國在短期間內接連輸掉越戰，失去對中國的外交霸權，以及駐守泰國的軍隊。就現實層面而言，中國入侵越南的行動，使泰國面臨的共黨陣營威脅減至自美軍撤離三年來最低的程度，因為中國的行動把越南的七十萬軍隊引開了柬埔寨和泰國的邊界。這更造成言之鑿鑿的後果：「無可辯駁地證明了僅有中國願意、且有能力投注鮮血、金錢與跨國善意，以保護……泰國的國家利益。」[4]越南將於可預見的未來，不計代價維持共產主義。在全球的角度，雷根將支持一連串名聲不佳的政府，變得對多邊貿易開放，並且提高國外援助至歷史高點。但是雷根究竟為何要在東南亞繼承赤柬、東協以及「船民」等種種負擔？大使館編制虛浮，美軍聯合顧問團重要性衰減（在一九八〇年僅有三十人），美國駐泰外交使節似乎缺乏使命。

雷根持續涉入泰國的主要原因是處於後毛澤東時代的中國。擔憂冷戰的東南亞樣板或將再次轉移下，美國更關注中南半島持續演變的夥伴關係，而非可能前進的方向。美國在泰國的國家安全利益，因此決定了美國對中國的國家安全利益。與先前三十五年並不一致（泰國更接近手段而非目的），這並非來自特定的中國威脅，而是不確定的威脅。美方將難民和東協做為「分化議題」，藉此分散情報工作以及與中國的互動，同時阻止中國填補美國在泰留下的空缺。難民為美方資金、人力和援助提供身價上漲的入場券。稱此表面上的著眼點為人道主義實屬諷刺，因為這是支持實行種族屠殺政權造成的後果；經典的政治現實，代價是付出數百萬條生命。越南軍隊在泰國土地上發動的數波攻擊，協助合理化不成比例遽增的美國軍援，也造成更深厚且多方的接近中國，不過難民是這十年間的中心議題。

一九八〇年代期間美方重新涉入的第二個原因，肯定縈繞政策制定者心頭、卻可能鮮少被他們提及：他們渴望在屈辱的越南敗戰及無尊嚴地撤離泰國後，贏回在此區域的可靠地位。在少數留下的美軍聯合顧問團人員之中，有一人專門負責尋找依然失蹤的美國和泰國士兵。雷根在泰國示範了過往的政治失靈，將如何影響日後的外交事務規劃管理。毛澤東的陰影擴張遠及華府。基礎政策目標所需的金錢與政治資源超過卡特或許需要的數字，更清楚闡明了此論點。雷根並未縮減規模，反而是往上調高。考量到卡特天生的人道主義與雷根的削減其他人權活動，修正的衝動仍然持續逼近。如同連續四任總統下達空襲伊拉克的命令，其中兩位各來自兩大黨，美國在一九八〇年代對泰國的涉入超越了夥伴關係，且同時受到近年歷史與未來突發事件所驅動。美國目睹了曼谷的反美抗議、中南半島三國首都的陷落，以及泰國承認共產中國。八個月後，美國最後的士兵撤離此區域。

更廣泛地看，三十年來美國投入不計其數的金錢與政治資本，用以對抗敵軍及其標舉的意識型態。敵方全都獲勝了，有些發展得十分興盛。儘管華府存在「泰國疲乏」的勢力，而且「越南症候群」將長久不利於美軍干預海外，美國人仍全無打算遠離這片泥沼。

## 經濟關係與張力

一九八〇年代美泰關係顯著擴展，使整體往來規模依舊龐大，甚至在美軍新近撤離後亦然。直到整個一九七〇年代中期，美國經濟援助一直是泰國國家安全方程式的其中一個要素，經濟關係很快就分立成一門要務。經貿活動與外商直接投資開始踏上平行於政治和軍事的路線。這不僅與區域地緣政治的根本轉變保持一致，而且也符合緩慢而確切的全球進程，即理想上，各國間的經濟事務將全面脫離政治的詭譎多變和意識型態。在泰國與美國之間，經濟變得跟重建聯盟脫鉤，並且只依循屬於經濟面的常規和標準。少數的例外情況下經濟確實變得政治化，但是從未對結盟造成永久傷害。

一九八〇年，泰國與美國的經貿交易超過二十億美元，對比於十年前則僅有三億美元。一九八四年，泰國成為東南亞第一個接受結構重整貸款（Structural Adjustment Loan）的國家，兩億美元資金來自美國主導的世界銀行，同時美國成為泰國的第二大貿易夥伴。然而到了一九八六年底，美國對泰國的貿易差額已從大幅順差轉成十億美元的逆差。主要肇因是執行貿易保護主義的一九八五年《美國食品安全法》（*US Food Security Act*），泰方認為那是在回應他們近年來最低的糖價與十年來最低的米價。據一位前駐美大使所述：「因為美國政府最近採取的幾項經濟措施……泰國社會對美國的觀感從未如此負面過。」[5] 一九八六年泰國國會領袖寫給美國國會的三封信未獲答覆，導致更深的失望。因此，儘管美國支持泰國爭取聯合國安全理事會非常任理事國席次，泰國仍站在中國和蘇聯一方，投票譴責美國近期在利比亞的軍事行動。

當泰國經濟迅速回彈達百分之十，且於一九八七年取得新興工業國②地位，泰國與美國的關係

② 新興工業國（Newly Industrialized Country）指經濟發展未達到已開發國家的標準，但是勝過大部分開發中國家的一種分類。

則未回溫。日後將成為長期困擾的一九八八年《美國綜合貿易暨競爭力法》（*US Omnibus Trade and Competitiveness Act*），使泰國名列侵犯智慧財產權的優先觀察國家。在國內反彈下，總理炳給予美國特許權，儘管如此，雷根在任期尾聲撤銷泰國的寶貴貿易特權。主管此議題的是美泰小組委員會，擔任主席的外交部長強調這件事的重要性；他在雷根發表離職談話後辭去主席職位。一位日後的外交部長坦承：「我們對於國會如今在外交政策方面扮演的角色感到困擾。」而且泰國再次以聚焦無關議題做為回應。[6]泰國向全球媒體指控美國在一九六〇年代偷走一件工藝品，而這原本會是兩國文化參事之間處理的事務。最後，工藝品獲得歸還，而在智慧財產權方面，一九八九年泰國從優先觀察國家除名。

如果經濟面的戲劇發展是真誠的，那麼與十年後的真正危機不同，此時更偏向反映兩國間「逐漸增長的痛楚」，而非對於兩國關係的嚴重傷害。現代全球貿易的結構在一九八〇年代中期迅速演進，如泰國等開發中國家剛開始扮演活躍角色。以一位泰國高層官員的話來描述：「你不能求助於老朋友。從美國的角度來看，關係不得不限於短期且基於金錢。那是現實做法而泰國必須接受這一點。」[7]更確切地說美國的過錯在於《農業法》（*Farm Act*），泰國則在智慧財產權上犯錯，但兩者都被視為可修補的過失，遠非結盟關係的破裂原因。在上述爭端發生的同時，兩國正針對中國加強安全關係僅僅強化了此論點。

## 炳・廷素拉暖

一九八〇年代的特點是從二戰結束以來，泰國首度假設美方與中方可能構成某種程度的合作與協議。泰國人依然在為並非自己引發的區域衝突付出安全代價，只在戰爭打到國界上才直接涉入。難民與他們帶來的不安全局面，成為泰國無法在欠缺外援下處理的問題。美國和中國都是聯合國安理會成員且剛加入東協，兩國皆非不受歡迎的捐助者。而他們並不公然敵對的事實（且更不與泰國敵對），使炳得以在外交政策上保持少有卻樂見的彈性。「中國不再被視為亞洲惡霸，」日後的總理阿南表示，「美國卸下『世界警察』的角色。」8

炳是一位罕見的軍界人物，他藉由憲政手段在泰國掌權與維繫權力，不過持續擔任軍隊將領直到一九八一年底。他的九年任期跟披汶（戰後）和塔農一樣長，即使經歷數波政變與暗殺嘗試，他的治理期間遠比上述兩人穩定。主要原因是一九七六年後泰國君王與軍隊間形成新的動態關係，而炳幾乎是為此關係量身打造的化身。炳在一九七〇年代晚期讓愈來愈反君王的泰國共產黨吃下更多敗仗，因此獲得王室賞識，於泰王蒲美蓬接見的隔天上台。會面時也在場的差瑪南則辭職。當一群軍方的「少壯派」企圖在炳就職一年時發動政變，他在王室家族陪伴下離開曼谷。王后的支持話語立即透過廣播放送，公主詩琳通（Sirindhorn）在電視上透露她正在跟總理一起過生日。炳在軍人撤退的兩天後回到曼谷，權力甚至更加穩固。

少壯派並不是反對炳，更加絕非反對軍人治國；自始至終皆堅定反對民主的詹龍・斯里滿（Chamlong Srimuang）是炳政府的第一任祕書長。少壯派在一九七〇年代也動員軍隊與民兵反對美國撤軍。他們反對第一步兵團（包括國王和王后的衛隊）在軍方，以及華人在經濟上的長久主導地位，也反對泰國新近與共產中國締結的夥伴關係。少壯派的名稱雖激進，卻尋求回歸披汶時代晚期的舊秩序。出手逼退政變的是王室反對而非武裝防衛，促使泰國進入第一波承平時光，即學者鄧肯・麥卡戈（Duncan McCargo）認定的著名「網絡君主制」（Network Monarchy）：「一種半君主的統治形式……做為一種泛政治的體制。」[9]到一九八五年嘗試第二次政變之前，且視其失敗為已知的結果，王室贈予炳延長任期。在王后支持一群軍官主張炳仍然「活躍」的請願後，他從軍隊退休的日期獲得延展。[10]王后衛隊協助在第二次政變發動的數個月前就加以鎮壓，此後於炳在位時擴張規模。十一年來炳在泰國軍隊最高層與政府的任職告終，不到三週內，炳將獲國王任命進入他的樞密院。

炳與美國和中國皆頻繁接觸，一九八一年赴美、一九八〇年赴中進行國事訪問，且於一九八四年由於健康因素前往美國。他也讓差瑪南的外交部長繼續留任，這位部長參與近四十年來泰國與中美兩國的變遷關係。入閣前他曾任國家安全委員會主席，許多人認為他從未真正離開此職位：「在國家安全委員會掌控外交部下……只獨視越南為威脅，而我們愈接近中國，事態就變得愈發令人不安。」[11]他將造訪美國和中國兩地，起初是一九八〇年赴北京，並且與美國多任優秀大使保持良好關係，尤其是一九七八年中起就任的莫頓・阿布拉莫維茲（Morton Abramowitz），以及約翰・岡瑟・迪恩（John Gunther Dean）。阿布拉莫維茲是自一九六一年以來首位因長期優越表現於日後獲得「職業大使」（Career Ambassador）職銜者。阿布拉莫維茲直接管理的下屬包括芮效儉（J. Stapleton Roy），他亦將獲此殊榮並且後來成為駐中國大使。直到二〇一一年之前，大使館未再受職業大使領導（達到截然不同的成果）。

外交部長也促成王后與王儲於一九八〇年初和一九八一年底訪美，王后領取了數個獎項與榮譽學位，王儲則接受飛行訓練。返國後，王儲獲得授予在空軍擁有專屬的飛行中隊（這是泰國君王與軍隊間的另一連結）。中國依照一位「具特殊關係友人」（亦為一九五九年後造訪西藏的首位泰國人）的建議，由北京邀請泰王的姊姊來訪。③[12]本月稍早公主詩琳通剛剛有技巧地協助打壓反華政變計畫，就於一九八一年開啟了往後十年間的一連串訪中行程——此後她獲得歡迎隨時來訪的邀請。一九八五年泰王在機場送別出訪的中國總理，王儲則代表國王於一九八七年初參訪中國。一九九一年，炳的外交部長將隨他入列樞密院。

## 泰國華人處境

受到聯合國（於一九七一年取代台灣）、泰國（一九七五年）和美國（一九七九年）承認後，中國的國際關係在一九七〇年代迎來真正的轉變。中國獲得長久尋求的合法地位，並且準備好要發揮影響力。等到鄧小平、炳與雷根全都掌權之時，中國已開始緩慢而確實地將東協工具化，其軍隊在他國眼中主要用作保護力量。主要聚焦於中南半島之際，中國也有功勞強力制約至少一個（同陣營的）共產國家，且讓區域暫時維持秩序。而且與美國不同，中國跟兩國皆有相鄰國界。這些全都成為泰國的安全保障，增強炳在國內的政治優勢。

---

③ 甘拉亞妮·瓦塔娜（Galyani Vadhana）是蒲美蓬唯一的姊姊，蒲美蓬另有一位兄長。

泰國華人族群在一九八〇年代末再受刺激因此顯得重要非凡。中國領導階層與泰國君主間的關係大獲強化，是計畫在進入下個世紀後回收龐大政治報酬的投資，反觀當下的價值有限。中國的夥伴地位將在最初這幾年維持穩定，直到一九八二年因中國與蘇聯和解而動搖。到了一九八〇年代中期，中南半島落入另一場消磨戰，中國不再是泰國整體安全的明確助力。從一九八五年起跟泰國進行的軍武交易為泰方所樂見，不過自鄰國緬甸於一九八八年中政變後，中國與緬甸進行更大筆的交易最終顛覆了平衡。中國未將與泰方的夥伴關係轉成友善結盟，一直維持有限度的目標與興趣。中國經由泰國轉運和購買的軍武多屬低階武器，不過與一九七六年以前的美國軍事人員和軍需品不同，它們並非以泰國為基地。一九八〇年代中期，中國與泰國（和東協）之間的經濟活動並未增加，而一九八八年中國在曼谷宣揚的四個現代化運動廣受歡迎。然而整體觀之，泰國與美國的爭端導致許多泰國華人企業期望深化對中關係，可是快速成長的是泰國經濟，而非中國經濟。

泰國華人愈來愈被看待為國家最寶貴的經濟資源，一九八〇年是他們向外擴張的開端。值得注目的卜蜂（正大集團）④從一九四九年就在中國食品業嶄露頭角，當時披汶在國內妖魔化中國，而毛澤東正要贏得內戰。卜蜂集團迅速成為中國最大且顯著的外國投資商後，炳的外交部長和差瓦立將軍藉助卜蜂接觸中國高層領導人。泰國想在中南半島獲得鄧小平的協助。卜蜂的創辦人證明自己十分得力，他的中國口音在國內不再構成妨礙，其公司主管獲任命為泰國外交部的顧問。誠然，在二十世紀初期泰華三合會與幫派的現代化身協助下，「金錢政治」在一九八〇年代大幅躍進。團體與個人利用其私人企業人脈與敏銳度以影響政治，同時也成為政治人物。諷刺的是如差瓦立將軍等軍方人物通常是交易、獻金與變遷的關鍵，因為原先將他們安插進內閣正是為了抑制華商的影響力。

這是少壯派在一九八一年政變反對的現象，因為那將泰國華人引進網絡君主制，而非迫使他們競爭其他權力基礎。時間日後將證實，這對於泰華網絡在一九九〇年代的興盛以及在新世紀的奠基皆為關鍵。一位在香港受教育的泰華企業家拿下保皇民主黨的領導位置，其擁有向王室與皇家專案輸款的資歷，赤裸裸地確保了他的入場券。

由此一來，從一九〇〇年代初期就被視為擁護共和政體潛在威脅的強大族群，受籠絡與歸順的程度比同區域其他任何一地更高。

## 人權

美國總統雷根將人權顯著「貶低」和「政治化」為外交政策的一環，中國則視國際人權為一種外來觀點。東協內部確實對柬埔寨屠殺的關注有限，雷根於一九八六年曾短暫處理此事務，但是美、中對加害者的支持使其過於妥協。其他一些因素與發展尤其形塑了泰國一九八〇年代的人權處境。不再是侵犯人權的重要戰場後，泰國的共黨人士叛亂到一九八〇年代中期基本上已告終。以言語和武器攻擊君王是一場賭博，對國內的心理而言遲了二十年⑤，並且在叛亂者中教育程度較高、

④ 卜蜂集團在中國的名稱是正大集團。

⑤ 指在一九六〇年代，批評與美交好恐損及國家利益的泰國共產黨受到強力打壓，當時在國內尚能引起同情，然而到了一九八〇年代已無此氣氛。

較文雅的成員，及年長的泰華領導階層間皆引起恐慌。到炳執政時叛亂人數約為一萬人，不過中央委員會裡只有兩位泰人成員，其他全數是華人。泰國共產黨控訴王室訪美引來反感，以及一連串戰場上的失利，使得局面在一九八一年翻盤。在仍然定居此地區的國民黨軍隊大力協助下，泰國軍隊占領了位於國土北部的泰共總部。面臨擴大特赦方案與力圖將國家的經濟成長擴展至鄉間等背景，截至一九八四年叛亂陣營縮減至約莫一千兩百人。隔年炳在二十九個省廢除戒嚴。泰國共產黨遭禁止參選，有些可疑的共產黨人未經審判就被拘留，然而叛亂已成歷史。

另一方面，與泰共並非毫無關聯，可追溯至八年前的泰國南境穆斯林不滿情緒（且部分為泰共所吸納），在炳治下再度爆發，形成另一股分離主義叛亂。在此詞彙於二十年後承載新的意義前，國務院在一九八一年將其行動稱為「恐怖分子」。[13]泰國政府在一九八六年承認，警方的「死亡特警隊」（death squads），未經司法程序就處決真正與可疑的穆斯林叛亂分子及其支持者。[14]

在北方與南方以外，炳統治期間違反人權的主要場域在泰國接壤寮國與柬埔寨的東方邊界，涉及的是難民而非反叛者。卡特的重新安置方案，讓一九八〇年到泰國的五十萬難民中，半數得以前往美國。認為美方做法是在邊界戰事的「推力」再加上「吸力因素」，一九八一年泰方使得難民營條件顯著惡化，試圖阻止所有鋌而走險的難民。當愈來愈多人直接消失在泰國鄉間，當局在陸地與海上恢復非法的「遣回」。儘管如此，到一九八〇年代中期又有數十萬柬埔寨人及十分之一的寮國人逃抵泰國。泰國的「人道遏制」政策在本質與目的上雙雙失敗。柬埔寨人受到虐待，苗族人被擋在邊界外，越南人被遣送回海上。一九八八年收容超過一百萬中南半島難民後，泰國封閉了整個東海岸。一位前任外交部長精準捕捉美方與泰方的態度：「美國參議員可能認為泰國位於他那一州，聽聞據稱泰國政府拒絕寮國難民的決策，自認適合對此表達憂心。」[15]到那時，美國本土已是四十多萬難民的家，成為美國涉入此區域事務的提醒與代表。

## 黃金與鋼鐵

一九八一年越南威脅，假如柬埔寨難民遭遣返就要在泰國土地上攻打赤柬時，雷根的國務卿重中《馬尼拉條約》。他的發言場合是東協的一場會議，使得承諾的信號發送得更廣，泰國藉此換得東協聯合抵制越南的背書。在炳出訪華府期間，雷根親口提及《馬尼拉條約》，並且承諾遊說國會撥出更多援金。隔年泰國和東協提高發言聲量，當時中蘇的敵對告終可能導致中國在中南半島決心軟化，構成威脅。於是美國導入地對地魚叉飛彈系統（Harpoon missile system），加速運送大砲供邊界防禦，並且將軍事資金大幅提高至八百一十萬美元。炳和雷根也同意一項聯合空海監控計畫，壓制攻擊越南「船民」的海盜；在一九八一年，有多達四分之一的越南「船民」在前往泰國途中，死於海盜或暴風雨襲擊。

若說在炳—雷根時代美國與泰國的關係達到指標性成效，那麼一九八二年的年度聯合軍事演習即為開端。與此同時中蘇關係緩解，雷根公開宣示要將美國海軍第七艦隊擴大至五百艘軍艦，時間點再好不過。「金色眼鏡蛇」（Cobra Gold）軍演標誌著自一九七〇年代初期以來，美軍人員首度與泰方軍隊在當地大規模合作。縱然中南半島提供規劃與合作的當下情境，演習的潛在目標大為超越當前的衝突。更重要的是，金色眼鏡蛇軍演確認了美國軍隊不僅受到歡迎，還成為需要（這是自二戰後最易使美泰關係產生連結的建制）。隔年的一項舉動規模較小而重要性不減，泰國允許美軍使用烏打抛航空基地（U-Tapao airbase），這是基地因戰事興建以來的第一次。美方同意進行維修、存放戰機燃料，以及時時駐守基地的空軍中途加油專門人員——美國軍靴踏上泰國土地。泰國國家安全委員會主席總結了泰國官方的觀點：「人人都想忘記越戰。是啊。但是忘不了。」[16]

一九八三年初越南軍隊兩度於泰柬邊境攻擊難民後，美國立刻運送飛彈至泰國。軍事援助在接下來兩年各達一億美元的頂點，當然泰國在一九八五年發生更多戰事是重要原因，且直到一九八六年才下降。此高峰僅僅比一九七二年的歷史高點少兩百五十萬美元左右，顯示美國成功恢復關係的程度，逼近撤軍前的狀態。援金大多用於購買美國武器和軍需品，諸如坦克車和裝甲運兵車，榴彈砲和反戰車飛彈，直升機和F－16戰鬥機。透過美軍聯合顧問團進行的運輸合作也增加了，一九八六年泰國成為北大西洋公約組織（North Atlantic Treaty Organization）與韓國以外，獲得美方戰爭儲備物資的第一個國家。軍火和其他裝備將存放在國內，確保應付武裝衝突的長期準備。在面臨越南人進入泰國兩公里的地帶埋置地雷，以及更高頻率的邊界遭遇戰，美方的準備具有充分理由。到那時已有超過一千名泰方人員傷亡。最終「我們跟中情局攜手取得重大進展」，尚有其他的情報合作。[17]一位美國情報人員發現邊境村民舉止可疑且不自在，離開後才得知波布就住在幾分鐘路程外。

一九八〇年中越軍攻擊泰國領土後，中國在炳及其外交部長出訪北京期間給予安全擔保。中國路線關乎更偏向和解的東協，隔年中國同意支持成立中南半島聯邦的可能性，這也代表中國開始將泰國視為廣大華人版圖的一部分，會加以利用或使其中立。在越南於一九八三年發動攻擊後，中國的軍方統帥訪視並接待泰軍總司令。北京也將承接小規模的基礎建設與通訊工事。同一位美國情報人員取得中方在泰國臨海省分興建碼頭的照片，讓中情局大感詫異，碼頭延伸入海兩百公尺，寬度足以讓卡車雙向通行。一九八六年，雲南省的中國人民解放軍建立與泰軍總司令間的通訊管道，且於一九八〇年代末終止了此處的泰國共產黨廣播。

一九八五年，差瓦立將軍促成第一批轉讓給泰國軍隊的中國軍備，其中有高射砲、反戰車砲和五九式坦克車。這批武器通常標示半價或只賺取極低利潤，到炳任期結束前中國將賣給泰國軍火、裝甲運兵車、地對空飛彈，以及三架F-17戰鬥機，而在一九八〇年代晚期將建造泰國的第一艘戰艦。不過，縱使中國售泰軍武的品質逐年提升，大部分武器仍是「徹底的垃圾」。[18]其中有口徑相異、不一致的砲彈，不斷需要零件導致依存關係，泰國在維修與製造方面需要新設備，僅有中文的使用手冊必須自行翻譯。相反地，美國提供大量軍事援金以購置高階武器，美國坦克車和裝甲運兵車甚至優於蘇聯供給越南的裝備。中國販售運送的卻被稱為「有輪子的錫罐」。[19]數十年來泰國軍隊習慣了美國的武器和裝備，從一九五〇年起美軍聯合顧問團就現身當地。邊界戰事終於告一段落時，全套美軍裝備已經讓泰國軍隊遠比中國軍隊更強大——中方的裝備老舊破損，或者落入柬埔寨人手裡。一直到二〇〇〇年炳出訪美國時，才遲來表達「他的『衷心』感激」。[20]

# 第六章 泰國之春

一九八九至二〇〇一年

正值一九九七年金融危機之際，我去見川．立派①，他靠過來說：「卡爾，讓我把話說清楚。我們是你們打越戰的盟友，不是嗎？現在我們情況緊急，你們卻沒辦法幫忙？我沒誤會你吧？」[1]

——卡爾．傑克森②，二〇一五年四月

一九九七年對於兩國皆預示著未來的情勢，中國將把握機會展現他們對待泰國的路線與美國不同。美國發出的信號是冷戰現在結束了，我們再也不在他們的雷達螢幕上。[2]

——功．恰帝卡瓦尼，二〇一五年五月

① 川．立派（Chuan Leekpai），中文名是呂基文，是泰國第二十任與第二十二任總理，首先於一九九二至一九九五年擔任總理。金融危機爆發、差瓦立下台後，再次於一九九七年就任至二〇〇一年。

② 卡爾．傑克森（Karl Jackson）是美國總統老布希的國家安全事務特別助理暨亞洲事務資深總監。

在炳與塔克辛之間的漫長十餘年，炳統治期間定調的動向獲得延續，泰國更能決斷與美、中之間的政治和安全關係，經濟層面則未必如此。動向也擴張規模，由於王國的選擇跟鄰國愈來愈對立，原先僅適用於經濟的「全球化」納入泰國外交事務的其他事項。一九七〇年代晚期擁護的負面「等距離」主張，轉變成較向外的「全向性」和「積極參與」政策。冷戰與中南半島戰事的最後局面都變得更明朗下，泰國進入從二戰前以來最獨立且積極主動的外交政策時期。美國總統喬治・布希（George H. W. Bush，以下簡稱老布希）的「新世界秩序」使泰國面臨一連串獨特機會與挑戰。起初持續與美國維繫穩固連結，以及與中國間的正常關係，到一九九〇年代末泰國將成為變革的沃土。

泰國總理恰差・春哈旺從炳手裡奪權，期盼將中南半島的「戰場變成市場」。[3]恰差起初遭受美國和中國反對，但此次權力轉移最終獲得兩國樂見。共同涉入過一九七六年的七項原則撤軍戲劇場面後，繼任者阿南・班雅拉春將隨恰差重獲美方的個人信任。不過要到川・立派的兩任國際主義政府最讓美方刮目相看，且使隨後的地緣政治轉變顯得如此遺憾。從一九九二年開始，川的外交政策歷經三年成形，且於再過三年後完全實現，到二〇〇一年告終。他第一個任期的政策有智慧且積極，第二任期的政策富原則且果敢；川仍舊是泰國總理之中最接近擁護過某種政治意識型態者。川小心翼翼避免對美國盟友過度投資，並且與中國維持對等關係，他平衡處理泰國的外交事務，較靠近美方的觀點與價值而非共產中國。川期待美國扮演「相對於野心勃勃與擴張主義中國的抵消力量」，經歷了前所未見的經濟成長。[4]在他的第一個任期裡，中國也從鄧小平交棒給滿懷自信的江澤民，天安門廣場的犧牲者使他往權力大位邁進。川將於第二任期晚期顯著增加與中國的聯繫，此舉是受到審慎行事與不斷變化的區域情勢所驅使，而非施政原則。

與美國總統比爾・柯林頓（Bill Clinton）的做法一致，川也允許附加利益與國家安全考量同場競逐：「川政府在與西方強權的緊密同盟下獲得安全，因而使泰國人的特質緊連於國際常規……例如尊重民主與善治（good governance）。」[5] 一九九六年柯林頓在川的首位繼任者短暫任期間來訪，距離一九六九年尼克森訪泰已有二十七年。但是為柯林頓來訪打下政治基礎的是川，而且將於兩年後接待柯林頓的也是川。由於在川的兩屆任期之間發生的事件，使他的政策無意間導致泰國的秩序重整，在他的第二位繼任者手裡上演。

上述事件指的是一九九七年起源於泰國的金融危機，接著擴散至整個區域。川在第一任期的政策並未使危機加劇；軍系總理差瓦立與「金錢政治」臭名主導了財政失誤與不當治理。不過在川回任後，他立即延續的政策在選舉政治（electoral politics）的簡化論述下，與國際貨幣基金組織（International Monetary Fund）及其主要支持者美國，在泰國實施的「國際」解決方案劃上等號。到一九九〇年代末，美方再度使極力贏得的盟友地位陷入危機，原因是未能認識到結盟不僅止涉及軍事。不同於前十年經濟面「逐漸增長的痛楚」多半導致緊張局面而非傷害，金融危機觸及關係的「支點」，因而產生真正的威脅。[6] 這也讓中國有機會對泰國允諾種子資本（seed capital），期望在下一個世紀回收更多的政治紅利。

## 泰國之春

川的積極外交政策植基於國內的政治發展。在炳與塔克辛之間的十二年，泰國有六人共任八屆總理，第一位被一九九一年二月的政變推翻。政變領袖蘇欽達・甲巴允（Suchinda Kraprayoon）將軍公開提及恰差的貪腐，引述沙立的主張，即「民主」需要為泰國人特別重新校準。兩週內，他強行通過當時泰國史上最大宗的軍武購買案，並且讓阿南就任總理。一年後，此項違反直覺、動用軍事手段達成平民領導的路徑反轉，蘇欽達在下一輪選舉後親自掌權。一九九二年五月四日，有八萬人民走上街頭抗議，五月十七日則來到二十萬人。「獲得總理蘇欽達知悉與同意」，「摧毀敵人」的命令下達。一九六〇年代晚期將泰國軍隊調度至越南的兩位退役軍人跳了出來。已退役的少將詹龍・斯里滿仍然參與少壯派的謀略，在泰國的軍隊與民主間發展出一種相互懷疑關係。自一九五〇年代晚期以來，「捍衛民主」的第二要務雖然跟排行首位的捍衛君王有一大段距離，卻在一九九二年五月開始展現其政治效力。示威群眾大多數真誠支持民主，站在他們另一邊的是將軍素拉育・朱拉暖（Surayud Chulanont），他指揮的士兵殺害至少一百人，另有數百人受傷。至少兩百位抗議人士失蹤。前總理炳跟美國大使館開會時，「佯裝對局勢不知情，並且鮮少透露現況」。[7]然而數小時後他促成一通電話，讓詹龍與蘇欽達一同向王室報告，通話後蘇欽達辭職並離開泰國。

於是泰國史上第一次也是僅有的一次，多數人民拒絕接受實質或事實上的軍事統治，「泰國之春」終於綻放。此時期將維持五年，同時是川的第一次總理任期，且於通往泰國最進步的體制時達到頂點。詹龍藉此以他未能預料且絕對不希望的方式成功——異議人士主張的因果報應。由於泰王站在示威群眾這一邊，而非兩股軍事派系，網絡君主制遭到削弱。無論多麼短暫，取而代之的是較民主的王室網絡，即川的民主黨與人民。泰國人將憤怒轉為行動主義，並且催生了現代泰國公民社會：「媒體慶賀身處亞洲最自由活躍的環境……經濟規劃從成長導向修正為社會目標。教育與醫療衛生改革由私人倡議團體規劃，並且迫使不情願的官僚接受。」[8]對抗環境惡化的窮人議會③成效最卓著。

## 王室主導

在一九九一年政變後，王室藉由王后詩麗吉（Sirikit）和公主詩琳通的出訪立即安撫美國，她們受到美國總統老布希夫婦的接待。從童年過後未曾赴美，公主在劍橋為蒲美蓬・阿杜德國王廣場的紀念匾牌剪綵。一九九四年公主朱拉蓬④的先生獲任為駐華府武官，不僅提醒泰國的軍隊—君王連結，還包括與美國的連結。即使在金融危機過後，公主詩琳通於一九九八年參訪甘迺迪太空中心（Kennedy Space Center）象徵著國王對於美國的不變承諾。儘管國王的出身、經驗與傾向皆為國際主義派，他謹記全球化當中美國的不對等角色，並且審慎提防在一九八〇年代全面受其支配。蒲美蓬國王的一些鄉間開發計畫不僅跟新的草根網絡與非政府組織相輔相成，並且使進步潮流更能本土化。但是一九九七年的騷亂並未造成與美國利益間的意識型態衝突，僅僅確認了國王厭惡全球市場天生的風險與貪婪。他同意美國觀點，主張王國的財政與經濟政策必須「簡樸」與永續。

泰王也依舊不相信中國對於泰國並無地緣政治圖謀。詩琳通公主是天安門事件後首位出訪北京

③ 窮人議會（Assembly for the Poor）於一九九五年正式成立，協助因開發計畫影響原有生活的鄉村居民。

④ 朱拉蓬（Chulabhorn）是蒲美蓬與詩麗吉的幼女。

的王室成員，到此時她赴中國（有時每月造訪）已成慣例達十年。二〇〇〇年她將獲頒中國最早的語言、文化暨友誼勳章。縱使王后詩麗吉遲至二〇〇〇年才出訪，此舉僅僅符合中國開始呈現的更高調姿態。與美國之間唯一的區域歧見來自緬甸。假定他們必須「向大使館報告一切事項」，泰王於一九九四年告知喬治城大學（Georgetown University）代表，美國經濟制裁將導致邊界上的煩擾。[9]

## 人權

一九九一至一九九二年的事件並未遏止違反人權，而是開啟了另一扇更寬廣的門，使違權行為曝光並加以處理；一九九四年泰國發生九百八十八次公眾抗議，比四年前的一百七十次高出許多。然而，總理阿南對於涉及一九九二年五月暴力行為的所有人發布特赦，拒絕究責與賠償。這包括日後策動二〇〇六年政變的頌提・汶雅叻格林（Sonthi Boonyaratglin），以及將於政變後當上總理的素拉育將軍。曾於前一年哀嘆「軍方可能要再過五十年才會接受在泰國的適當角色」的阿南，自身亦協助實現此預言。[10]二〇〇〇年國防部終於發布關於鎮壓的（非獨立）報告，內容完全不承擔維安部隊的責任或違法行為。

一九九四年美國抗議一位美國人在受羈押時死亡，宣告「不受懲罰的氛圍是不利於警察行為產生任何顯著改變的單一最大因素」。[11]警方承認施虐，僅僅在一九九五年就殺害三百五十九位嫌疑人。強迫遣返難民在此十年間依舊盛行，移民拘留中心的處理條件已構成虐待。泰國當局選在一九九五年十二月的西方假日期間，將尋求政治庇護的苗人強迫遣返寮國，此做法將於二〇〇〇年代反覆上演數次。欠缺正式的公民身分，近九十萬泰國「山地族」（hill-tribe）面臨移動、工作、教育與健康方面的嚴苛限制。一九九六年，約八十位警察阻止兩位國際特赦組織代表將中國的人權檔案遞交給中國駐曼谷大使館。他們也在一九九七年六十度對媒體和學術出版刊物發出無合理原因的警告，不過反共人士法終於在隔年廢除。

正面與負面觀點交疊下，一九九七年憲法成為泰國之春最具代表性的單一要素。起草涵蓋廣泛以確保草根可信度與真正進步，卻遭受保守利益抵抗，使許多改革與發聲受限。眾多權利（關於性別、資訊、犯罪嫌疑人、地方社群、環境）編入憲法，專門處理選舉、貪腐、人權、媒體和治理的新委員會與法庭成立。然而資格與標準條件使進步因素處於劣勢，軍隊則未能將反抗政變的權利納入憲法。

據川的外交部長所述：「因此毫不意外地，民主找到方法涉入我們的外交政策。」[12]在川第二次卸職前，泰國簽署或批准了聯合國的條約，關於兒童、公民與政治權、施虐、經濟與文化權，以及新成立的國際刑事法院（International Criminal Court）。這也讓聯合國難民署（UN Refugee Agency）終於得以正式前往「臨時庇護所」，當時多半收容來自緬甸的難民。

## 置身前百分之十

泰國的華人血統公民仍占至少百分之十的人口，他們在自身協助形塑的「金錢政治」方面大有進展，且將觸角伸入公職與極其重要的軍方。在本質上，泰華在泰國取得顯赫地位與權力，正如同中國在外部世界的進展。在社會上，lookjin（泰華）或甚至原先視為貶語的jek身分成為一時風尚。恰差是泰中友好協會的主席。一九九〇年，富有且人脈廣布的卜蜂集團協助差瓦立將軍組成新政黨。三年後他成立「泰中文化經濟協會」（Thai Chinese Cultural and Economic Association）。當他在金融危機期間猛烈批評「前來定居在這片土地上的那些他者……毀了這片土地」，政治傷害遠遠超越了諷刺意味。[13]他的繼任者川驕傲地聲明：「我的祖先是華人，族群使我們的國家與人民間存在一種特殊情感。」[14]而行事果斷的泰國華人塔克辛，則是利用金融危機作競選的起點。

泰華企業尤其受到金融危機的深深打擊，證實了他們在稍早十年間的成長與野心（以及過度宣傳）；當時卜蜂集團是唯一在所有中國省分皆有投資的外國企業。這是中國急遽與長久經濟成長的「第一層樓」。林明達⑤是泰華商業富豪，他的財富在一九九〇年代大起大落。他主張與中國華人同胞的「關係」是他起初成功的關鍵，比美國人的合約更可靠、油水更多。誠然，在一九九四年東南亞的億萬富翁裡，百分之八十六擁有華人血統，形成「無國界的華人海外網絡」，據傳其經濟規模排行世界第三。[15]

一九九九年中國共產黨中央委員會總書記⑥江澤民來訪受到泰華社群盛大歡迎，卻「激起溫和的辯論，起因是有些人認為他造訪曼谷中國城是在公然討好華人同胞」。[16]與此同時，華人社群支持川拒絕江澤民禁止法輪功信眾在曼谷集會的請求。法輪功自一九九〇年代中期起活躍於泰國，在卜蜂集團總部的食堂練功。卜蜂的一位資深經理也是信徒，他在一九九六年接待法輪功的中國創辦人來曼谷；兩年後中國開始推動禁止練功，借用食堂的情形就此中止。

## 恰差：成為主要勢力

一九八九年是泰國外交政策的重要年份。焦點在中南半島，斬獲卻更加顯現於美國和中國。總理恰差並未著手進行與美國間的有利條款，然而，由於「他接連擔任副外交部長和外交部長的期間，美國放任我們去面對懷抱敵意廣大外界，他不曾忘記這一點」。[17]美國人也沒忘記。恰差讓泰國在美國對中東石油發起抵制時置身事外，且與巴勒斯坦人（Palestinian）往來。他透過潘薩·文亞拉廷（Pansak Vinyaratn）在一九七三年祕密接觸越南，做為對於「尼克森原則」的個人回應，日後獲得美國的負面反應。而一九八〇年代他在中國方面贏得政治點數，手段是向美國對中實施的貿易懲處公開採取反對立場。他的兒子克萊薩克表示：「傳言說不能信任他當領導人。」[18]

此外，恰差開始取代外交部的泰國國際事務領導人角色。雖然讓炳的外交部長留任，他邊緣化經驗較豐富的幾位泰國施政人手，拉拔六位獲信任的副手。他也孤立軍方，設法讓一位顧問離開，此人是具自主精神的王室家族親戚。他的兒子與首席顧問說明：

> 「嘿，克萊薩克，這些共黨人士你全都認識，你去過越南、柬埔寨、寮國，來替我工作。」
>
> 我正在跟潘薩和其他幾個人喝酒。我們不在乎政府以及當時來來去去的是誰。我們甚至不曉得

---

⑤ 林明達的譯名採用他原本的中文姓名，音譯則為頌提·林通坤（Sondhi Limthongkul）。

⑥ 中國共產黨中央委員會總書記一職為黨魁，也是中國的最高領導人，位階高於國務院總理。此後簡稱為中共中央總書記。

> 老頭⑦隔天要就任。他走進來說：「聽著，我成為總理是既成事實，那麼我要這房間裡的你們每個人都當我的顧問。」這就是總理官邸聚會的開始，半夜裡漲紅著臉的一群空談者。[19]

由此可理解恰差在中南半島尋求和平的決心。「美方當時親中，在我看來擔任主要顧問國是可疑的，想想看要是我親俄、親越南又是如何。我必須用計不讓美國大使館得知我的計畫。」[20]然而如同前四十年間，為美泰關係服務的是私人關係，例如大使館的政治顧問羅夫・「史基普」・波伊斯（Ralph "Skip" Boyce）是克萊薩克在喬治城大學讀研究所的同學。「我告訴史基普所有細節然後對他說，『你必須信任我們。我們不可能因為什麼愚笨的理由遺棄美國。我不再是你心想的共產黨人。』」[21]

一九八九年初恰差在東京會晤美國總統老布希（並未諮詢外交部），並且寫了一封信說明自己的觀點和願景；「老布希身為中情局老將⑧且曾與中國直接交手，在我們說明一切後他會理解。」[22]他在五月接待老布希的副總統，並計畫隔月赴華府工作訪問（working visit），事先派了兩位顧問前去。顧問提及日本對於越南可能蘊含大量石油的興趣，邀請商務部長來此區域造訪。他們也向國會強調，和平進程將使美國從支持柬埔寨屠殺政府的政治運作中解脫。恰差的其中一位顧問及未來的外交部長素拉基亞・沙提拉泰（Surakiart Sathirathai）將長時間留在華府，擔任美泰政策「基礎團隊」的一員，與老布希的幕僚長聯繫。[23]再次會晤恰差且無視國務院的反對後，老布希加入團隊。

「中國人要難應付得多。」[24]另一方面，恰差當上總理部分要歸功於軍隊統帥差瓦立，後者私下運作確保炳下台。軍方與中國的關係可追溯至十年前，差瓦立是天生且可信賴的聯絡人，為恰差的年輕人才顧問團隊起平衡作用。大幅降價的武器與軍需品交易藉此延續；一九八九年泰國訂購六艘江湖級的巡防艦。另一方面，差瓦立因為恰差的中南半島政策而支持他，差瓦立只限在私下場合堅決表示樂見實施。因此，始終如一的中國駐泰代表讓步了，「無法達成使命」。[25]結果導致中方「感到驚訝，他們困惑，他們憤怒，因為我們不曾與他們商議。恰差一貫在打通全部關節前就先宣告」。[26]與泰國任何追求權力與錢財的政治意識型態相同，恰差期盼將「戰場」轉變成中南半島的「市場」，獲得差瓦立的衷心支持。只要中國的軍武銷售能繼續（同樣大多由銷售案涉及的利潤優惠所驅動），差瓦立僅僅將中南半島視為更有利的交易。假若恰差懷有真誠的外交衝動，差瓦立以及「控制北部、東北部和中央平原的一整批泰國政治家」看見的是金錢符號。[27]

無疑美方與中方並非新政策的唯一反對方，與中國維持十年冷淡的夥伴關係也危及泰國的經濟利益。

卜蜂是唯一從我們與中國緊密關係裡獲益的企業。它雇用了最好的腦袋。外交官替卜蜂做事，所有人都在為中國遊說。這對老頭來說變得十分困擾，這群中國專家在電視上當場打來質問他，一旦他提及與鄰國間更平衡的關係，無論何時都會接連引來攻擊。掌控的人是炳，或者炳在泰國國家安全委員會、泰國學術圈、卜蜂和外交部的餘黨。[28]

⑦ 老頭指的是克萊薩克的父親恰差，下文引述克萊薩克的話時多以老頭稱呼他。
⑧ 布希曾於一九七六至一九七七年短暫擔任中情局局長。

北京對於政策轉變的議論甚至比華府更劇烈，泰國大使館不斷收到磋商與說明的詢問。一位駐北京資深外交官憶述：「有一次中國副外交部長對我說，『你們的總理有一種說法，你們的總司令有另一種，你說的又是別種。我們要相信誰？』」[29]至於首席顧問克萊薩克說：「中國人沒來找我，因為他們不認為我是敵人。為什麼？因為我們的政策與天安門同時發生，而天安門就在戈巴契夫（Mikhail Gorbachev）訪中後立刻上演——中國人連結了這兩件事。」[30]至於美方，差瓦立於一九八九年三月的出訪將協助翻轉局面。

與鄧小平的第一次會議是我們曾遇過最糟的場面。從我們坐下的第一分鐘開始，你不會相信他表現得多麼有失外交風度。他開始就蘇聯的帝國主義訓斥老頭，持續不休。約十五分鐘過後，老頭說：「主席先生，我是泰國總理，請停止教訓我。我為了泰國與中國的關係以及區域和平和經濟發展來此。這跟蘇聯帝國主義無關。誰第一個去拜訪周恩來和毛澤東？誰讓第一個泰國總理承認你們，甚至在季辛吉去之前？我一直是你的夥伴，你的朋友。」[31]

在隔天議程上的是實務運作議題，前景看來不妙。

當晚第一件真正重要的事發生。父親說我必須去見鄧小平的靠山，即一位名叫王震的八十歲老人，據說他自毛澤東時期以來掌控軍方。「怎麼可能？」但是他說中國就是如此。於是在晚上十一點左右，我從浩大飯店的廚房出口被帶離，搭上停在一旁的賓士五零零到了北京的老城區。眼前這個人很警戒，他是個住在紅磚老宅裡的瘦男人，燈光不怎麼明亮。他只想從我口中聽到我們仍然是朋友，我們不會背叛他們投靠蘇聯。他給我一只紅花瓶，聲稱那是最難燒製的顏色，因為很容易改變色調——我內心暗笑，想著紅色中國的建成的確經歷千辛萬苦。隔天氣氛完全改變，接近百分之一百翻轉。再也沒有訓話。其中一位官員說：「你們要我們支持赤柬，所以我們過去十年都這麼做，現在你們告訴我們別再支持。你們怎麼沒在來之前先告訴我們？」恰差說他的時間並不充裕，他當上總理僅僅是幾個月以前的事。中國人說我們是朋友，我們要求任何事他們都會去做。32

回到曼谷，美國大使館的波伊斯與中國、泰國同儕組成「柬埔寨祕密團體」，以期在實務層級建立信任，儘管中國的承諾將會動搖。中國總理李鵬在一九九〇年八月出訪曼谷期間表達批評後，恰差放棄了一項提案。除此之外，他試圖阻止中方與泰國的親中外交部長連成一氣。然而到一九九一年政變之時，他的政策提供此區域所有成員一個通往和平的「美好出口」。

與其著稱的政策相背，恰差變得跟美國靠近，並且因為鄰國緬甸而跟中國拉開距離，使中南半島重新成為此區域的滋擾之地。在離天安門廣場事件不到一年時，緬甸對支持民主示威者執行類似的鎮壓。天安門事件過後四個月緬甸與中國簽訂重大軍武銷售合約，恰差在公開場合對此事件保持沉默。此舉不僅在時間點上令泰國憂心，而且泰方與緬甸軍政府之間的張力漸長。縱然泰國不會再經歷緬甸曾使中南半島承受的暴力與難民高峰，然而在一九九〇年代，緬甸的軍事焦點將從東邊國界轉移至西邊國界。差別在於中國的干預不再受到歡迎與支持，反而興起「一股競爭與猜疑的成分」。33

一九八九年恰差私下陪伴軍方的素拉育到北京，送別素拉育的垂死父親，標示著冷戰的終止。素拉育曾在越南和泰國與共產黨人作戰，且將於未來十年間在泰國主演獨裁角色，但是他父親曾任泰國共產黨的高層領導人。他們曾彼此戰鬥。「素拉育的心裡有兩面。」克萊薩克指出，「他有著鎮壓共黨分子的絕佳紀錄，即使如此，他告訴我他會做殺死親生父親的惡夢。」[34]根據一九六八年隨伺素拉育身旁的美軍人員所述，其他泰國軍官都「迴避他」。[35]

最後，和平進程，恰差追求泰北、緬甸、寮國和中國雲南省利益的「成長四邊形」。目標是經由跨越四條河流域的東—西廊道，以及從雲南通往深入西南據點的二十五公里道路，增加對中貿易。後者令人想起美國大使館在一九七〇年代中期的假新聞往事，但是來日的計畫實現將帶來真正後果。

## 阿南：突破與束縛

美國算是走運，發生在伊拉克的第一次波灣戰爭（Gulf War）於一九九一年二月結束，同一個月恰差在曼谷遭推翻。數個月來，美方利用泰國的烏打拋航空基地為飛往中東的戰鬥機補充燃料，那是建於一九六〇年代的七座基地之一。恰差對基地的事「毫不知情」，政變領袖蘇欽達則延後使用許可的批准。[36]政變發生後，美國倉促暫緩對泰的軍援與援助。

有三點必須說明。首先，波灣戰爭使美國全神貫注於中東，並無其他單一因素更能解釋美國何以在接下來數十年間一步步從泰國抽身。泰方對此行動「不完全接受但能完全理解」，成為此後美泰關係荒廢背景的開端。[37]第二，戰爭與政變重疊五天構成了莫大諷刺。前者造成跟前四十五年相同的雙邊合作，後者則預示了未來的衝突與關係漂移。相較於中亞的其他基地，烏打拋對行動而言重要性較低，其迅速失寵在華府與曼谷預言了不祥命運。以及第三，就在世紀之交前一刻，美國政策開始重新檢討與泰國（以及他處）政變政府間的軍事關係，僅僅導致一九九一年的短暫、最低限度失和。泰國不僅跳脫軍事統治，更藉由其後的泰國之春重獲新生。美國和泰國於後舉行新的均衡火炬（Balance Torch）特殊部隊聯合演習。

實際上於政變一年後獲任總理的阿南，回顧與美方之間的「平穩」關係：

> 所幸我先前在美國那幾年交了許多好朋友，尤其是老布希總統。美國和西方強權決定不再視我們為合法政府，而且我沒收到正式造訪那些國家的邀請。但是說白一點，部分出自美國人對世界的遼闊視野以及我跟老布希總統的私人關係，我受邀赴華府工作訪問，這趟行程可比擬正式行程。我在白宮內閣室（Cabinet room）獲得接待，老布希帶我看他的私人區域。我們吃了一頓愉快的午餐，開了愉快的會，接著我對全國記者俱樂部（National Press Club）發表演說以及上電視。所以實際上的接待是一樣的，我不記得有任何衝突、任何破壞或危及我們良好關係的任何特定事件或插曲。[38]

這並非意指歧見不存在。回應長久的經濟紛爭時，阿南指出：「我不認為美國政府企圖解決與他國商貿問題的方法是正確的，特別是其單邊主義者（unilateralist）的心態。」[39]泰國再度因侵犯智慧財產權遭到懲罰。阿南也控訴美國在批評緬甸的「積極干涉」時採取「雙重標準」，並且實際引述在天安門事件後美國對中國實行的類似政策。[40]

一九九二年，美國公開宣告拒發簽證給蘇欽達在大選前期就先獲選為總理的毒品販運之地。接下來，美國要求調查一位特定泰國人士的毒品相關活動後，泰國並未展開行動。隨後蘇欽達掌權並於五月下令死亡鎮壓，美國第一次、也是僅有一次暫緩進行中的金色眼鏡蛇聯合軍事演習。「全國都在加速運轉」，且於美國國家安全會議（National Security Council）告知卡爾．傑克森召回美國大使以示抗議。然而傑克森推敲在曼谷已過了週六午夜，他看待電報的方式如同一九四一年泰國宣戰那般：「我做了西尼．巴莫的舉動；我把它放進抽屜。」整個週末泰王蒲美蓬都在展示力量恫嚇對手，沒見到傑克森「做該做的事」。[41]此外，在街上被攻擊的人「來找我們，他們沒打算去找中國人幫忙」。[42]中情局拒絕協助其長期線人、華府顧問表示保護泰國人遠離當局並不存在法律基礎，皆未阻撓美國外交官藏匿這位泰國人。甚至有位學生憶述抗議領袖告訴她，假如情勢惡化可以去大使館；「受到天安門廣場事件影響」，她想要「美國式的民主」。[43]

在中國這一方，阿南於一九九一年在曼谷接待中國主席楊尚昆時，雙方關係已喪失了安全迫切考量。因此「我們並非被迫選擇美國或中國。當時美國無疑仍是獨一無二的強權」。[44]

## 川的第一任期：中國歸隊

受到僅相隔六週的雙雙勝選所激勵，川與美國總統柯林頓立即開始合作。一九九三年，兩國在曼谷的雙邊安全論壇上簽署運輸協定，並且恢復金色眼鏡蛇軍演。川准許八位諾貝爾和平獎得主參訪並且為緬甸的翁山蘇姬（Aung San Suu Kyi）發聲，既贏得美方讚賞且與軍方抗衡。一九九四年加入世界貿易組織（World Trade Organization）時，泰國同意讓美國企業獨享延展至十年的投資優惠權。兩國領袖對於泰國軍隊在緬甸國界的雙邊涉入意見不合，這包括部落叛亂、利潤豐厚的毒品生意，以及新產生的七萬五千名難民。相反地，川為軍方持續支持赤柬背書，於一九九三年拒絕美國使用泰國領空監視赤柬的要求。一位前美國大使建議「持續提醒泰方他們的行為是在挖鄰國牆腳，以及世界社群為此付出的高昂代價」。[45]令人費解地決定加入不合時宜的不結盟運動（Non-Aligned Movement）後，泰國也罕見地批評美國發射飛彈襲擊巴格達。

柯林頓請求准許美國在泰國灣預先部署海軍船艦是極具重要性的舉動，稱為「漂浮基地」。[46]川擔憂「緬甸對於北京具有的高度影響力地位」，其關乎海岸更勝於邊界，即中國海軍的角色。[47]在一九八九年中緬大規模軍武交易的數年後，中國賣給緬甸飛彈快艇，並且實際協助建造相關設施。緬甸的海軍軍力仍舊有限，不過中國船艦出現在安達曼海，以及川不信任的兩個國家間加強互動，使川意識到安全疑慮。讓情勢更加複雜的是泰國軍方有機會和動機持不同觀點，因為泰國的海軍與空軍在一九九二年鎮壓時遭到譴責，並且與中國和緬甸的軍隊保持距離。

與此同時，在泰國另一頭的泰國灣，泰軍與越南船艦在主權爭議海域各逮捕了對方的數名水手。後者的武斷來自中國在南海的類似行動，位於此處的東北方。一九九四年，中國在名稱適切的美濟礁⑨打造「供漁民使用」的建設。與亞洲其他六國不同，泰國並不主張美濟礁的海域主權，但

⑨ 美濟礁（Mischief Reef）的英文名稱 mischief，意指禍端。

是中國與越南間的武力恫嚇對鄰國利益造成連鎖效應。在泰國經濟躍進時，漁業、天然氣及運輸貨物與物資所需的航行自由，在川的國家安全盤算裡愈顯重要。因此，提高海軍與空軍預算同時符合國內與近海的需求；向美國購買一支F-16飛行中隊的訂單成交。

上述地緣政治同心圓區域的關鍵是狹窄的馬六甲海峽，連接西邊的安達曼海與東邊的泰國灣。前者通往孟加拉灣，後者航向南海。美國第七艦隊曾在此巡邏十年，有鑑於中國在雙側海域的力量投射⑩，泰國能理解美國的舉動。這造成雙重結果。首先，數十年來關於開鑿運河穿越泰國克拉地峽的兩度提案過後，川反倒著手較簡單的「陸上橋梁」四十四號公路（Highway 44）。[48]公路雖難以取代馬六甲海峽，但仍舊提供連接泰國灣與安達曼海的較直接替代路線。縱然川於回顧時主張公路純粹僅是東西向的國內運輸計畫，那句話可能只有一半是正確的。公路無疑「比運河或南北觀念更不具爭議」。[49]但是他「放手進行，至少確保水路能連接至」更大的地緣政治版圖考量。[50]第二重結果是造成泰國軍方與美國的關係提升，以及委婉稱為「權力平衡」、針對中國的防衛政策。

有鑑於此，川拒絕柯林頓「漂浮基地」請求的決策顯得矛盾，甚至適得其反。有什麼比美國海軍出現在泰國灣，更能與安達曼海的中國海軍構成平衡？又有什麼比部署世界上唯一的藍水海軍在實際地平線範圍內，更能緩和南海的緊張態勢？然而出於國安顧慮及除此以外的因素，川拒絕了柯林頓。由於第七艦隊已經出現在泰國灣外圍，他認為更靠近泰國海岸的軍艦擾亂了微妙的平衡，而非導正不平衡——潛在的威脅升級，而非海域主權伸張。川兩度告知國安顧問帕尼坦．瓦塔納亞功（Panitan Wattanayagorn），他真正擔憂的是東協以及整體區域安全平衡。外交部長告訴他，美國軍艦可能「讓其他國家涉入而使事態變得複雜」。[51]所以川憶述的「那跟中國無關」只在最技術性的層次屬實，因為四十年來美泰軍事關係的一切事項皆涉及中國。[52]他的論斷更貼近上述跡象，即泰國已過了能接受外國軍隊駐紮國內、或在國安方面能給予告誡的時期。

兩年後美國制定了類似的戰略決策，扣留兩枚賣給泰國的先進飛彈以防區域武力競賽。在川的首位繼任者短暫任期內，美國總統柯林頓於一九九六年十一月赴泰進行國事訪問，簽署一項雙邊租稅協定。另一項協議則讓泰國准許美國在危機或衝突期間使用其設施進行訓練，使「漂浮基地」往正確的方向邁進。[53]

川承認「我們的確有時會兌現中國的要求以維護關係」，卻無視於中方反對達賴喇嘛入列一九九三年訪泰的諾貝爾和平獎得主團。「我們也自視為中國與西藏之間的潛在橋梁。」[54]同一年川赴中國拜訪總理李鵬，並且獲得中國全國人民代表大會主席接待，獲保證北京的「區域政策唯有和平」。[55]然而就在隔年，曼谷主辦第一屆東協區域論壇（ASEAN Regional Forum），與會者包括美國和中國，此時正值美濟礁危機之際。東協警告「更進一步的侵略行動或將迫使東南亞國家向區域外的參與者尋求保護」。[56]越南於一九九六年成為會員後，川擔心越南會「迫不及待利用東協做為對抗中國的俱樂部」。[57]一九九六年他再度出訪北京，接受三百萬美元軍事援助。然而與斡旋方針並行，他也告知東道主，當時他們與台灣之間的危機「製造緊張態勢且導致區域內國家的擔憂」。[58]

---

⑩ 力量投射（projection of power）指一國對本土以外地區展示武力與造成威脅。

## 差瓦立：結束的開始

到將軍差瓦立・永猜裕於一九九六年十一月當選總理時，他已經擔任過總司令、內政部長和兩任國防部長。他在代表兩個政黨的三任總理手下服務過。他打過越戰，成為泰國與共產中國關係最密切的聯絡人。儘管、或因為他在特赦泰國共產黨方案上扮演的重要角色，他曾同受朋友與敵人懷疑具有共產傾向。然而他也在一九七八年創立泰國的準軍事巡邏隊，且於日後恢復犯下一九七六年惡行的兩個民兵團體——全都是極端的反共分子。他發表演說反對金錢政治與政黨，儘管他曾協助前者成形並且自行成立政黨。日後他將在第三個政黨執政下第三度擔任國防部長，以及塔克辛的副總理。差瓦立也許比現代泰國歷史上任何領導人更能體現這是一片沒有意識型態的土地。

做為總理，差瓦立本能上反對美國總統柯林頓的國際主義，後者不久前才造訪過他的任期短暫前任總理。他並未蓄意企圖挑釁美國，而是表現得有禮淡漠，公開站在緬甸這一邊，並且挑戰中國以引起關注。在差瓦立最初的作為之中，他撤除已在烏打拋航空基地服務十四年的美國空軍中途加油技術人員。一九九七年初造訪北京期間，他再度獲得折價的中國軍武。交替主張美國是東協的威脅、或者美國以某種方式受其威脅，他居中斡旋使聯盟在一九九七年接納緬甸與寮國。當東協成為世界上第四大貿易集團，他最關注之事是讓聯盟脫離外界監督。更具潛在重要性的是，差瓦立的企圖不僅限於以四十四號公路橫跨克拉地峽，他重新考慮開鑿運河。

不過到那時差瓦立的地位已搖搖欲墜；國家幾近分崩離析。自一九五九年起，泰國的國內生產總值（GDP）每年平均增加近百分之八。從一九八四年開始，泰銖（baht）與美元掛鉤以吸引投資。高利率的海外貸款使泰國經濟急遽上升，泰國銀行業則向國內以些微擔保品巨額放款。當美元於一九九七年初走升，泰銖的幣值變得過度高估，導致泰國的三百八十億美元外匯存底到六月僅值不到三十億美元。使情況更惡化的是，寥寥兩百間企業構成泰國國內生產總值的百分之六十二，其中三十間企業就占了近百分之四十。大企業多數由泰華資本家或皇家資產管理局（Crown Property Bureau）擁有，他們有能力在國外借貸美元。公部門實際上享有財政盈餘，私募債券（private debt）則於一九九二至一九九六年間翻漲三倍至九百二十億美元。債務利息也增長成三倍，突然變得難以支付。差瓦立讓泰銖與美元脫鉤改成浮動制，卻眼看著泰銖驟跌了超過百分之一百。這在泰國引起大規模破產，一切就發生在數小時內。而且因為區域內其他國家依賴泰國企業與利息給付做為計畫財源，危機擴散開來。

差瓦立威脅要宣告國家進入緊急狀態以繼續掌權，卻於十一月辭職。儘管在下台前與國際貨幣基金組織談妥協議，日後他將攻擊繼任者「允許美國對泰國遂行其意志」。[59]他正確判斷美國偏好川，卻誤認為美國主導了他的去職。儘管差瓦立心有積怨，從現在起到一九九〇年代末，美國政治家與政策制定者確實給了泰國人足夠理由去質疑其盟友。

首先，美國在國際貨幣基金組織內部擁有壓倒性勢力。因此，做為國際貨幣基金組織干預的前提，一九九七年八月美國要求泰國揭露外匯存底與借貸狀況。「消息一流出，貨幣投機作手就知道他們可以在不肩負責任下襲擊泰銖，外國債權人以最快的速度趕來要回借款。」[60]由於泰國自己的投機與貪腐行徑變得明朗，危機隨之加劇。在差瓦立領導下，泰國領導階層對於過去十年的經濟爭議反覆高舉國族主義與損害情感的口號，而震驚的泰國大眾對兩國領導人皆感到憤怒。外交部的沙勒辛詳述一次關鍵會議：

美國派出副財政部長。他說得不多，他只提出三項泰國不會接受的條件。他表達得非常直接，更像是在招降。第一，讓國際貨幣基金組織掌管一切。第二，國際貨幣基金組織告訴你什麼就照辦。你必須迅速緊縮經濟。我們當時是從零開始，正值危機爆發之際，他卻說經濟必須在隔年迅速緊縮至負九。以及第三點，你必須清算國內所有出問題的金融機構。[61]

對美國怒意漸增的第二個原因，在於美方並未促成國際貨幣基金組織貸給泰國原先承諾的一百七十二億美元，此為迄今第二大筆的貸款。三年前發生相似危機時，柯林頓曾動用「匯率穩定基金」（exchange stabilization funds）援助墨西哥。為了做出回應以及在泰國自身的問題爆發時向其解釋，國會將此選項延後至一九九七年十一月。國會只能在關乎美國國家安全時容許例外。考量到能否將此案送至華府，美國大使及其副手波伊斯向泰國財政部長尋求「彈藥」。[62]出乎預料下，他告訴他們泰國還需要三十億美元，泰國只要求美國在國際貨幣基金組織投下贊成票。回顧過往，波伊斯懊悔「我們沒有一個人考慮到，這除了不包括在方案內還意味著什麼，天大的嚴重性。我責怪自己。非得必定是一筆巨款，我們應該試試看」。[63]

第三，國際貨幣基金組織的方案在經濟層面上不妥且具懲罰性質，這是甚至在規劃階段就得知的事實。除了強迫通貨緊縮以外，泰國僅僅獲得組織三年前貸款給墨西哥總額的三分之一。考量到對經濟復甦占可觀百分比的大企業，留給其他數百萬間公司的金額太少。從華府的觀點來看，泰國必須先承受國際貨幣基金組織的「棍棒」洗禮，才能得到雙邊的「紅蘿蔔」。

最終，國際貨幣基金組織與包括總統柯林頓在內美國官員的傲慢和機會主義，損害美國的形象與名號甚深。泰國法律專家婆金．波拉可（Bhokin Polakul）憶述，有次因為國際貨幣基金組織的專橫語調而暫不回應，導致其副主席打來一通「澄清」電話。[64]使國會延後決定援助的侮辱更深，且減損任何關於柯林頓「綁手綁腳」的暗示，是副財政部長的發言：「泰國不在我們的邊界上。」[65]

而當延後決定終於在一九九七年底到期，實際上促成國際貨幣基金組織方案的印尼成為獲得美援的第一個國家。美國的資金在一九九八年四月輸抵泰國，是「太少又太遲」的一百七十萬美元。[66]美國官員試圖解釋印尼同樣也不在美國的邊界上，不過印尼遭危機打擊得最嚴重。「這件事的主要問題在於，」沙勒辛回想，「美國連一根手指頭都沒動……甚至沒提到或指出泰國的地位是美國盟友，而非僅限於地理關係。」[67]在泰國自身的評估中，美方「真正有進展的是擴張某些關鍵的美國價值」——亦即增加市場進入（market access）。[68]泰國將經歷史上最高的外商直接投資，大多來自美國，「用於併購破產企業的殘骸」。[69]然而，承擔在泰國失去投資基礎，以及在世界貿易組織內失去政治基礎兩項後果的是日本。一九九七年底日本投入成立亞洲貨幣基金（Asian Monetary Fund），以及隔年泰國企圖領導世界貿易組織時，美國皆出手阻礙。同樣在一九九八年，泰國參議員出訪華府時在國會的十一項議案上遭到挫敗，並且得知美國國際開發署在離開泰國三年後，將帶著致力於「善治」的新專案回歸。以泰國駐華府大使二〇一五年的話來說：「美國給了泰國面向東方的理由。」[70]

中國採取不同的方式。「我們接觸中國時他們說：『我們能為你們做什麼？你們要求一百七十億美元，我們樂於先撥出十億美元。』」[71]縱使這筆錢兌現的額度從未超出承諾所及，而且跟危機相比僅僅是小數目，其政治影響力卻相當可觀。那將是贈予而非貸款，不僅異於美國的回應，也不同於日方，後者是堅定的美國盟友，在泰國的經濟利益超出其他任何國家。最重要的是中方率先撥款，比美國資金到位整整早了九個月。川則憶述：「中國也一直是真正的朋友，一直是迅速回應我們的國家。」[72]另一位資深政治家描述微妙之處：「日本人很沮喪，跑來問我為什麼功勞全歸在中國人身上，因為是日本人對最初的援助方案砸了許多錢，而不是中國人。不知為何，我不清楚究竟是機靈的行銷或別的原因，人人都在說『噢，謝謝你，中國。』」[73]

湊巧地，在差瓦立於一九九七年十一月下台前，兩場政治風暴在泰國造成死傷。波伊斯從美國大使館撥給泰國五萬美元慰問金；中國給了五百萬美元。最後中國選擇不讓人民幣貶值，此舉恐將使泰國的幣值情況惡化，並且私下鼓勵受到金融危機嚴重打擊的泰華企業投資。外交部的沙勒辛離職加入卜蜂集團，而集團將幫助較小型的泰華企業存活。一九九九年四月中國總理李鵬也指出，中國對泰國的貿易逆差，是讓王國經濟復甦的「另一種援助手段」。[74]

## 川的第二任期：開始的結束

一九九七年底川在泰國重新掌權達三年多，取代差瓦立且為塔克辛的前一任。他無法避免美國的強勢作為及其本地後果，例如有數百位農民在一九九八年到大使館抗議，也更無法避開金融危機。但是川的民主黨與美國維繫了半世紀的厚實關係，他的回歸為美方所樂見，即使日後將導致出於偏見的進一步指控。川並未抗拒國際對於泰國經濟復甦的干預，反倒參與此過程，以求更廣泛地贏回國家可信度。「美國低估了危機的深遠程度並且在當時別有關注，但是無意背棄泰國。對我而言事關維繫長期友誼。」[75] 誠然，川是泰國的最後一任親美總理。日後評為「三分之二的時間用巴結重拾關係」的美國，同樣渴望在這片土地上重獲可信度。[76]

美國駐泰大使威廉·伊東（William Itoh）在第一夫人的指示下獲得任命，此前他唯一的駐外經歷是領導布里斯本（Brisbane）的小領事館。他在曼谷開創以相關議題為主的會議，立即被視為外交服務裡的最佳做法，曼谷大使館則是其中最有效率的一個駐館，縱使規模龐大。一九九八年伊東獲得科布獎（Cobb Award），該獎「每年頒發給優異領導美國商貿政策的職業大使」。[77] 此獎項為可貴的致敬，卻也與在金融危機下捍衛美國的經濟優勢不幸並存。因此伊東是對的人、同時處於好與壞的時間點。他持續獲得波伊斯的得力協助，到一九九八年底後者已有八年的泰國經驗，久已熟習泰語。一九九九年接任的大使理查·海林傑（Richard Hecklinger）從未派駐亞洲，在金融危機之際因其對於經濟政策的技術官僚手段而獲任命。

川的財政部長於一九九八年初前往華府，與總統柯林頓進行特別會議。季辛吉出訪曼谷宣布新的商業與投資措施。在為川於三月的親自出訪做準備時，波伊斯在某種程度上彌補了自己一年前的國際貨幣基金組織「烏龍球」。當泰國再也無法負擔先前向一間美國企業訂購的F-18戰機，波伊斯建議美國政府乾脆替泰國買下。他憶述柯林頓「笨拙地提案」，未能引起想要的反應與注意力，而且白宮的座位卡還拼錯了幾個泰文姓名，「在在顯示出他們的狀況」。[78] 然而川以滿意語氣描述他與總統、兩大主要政黨領袖及國防部長的會議：

> 關於F-18戰機，所有紙本作業都已完成且開始建造。美國人撤銷罰金，完全取消訂單，並且自己成為買主。柯林頓指出這種情況是第一次發生，還自言自語說他希望是最後一次。我預先向部長柯恩⑪道歉，因為十分貪心地向他連訂金也要回來，說明我們的財務情況有多麼嚴峻。但是他說他了解，並且以實物退回款項。[79]

根據國安顧問帕尼坦・瓦塔納亞功所述，此舉「顯示你們的關係有多密切。假如我沒弄錯，退還金額超過一億五千萬美元，數年後泰國用這筆錢購買F-16戰鬥機」。[80]在紐約向美國外交關係協會（Council on Foreign Relations）發表演說時，川同時向美國人與泰國人揭開自己的底牌：「我們跟國際貨幣基金組織的關係成為振興市場信心與經濟復甦的關鍵。」川列出泰國犯下的七項錯誤，他很清楚「成功具有豁免權」，而失敗沒有。川斷言泰國和美國共享「禁得起時間、距離與歧見考驗的友誼」，這句話是最後一次具有可信度。[81]

川的第二任期尚有經濟復甦與美國關係以外的作為。檢視前一任政府，他承諾「泰國參與保護提倡民主價值與人權的國際舞台」是優先事項。[82]於是泰國加強保護超過十萬名緬甸難民，並且冷卻與緬甸政府的關係。緬甸和泰國的民主是川言明的政策目標。一九九八年，他歡迎美國在曼谷成立國際執法學校（International Law Enforcement Academy），目的是打擊此區域的非法毒品及其他罪行。由抱負十足的部長領導，尋求「外交上的徹底改變」，外交部在某種程度上重拾早在十年前恰差政府時失去的影響力。[83]川也自我任命為國防部長，藉此扭轉軍隊在差瓦立治下的擴張，意味著將軍方收歸平民管理，這僅是泰國史上的第二次。他任命素拉育將軍為軍隊總司令，這若非接受素拉育否認下令執行一九九二年的鎮壓，否則就是在拉攏潛在對手。此外亦派兵參與美國支持的東帝汶（Timor Leste）維安行動。川讓保守的軍隊擁有新的前瞻使命。

＊＊＊

到川重掌大權之際，距離他的初次任期僅僅兩年半，中國已發生顯著改變。儘管新增了四艘巡防艦服役，從國安觀點而言川依然對北京警戒；二〇〇〇年中國表達對於美軍與「區域國家」舉行演習的不悅。[84]然而中國的經濟成長接近泰國在金融危機前的水準，使川面臨獨特的挑戰與機會：「當時的主要事項是兩國的經濟擴張，我們處於復甦而中國正跨出第一步。」[85]

泰國的出口突然面臨競爭時，中國對一百三十六項泰國產品降低進口關稅達近百分之五十，為自身獲得世界貿易組織會員資格鋪路。截至二〇〇一年，「中國已投資兩億三千三百萬美元於泰國的兩百三十多間合資公司與企業，泰國企業則在中國的三千多項計畫直接投資超過二十億美元。」[86]川也回報中國九個月前的慷慨舉動，在對方遭逢大洪水之際捐贈一萬美元。儘管對緬甸存在歧見，泰國與中國藉由二〇〇〇年一項打擊非法毒品的協議找到共同目標。

最後，由泰國發起、中泰全面參與的「二十一世紀行動計畫」在一九九九年二月取得共識。這是中國與第一個東協會員國簽署的類似計畫，於此後十五年，計畫的名稱與內容將顯得近乎預兆。

⑪ 指美國國防部長威廉·柯恩（William Cohen）。

「廣泛認為是中國追求『希冀削減美國勢力』的行為準則，提出貿易與投資、國防與安全、法律事務、科學與科技、外交與文化等方面的合作。」[87]這是最新訊號，顯示兩國皆視對方的重要性超過其餘東南亞鄰國，也正式化泰國連結中國至東協的角色，儘管在此區域實體內並無證明文件。一位泰國外交部官員希望此計畫「在中國成為世界的關注焦點時，能提醒中國對泰國的承諾」。[88]

上述計畫大多透過緊密的私人關係達成，且與美方的合作方案相異，不帶有任何補償因素的負擔。一九九九年四月，川以總理身分第二度出訪中國。五個月後，中共中央總書記江澤民飛往曼谷發表重要的外交政策演說，描述泰國為「我們在此區域其中一個最重要的合作夥伴」。[89]李鵬也在一九九九年重返泰國，這次的身分是全國人民代表大會委員長。超過一千五百件規模不一的中泰交易（這是泰國與其他任何國家交易的最高數量），在一九九八至二〇〇〇年間成交。儘管國界僅僅相隔一百公里，此鄰近距離無法完全解釋需近五小時才能飛抵的兩國首都騷動。用川的話來說：「中國連小活動都會邀請我去，例如到雲南的林場。在此區域維繫關係首重遵守承諾，並且不答應我們無法做到的事。中國要求植樹造紙的土地，可是我必須坦白告訴朱鎔基總理，我們的法律禁止外國人擁有土地。」[90]

在美國與中國之外，東南亞需要密切關注。在華府支持的舉動下，川重拾與緬甸的關鍵「彈性協議」，且在一九九九年與越南就領海界線達成共識。[91]川在曼谷接待緬甸總理，不過他是唯一未曾造訪仰光的東協領袖。中國參與金融危機後的一項大規模區域經濟活動，包括「東南亞國家協會暨三國」（中國、日本、韓國）會議在內，於二〇〇〇年中在曼谷舉辦首次會議。中方也協助泰國實現涉及層面甚廣的「湄公河十年發展」計畫，開端是二〇〇〇年誓言要讓較大型船隻能在湄公河航行。雖然美國與中國皆未對川政府溫吞重啟的克拉地峽運河案展現興趣，拓寬且挖深的湄公河將解開前一個世紀的方程式。同樣地，兩國皆不樂見二〇〇〇年的一項討論，事關召回派駐韓國長達五十年的象徵數目泰軍。

＊＊＊

從事實持平而論，泰國金融危機的根源既久且深，遠遠超過差瓦立的作為。而且無論是差瓦立或川，除了同意國際貨幣基金組織／美國的方案並無太多選擇。此外，最糟的逆境已經過去：在兩年的零成長後，泰國經濟於一九九九年成長百分之四。但是正如川自前任總理的憤怒與抗拒中獲益，川的繼任者同樣得利於他的和解作為。川以開明的技術官僚形象回任總理，他的繼任者則重新定義國族主義開創者的必要輪廓。二〇〇〇年時大選在即，反對人士轉而譴責川對於國際機構與美國的積極回應更勝泰國人。幾個月後，多數國人將持同樣看法選出塔克辛，並且徹底改變王國的樣貌與走向。

# 橫向疏通

**日期：**一九七二年、一九八五年、一九八九年、一九九七年、一九九九年

**地點：**泰國南部的克拉地峽

**計畫：**長度五十公里至一百公里的運河，連通東方的泰國灣至西方的安達曼海。

**目的：**運河將提供大型船隻馬六甲海峽以外的替代選項。增加穿越海峽的全球貿易量，包括至關緊要的石油與液化天然氣。運河將使東西水域獲得一條更直接快速的路徑，且可延伸海域至東方的南海與西方的孟加拉灣。其港口可與新馬的巴生港（Port Klang）競爭，且藉此為泰國創造可觀的經濟機會。

**一九七二年進度：**塔農總理雇用美國工程師群探討可行性。他們提議運河從東部的宋卡府（Songkhla）連通到西部的沙敦府（Satun），寬度與深度足以容納載重達五十萬噸的船隻。美方提議在兩側皆興建港口與工業開發。提出時美國給予泰國的軍事援金到達最高峰，且時值美國將全部軍事行動從越南移往泰國的前一年，提案成為東南亞敗戰與後續反應的受害對象。

**一九八五年進度：**炳總理樂於接受一間日本機構提案運河從東部的素叻他尼府（Surat Thani）連至西部的攀牙府（Phang Nga），使用核子動力爆破穿越地峽。提案由五年來隨泰國經濟榮景而恢復的興趣所致。正式提出時美國通過《食品安全法》，對泰國的作物與美國的形象皆造成損害，提案既未吸引美國人關注，亦未贏得其支持。

**一九八九年進度：**恰差總理忽視一份題為「克拉運河與泰國未來」的報告，出自受國王陛下資助的泰國科學學會（Science Society）。懷疑恰差「戰場變市場」論調的美國，認同他對於這份報告的做法。

**一九九七年進度：**差瓦立總理於此區域海域張力漸增及泰國急速經濟成長之際，重燃對於運河的興趣。四十四號公路（「陸上橋梁」）是橫越地峽的替代方案，從四年前的前總理任內動工且尚未完工，增加了開鑿運河的政治與經濟誘因。泰國的驚人金融危機得到美國的教條式回應，立即使此計畫從國家議題移除。

**一九九九年進度：**在反對黨領袖差瓦立堅持運河是經濟復甦的手段、且於國會成立小組委員會後，川總理被迫下令進行新的可行性研究。由於日方設計的運河估計需花費兩百五十億美元，泰國的銀行、企業領袖與軍方支持此項計畫。非政府組織的反對包括擔憂土層位移、環境影響及對於當地生計與文化的效應。儘管川偏向美方的利益，「並無任何形式的外國勢力涉入此倡議」，計畫未獲進展。[1]

**結果：**在二十世紀晚期的五個不同時期，美國錯失機會積極支持（若非贊助）一條穿越通商盟國的航海通道。美國是世界上最大的經濟體，並且自始至終有效控制馬六甲海峽。到一九九七年時中國的力量與商貿利益僅次於美國。海峽在冷戰期間的高度重要性，在資本主義與商業盛行後只見增加。中國在此區域的姿態自信滿滿，然而其對於下個世紀的計畫仍未明。運河能多元化航海選項，預料中北京的企盼是可預見的。因此運河在某種程度上肩負著泰國與其美國盟友對海峽的策略掌控。但是在一九九七年與一九九九年，美國確實「並未十分嚴肅看待」。[2]

# 第二部

# 第七章　扭轉局面的塔克辛

泰國與中國，二〇〇一至二〇〇六年

與中國人民共和國相比，我們的公眾形象在泰國南部惡化的象徵——宋卡府的前美國總領事館，如今屬於中國。[1]

——亞歷山大・亞威祖（Alexander A. Arvizu），二〇〇六年七月

你不需要民主就能獲得經濟成長，而且至少能讓四億人的生活遠離惡劣環境——這是中國人的觀點。西方應該說民主的作用是讓經濟成長的風險產生質變，而不是說你把民主當作一種理論上良善的目的。不要把中國共產黨想得那麼笨。他們一直在辯論與思考這些，關於民主可能具有維繫國家經濟的效用。我跟他們談過。[2]

——潘薩・文亞拉廷，二〇一五年一月

地球表面上各大陸的漸進、地質運動稱為大陸漂移，而在地表下深處也發生相同的板塊持續運

動。大多數時候，無論何種等級的板塊運動皆不為人所感知。然而倏忽偶發、沿著地球核心的斷層線的板塊漂移，會在地表上造成地震和海嘯。在少數的狂暴時刻，整個物質、政治與心理結構有可能就此產生、改變、不復存在。二〇〇一年，塔克辛的政黨在泰國獲得百分之四十一的選票，在議會裡得到五百席中的兩百四十八席，成為泰國歷史上最盛大的勝選，並引發輕微的政治地震。八個月後，遭劫的飛機撞倒世界貿易中心，撕裂國防部五角大廈，掀起一場迅速波及全世界的美國海嘯。上述事件在東西方發生的一年後，中國的經濟成長穩定維持在百分之八，且於下兩年攀升至近百分之十。二〇〇五年的成長率達到百分之十一點五，二〇〇六年接近百分之十三，二〇〇七年是非比尋常的百分之十四點五。對這三個國家而言，二〇〇一年是一條斷層線。

塔克辛不僅在世紀之交，而且還是在千禧年的轉變之際當選，這個時間點十分合宜。無論如何，鮮少泰國人曾像塔克辛如此劇烈地改變祖國，而且在流放與掌權時造成的改變一樣多。他起初是泰國當代最具團結力量的政治家，從最分立的陣營採集意見並累積選票，卻將泰國人民從選舉與地理層面撕成兩半。二〇〇一年拯救他初掌總理職位的法庭，日後將宣告勝選投票無效，兩次的合法性皆含糊可疑。連續當選兩屆後，塔克辛將被泰國十五年來首見的政變推翻。在這期間，他自稱「執行長」來治理國家，鞏固權力並推動重大的結構改變。他的身分囊括了億萬富翁企業家與警察中校，是社會各階層泰國華人的支配者。塔克辛出身自北部，讓原先被忽視的這整片國內地區獲得選舉權與力量。塔克辛以貪腐行徑著稱，甚至「真正的罪行反而是塔克辛不再需要買票以贏得選舉」。[3]他以政治示威群眾不曾或未能做到的方式，蓄意暗中威脅網絡君主制。而且他動用暴力違反人權與民主進程以遂行威權主義，其規模是四十年前陸軍元帥沙立統治時所未見的。

或許最重要的是塔克辛改變了泰國外交政策的方向與軌道。運用比「把戰場變成市場」更細緻卻更鄭重的方式，塔克辛開始讓泰國離開美國的勢力範圍，並朝中國的勢力範圍移動。跟塔克辛的國內政策不同，外交政策的效益並非立即展現，或者立刻在國內受到歡迎，因為他是在力抗半世紀的歷史。然而一旦起步，漂移的力道與動能會直接抵消任何反轉嘗試。一項中泰自由貿易協定並不支援美國的相仿作為，反倒使其更加困難；一場不斷變化的零和賽局上演，是冷戰至今數十年來最明朗的時刻。美國的反恐戰爭亦非寶貴反擊，而是一塊愚人金①；美國在中南半島喚起其摩尼教式（Manichean）前身②，追求不可靠的短期安全獲益，代價是削弱其長期「價值」。華府「在布幕後空無一物」支持其大使館，北京則開始任命共產黨官員。[4]二〇〇一年，自二戰後美國在東南亞最堅定的一位盟友、年屆七十四歲的泰王蒲美蓬終於開始顯露老態。雖然塔克辛在王室缺乏擁護者，他的中國導向不受王室歡迎的程度，跟前一個世紀的任何時間點相比皆較輕微。

一九九八年塔克辛成立自己的政黨泰愛泰黨（Thai Rak Thai），藉名稱回應川．立派受譴責的親外傾向。據他的副總理所述：「塔克辛不真正相信任何事。」[5]可是願景並不必需要意識型態，而塔克辛擁有充裕願景。藉著可疑的交易、甘冒大量風險與巧妙的管理，塔克辛成為世上排行第四百二十一的富翁，他不僅對改變政策有興趣，也有意改變制定政策的程序。塔克辛的首席政治顧問是潘薩，以及他的外交部長素拉基亞，兩人皆是恰差的私人智庫核心成員。

①愚人金（fool's gold）原指外表像黃金、實際上價值低的別種礦石，引申為原本以為會成功卻事與願違的事。

②指摩尼教的善惡二元教義，把世界劃分成正義與邪惡兩種陣營；摩尼教又稱明教。

素拉基亞很清楚，無論從任何角度而言，泰國的事務將由「商業」而非「意識型態」所驅動。[6]在塔克辛實行「執行長大使」計畫，要泰國的外交使節跟執行長一樣專注於經濟利益與程序效率。在他任期的最後一年，政府部會裡許多人身穿黑衣以示反對，或是在鼓動他下台的迅速增長街頭運動中全身穿上黃衣。在令人又一次聯想到恰差的舉動中，塔克辛任命差瓦立將軍為他的首任國防部長，因為少有泰國人能吹噓自己的北京人際網絡。塔克辛起初也同意讓網絡君主制的關鍵成員素拉育將軍續任軍方統帥。然而在二〇〇三年，塔克辛派自己的侄子取代素拉育，跳過網絡中意的人選頌提將軍；素拉育立即進入國王的樞密院。二〇〇六年頌提將推翻塔克辛，素拉育當上軍政府的總理。

## 東亞架構

亞洲是塔克辛的外交政策重心。大選後素拉基亞立即發表重大演說，誓言推進泰國在「東協會員國與東亞諸國之間」的角色。[7]

素拉基亞於二〇一五年表示「繁榮爾等鄰國是正確的手段」，他對中南半島的變遷經驗豐富。「繼鄰國繁榮之後，亞洲會是下一個同心圓，這是自然發展的結果、相同原則的擴張。亞洲已經被孤立太久了。」[8]卜蜂集團的沙勒辛也曾短暫加入塔克辛團隊：

塔克辛說：「這是一個新時代，亞洲人的亞洲，而我將帶頭發言。」這是由機會主義而非意識型態所驅動。他總是領先其他人一步。提出上述想法的是塔克辛在部會裡的顧問與他的外交事務圈，可是他立刻掌握運用。不僅蓋上批准章，還包括塔克辛的名號。[9]

依此想法，塔克辛在二〇〇五年同時向中國與美國施壓，尋求支持泰國扮演調停者，把朝鮮邀回針對其核武計畫的六方會談（Six-Party talks）。素拉基亞的繼任者幾度赴平壤與北京，並且與美國國務卿康朵麗莎．萊斯（Condoleezza Rice）聯繫。美方與中國皆斷言塔克辛「想鞏固泰國與他自己的東南亞領袖地位，以及亞洲的一股顯著力量」，共同抱持著開放卻持疑的態度。[10]他們也認為上述倡議與塔克辛提名素拉基亞為下一屆聯合國祕書長密切相關。同一個月他的外交部長人在朝鮮，塔克辛有信心中國會支持素拉基亞，且時時請求美國的支持。中國不反對，而是樂見另外的亞洲候選人。塔克辛被推翻後素拉基亞退出競選，由韓國的潘基文（Ban Ki-moon）當選聯合國祕書長。

塔克辛團隊的共同願景也包括新的區域架構，為新架構的效益與延續性肩負更大責任的則是中華人民共和國。《清邁協議》（*Chiang Mai Initiative*）在二〇〇〇年「東協暨三國」會議首先提出，其後塔克辛自我任命為代表。雙方進行通貨交換③以減輕一九九七年金融危機後的流動問題，初期中國注記撥給泰國的信用額度達二十億美元。日後的總理艾比希．維恰奇瓦憶述：「尤其在《清邁協議》裡中國也擺出這樣的姿態，『如果你們要自己照顧自己，不需要另一個國際貨幣基金組織或世界銀行，那麼我們會支持。』」[11]團隊成員沙勒辛說得簡要：「患難之交是真正的朋友。」[12]二

③ 通貨交換（currency swap）指雙方同意在約定期間內付給對方不同幣別的資金，以規避匯差風險。

○○三年，泰國在嚴重急性呼吸道症候群（SARS）肆虐期間主辦一場東協會議，以及在緬甸僅此一場的「曼谷進程」（Bangkok Process），中國皆與會。塔克辛策劃並帶領柬埔寨、寮國和緬甸共創伊洛瓦底江—昭披耶河—湄公河經濟合作戰略組織（Ayeyawady Chao Phraya Mekong Economic Cooperation Strategy），以促進並管理中方無可避免對此區域水域的興趣。中國也「了解，與湄公河流域諸國在久存的大湄公河次區域經濟合作（Greater Mekong Subregion）以外交流，對他們有好處」。[13]當年稍晚，泰國主辦每年一次的亞太經濟合作會議（Asia-Pacific Economic Cooperation gathering），塔克辛指派商業部長，而非外交部長率團與會。

觸角最廣的是亞洲合作對話（Asia Cooperation Dialogue），根基是素拉基亞於二○○○年形成的概念：

> 亞洲相當分立，而且有各類族群、宗教、政治體系、價值觀與文化。假使你成立一個類似歐盟，或甚至非洲聯盟（African Union）的組織，勢將破裂。所以必須是盡可能鬆散的組織——這是稱為「對話」的原因。必須有包容性，以舒適度及自願參與為基礎。所有的主要國家都不確定亞洲所指為何、誰該囊括在內、某些國家能否符合他們的利益。但是我說服他們，解釋這不是雙邊衝突的論壇，而是討論諸如公路網等正向事務。亞洲已經有太多次區域與區際（inter-regional）組織，卻沒有泛亞洲（pan-Asian）組織。[14]

實際上塔克辛承認，雖然他們「樂見我的倡議與領導……中國人一開始十分冷淡」看待亞洲合作對話。[15]原因在於日本，它是中國的敵人與美國的盟友。

印度總理剛剛在納入巴基斯坦的條件下同意。接著我在二〇〇二年去博鰲亞洲論壇（Boao Forum），坐在日本首相與中國的朱鎔基中間。我說我剛從印度回來，他們都全力支持亞洲合作對話。於是當朱鎔基說中國會支持，日本就說它也支持。[16]

不久後離開塔克辛團隊的沙勒辛有不同的解釋：

在倡導亞洲合作對話時，塔克辛的聲音分外突顯。他所能做的是討好中國，把領導權給它，而不是說：「我是創始人，我要領導對話。」你可以說你是創始人，但是接著呢，「中國，拜託，你是亞洲的老大哥。」這並不會嚴重影響關係，因為還處於中國崛起的初期。[17]

首屆亞洲合作對話於二〇〇二年中在泰國一個臨海府舉辦，共十八位外交部長與會，包括中國在內。第二屆選在塔克辛的家鄉清邁，「有幾項活動辦在總理的私人住所……因為原本就規劃成非正式聚會。」[18]二〇〇四年的第三屆大會辦在青島，顯示中國的全力背書。數個月後，塔克辛與中國總理溫家寶在東協高峰會期間私下共進早餐。據塔克辛的發言人所述：「塔克辛詢問，若是中國決心成為新的亞洲經濟中心，泰國能否成為旗下諸國中排序最高者。溫家寶答好。塔克辛在返國的飛機上告訴我，『重新團結亞洲的時候到了』。」[19]亞洲合作對話在塔克辛的任期內年年舉辦，另有一連串的特定區域會議，包括在中國的兩次。亞洲合作對話的外交部長群在紐約的一年一度聯合國大會碰面，泰國外交部長則主辦每年的休憩活動，招待亞洲合作對話會員國使節。

最終塔克辛的外交政策，同樣受到已降級的過往兩大支柱所定義：東協及美國。素拉基亞指出：「東協是最難發起任何新舉措的組織，等待這個，等待那個。」[20]東協祕書長與國家主席的輪值依序是五年與一年，授予指引權而非領導權。塔克辛耐性不足且想要領導。最重要的是，「東協暨三國」會議確立了中國的正式參與，泰國卻早已透過非正式的東協—中國關係鞏固地位。前者歸功於塔克辛的副手差瓦立，後者是塔克辛對手川的功勞。尤其是藉由亞洲合作對話，塔克辛能同時納入並「蛙跳般越過」東協暨三國會議路線，遂行擴張與重組。對於泰國發起、以中國為號召的新組織而言，過多的會員與目標皆屬次要。

同樣地，塔克辛並未企圖忽視美國，只是跳脫了前幾任總理數十年來對美國（與日本）的經濟依賴，且於競選過程表達反國際貨幣基金組織的態度。美國曾扮演東協建立的推動者，身為一九八九年亞太經合會的創始經濟體，且自一九九四年東協區域論壇肇始以來一直與會。儘管中國認為美國不該是創始成員，且獲塔克辛支持，美國參與東亞峰會（East Asia Summit）從未遭到質疑（受美國人質疑除外）。對塔克辛而言，中國也是這些論壇的成員，多半受到美國的參與所抵消。相反地，美國不在中國主導的上海合作組織（Shanghai Cooperation Organization）之列，泰國也未參與；二〇〇五年塔克辛表達的興趣因此顯得重要。塔克辛視其亞洲合作對話為「缺少的環節」，不僅使中國成為中心，也讓美國缺席。[21]在描述亞洲合作對話的包容原則時，素拉基亞開玩笑說「亞洲就在旁觀者眼裡」，接著直率陳述「美國不位於亞洲」。[22]

## 跟隨中國之星

有兩項因素幫助塔克辛實現願景與野心，確保標舉「中國」的「亞洲」排在他的外交政策議題最前端：塔克辛與中國的既有關係，泰愛泰黨所占的關鍵多數，以及塔克辛團隊是由新舊泰華菁英所組成。塔克辛在一九九六年賣出第一個衛星給中國，當時他在差瓦立手下擔任副總理。「每次正式出訪中國，政府領袖總是提出衛星議題來談論，因為這被視為雙邊關係的重要事項。」[23]一九九九年塔克辛的新衛星顯得更有前景時，中國成為他名下企業的第一優先客戶。在政治層面，塔克辛對中國談論如何建立與運作政黨，告訴中國總理朱鎔基假若自己贏得泰國大選：「亞洲人將重寫遊戲規則，給予亞洲企業與投資者優惠待遇。」[24]然而塔克辛的非意識型態原則對中國也不例外。據一位於塔克辛任總理期間都負責中國事務、或派駐中國的外交部官員所述，他只要「依循哪裡有錢哪裡就是新的前線；就像淘金熱」。[25]實用主義比道德原則更符合他尋找市場的雙重動機。

塔克辛也恰逢時機正好的國內現象：泰國華人在泰國社會所有領域之內與之間，歷經四十年的向上流動後，到了新世紀之初已準備好要領導國家。即使並非所有的泰華皆為權貴，在王國的菁英階層之中，自認為「純泰國人」者已愈發罕見。如同一位外交部官員所嘲諷，「如果現在你的爸爸很富有，誰在乎你的祖父是不是移民？」[26]塔克辛是客家華人的後裔，曾祖父來自廣東省，於十九世紀晚期移民至暹羅，並且娶了一位泰國妻子。塔克辛也象徵著在曼谷與經濟領域以外的泰華成功人士；他是一個北部小孩，起初在泰國的警察學校完成學業。他並不孤單，因為他半數的內閣，以及二〇〇一年的百分之九十國會議員都具有華人血統。泰國不僅是「東南亞唯一解決其華人問題的國家」，而且將其轉變成不可置信的成功。[27]

與此同時發生卻較難量化的想法轉變在泰華族群，以及更廣泛的泰國人之間發生，事關中國。過去二十年間泰華在泰國獲得接受與擁抱，二〇〇〇年代則見證他們宣示與擁抱自己。許多人開始將中國姓氏與泰國姓氏並用，並且「華人與泰人的頻繁通婚幾未沖淡他們的華人身分認同」。[28]根據二〇〇五年由美國大使館委託的一項民調，認為中國將成為最重要外部影響力的泰國人，從一九九八年的百分之十二上升至占多數，且有百分之八十三對中國持正面看法。曼谷的廣大中國城開始不只慶祝中國新年，也歡度泰王蒲美蓬的生日。舞者、煙火與環繞國王肖像的中文旗幟，王室家族成員現身造訪。在曼谷以外的泰華社群，私人與政府出資的華人慶典亦見增加，當局開始在這些地方掛上中文路牌。二〇〇四年美國大使館觀察：「泰國運動迷在奧運公開為中國運動員喝采，過去他們從未如此支持過日本或其他亞洲競爭對手。」[29]意義更重大的是在數百位泰華出席的聚會上，一位中國外交官私下評論：「十年前這會是台灣的群眾。」[30]

在多半不識字且形形色色的上個世紀華人移民社群裡，通用語不曾存在過。但是到了二〇〇〇年，說華語的人開始使用華語，其他人則開始推廣或學習華語。教育部長差都龍．猜盛（Chaturon Chaisang）兩者皆實行，他雇用私人家教，並且宣布任何學校都可以教中文。到了二〇〇六年中，單單一個南部府就有十三個華人社團，各自對應其成員祖先所屬的中國省分；全都開設了自己的語言學校。最後泰國華人發展出造訪祖先家鄉的新流行。塔克辛在二〇〇五年親赴母親的長眠地：「當中國人民看到一位泰國領袖和這麼多企業家來中國向祖先的居地致敬，他們將會明白泰國人和中國人來自同一個家族，互為親人。」[31]慶祝雙邊關係的三十週年時，塔克辛告訴東道主，在他的內閣裡華人比泰國人多。一九九七至二〇〇三年間，赴中國旅行的泰國人總數增加超過百分之六十，而泰國同樣開始接待大量中國遊客。

儘管迎來新的現實，塔克辛「必須對中國謹慎行事，因為許多人指控他根本是中國人」。[32]二〇〇一年大選依舊籠罩在金融危機的陰影下，塔克辛利用華人族群與關係，指出還有哪位成功的泰華企業家，比他更能保護泰華資本與企業？他旗下企業的損失遠比其他公司輕微，草創時期的其中一位顧問是強盛卜蜂集團的主席。支持他的尚有皇家資產管理局，以及先前讚揚華人經商慣例的那位林明達。然而在掌權後，塔克辛就有管道接觸最高政治領導階層、共產黨官員與工業大老，不僅能推升泰國的經濟展望，還包括他自己的。卜蜂集團的沙勒辛解釋：

> 即使沒有邀請函，塔克辛會設法找來，而且他在中國有一位優秀代理人，到今日仍在為他奔走，那人名叫嚴彬（Yan Bin）。這位企業家擁有紅牛能量飲料事業的股份，身為當今中國最富有的人之一，並且暗中扮演某種政治勢力掮客。你知道，在中國你需要關係——走後門，走前門，無論哪種情況。所以這是屬於很私人的往來，塔克辛對此十分在行，即使時至今日。[33]

嚴彬是一位泰國華人，二〇一二年在中國的財富排行第四。塔克辛以總理身分在二〇〇一年二度訪中時，提出先前於差瓦立掌權時討論過的衛星議題。二〇〇三年，中國鐵通亞太分公司成為塔克辛的新衛星首位客戶，隔年與中國衛通集團簽署交易案。與此同時，據聞塔克辛的財政部長阻撓一間中國衛星公司向他的其中一個競爭者紓困。

因此塔克辛的敵人滾得跟利息一樣快，包括數間既不贊同、亦不迴避其反國際貨幣基金組織活動的泰華私人銀行；盤谷銀行（Bangkok Bank）提供場地給泰國的上海領事館。林明達也突然批評塔克辛，並且領導催生二〇〇六年政變的保皇派街頭運動。然而塔克辛援引的族群因素卻被他自己的華人血統否定（與嘲弄）。身為海南島移民之孫及國民黨上校之子，林明達基本上宣稱自己和從眾是比塔克辛「更好的華人」。他號召泰華愛泰運動（Lookjin Rak Thai），除了立場相反外與塔克辛的泰愛泰黨高度相仿，崇尚中國更勝泰國。二〇〇六年中，他在中國大使館前領導一千人的集會，徹底翻轉一百年來對於泰華的認知與迫害。菁英階層內部的政治衝突正要起步，雙邊陣營都將有泰國華人加入。

## 挾優勢取勝

泰華躍居主導地位受到北京中國人歡迎的程度不輸曼谷。回顧一九四九年後美國利用泰國漸增的排華情緒以推進其反共黨聖戰，這並非不具共通點，如今中國得以善用手段高明、立場與當年相反的塔克辛個人、政黨及政策。儘管披汶和沙立是抱持國族主義的泰國人，他們自視為美國在泰國的盟友，美國亦如此看待。五十年後中國可以同樣如此解釋塔克辛，只是程度較輕微。在他掌權的六年期間，雙邊關係在各方面的質量皆見增長。二〇〇一年五月，在塔克辛於同年兩次訪中之間，中國總理朱鎔基描述自己赴泰國期間像是「拜訪一位親人」，且引述詩琳通公主寫的一首歌：「中泰友誼就像是兄弟間的情誼，將延續數千多年。」[34]儘管修辭浮誇，兩國領導階層間的種族連結，包含近似的文化、共享的歷史與地理的親近，擁有真正的意義。當年塔克辛第二度出訪時，他與朱鎔基決定「加強固有的友誼關係，並且首次以戰略夥伴的方式合作」。[35]

如同某些美國同儕，中國駐泰大使一向能說流利泰語，許多人曾任外交部通譯或是大使館內較低階的職位。根據認識三十年間幾乎每一位中國大使的一位泰國學者所述，二〇〇〇年北京開始「升級」駐曼谷的使節，派任具有共產黨官員背景者。他們身為部裡的佼佼者，英語和泰語皆嫻熟，在大使館擔任第二號或第三號人物。大使因此在北京更具權勢與影響力，並且強化了整體駐地外交團隊。中國人自己向美國大使館透露，駐曼谷外交人員是他們在東協的頂尖好手。二〇〇四年，時任美國大使的波伊斯指出，他的中國同儕是「先前已兩度派往曼谷經驗的老手」、共產黨政治局成員，且據傳為中國前副總理的親信。[36]此人泰語流利，「靈巧周旋於泰國華人之間」。[37]他跟波伊斯會同時現身於著名且友善的泰國電視節目，在此場合獲認定中國人的泰語更加流利。同樣地，駐外武官「較先前大為改善」，政治官員熟知美國、東南亞、中東、東協與東亞峰會。[38]最終一位資深的泰國部會官員證實此趨勢：「中國人的手段在泰國比美國手段更受歡迎。中國外交官與泰國人交際，而且他們對官員更加熟悉。大使館打來會跟我們說泰語。那代表他們設法讓學過泰語的人來這裡。」[39]至於華府，泰國駐美大使（以及未來的外交部長）「見識多位」中國同儕，其中兩人將晉升當上外交部長。[40]

一位前美國外交官主張，泰華關係也從「表面上的承諾」獲益，泰國人對此懷有偏好，中國人則寬容以待。雙方在族群與地理位置上的共有親近性，讓泰國內閣層級的華人官員「如柴薪般堆積」的現象，得到了理由。[41]波伊斯憶述，二〇〇四年海嘯過後，素拉基亞難以完善說明在曼谷舉辦「全球會議」的原因，然而美國派低階的總統科學顧問與會，中國則由外交部長出馬。「每一位美國高層官員來訪，」波伊斯說，「中方皆由多人出訪回擊。」[42]二〇〇二年泰王蒲美蓬七十五歲大壽時，北京運一枚佛牙舍利赴泰展示，並且跟泰國動物園合作開展「熊貓外交」。為了使華語成為東協的官方語言，中國的其中一項作為是二〇〇四年於泰國北部一所大學加速興建語言中心，造價一百五十萬美元。藉由建立從事語言與文化研究的孔子學院（Confucius institutes），使泰國東北部一所大學與中國的大學產生連結。具歷史名望的曼谷法政大學（Thammasat University）同樣成立一所孔子學院。泰國南部的中國領事館（二〇〇五年進駐原美國領事館位址），負責讓數百位中國教授進駐。到了二〇〇六年，兩國政府進行華語課程標準化的計畫，引來美國評論「北京與台北對於支配泰國華語教學體系的競爭，也許已告終結」。[43]

透過中央宣傳部，中國在塔克辛任期內大幅增加泰國媒體曝光，並且與泰國媒體拓展關係：「泰國新聞記者定期接受北京招待赴中國旅遊。」[44]二〇〇四年，中國中央電視台英語頻道「在泰國非常受歡迎，很容易就能收看央視中文國際頻道（CCTV-4）的華語節目」。[45]央視確保每天早上在泰國軍方所有的電視頻道直播，並且合作製作「特別重點」節目，包括一個泰王在位六十年的節目。央視也隨中國媒體代表團赴泰報導重大事件。國營的新華社自一九七五年起就在泰國駐點，且於東協其他國家成立辦公室，英語的《中國日報》於二〇〇五年在曼谷設立區域中心。《人民日報》、《光明日報》報業集團、中國新聞社和中國國際廣播電台亦加入行列。到了二〇〇六年，由於新華社向其他媒體供應硬新聞④，北京對新進的《光明日報》與《人民日報》施壓，要他們避免「被誤認為中國官方觀點」。[46]

素拉基亞在回顧時主張：「我們並非有意親近中國，而是因為我們把重心放在鄰國與亞洲，以及中國的回應方式。」[47]單憑塔克辛的經濟展望就讓上述主張站不住腳。素拉基亞在北京提出一項自由貿易協定，時間點是二〇〇一年大選的兩個月後。隔月塔克辛指美國、日本與六個「亞洲虎國」⑤的經濟模式失靈，導致其成長或復甦緩慢。還剩下誰呢？二〇〇一年塔克辛第二度訪中時擔任經貿代表團主席。二〇〇二年，中國連續第三年創造驚人的百分之八經濟成長，而在八年前，中國經濟成長幅度亦曾「衰退」至此水準。⑥屆時泰國對中國出口額比去年同期成長百分之五十四，進口則衰退百分之四。一位副總理憶述：「塔克辛不認為身為中國供應鏈管理一員是個恥辱，那是務實。」[48]首席顧問潘薩持相同看法：「我們與現實俱進。留意貿易條件、我們跟中方之間的貿易關係，這變得愈來愈重要。」[49]塔克辛自身則回憶：「整合遲早會發生，那我們何不率先行動？假使我們不行動，總有別人會去做，讓我們喪失競爭力，所以我們必須現在就行動。我用經商的角度看待

---

④ 硬新聞（hard news）指政治、經濟、時事等題材較嚴肅的新聞。

⑤ 西方所稱的「亞洲四虎」（Asian Tigers）與「四小虎」（Tiger Cub Economies），分別是韓國、台灣、香港、新加坡／泰國、馬來西亞、印尼、菲律賓。

⑥ 二〇〇二、二〇〇一、二〇〇〇年的中國ＧＤＰ為百分之九點一、八點三、八點五，皆高於八。而在一九九五年以前，連續數年經濟成長率皆超過百分之十，到一九九六年降到十以下。若以文中所指二〇〇二年的八年前（一九九四年），中國ＧＤＰ成長率為百分之十三，疑為六年前（一九九六年）百分之九點九或五年前（一九九七年）百分之九點二的誤值。

經濟，我們必須第一個到位。」[50]

不過素拉基亞並未錯誤強調中國的積極反應，與泰國的自由貿易協定，確實是中國跟任何東協國家間的首見協定。北京一直關注泰國的北部與東北部，看出許多泰國人與雲南中國人早已熟知的通商益處。除了兩國商務部間的協商外，中國準備放行省對省的交易，於是雲南省共黨代表於二〇〇二年赴泰成立工作小組。塔克辛提升此區域的橡膠產量進一步打動中方，此後在二〇〇三至二〇〇五年間出貨量翻升十倍。

二〇〇三年十月泰國和中國簽署自由貿易協定，正好是塔克辛任期的中間點。在協定條款中，百分之八十七適用於食品與農業，更全面性的協定則延至二〇一〇年實行。簽訂後的十二個月間，泰國出口至中國的水果和蔬菜總值各增加百分之三十七與百分之七十三，雙邊貿易額達到一百二十億美元。中國迅速上升至泰國的第二大貿易夥伴，僅次於日本。到了二〇〇五年初，中國占泰國相關出口市場的百分之七，與二〇〇〇年相比上升百分之四。在二〇〇六年，塔克辛的財政部長（被活靈活現地號稱為「中國先生」），與中國的副總理誓言要讓雙邊貿易在二〇一〇年前增加至五百億美元。「我們相當積極，」接任素拉基亞的外交部長證實，「因為我們不想成為接受方。我們確實能跟中國成為夥伴，並且創造雙贏局面。」[51]

然而一半的數字只講出一半的故事，整體成長無法掩蓋新出現且逐漸加劇的貿易逆差。在自由貿易協定簽署後的十二個月，進口至泰國的中國水果與蔬菜增加約百分之一百二十三。少了泰國對其他進口商品施加的關稅屏障，估計有百分之四十的泰國大蒜和洋蔥農民失去工作。其餘問題包括首都跟地方間溝通不良、官員缺席、銀行業務的差異、不可靠的保險，以及雲南的窮困消費基礎。

著眼於選舉票倉考量，塔克辛在協商時已預知部分問題，卻僅僅做出認為利大於弊的衡量：「我覺得沒有一個國家對我們來說是完全有利或完全不利的，有得就必有失。但是政府必須幫助遭受不利的那群人。所以這是我行動的方向。」[52]

繞過國會並且透過行政命令簽署自由貿易協定，然而他確實坦承過程中的沮喪之處：

有時候我的動作很快，太快了，你做領袖時你必須當個說明事情的權威大師。但是在你沒時間敘述內情的時候，人們不理解。當他們存疑就會負面思考，這是事實。我的行動實在太快，接著使國內政治掀起騷亂，所以我沒時間解釋。[53]

「政策貪腐」也自始至終困擾塔克辛，而且是他下台的部分根本原因。一位泰國外交部官員提及中國「較欠缺規則與透明」，這說明了無論買賣好壞都能有較高獲利。[54]參議員克萊薩克．春哈旺調查在泰國消失的五萬噸水果，被一箱箱的紅牛空罐所取代，以及遍及中國全國的貪腐行徑：「開價過高的獲利與詐欺，你就得到這樣的結果。」[55]但是考量到仿冒品對低階層人民的吸引力，以及中國的不均等經濟獲益，並無證據顯示此項議題會損害雙邊關係。

塔克辛也企圖鼓勵對中國的投資，反而導致貿易對泰國一方嚴重不均。在二〇〇一年素拉基亞首度赴中後，泰中商會（Thailand China Business Council）成立，且由著名的卜蜂集團副主席擔任會長，接著到十一個中國南部省分開設分會。隔年，中國商務部長在曼谷大使館內部成立駐泰中資企業商會（Chinese Thai Enterprises Association）。二〇〇三年，泰國投資促進委員會（Thailand's

Board of Investment）設立中國服務處，由「中國老手」領軍，目標是使當年的中國投資增加百分之三十。結果實際數據高達百分之三百，投資計畫總值一億一千五百萬美元，並且獲得北京承包低投標價工程的大力襄助。二〇〇四年，兩國成立泰中貿易投資暨經濟聯合委員會（Thailand China Joint Committee on Trade, Investment and Economic Cooperation），由塔克辛的「中國先生」擔任泰方主席。泰國北部的一處泰中工業園區於二〇〇五年規劃興建，中國將在此投資製藥、電子與紡織業。當時中國在泰國已有一百五十四項計畫案，總值七億七千三百萬美元。「雙邊貿易正在激增，投資很可能直接沿著此路徑前行。」美國大使館如此認為。[56]自二〇〇六年起，在兩百四十億美元的基礎建設案裡，中國建築工程總公司與另外兩間國營企業獲得百分之二十的合約。

然而對於自由貿易協定，雙方皆遇上阻礙與負面迴響。工業園區停止運轉，因為中國的較低勞力成本開始損害泰國的競爭力，而且中國企業更改付款條件。投資人及其國外夥伴皆勉力應付另一方的難解部會與管制，此處亦難以獲得供應鏈。中國華源集團雖然是在二〇〇一年赴泰，且於二〇〇六年占中國整體投資的四分之一，仍持續抱怨供應網不可靠。此外，假使穩定與一貫的經濟訊息吸引了初期中國投資，曼谷的緊張態勢與南部的暴力事件則構成了塔克辛任期後段的阻力。中國總理溫家寶取消二〇〇六年的出訪，此行他原本計畫宣布五十億美元貸款的對泰投資。

儘管如此，當年的中國對泰投資超過其他任何一個東協國家。到當時中國僅占泰國國外投資淨額的百分之一，總值卻是泰國對中投資的十倍之多，顯示原本的不均有多麼龐大。但是這也使中國在泰國的外商直接投資排行榜上迅速攀升，在下個十年甚至更加引人注目。

## 門戶政治

二〇〇三年簽署自由貿易協定的場合上，塔克辛的副總理指出，泰國將持續扮演中國與東南亞之間的中介角色。表面上這兩個議題完全無關：一個是兩國間的正式貿易協定，另一個是由東協一國做出的非正式承諾，意圖促進成員與崛起中全球強權的關係。然而副總理談論的是更大的願景，自由貿易協定僅是最新開啟的一扇窗：兩國皆視泰國為「通往東協的門戶」。中國與泰國間的龐大貿易逆差，使得中國透過自由貿易協定獲得的任何經濟利益，都比其將面對的政治攻勢更不具確定性與緊迫性。外商直接投資的不均亦面臨同樣情況，只是更加嚴峻。藉由升級的外交途徑與加強的經濟整合結為夥伴關係，在北京是以地緣政治的角度來衡量。而在東南亞，泰國則位於地理位置與政治的中心點。

依序在二〇〇一年和二〇〇三年，塔克辛與中共中央總書記胡錦濤都將對方國家列在海外出訪行程的第一順位；塔克辛將於同年第二度前往北京。外交部長素拉基亞於二〇〇一年首度赴中時，不僅會晤總理朱鎔基也見了共產黨的外交關係首長，而朱鎔基承諾將答謝曼谷。二〇〇二年，前中國總理李鵬在三年內第二度訪泰，身分是全國人大常委會委員長。中國總理溫家寶於二〇〇三年親自出訪，塔克辛則在二〇〇三至二〇〇五年間年年回訪北京。二〇〇四年泰國軍事高官暨政府官員出席中華人民共和國的國慶日。中國副總理於二〇〇五年訪泰討論經濟議題。同年美國大使波伊斯表示，塔克辛「相信他已成為全球舞台上更重要的角色，並且如同其他國家領袖一般，對於諸如弗拉基米爾．普丁（Vladimir Putin）或胡錦濤等重要領袖親自遊說的建議或提案給予贊同回應」。57

一位前泰國外交部長更進一步，描述塔克辛與中方的關係「十分親近」，導致他們認為「我們可以對泰國做任何事」。[58]在中國，據卜蜂集團的沙勒辛所述：「一旦高層下了決定，就會迅速傾落至底部。美國不是這麼運作的，對嗎？那是不同的體制。所以假使你讓胡錦濤跟泰國總理達成協議，接著就會促成某些事，產生許多後續互動。」[59]

誠然，在雙邊自由貿易協定落實前，二〇〇二年中國與東協簽署《通商框架協議》（*framework agreement*），將於三年後實行。隨著外商直接投資增加，情況跟中共中央總書記江澤民二〇〇一年向素拉亞基的承諾一致，他曾表示中國將投入區域發展。素拉亞基描述朱鎔基的後續出訪為中國亟欲「加強泰國做為中國南部門戶角色」的「證據」。[60]泰國是同意東協—中國間簽署自由貿易協定的第一個國家，並且開始提倡以人民幣做為區域貨幣。

商務部視中國的外商直接投資為「其『西進』政策的延伸，開啟中國西部疆界的經濟機會，並且利用南部省分與泰國間相對鄰近性的優勢」。[61]為這項政策增添分量的是其專門適用於國營企業，後者可藉由在經濟面意義不大的標案，贏得管道、合約與市場占有率。在東南亞，這項政策於泰國實行，卻不打算在此止步。

工程已準備就緒，並且獲得中國合資。經過緬甸、連接泰國北部與中國雲南省的一條公路，現況簡陋且偶見中斷，於二〇〇三年獲顯著提升。從隔年開始，另一條公路的泰國路段獲修繕且興建新路段，連至一座大型城鎮，此城在分隔泰國與寮國的湄公河上有一個新港口。從寮國通往雲南的一條橋與一條公路計畫於二〇〇七年底完工。泰國和中國將因此相連。泰國北部兩條新鐵路的提案也在二〇〇四年研擬，兩條路線都自湄公河通往曼谷的深水港。其中一條的工程將經由寮國，做為連接泰國與中國的另一條路徑。二〇〇六年，中國的廣西自治區提出公路與鐵路的規劃，一路經由越南延伸至泰國。

泰國外交部於二〇〇四年表明，在實質與比喻兩方面皆然，「胡錦濤正在興建橋梁……通往東協，這是江澤民從未做到的方式。」[62]到那時，中國已經分別與泰國及其兩個鄰國就湄公河簽署協議，發表《中國—東協非傳統安全領域合作聯合宣言》（*China-ASEAN Joint Declaration on Non-Traditional Treats*），以及一項打擊海盜的區域協議。中國參與緬甸的一次大規模毒品圍捕，調解泰國與柬埔寨間短暫卻暴力的爭端，並且承諾捐贈八千五百萬美元給受南亞大海嘯⑦影響的國家（派遣兩個醫療團隊至泰國海岸）。中國亦首次主辦年度的中國—東協博覽會（China ASEAN Expo）暨商業投資高峰會（China ASEAN Business and Investment Summit）。更重要的是，二〇〇三年中國簽署《東南亞友好合作條約》（*ASEAN Treaty of Amity and Cooperation*），並且同意維繫區域「策略關係」。

中國擴張造成東協內部的張力提升，不過泰國的擔憂意見普遍含蓄，並且擁有長期而寬廣的視野。參議員克萊薩克依然是一位率先發聲且堅定的批評者：

> 由於水壩與運輸之利，在北部氾濫的廉價中國商品橫行無阻。水位設定讓船隻能駛入交貨，接著洩洪為中國製造電力。這一切河水操控著眼於中國的利益，本地人士則承受違背時節

---

⑦ 南亞大海嘯由於發生在節禮日當天，作者此處依西方慣用稱為節禮日海嘯（Boxing Day tsunami）。

> 的水位上漲與下降。河岸脆弱，土壤塌陷，漁獲開始消失。但是中國從未把沉重貨物載回上游，因為低水位無法承受重量。所以這只是一張單程車票。[63]

中國並未加入湄公河委員會（Mekong River Commission），而且幾乎未曾與其下游鄰國討論。二〇〇四年底，屆時泰國北部漁獲量已衰減一半，泰國國防研究學院（National Defense Studies Institute）點名中國水壩是日後矛盾的根源。泰國國家情報局（National Intelligence Agency）正確評估，泰國讓北京對於東協具有更大的政治與國安影響力。更廣泛地說，外交部、國家情報局與軍方的消息來源全都告訴美國，北京謀求的是「以中國為中心的」東協。[64]

這導致區域國家的合作，因為日本國力衰弱，美國則「全心投入中東與反恐戰爭」。[65]東協於二〇〇三年確曾抵抗中國施壓、簽署《東南亞非核區條約附屬議定書》（*Protocol to the Southeast Asia Nuclear Weapons-Free Zone Treaty*），不過泰國軍方正確預料到「中國在東協的角色日漸擴張，從現在算起的十年後，中國將不會允許組織做出違背其意願的行動」。[66]

## 硬實力

在東協內部，中國與塔克辛治下泰國的軍事連結僅次於緬甸，相對於泰國與美國的條約盟友地位，緬甸則受美國制裁。塔克辛與軍方主動深化與中國之間的「軍對軍」（mil-to-mil）關係，在一定程度上做為防範措施，抵擋必將發生卻難以預料的區域變化。在塔克辛可預見的優勢與問題範圍內，他設法仿效以趕上中國，並將此描述為在軍事決策方面「十分精於盤算」。[67]他同樣了解，儘管雙邊關係需要某種程度的解離才能往前邁進，其構成組件從未完全彼此獨立。

泰國國防大學（National Defense College）於二〇〇四年評估：「中國說它不想成為超級強權，但是它顯得正朝此方向邁進，手段是購置更好的國防科技、增進太空計畫並使軍隊現代化。」[68]一位泰國外交官說得更明確：「人人都畏懼中國的威脅，可是假如你打不過它，你必須接受它並且成為它的朋友。跟那股威脅締結關係，使得假若他們在任何時候真要打擊你，他們也會打擊到自己的利益。」[69]普遍的觀點是任何中國軍事目標選項將次於經濟成長，因此塔克辛的主要重點擺在經濟關係相當適切。

他的回憶，「生意一如往常，中方想要賣軍備給武裝部隊」，描述了為何差瓦立將軍成為他的首任國防部長。[70]這只有部分正確，因為生意的往來比往常好。二〇〇一年，中國分別提供泰國陸軍和海軍兩億美元貸款購買軍武，兩年免收利息。中國也賣給泰國火箭推進榴彈發射器，且在接下來五年整修於一九八〇年代晚期交貨的坦克車與防空軍備。中方也考慮用裝甲戰鬥車換泰國水果的以貨易貨提案，表明塔克辛外交政策優先性的相互作用。二〇〇二年底中國賣給泰國海軍兩艘近海飛彈巡邏艦，並且同意另兩艘的銷售計畫。給予陸軍和海軍同等的關注，實際上代表後者愈發獲得重視。不過「一如往常」，大部分軍武的品質依舊低劣，且「佣金」多半高昂。美國於二〇〇四年評論，「中國國防銷售代表常常造訪曼谷」，指涉泰國南部府的重整軍備。[71]然而「即使在泰國南部，軍隊抱怨中國裝備的品質無法真正保護他們免於任何傷害，連像護目鏡這麼基本的用品都是如此」。[72]

塔克辛當選的四個月後，差瓦立赴中並確立年度國防會議，憑藉的是他與國防部長的私交。二〇〇四年泰國軍方指出：「我們每派一位軍官到北京受訓，派去美國的則是四百位。」[73]但是此差距在兩年內逐漸縮小，赴中國國防學校就讀的大多數學生享有北京提供的獎學金。二〇〇五年一艘中國重要軍艦造訪安達曼海上的一處港口，美國大使波伊斯描述促成此事的駐外武官為「迷人、聰明且消息靈通」。[74]二〇〇六年波伊斯斷言，中國想要「更頻繁的高階軍事談話，更多泰國學生就讀中國人民解放軍國防大學，更好的國際軍事教育與訓練計畫，以及依議題規劃的專家互訪」。[75]

從二〇〇二年首開先例、並且一直延續到塔克辛任期結束（二〇〇四年除外），中國在有限度的情況下觀摩金色眼鏡蛇軍演。接著換泰國於二〇〇三與二〇〇五年觀摩中國人民解放軍的「北劍」演習，以及二〇〇四年的「鐵拳」演習。當年首次中泰海軍演習在安達曼海舉行，接著類似的「中泰友誼」軍演二〇〇五年在泰國灣舉行。一項聯合搜救演習於二〇〇六年舉辦。這是中國跟任何東南亞國家間首度合辦的軍事演習。

## 一個中國及其影響

泰國與中國間的戰略夥伴關係（第八章將有更多探討）於二〇〇一年九月提出，且於四年後啟動。然而對北京來說，此舉關乎美國更勝於泰國；一方是夥伴，另一方是其地緣政治策略的重心。早在二〇〇三年，一位泰國國安顧問就預見胡錦濤將在貨幣爭端上智取美國總統小布希，有助於進展中的「區域轉變」。[76]「中國企圖成為亞洲經濟力量的中心，並且向美國展示了中國有自己的議題。」[77]此外，泰國人不願表明、或者展現他們對於中國崛起的立場；美方對此有所掌握。恰好在任期的中點，塔克辛明白告訴一群泰國官員，他看重中國勝過美國。

「在我執政期間，我們謹守一個中國政策。」塔克辛回想。[78]距離中國內戰已過了半個世紀，泰國正式承認中國則過了二十六年，素拉基亞在二〇〇一年出訪北京時允諾此政策。在後續兩年中各有一次，他的部會拒發簽證給台灣官員。塔克辛進一步憶述，「我們可以透過貿易跟台灣往來，而非政治」，然而跟他主張「不在亞洲」的美國待遇一致，他的亞洲合作對話並未納入確實位於亞洲的台灣。[79]二〇〇四年，國家情報局表示中國利用與東協國家的自由貿易協定，「把台灣排除在外」。[80]然而即使在自由貿易協定簽署前，泰國對台灣的出口總值與對中國的出口值比率，從二〇〇一年的百分之六十七跌至二〇〇三年的百分之四十六。儘管外商直接投資顯著不同（二〇〇六年台灣依然是泰國的第三大投資來源），泰國卻變得愈來愈難違抗中國的壓力，摒除台灣的計畫投標。北京的一個中國訴求背後也隱藏更大的地緣政治盤算：台灣是美國的共同防禦條約盟友，美國則與日本結盟。美國和日本是泰國的前兩大貿易夥伴，後者是其最大的外商直接投資來源。「排除」台灣因此並非如泰國軍方形容的「不合理」，而是表明了面對更強大競爭對手時的零和賽局結果。[81]

二〇〇一年四月美國偵察機與中國攔截機撞機事件過後，塔克辛的中立回應，構成泰國政策與中國力量轉變的另一個初期宣言。南海的海域主權競賽久為敏感事項，中國正開始主張與捍衛自己的所有權。醞釀著更大的影響力，隔年中國將簽署一項《南海各方行為宣言》（*Declaration on the Conduct of Parties in the South China Sea*）。泰國從未涉入歷史上的南海爭端，並且判斷干預新近的部分主權事件並無益處。撞機發生在中國的專屬經濟區領空，事實與法律解釋方面的爭議促使塔克辛做出中立回應。同時他知道雙方都不會持此看法。一位內閣部長於二〇一五年證實，塔克辛一貫用南海做為「獲得中方好感的轉圜空間」。[82]塔克辛確實需要與美國維繫關係（但美國在飛航與海權以外並非要求受惠的一方⑧），而他藉著不站在美方這一邊能得到更大斬獲。

二〇〇五年，在東京施加強大壓力下，塔克辛支持日本擔任聯合國安全理事會常任理事國，因而惹惱北京後，他就藉由推託印度提出的類似要求，來迅速補償中國。曾有一位外交部官員暗示，美國支持日方在區域論壇獲取更大的領導權，扮演對抗中國的平衡力量，並且補充如此一來「將有益於美國利益」。[83]不過他確實「未將此看作零和賽局」，這僅僅透露出美方的天真，以及確信塔克辛將不會重蹈覆轍。[84]

## 人權倒退

出於巧合，在塔克辛當選的同一個月，泰國獲選為聯合國人權委員會⑨成員。素拉基亞告訴委員會，他的國家「意識到國際常規與國家價值觀交融時蘊含的敏感性」，而且「我們準備聆聽更多意見。我們準備了解得更多」。[85]然而時常標舉或尋求國民支持的塔克辛，將於在任期間創下自一九五七至一九六三年陸軍元帥沙立治下以來，最惡劣的人權紀錄。在短短數年之間，「泰國之春」遭到壓抑與踐踏，不再復返。光是塔克辛在二〇〇三年對於聯合國關切的回應，就足以顯示他的充耳不聞：「聯合國不是我的父親」（二月）；「聯合國沒給我們飯吃」（五月）；「我們不是供聯合國差遣的奴僕」（八月）。[86]雖然素拉基亞曾親自告訴美國總統小布希，泰國想見到一個可靠的組織，

「傳達的想法是人權可以透過正面強化方式推行得更好，而非『公開羞辱』個別國家。」[87]同一年，泰國以國內具敏感性為由，拒絕投票譴責五個以穆斯林為主體國家的重大違反人權事項，不與美方同一陣線。一向對泰國發送混亂人權訊號的美國，將於二〇〇六年支持泰國第二度爭取人權委員會席次，原因多半出自其餘候選對象的紀錄甚至更差；當年泰國並未如願。

與一位內閣部會首長描述塔克辛「並不真正了解人權的應有概念」一致，塔克辛對美國駐曼谷大使館施壓，企圖逼迫他們停止資助泰國的非政府組織。[88]他收買、威脅與抨擊媒體和新聞記者，使言論自由開始急遽降低。二〇〇三年塔克辛宣示的「反毒戰爭」殺害了兩千五百人，可比擬一九五〇年代的警察總監鮑．斯里亞農。至少有半數受害者未經法庭程序就被處決，構成了反人類罪行（crime against humanity）。二〇〇四年塔克辛阻止聯合國難民署庇護難民，而且不顧美國大使館的費力嘗試，仍將二十六位少數民族苗人兒童遣返寮國。不過泰國確實批准了一項長期的美國重新安置計畫，並且就尋求庇護朝鮮人的案例與美國大使館和國會合作。然而泰國建議美國將北京納入重新安置計畫卻顯得不切實際，因為朝鮮人也要逃離中國的拘留與遣返。

在解釋二〇〇六年政變的因素之中，其中一個是塔克辛處理泰國南部穆斯林叛亂的方式，亂象於二〇〇四年戲劇性重燃。由於叛亂人士犯下的戰爭罪行一再加劇，塔克辛也以牙還牙，用強迫失

⑧ 指美國雖然利用泰國的空軍和海軍基地，但是除此之外，在國防軍事、經濟、教育等更多方面泰國皆仰賴美國的友好援助。

⑨ 聯合國人權委員會（UN Commission on Human Rights）始自一九四六年，二〇〇六年起被聯合國人權理事會（UN Human Rights Council）取代。

蹤、任意羈押、普遍施虐，以及更多未經審判的處決來回應。二〇一五年，塔克辛說明行動是為了「幫助好人，強硬對付壞人」，提到軍方自有其干預原則，實在難以「阻止」。[89]但軍方在解除一場僵局時卻顯現其致命的扭曲立場，最終導致八十四位抗議人士身亡，大多是在軍隊卡車後方窒息而死。「我非常憤怒，」塔克辛說，「但是軍方說他們擔心人們會跳車，因為卡車不是設計用來載運囚犯的。」[90]支持上述這項行動的是一位越戰老兵，他先前也曾無視國防部長緩解另一場衝突的命令，最終導致有三分之二的穆斯林遭到槍殺。

***

據歷史學者大衛・瓦厄特（David K. Wyatt）所述，一九五〇年代晚期的陸軍元帥沙立「殘忍、貪婪、武斷且獨裁。他使議會民主制與人權倒退，他讓泰國的國際地位掛勾在明亮耀眼的美國星星上，他抵押了國家的未來」。[91]塔克辛轉向中國比沙立傾向美國來得審慎，而且中國對泰國的地緣政治利益較無需動用其保護力量。但是北京愈發強烈地影響塔克辛治下的人權。塔克辛的內政部長滿意地回想中國「從未、從未、從未」評論泰國南部事務，不過從二〇〇四年開始，泰方確實與中方討論其內部安全事務。[92]主管中國新疆維吾爾自治區的指揮官曾跟泰國國防部長會面。維吾爾人與多數泰國南部人皆擁有伊斯蘭認同，抗拒北京主導權的人們則被視為「恐怖分子」。塔克辛也對上海合作組織的反恐作為有興趣，組織由中國運作且排除美國。對於北京視為國安威脅的「分裂主義分子」，塔克辛依循北京的利益行動。駐泰的中國媒體，獲准刊出合乎北京的新疆和西藏政策下的一切政令宣傳，而在二〇〇四年中國贊助泰國記者赴西藏後，類似報導也在泰國國內報紙刊出。隔年塔克辛推翻川的決定、依循中國要求，拒絕達賴喇嘛入境。「我們可以在文化與宗教方面跟達賴喇嘛建立關係，而非以國家或政府領袖的身分。」[93]

二〇〇一年四月，來自兩國的壓力迫使法輪功取消在曼谷的會議。塔克辛起初重申川的論點、援引允許和平表達信仰的國內法，但隨後下令集會不能用作批評中國的論壇。泰華群體展現出僅僅在川下台兩年間的政治觀點轉變，發言支持強硬手段。泰國的警察總監明確表示：「我們想跟中國保持良好關係。」[94]同樣地，在二〇〇三年亞太經合會前將法輪功信眾驅逐出城，也直接來自於北京的壓力。然而在美國大使館看來，「此刻並無理由認為泰方會反對美國重新安置法輪功案例」，對此美方於二〇〇五年緊急著手處理。[95]用塔克辛的話來說：「我們合作，但是我們從未將他們驅逐出境，因為他們並未真正觸犯任何罪行。也許他們持有一些不同的意識型態，但我們只是阻止他們的活動，說：『請不要這麼做，我們不想傷害跟中國的關係，別這麼做』，他們說好。但是我們從未把他們趕回中國。」[96]

可是他們把其他人趕回去，亦即美國在一場政治角力戰裡輸掉的中國異議分子。在塔克辛治下美方維持稍偏邊緣的地位，不過新近發展是中國甚至在此議題上展示力量，且於接下來幾年獲取優勢。二〇〇一年，中國要求泰國調查一個宣稱要炸掉中國大使館的人。泰方並未發現特定主張的證據，卻說他們找到一封此人寫給台灣國防部長的信，內容關於攻打中國。由於缺乏起訴的根據，泰國因而將他驅逐出境並禁止再入境，此人立即在中國遭到監禁。一位美國參議員向泰方施壓，要求得知更多資訊，甚至連「曼谷的中共官員都主動逼迫」他們——通常藉由現金匯款。[97]一位官員告訴美方，他「不想自己或泰國皇家警察（Royal Thai Police）成為其他國家政治事項的工具」，不過事實正是如此。[98]

然而在二〇〇四年，人權二度取勝。首先，素拉基亞要求聯合國評估一位中國知名異議人士的庇護要求，美國隨即在七天內重新安置他。第二，一支中國搖滾樂團的兩位成員在親台灣的表演後抵泰，「中國高階官員隨即於總理塔克辛訪中期間，要求將兩人遣返中國。」[99]雖然塔克辛下達逮捕令，在他們迅速潛逃至柬埔寨、取得瑞典官員的保護時，當局卻視而不見。美國外交官的插手程度不明。聯合國也有至少一百位較不著名中國人尋求庇護的紀錄，其中有些得以重新安置至美國或他處。用塔克辛的話來說：「我們從來不想遣返女人或兒童，我們必須謹慎行事。」[100]

在遣返與重新安置之間，尚有非自願逐離國界。在「中方向他們施壓」後，泰國當局於二〇〇五年逼迫一位異議人士接受逐離，向他保證中泰雙方皆不會干預他低調地重新入境泰國。[101]儘管不願接受，他仍然遭到驅逐。另一位異議人士被逮捕的消息出現在美國網站上時，泰國拒絕在沒有官方引渡請求下遣返他，卻允許中國官員在他受拘留時訪視。泰方告知美方他們試著要平衡人道考量、政策延續性，以及與北京的關係，隨後泰方逼迫這位異議人士接受逐離。他們也主張自己不能被視為「美國要求什麼就去做」。[102]異議人士同樣拒絕接受提議，可是仍然遭到逐離。這使得塔克辛的結論與紀錄並非全然一致：「我們只遣返真正觸犯嚴重罪行的人——不像反恐戰爭，而且並非出於意識型態差異。」[103]

## 中國模式

塔克辛在當選的四個月後表示泰國不會干預鄰國：「但是我們將說服他們民主比較好，因為我們現在正在享用民主的佳餚……與其試圖強迫他們改變飲食習慣，我們可以說服他們品嘗一點民主。」[104]在二〇〇六年政變的六個月前，塔克辛思想的擁護者潘薩告訴美國副助理國務卿（以及未來的駐泰大使），他希望「輸出」民主：「在仰光之後，我們去北京……假若成功，我們就可以輸出到你們在拉丁美洲那些人。」[105]上述聲明的歷史諷刺之處在於，以塔克辛治下的中泰關係，治理方式的不平衡完全倒向中國這一方。曼谷從北京輸入威權資本主義（authoritarian capitalism），在沙立時代尚未接受得如此徹底，而沙立是談論「泰國式民主」的第一人。[106]與沙立（而非中國）相仿，塔克辛及其對手與後繼者全都將在非民主追求政治權力與經濟益處時，召喚民主。

其中最重要的因素是塔克辛這個人。據早年團隊成員沙勒辛所述：「塔克辛十分明確：『我要用民主當作達成我目標的手段』，而那就是威權主義。」[107]意在增加政府部門力量的一九九七年憲法助了塔克辛一臂之力，他宣布憲法裡抑制與平衡的「基礎架構」無效。在二〇〇五年的連任競選宣傳時，他批評民主妨礙了「人民的工作」。[108]誠然，使塔克辛政府獲得不容質疑的合法性，以及分析他實際治理所得出的認知不協調，責任皆歸屬於投票給他的絕大多數泰國人。人們讓他掌權，樂意接受他的威權主義，例如估計有四分之三的人口支持他的反毒戰爭。

相反地，泰國公民社會證實了在利基議題以外毫無政治因素價值。誕生自「泰國之春」且獲益於金融危機，公民社會未及壯大得足以抵擋塔克辛的妖魔化。泰國的禁衛軍歷史、階級與任命的文化、填鴨式教育體制及反對批判思考，全都對其不利。由於「『公民』的所有泰語翻譯都是國家創造的詞彙，用以強加責任，而非權利於人民」，非政府組織很容易被看作不具代表性、無用且不屬於泰國。[109]此外，當二〇〇五年終於有一個組織克服萬難，他們卻是人民民主聯盟⑩的創辦者、成員與支持者，致力於促使塔克辛下台。由於總理已二度贏得多數票，人民民主聯盟企圖以委任制取代民主選舉，使其組織名稱的三個字裡頭僅有「聯盟」的聲稱為真。聯盟也主張政變應明確獲憲法保障。加入聯盟領導人林明達的是詹龍．斯里滿，即軍方的「少壯派」，在蘇欽達的一九九二年政變後，詹龍同樣機械式地高喊「民主」以延續勢力。尤為顯著的是人民民主聯盟享有泰國民主黨（自一九九二年後從未贏得大選），以及軍方重要派系的支持。來自王室的支持起初至多僅屬默許，人民民主聯盟從一開始就高舉保皇主義，做為達成目的的修辭手段。於是網絡君主制不僅與塔克辛對立，甚至顯露一系列保守特質，意圖開展新局面。

根據人權觀察組織（Human Rights Watch）的泰國專家所述，人民民主聯盟認為塔克辛是「可能受貪腐牽連下台的威權主義。他們抱著對於一九七〇年代的懷念看待此事，當時他們遁入叢林，多數人信奉毛主義意識型態。他們仍然對中國懷有此種舊時情感。他們崇尚毛澤東的威權主義」。[110]有一點需闡明，儘管跟中國人關係密切，在泰國新的政治對立局面下，沒有一方提倡明確採行中國的統治制度。至高無上的共產黨掌管解放軍與經濟，在形式上就截然相異於泰國的禁衛軍式網絡君主制及全球化的新富階級。一直到二〇〇六年，少數人民民主聯盟普通成員仍然抱持真正的民主動機。但是雙方皆愈發認為所獲支持的程度與本質，分別是國王與選民，賦予他們專享且不容置疑的統治權。政治對手變成敵人，媒體和非政府組織的批判都在撒謊，法治出於主觀，尊重人權則視情況而定。也就是說在精神與實質層面上，有市場經濟做後盾的中國模式威權政府正越過國界掌控大局。「中國力量影響泰國政治，」潘薩於二〇〇六年告訴美方，「而舊菁英對此甚至渾然不覺。」111

## 政變

二〇〇六年九月十九日晚上，坦克車隊開進曼谷，迅速發動一場實質的不流血政變。這是泰國於十五年內首見的政變，從一九三二年至今則是第十一次，此外尚有七次嘗試失敗。塔克辛人在紐約，隔天要向聯合國大會發表演說。反觀地球另一邊的北京，中國外交部發言人簡短評論：

> 泰國內部發生的變局屬於其國內事務。中國政府一貫維持不干預他國內部事務的原則……我們期望泰國和諧、繁榮、和平與穩定。我們希望見到中泰間的友好關係持續進展。112

中國總理溫家寶寫了一封廣獲報導的信給泰國外交部，指出「中國與泰國間的固有情誼可追溯至古代」，而且兩國「就像彼此的親密家人」。113

然而在中國外交部內，其駐泰最高外交人員「由於未能預測政變失去了中國領導階層的信任」。大使被暫時召回北京，監聽得知《光明日報》駐曼谷記者向政府官員簡報。這跟大使館的聲

⑩ 人民民主聯盟（People’s Alliance for Democracy）即俗稱的黃衫軍。

望不甚一致，顯示北京對其投注的期望程度，並且激起雙倍的關注與活動。「九月十九日晚上通宵工作……通報突發事件後，他們最初的重點在向北京分析，中國與被推翻總理塔克辛間的密切關係是否會傷害雙邊關係。」[114]大使及時返回崗位，在內閣組建前會見泰國的新軍系總理，這是中方首次獲得的機會且原先僅由美方專享。

縱然失去了近代史上最堅定的泰國夥伴，北京仍無所畏懼。中國大使館正確「建議北京，中國在泰國的影響力出於多種因素，且依舊強盛，諸如商業連結漸增、文化聯繫、融洽的外交關係，以及軍事合作方案增長。」[115]在二〇〇六年底，塔克辛的努力與其他因素同樣促成此局面，但是這絕對不限於一人或甚至兩國之力；美方持續在不自覺的情況下提供助力。「中國人關心的是建制而非民主價值，所以（政變後）中方一切如常」，塔克辛如此認為。[116]中國人提供在北京外圍的一棟房子任他使用，承諾無論何時他來訪都會派一位高階官員到機場——「每次都有」，塔克辛於二〇一五年證實。「他們從不忘記老朋友。」[117]

# 第八章　另一場美國戰爭

## 泰國與美國，二〇〇一至二〇〇六年

我不在乎。因為什麼都沒發生。我們十分自豪在戰後支援伊拉克而獲得主要非北約盟友①資格，可是實際上沒有發生任何事。即使到現在我仍然不知道主要非北約盟友的地位有何益處。[1]

——塔克辛．欣那瓦，二〇〇五年八月

然後中國來了。有些人憂心中方挺進泰國，而這區域確實是一個整體。塔克辛政府似乎全心擁抱中方。泰國被描述成進入中國的門戶。美國關切此事嗎？得力於三個月的思索期間，局面顯得愈來愈偏離可能演變成的零和賽局。中方無疑十分活躍……但是中國的種種獲益，是否

① 主要非北約盟友（Major non-NATO ally）由美國政府授予與其戰略合作的非北約國家，享有軍事跟金融方面的優惠待遇。中華民國則在二〇〇三年成為非北約盟友。

> 必然全屬我們的不利？……這裡是中國的鄰國，雖然他們在二戰結束後的五十年間未加干預（正是美國駐軍最鼎盛的期間），現在他們回來了，而且他們帶來最精良的隊伍。出於地理因素，我們在現實上比不過中方的接觸參訪次數。但是我們有能力對此區域投注更高的關注，而且我們應該這麼做。[2]
>
> ——羅夫．波伊斯，二〇〇五年三月

恐怖分子在二〇〇一年九月的攻擊方式改變了美泰關係的軌跡，造成遺憾與恥辱。儘管塔克辛的亞洲中心國族主義與中國新興崛起的地緣政治因素昭然若揭，美國總統小布希對「九一一事件」的反應，也要為小布希治下美泰關係的衰退負起最大責任。事件形成不樂見、卻無可否認的催化劑，促使戰事再起，華府將此視為通行證，自認有權對曼谷的海外政策及其國內不法行徑發號施令。回想半世紀前的另一場意識型態戰爭，我們看不到美國在反恐戰爭中學到任何教訓。美國持續專注於連一九九七年時都未能擴展的安全防衛，幾乎完全透過法律、語言與武力邏輯來處理雙方關係。此外美方並未援引確立已久的安全條約，使此觀點得以藉助最大的政治力量，反而對於協約盟國一視同仁，放話：「跟他們站在一起，否則就是跟恐怖分子一夥。」他們將塔克辛起初的遲疑視為背叛，且將他的改變心意視為理所當然。正如同冷戰期間美國協助鎮壓泰國的民主而減損其自由思想，在九一一之後美國仿效襲擊者，不顧對方的人權。在塔克辛遭到推翻的三個月前，他寫信給小布希抱怨對手「威脅民主」，然而論及對民主人權作為欠缺真誠關切與可信度時，泰國並不孤單。②[3]

美國預先排定了政治議題的先後順序，甚至比反恐戰爭的摩尼教式控訴更重要，導致的局面實際上保證步入零和賽局的路徑。在九一一及二十六天後阿富汗的戰爭之間，華府開始從北京干預日深的東南亞大幅退卻，放任此區域的地緣政治在未見美方利益或參與下進展。在某些二十世紀的協議與活動延續以外（指涉停滯而非力量），美國並未與中國競爭，加強與泰國或東協間的關係。誠然，延續已意味著例外；對於大多數區域，美方甚至在降級、縮小規模或不再重視干預下落居更下風。最招致譴責之處在於美方的退卻不僅依循政策盤算，更肇因於政策真空，由於反恐戰爭損耗金錢和軍事資源、前景抱負與政治意志所導致，速度是自冷戰高峰期以來所未見。

泰國外交部長素拉基亞在解釋時語帶埋怨：「我的第一年發生九一一，第二年是阿富汗戰爭，我第三年有伊拉克，第四年還是伊拉克。在戰爭之間還有大規模毀滅性武器、反恐對話、情報合作、林林總總的銷售案、逮捕漢巴里③——哪裡容得下經濟方針？哪裡容得下中國？」[4]早在六十年前兩國近代關係開展之初，抱怨美國的粗糙手段與漫不經心已成習慣，然而這席話也證實與表達了對於見識狹隘盟友的不滿愈發強烈。即使是不安於塔克辛的中國優先做法的泰國領導階層，面對美國所見的替代選項大多不可行且反應冷淡。美方在金融危機做出笨拙回應後，也迅速放棄重獲的失土，鬆手將區域控制權放給涉足整塊區域的中國。由此觀之，塔克辛時代與二十年前炳將軍執政

② 意指美國在報復九一一攻擊者時同樣罔顧民主人權。

③ 漢巴里（Hambali）本名為利杜安・伊薩穆丁（Riduan Isamuddin），印尼武裝組織伊斯蘭祈禱團（Jemaah Islamiyah）領袖，據信主導二〇〇二年的峇里島爆炸案。二〇〇三年泰國警方與中情局合作逮捕漢巴里。

時相仿，只是結果相反。中國日漸成為各領域關係皆深化的盟國，而美國僅僅提供主要關切自身的安全防衛，使中國想起美越的交戰。

## 恐怖與虐待

塔克辛分階段參與反恐戰爭，企圖以質化收穫來平衡泰國與世界唯一強權的關係。普遍而言在任期內他未竟成功，僅僅贏得表面上、未實現的或適得其反的讓步。少數卻敏感的泰國穆斯林人口即為適得其反的例子，塔克辛擁有較大的自主處理空間，反覆重申為暫緩援助美國反恐戰爭的理由。亦對塔克辛造成影響的，包括在九一一事件前幾個月於曼谷成立的美泰區域反恐情報中心，以及起草新安全法案（預備取代一九五二年的反共法）。塔克辛開潮流之先，表明他的國家將在新近開打的戰爭裡「嚴守中立」，不顧素拉基亞在攻擊事件兩週後請求「對美國提供一切可能的援助」。[5]他拒絕美國的請求（上一回是在七年前提出），准許美國因應阿富汗戰爭在泰國灣部署軍艦，並且，直到美方適時提起一九九三年與一九九六年的協議，塔克辛還「猶豫不決」於批准為相同目的使用的一處越戰時代空軍基地。[6]更重要的是他拒絕派遣泰國軍隊投入作戰。泰國的確指派了國內安全行動部隊（Internal Security Operations Command，前身為鎮壓共產人士行動部隊）領導反恐行動，且於二〇〇一年十二月簽署第五個（總計有十二個）反恐相關條約。但是塔克辛「被解讀為在聯合國缺乏支持」，使他在同一個月出訪華府的行程受到阻撓威脅。[7]

素拉基亞憶述美國國務卿「柯林．鮑威爾（Colin Powell）十分理解我們，但是美國國家安全會議非常不滿。他們幾乎不以官方訪問接待塔克辛，於是我派尼帝亞・頌堪（Nitya Songkram）去找我們的許多老朋友談，諸如伍佛維茲、傑克森和亞米塔吉，並且試著扭轉局面」。[8]尼帝亞是披汶・頌堪之子，這位獨裁者斷斷續續統治泰國直到一九五七年，當時保羅・伍佛維茲（Paul Wolfowitz）和理查・亞米塔吉（Richard Armitage）分別是國防部與國務院的副首長。卡爾・傑克森「申明我不再為國家安全會議工作了，不過表示將會盡我所能」。[9]傑克森事先警告塔克辛這會是一趟「形同災難的華府出訪」，他在「塔克辛預計降落華府的約四十八小時前」接到打來家裡的電話：「我一百八十度改變政策了，你能讓美國政府取得共識嗎？」[10]塔克辛剛撤換派駐華府的大使，實際上在當地並無人馬，傑克森必須跟美國的節日缺席狀況周旋。兩天後大使隨同塔克辛赴五角大廈，「試圖說明與他會晤的只有伍佛維茲、不包括國防部長倫斯斐（Donald Rumsfeld），他們抵達時一扇自動門開啟，就在海軍陸戰隊使館警衛隊的後方，倫斯斐衝下斜坡及時抵達。」[11]

由於此次參訪的聯合聲明提及「完善的夥伴關係」，且誓言投入阿富汗的重建，塔克辛將與小布希一同推翻雙方前任領導對國際刑事法院的承諾，並部署一百三十支部隊（大多數是工程部隊）。[12]理所當然地，隔年的二〇〇二年泰國提供場地給美國主導的「橢圓查理」（Ellipse Charlie）反恐演習，並派專家數人加入一組聯合國團隊赴伊拉克搜尋大規模毀滅性武器。華府開始在行動裡指稱曼谷為「盟國」。

＊＊＊

在反恐戰爭裡，美泰合作最富深意的層面從未預計公開。這些行徑毫無疑問違反國際、美國與泰國法律，且構成兩國官員皆應負責的反人類罪行。素拉基亞在二〇〇二年提到：「我們全然致力於給予國際反恐作戰一切可能的支援，且合於國際法。」[13]泰國是加入中情局「非常規引渡」（extraordinary rendition）計畫至少五十四國的其中一員，共計至少有一百三十六位恐怖分子嫌疑人被送往「黑牢」（black sites）接受美方的訊問與刑求。在設置此類場所的八個國家之中，泰國境內至少有一處。

此計畫植基於美國總統小布希的一項二〇〇二年備忘錄，接獲此備忘錄的機構負責測試《日內瓦公約》判定違法的訊問手段。儘管小布希將九一一事件的反擊定義為戰爭，他卻判定《日內瓦公約》戰爭法規不適用於恐怖主義的羈押嫌疑人。公約保護戰俘不遭受「某部分來自中國共產黨於韓戰期間使用的手法，用以釣出假投誠分子」。[14]這些手法構成虐待刑求。兩個月後一位五角大廈刑求專家「逆向操作」，提議建立一種「開發設施」，除訊問團隊外禁止所有人進入。[15]司法部與白宮商議時，發表了三項法律見解。其一界定刑求的方式排除了《日內瓦公約》認為違法的手段。另一項見解列出十種明確視為合法的手段，其中包括水刑。此項見解亦斷定上述手段不受國際刑事法院管轄，且於前一個月開始生效以掩護刑求。美方藉此於接下來數年裡，可以在為了達成目的而發明的「合法」掩護下，刑求受羈押者。

司法部的第三項法律見解明確關乎刑求的第一次動用時間點，其實早於見解本身，前者發生在二〇〇二年六月的泰國。在巴基斯坦被逮捕的巴勒斯坦人阿布・祖貝達（Abu Zubaydah）被送往泰國一處黑牢，可能是原本的「開發設施」，即美國空軍戰機往返阿富汗的烏打抛航空基地。經過三個月的合法處置後，一位前美國空軍心理學家、聯邦調查局及中情局探員開始刑求祖貝達。一位中情局人員不經意提及法律禁止以施虐當作處置或懲罰，且描述他們的手法具「強制」與「矯正」功能。[16]祖貝達全身被脫光，用音樂高聲轟炸，剝奪睡眠，並且承受寒冷低溫。當他們知道祖貝達極為恐懼蟲子後，祖貝達就被威脅跟蟲一起關進箱子裡。出於刻意與默許，祖貝達受到的對待是實驗性質，不僅早於「合法」準則前發生，而且比中情局的醫療準則早十個月。雖然中情局曾告知司法部，祖貝達被虐待「多達三十天……採取逐步加重的形式，最終施以水刑」，但未經授權的加重處置已歷時兩個月。[17]

隨後刑求愈演愈烈。「訊問者拿毛巾裹住祖貝達的脖子，拉他摔往牢房裡的夾板壁面。他的臉被掌摑。他被放進棺材狀的木箱，迫使他蜷曲身體，沒有光線且限制空氣供應。」[18]在四天裡他遭受至少八十三次水刑，平均每天二十一次。因為不相信祖貝達已答應完全合作，有更多中情局人員從美國飛來親自目睹最後階段的水刑。至少在二〇〇三年四月前，祖貝達皆拘留在泰國，七個月後國會才獲報告此項違法行動，而祖貝達歷經其他黑牢的洗禮，最後於二〇〇六年送抵關塔那摩灣（Guantanamo Bay）。

葉門的拉姆齊．賓席布（Ramzi bin al-Shibh）和沙烏地阿拉伯的阿卜．拉辛．納許里（Abd al-Rahim al-Nashiri），也在二〇〇二年於國外被捕，送往泰國東北部烏隆塔尼府一處稱為「貓眼」的設施。[19]此處的前身別號為「象欄」，是在一九七六年關閉的拉馬森情報站，自一九九四年起成為美國之音（Voice of America）廣播電台所在地。雖然《紐約時報》已在二〇〇三年六月揭露這處黑牢，兩個月後在曼谷被逮捕的馬來西亞人穆罕默德．納齊爾．賓列，仍指稱他遭受裸身拘留，且數日未供應固體食物。二〇〇二與二〇〇三年另有三人在泰國被捕，下場是送至關塔那摩灣。最後是利比亞的法蒂瑪．波查（Fatima Bouchar）及其夫婿阿卜德．哈金．貝爾哈吉（Abdul Hakim Belhadj），他們夫妻在二〇〇四年在馬來西亞被捕，遭騙上一架飛往泰國的民航班機，指稱「在機場裡的特殊房間內受中情局虐待數日」。④[20]他們受虐的最有可能地點是位處曼谷北部中心點的廊曼機場（Don Muang）。據說這對夫妻被毆打且鏈在牆上，雙腿放入冰桶，並剝奪飲食達五天。波查當時懷孕近五個月。

根據中情局反恐中心（Counter-terrorism Center）主任所述，泰國獲得「三項承諾：我們的感激、一大筆錢，以及保證頃全力不計方法讓他們的支援保密。最終我們僅能做到其中兩項」。[21]確實到二〇〇四年底才赴當地的美國大使波伊斯主張：「我對黑牢一無所知，因為那不在我的管轄範圍內——假若真有此事發生。如果有這些場所，顯然就有人負責營運且對其知之甚詳。但是我不需要知道，因為我派駐當地時並無此類場所。」[22]然而波伊斯手下的一位官員，宣稱自己曉得九十二卷訊問錄影帶在大使館裡的存放地點。根據中情局所言，這批錄影帶是「用來留下祖貝達的醫療條件與處置紀錄，假使他因傷而死而激起外界質疑中情局提供給他的醫療照護的話」。[23]中情局於二〇〇五年十一月下令銷毀祖貝達連同納許里的錄影帶。

泰國官員否認媒體報導，誓言調查此事，甚至短暫考慮對《華盛頓郵報》（*Washington Post*）提告。在「貓眼」的新聞披露後，塔克辛的發言人與外交部長立即聯繫美國大使館，要求「協助否認指控」。[24]大使館將他們轉介至中情局，隨後應允地方首長與當地媒體簡略參觀設施的要求。波伊斯憶述，素拉基亞憂心忡忡詢問他是否知悉有關黑牢的任何事，唯恐塔克辛曾做出祕密協議。回顧過往，素拉基亞僅僅強調「深入的情報合作」[25]，潘薩則是典型的隱晦回覆：「別在意，那是件傻事。」[26]二〇一〇年，塔克辛對手領導的平民政府向聯合國否認黑牢的存在，其後泰國國家安全委員會抗議：「中情局有能力在未要求泰國協助下自行運作。」[27]塔克辛自身則對報導「表達激烈的否認」[28]，且在與波伊斯的會議中，「嘲笑泰國媒體如何誤把美國之音在烏隆塔尼的設施當成其中一處『黑牢』。」[29]回顧時他也以不知情來辯護：

我不知情，但是我聽說此層級國安官員間的彼此合作，也就是他們允許中情局或調查局來辦案，來訊問我們逮捕的人。我真的不曉得發生什麼事，但是在我下台後，我聽說有某些作業層級、官方層級的合作，從未高到我的政治層級。[30]

＊＊＊

二〇〇三年發生更多芭蕾舞轉圈般的事件。在三月入侵伊拉克前的準備期間，素拉基亞告知國

④根據專門研究中情局不當羈押、引渡與訊問的 The Rendition Project 網站資料，波查夫婦先飛往北京，遭遣返回吉隆坡，他們察覺有被遣返回利比亞的危險，馬上申請難民身分，在吉隆坡遭拘留兩週（並非作者描述的被逮捕）。獲釋後兩人搭上飛往英國的班機，此航班卻早遭安排，在曼谷機場停留，使得兩人在曼谷再度遭羈押且轉交美國情報人員，最終遣返回利比亞。

務卿鮑威爾「藉由不加入自願聯盟（Coalition of the Willing）我們可以提供更多幫助，我們也確實如此。但是他們⑤對泰國感到不滿」。[31]泰方下令駐伊拉克情報人員離境，但是再度舉出國內有著穆斯林的少數族群，於是在初期拒絕美方使用烏打拋基地。「我們說，在我們兩百年的外交史上從未與任何一方並肩參戰，卻曾經幫助過戰後重建——我們在阿富汗這麼做了。」[32]在引起美國大使館與位於北部領事館的雙雙抗議下，泰國旋即屈從壓力開放航空基地，然而拒絕公開表明支持入侵。

隨後是一連串的政治交換條件。在《紐約時報》揭露黑牢的六月，塔克辛赴華府會晤小布希前，同意豁免在泰美國人員，使其不受國際刑事法院管轄，且於七月一日生效。泰國的黑牢在同年關閉，但是中情局的引渡計畫直到二〇〇八年才正式終止。據稱於互相提出協議時，小布希在會議中宣告：「美國正積極考慮指定泰國為主要非北約盟友。」[33]儘管此地位提供特殊軍武購買與訓練的管道，對於簽有《馬尼拉條約》與《塔那—勒斯克備忘錄》的泰國而言多屬「表面工夫」。[34]為了不被比下去，泰國當局於會議當天在南部羈押三位泰籍穆斯林，據悉與前一年十月的峇里島爆炸案有關。據聞其中兩人坦承一項爆炸計畫，計畫在即將到來的亞太經合會期間針對美國及其他四國大使館犯案，布希預計也會出席會議。最終，三人全都在兩年後因缺乏證據而獲釋，不過累積至當時的政治效益十分可觀。泰國人士在白宮外抗議，裡頭的雙方卻都充耳不聞。

也是在二〇〇三年中，塔克辛逮捕峇里島爆炸案主嫌，隨後發布兩項反制恐怖主義的行政命令。他下令於入境區執行逮捕，且援引命令「為漢巴里交付美國羈押的法律基礎」。[35]在此期間嫌疑人受虐數日，包括壓力姿勢、裸體、剝奪食物，儘管不清楚執行者的身分。塔克辛藉此依舊領先國內法一步，卻遠遠落後國際法規。此外，由於選用行政命令而非國會立法，他引發「一股憂慮，擔心美國捨棄一九九〇年代推廣正當法律程序與透明政府的政策，轉而迫使東南亞採用更嚴格的國內安全法」。[36]塔克辛在二〇一五年的結語透露許多內情：「我們必須分別考量每個案例，並非他們想要任何人就送過去。我們必須確定他是真正的罪魁禍首，真正的恐怖分子。漢巴里的案例十分明確，他是蓋達組織（al-Qaeda）的高階成員。所以假使我們不合作將會對我們不利。」[37]

最後，基於「泰方長期憂心假如我們不照做，與美方關係將會受損」[38]，二〇〇三年九月泰國將四百二十三人的部隊派往伊拉克。[39]宣稱是為了人道與維安任務，泰軍有兩人死亡，且於六個月後改派另四百四十三人替換。與此同時，塔克辛表示：「泰國和美國是盟友。當美國向我們求援，我們會回應。這是一種友好的姿態。」[40]他在回顧時說：「我們配合，因為我們認為那個議題是為了全世界，不僅是美國。假使我們不合作，我們會覺得自己不是一個好的世界公民。但是我們必須以我們的方式合作，同時讓我們自己的公民接受。」[41]然而在這之間，美國於二〇〇四年要求隔年再度派兵時，塔克辛較不樂觀：「假使你拒絕談論合作打擊恐怖主義，你就得不到美國的任何合作、援助或對話。」[42]他的第二任外交部長詳述此種困境：

> 眾將軍與大多數人民忐忑不安，覺得會使泰國南部已然惡劣的情勢加劇。理想情況是不派任何軍隊到伊拉克。但是將軍和所有人都說我們不想、卻必須這麼做，因為美國會生氣而我們必須照做。[43]

⑤ 照上下文推斷，此處的「他們」可能泛指美方。

然而在華府時，他會見國務卿萊斯與國防部長倫斯斐：

> 我向她說明我們願意為友邦這麼做，但是問題在於泰國南部，對我們來說非常艱難。採取另一種方式如何？我們可以在訓練、醫療支援方面出力，而非軍隊。於是她接受了。倫斯斐詢問同一件事，但是我用相同的方式說明，也沒問題。所以這種憂慮並無根據。[44]

不過在二〇〇五年，美國參謀長聯席會議（Joint Chiefs of Staff）寄信給泰國總司令，為巴格達的多國聯軍總部謀求人員：「塔克辛展示過他有能力做棘手的決策，我們想要泰國恢復支持伊拉克的行動。」[45]儘管泰國發布公開聲明支持伊拉克新的過渡期政府，波伊斯的回應是：「於當地駐軍是身為聯盟活躍成員的證明。我們言盡於此。」[46]泰國國防部長接獲美國國防部長倫斯斐的直接詢問後，外交部長重述他的提議是訓練與支援，對於但書相當明確：「泰國政府將持續與美國合作，但是不可能在未來調派泰軍至伊拉克或阿富汗，原因是泰國南部的敏感情勢。」[47]

## 南部人權議題

二〇〇四年泰國南部穆斯林叛亂重燃，同時造成與伴隨著美國干預泰王國滋生的漸增懷疑與沮喪。這比利用烏打抛基地、中情局的引渡計畫、國內的法律舉措，或甚至是泰國軍隊的調動更嚴重，因為顯然全都為了美國的另一場「戰爭」，叛亂卻是在泰國土地上的泰國問題。儘管其歷史根源早於美國的新利害關係，與數十年前的共黨人士相仿，顯得容易到手且現成可受美國所利用。泰國依序得到三項結論。首先，眾多消息靈通且關注此事的泰國人，認為美方煽動與資助南部的暴亂。其次，儘管美國的介入比兩國領導人所聲稱的更深入許多，但認為美方刻意操控或利用的觀點並無事實根據。第三，華府於反恐戰爭中的違法政策與活動，是南部暴力與違反人權情況升級的因素。

縱使此種觀點對某些人而言是政治上的權宜之計，透過泰國的國會與媒體傳達後也已深入全國民心。南部內外的泰國穆斯林（少於人口的百分之十）尤其懷疑美國的舉措與動機。二〇〇三年，最南端五個府的伊斯蘭委員會將美國描述為「恐怖國家」，並且會到授予泰國非北約盟友的場合抗議。[48]一位南部參議員在二〇〇四年指出：「本地人民相信中情局在此地事端扮演了某種角色。」[49]甚至金色眼鏡蛇軍演「被解讀為對南方不利」。[50]此外，在泰共將重心移往東北部之前，上述跟「馬來亞」（Malaya）接壤的南方各府的共產黨勢力是最為強盛。泰國曾一再誇大泰共的威脅，好讓曼谷更堅定地參與其反共聖戰。假若「自由」的敵人只是換了個名字，那泰國人保持不變他們自以為是的「自由」捍衛者，也不是沒道理的事。

二〇〇五年素拉育將軍與大使波伊斯討論一則「傳聞」，即後者的繼任者曾三度造訪南部並提供不明確的美援。[51]前總理阿南不僅引述「盛行」的傳聞，指稱美方跟涉及法外處決的官員有所連結，並且暗示自己相信部分為真：「我擔心中情局找了錯的人商量。」[52]川在位時的前外交部長本身是南方的穆斯林，他告訴一位來訪的美國國會職員：「假使傳聞持續下去，整個南部可能會轉而反對美國。」[53]兩位美國人在南部的爆炸事件裡受傷後，多位泰國參議員表示「五角大廈策劃了最近的爆炸案」。[54]波伊斯通報華府，此種主張「流傳甚廣且受大眾認可」[55]，這將「傷害雙邊關係」[56]，而且「是基於兩項陰謀主題的變化版本：第一，美軍煽動穆斯林從事暴行，證明美方在此區域建立基地有其正當理由；第二，中情局資助叛亂分子，以正當化美國為了全球反恐戰爭，而擴張在此區域的駐軍。」[57]

至於美方與泰國官方的評估，波伊斯與陸軍司令頌提都同意叛亂是由種族，而非宗教緊張態勢所驅使。美國指出，泰國未向聯合國相關委員會共同舉報任何恐怖分子[58]，且「並無本地恐怖分子團體」。[59]一位副國務卿評論，塔克辛「顯然不了解他遭逢的對手。我認為那是真正的問題……他會用自己的方式在南邊找到對策。但是自視為泰國友人的我們見到狀況如此艱難，全都感到十分苦惱。」[60]兩國起初皆同意，叛亂人士的行動並無區域或全球恐怖分子網絡的影響或介入。然而美國印太司令部（United States Pacific Command）警告，南部可能「成為外人得以發起恐怖分子行動的溫床」。[61]塔克辛表示，叛亂是「可能延伸至泰國邊界外的一項議題」。[62]他的國防部長更進一步臆測，叛亂人士是在國外念書，甚至是於印尼、巴基斯坦或阿富汗受訓時結識了恐怖分子。更具影響力的是泰國國家安全委員會指出的，峇里島爆炸案的主謀漢巴里在二〇〇三年被捕前，曾跟泰國南部的穆斯林領袖會面。

撇開既有觀念與公共關係，將泰國南部叛亂納入反恐戰爭的脈絡根本無益於美國；泰國出兵至阿富汗，且於國內叛亂爆發前夕二度派兵至伊拉克。美國誠然提供大量援助，但也一貫將泰國叛亂人士排除在「恐怖分子」之外。至於泰國投入合作所得到的利益，無論是為了避免美方「動怒」或確保其援助，塔克辛就顯得理解且堅決。然而，最重要的是泰國領導階層打從心底相信，美國介入南方帶來的傷害將大於益處。

二〇〇二年一月美國即力促塔克辛鞏固國家安全，早在叛亂情勢引爆及反恐情報中心將焦點移往南部的兩年前。美國特種部隊開始訓練泰國士兵，塔克辛的內務部長回憶起從美方收到叛亂事件的「最高機密」。[63]二〇〇五年，美國印太司令部發起的一項泰南情報計畫遭到了否決，當時大使館發出了底下的電報：「美國支援南部，謝謝但免了」，但印太司令部仍施行了一項公眾外交軍事援助計畫（Military Support to Public Diplomacy program），以澄清與強化美國的政策。[64]阿南在回應一位新聞記者對於美國介入可能的提問時，表示自己「告訴他們務必遠離此地」。[65]不過一位美國將軍邀請泰國陸軍官員參訪位於維吉尼亞州的聯合部隊司令部（Joint Forces Command），探查「聯合部隊」在南部的可能。

在外交方面，塔克辛於二〇〇五年會晤小布希前下定決心：「假使他不提起此議題，我會。」[66]小布希推薦由阿南擔任國家和解委員會（National Reconciliation Commission）的主席。泰國國家安全委員會請求波伊斯與六位穆斯林領導人會談，大使館人員則定期造訪南部監督「一項活躍的外展計畫」。[67]

計畫包括大學裡的「美國資料中心」、實物捐贈、英語教學、使用本地方言的媒體節目、國際訪問學者與富爾布萊特⑥教育交流計畫、使館講者計畫及文化保護大使基金（Ambassador's Fund

⑥ 富爾布萊特（Fulbright）計畫由美國參議員富爾布萊特提出，將美國政府的海外二戰剩餘物資兌換成當地貨幣，資助美國與當地的教育交流。

for Cultural Preservation）。美國也提出與南部公民社會合作的計畫，包括一項針對反恐怖主義運動的研究、社區廣播電台的民主思想節目及穆斯林女性賦權。美國國際開發署主管一項由亞洲基金會執行的五十萬美元計畫，聚焦於公民參與及媒體。儘管基金會前總監描述此項計畫「粗糙」且「欠缺對的人」[68]，他也憶述泰國人甚至不想要「對的」美國人到南部，因為「那會傷害關係」。[69]

張力延續至二〇〇六年，屆時已有超過兩千五百位泰國士兵接受美國的訓練，陸軍司令頌提直接涉入此事。雙邊皆同意一切支援的定位與名稱將不明確連結至叛亂，正如訓練設施原本提議用作反恐演習，隨後才修正為反叛亂行動。美國海軍傳授交戰守則，共同聯合交流訓練（Joint Combined Exchange Training）聚焦於資訊戰，美國印太司令部則擴大其反意識型態支援，並增加特定區域的敏感性。阿南請求美國國務院發布聲明支持其和解委員會的報告，但是要避免「死亡之吻」，確保將南部評為純粹的泰國議題。[70]大使館提出「大膽的跨機構新計畫，重新聚焦我們的援助，克服泰國的短處並協助政府扭轉在南部的一些損失」。[71]法律顧問將專注於改善警察與檢察官的表現，國際執法學校則培訓「包括軍隊在內的泰國特務，從基本調查技巧到進階反恐策略無所不包」。[72]大使館也力促華府資助於南部偷渡地點設置邊境管制電腦系統。美國菸酒槍砲及爆裂物管理局（Bureau of Alcohol, Tobacco, Firearms and Explosives）分析簡易爆炸裝置，發現「少數個人製造了大部分的炸彈」，而這要歸結於「網路上單一一家中國工業供應商」。[73]

＊＊＊

不同於二十世紀的先行者，本世紀的泰國叛亂大多獲得美國的積極投入與援助。美國外交官、將領與政治人物全都將人權視為優先事項，並且在二〇〇四年一連串死亡事件後投入更多心力。此外，塔克辛與軍方預期泰國領導階層易於接受人權思想與課程，並同意違反人權會惡化情勢。一位阿南的和解委員會成員遊說美國將其年度人權報告翻譯成南部方言。在華府，長久以來反對塔克辛的泰國大使（及未來的外交部長）卡夕·批若亞（Kasit Piromya）表達關切。大使館監督一位重要穆斯林律師強迫失蹤的審訊，同時美國國防國際法研究學院（Defense Institute of International Legal Studies）確保「軍隊在調派至南部前接受更全面的人權課程」。[74]課程大部分由在泰國的共同聯合交流訓練，以及美國的國際軍事教育與訓練（International Military Education and Training）實行。根據美國一項軍事援助海外單位以改善人權狀況的法律，大使館審視所有獲選從事培訓者。二〇〇五年大使館收到「最新消息，指稱陸軍第二騎兵師的七人與海軍特戰司令部的十一人涉及侵犯人權」。[75]印太司令部的公眾外交與反恐團隊也包含人權項目。

在二〇〇五年會見塔克辛的籌備期，大使館建議總統要求新的緊急命令「不用於合理化南部的人權侵犯」。[76]在兩國領導人會晤後，波伊斯隨即會見總理：

> 我告訴他我們聽說令人不安的傳聞，事關當局擬定一份有嫌疑的激進人士名單——成為法外處決的目標對象……假使任何官員私自「單方面」從事法外處決，即使面對持相反立場的泰國皇家政府（Royal Thai Government）官方政策……都將具有嚴重危害雙邊關係，以及塔克辛個人名聲的風險。塔克辛說他了解。[77]

二〇〇六年來自國務院、五角大廈與國會的高階參訪人員口徑一致：「我敦促所有訪泰美國官員要求泰方在處理南部事務時遵守國際規範，並且警告他們假使動用法外處決手段，諸如國際軍事教育與訓練等重要計畫會有何下場。」[78]

不過，假使將南部叛亂排除於反恐戰爭之外，人權推廣亦然，而此種不一致減損美國意圖影響叛亂鎮壓的努力。儘管塔克辛的反毒戰爭構成違反人道罪，但由於發生的時間點正好在黑牢及美國戰機於烏打抛機場起降期間，致使他付出的代價僅是地方警察的美國援金遭到削減。虐待行為在泰國一直持續至二〇〇四年，當南部情勢引爆，美國在伊拉克巴格達中央監獄（Abu Ghraib）虐囚的照片亦廣為傳布。究竟小布希與塔克辛是否明確交易違權兌換券並不明朗，但是泰國總理至少認定在南部有更寬廣的特許和餘地。根據時任泰國參議院外交委員會主席的克萊薩克．春哈旺所述：「做為回報，塔克辛錦上添花的方式是相當粗暴對待南部穆斯林，表現盟友該有的作為。」[79]他問政府：「由於你簽署一項協定，跟美國在反恐戰爭上成為更緊密的友邦，那麼泰國得到什麼回報？是將人權的門檻調整得低一點嗎？」[80]二〇〇六年美國反恐協調官竟然會在泰國討論人權，從數個層次而言皆屬諷刺，更別提在南方這麼做。即使曼谷的美國外交人員公正抗議塔克辛的行徑，他們也想起越戰時代的前輩於兩國首都皆為最晚得知消息且意見最不被聽信的對象。

一位泰王的樞密院成員告訴波伊斯，他相信塔克辛事先知悉大使館密切關注的強迫失蹤案。一位前內閣部長告訴他：「警員執行殺人任務……行凶者獲得升職，彷彿是種獎勵。」[81]更令人不寒而慄、對於黑牢可能存在的影射，來自塔克辛「數度吹噓他曾親自訊問幾位被捕的激進分子……在訊問下，被捕的激進分子輕易坦承自己涉入叛亂，不需嚴厲的訊問手段就能獲得資訊」。[82]軍方也妥協了，塔克辛政府在二〇〇四年已步入第三年，配合美方反恐的那群人，正是在南部與美國合作的同一批人，他們對於接獲的訊息前後矛盾知之甚詳。撇開偽善不談，顯然在美國反恐戰爭中，能達到目的的手段皆屬正當；只能說某些泰國士兵有樣學樣是合乎情理的。

而這也包括司法體系在內。二〇〇五年塔克辛的第二任外交部長告訴美方：「就像你們在巴格達中央監獄的情況，有少數幾個人做得太過火了。」[83]其他人詢問「美國政府如何處置在關塔那摩灣證實行為失當的美國官員」。[84]答案只會是在中情局的引渡計畫下，美國官員不需為刑求任何地方的拘留者「做得太過火」而負責；違背人權的行為不僅事先經過計畫與實行，而且還受到保護。不令人意外地，同樣沒有任何泰國官員在鎮壓叛亂時因違背人權定罪。塔克辛實施的一項緊急命令，給予「出於善意」的違反人權行為，擁有追訴豁免權。[85]一位美國外交部官員對於後九一一的愛國者法案（Patriot Act）表達類似而少數的擔憂：

> 維安部隊利用普遍的警戒心……草草端出授予他們更大權力的不完善法令……以比所需更嚴苛的方式回應暴行……當人人焦急想做些什麼之時倉促獲內閣同意……且於大多數人集結、或甚至有機會讀過內容前就通過了。[86]

## 外交注腳

創立半世紀後，亞洲基金會於二〇〇二年表示「反美主義到達前所未見的高峰」。[87]隔年，從一九五五年起就住在泰國的一位美國律師寫道：「以反西方、反美形式表達的仇外情緒日漸顯著……考量到被解讀為單邊操作的聲浪，以及美國的經濟政治優勢……泰國必須承擔不遠過往的十字架，以數十年來與美國的緊密結盟和特殊關係為特點。」[88]若追溯更長久的記憶，上述評估更為可觀：於一九五六年、一九七二年、一九八五年與一九九七年，美國在泰國極度不受歡迎。在塔克辛治下，生於一九三八年的川·立派獨排眾議，他要求美國保留美國之音，並且紀念同樣親美的西尼·巴莫百歲冥壽。由於美方在對抗共產主義聖戰中的缺失，反恐行動未能替更平衡、進步與成熟的未來關係打下基礎，卻成為雙邊的紙牌屋⑦。

美國大使達里歐·強森⑧於二〇〇一年底派駐至泰國不久前，曾告訴美國參議院，需要「活躍的公眾外交」以強化雙邊合作，而且美國「盡其所能協助泰方解決影響其國家和社會的嚴重問題」。[89]不過他在九一一事件的僅僅三個月後宣誓就職，即使他擁有在香港、中國與「東亞和太平洋事務」的經驗，仍少有擴展關係疆界的餘地。考量到一九六〇年代中期他在泰國的和平工作團（Peace Corps）服務，此點尤其遺憾。身為對泰王國懷抱文化理解前來就職的最後一批美國高階官員，只要是與恐怖主義無關的任何議題，強森皆起不了作用，形同一種注腳。與此同時，他對於中國力量漸增的理解驚人地有限。曼谷大使館依然是其中一間規模最大的美國外館，東北部與南部的領事館卻於一九九〇年代關閉，進一步顯示美方的集中和短視策略。塔克辛有一次抱怨強森「對他說話時盛氣凌人」，並且鄭重宣布再也不見強森。[90]塔克辛歡迎強森的繼任者時，「憶述大使上次派駐大使館時他們如何討論國家的未來」。[91]史基普·波伊斯於一九九四年初次會見塔克辛，他享受在泰國八年的經驗，並且擁有「好得異常」的泰語能力。[92]「白宮仰賴美國大使」，他說，「而波伊斯跟我關係良好，不過他同時也跟我的對手關係良好。」[93]誠然，與軍隊、樞密院、商界領袖、學者、各派系政治人物皆關係深厚，「史基普是美國政府裡對泰國了解最淵博的人，無需多言」。[94]

然而那也成了問題的一部分。親中的塔克辛獲選連任前兩個月，波伊斯代表著華府在泰國的利益總和。由於國務院對波伊斯深具信心，遂將關係全權交到他手裡，並且把注意力放在他處。波伊斯日後坦承他在抵泰之際認為關係「低迷」，且補述中情局分站站長與駐外武官雙雙證實此項論斷。[95]初期拍往華府的一紙電文行文較謹慎卻同樣明確：

> 我們真正的挑戰，而且日漸成為泰方的挑戰，在於抗拒過度仰賴「歷史關係」的準則。相反地，我們要把重要的夥伴關係帶往二十一世紀，並且專注於我們長久以來的正向影響力……在泰國這裡，我們可以魚與熊掌兼得——藉由混雜典型的「現實政治」（塔克辛理解且善於回應）與有原則的干預。[96]

二〇〇六年發生極富象徵意味的一段插曲時，並不清楚究竟是在哪個時間點，以及國務院是否因此意識到自身缺乏建制性的投入。政變前一週，國務卿萊斯要求跟波伊斯在華府開會，計畫把他

⑦ 紙牌屋（house of cards）引申為事物基礎不穩，容易崩塌。

⑧ 達里歐．強森（Darryl N. Johnson）於二〇〇一年底至二〇〇四年底擔任美國駐泰大使；一九九六至一九九九年他擔任美國在台協會處長，中文名張戴佑。

派到美國外交政策漩渦的另一個中心：阿富汗。「我不會告訴你泰國對美國跟阿富汗一樣重要，或甚至重要性相差不大，」他抗議，「但是這個國家正處於某個嚴重事端的邊緣，而且我很清楚自己在這裡做什麼。」[97]第一個論點錯了但第二個正確，波伊斯繼續留任。

塔克辛團隊並未錯過這一切。假若許多泰愛泰黨的政治人物「對美國不熟悉」[98]，總理「告訴布希總統，在我政府裡超過半數是美國校友」。[99]首席顧問潘薩曾於一九七六年的爭取民主抗議期間，逃往美國居留五年。塔克辛的兩位總司令都在美國接受軍事訓練。塔克辛自己曾就讀兩所美國大學，並且一直是華盛頓特區數間高階顧問公司的有效客戶；泰愛泰黨基本上根植於美國的政黨模式。他宣稱與小布希總統的融洽關係深厚，自稱是德州人的朋友（透過山姆休士頓州立大學〔Sam Houston State University〕），而且「甚至受邀至橢圓辦公室⑨打高爾夫球推桿入洞」。[100]二〇〇一年底與小布希初次會面時，塔克辛憶述當時說：「在我看來美國似乎輕忽了泰國，即使我們是美國在此區域最悠久的盟友。」[101]

塔克辛的對手帕尼坦彰顯此種觀點有多麼普遍：

> 你看見了代溝，憑著你的外交無法聯繫、說明並促進一系列複雜的利益關係，反而僅有冷戰期間共享的安全利益。所以跟泰國的整體關係正在崩塌、陷落，在欠缺任何良好協調或良好方向感的狀況下陷落。就像是依照一張舊地圖進行自動駕駛。塔克辛來了，說我們需要主導這一切。好，我們會在伊拉克幫你，但是你也必須以更好的方式幫我們。塔克辛或多或少是因為此種新型態的關係而受到多數人民支持。[102]

二〇一五年，一位美國陸軍上校同意「我們的關係在十或十二年前開始削弱……雖然我們在大使館和美軍聯合顧問團還有人手，我們並未投注維繫關係應有的能量與關注」。[103]塔克辛的早期支持者沙勒辛同樣將人視為問題所在：

> 你在華府有非常優秀的人，但是他們總是說跟白宮聯繫沒那麼簡單。你有可以接近白宮周遭的國家安全顧問，但是他們也宣稱自己管道有限。所以感覺起來泰國列在優先順序很下面的位置。他們不需要對泰國做任何事，泰國在掌控之中。[104]

二〇〇一年十二月塔克辛與小布希在華府會晤。二〇〇二年中，泰國外交部長素拉基亞在聯合國見到總統，且在曼谷會見國務卿。二〇〇三年塔克辛和小布希在亞太經合會再度碰面，當年與二〇〇五年又在華府會晤兩次。最後一次會面前塔克辛告訴波伊斯，媒體剛剛問他希望在會中討論的內容。「我告訴他們我沒有『問題』，只有合作的範圍。我們是敘敘舊的兩個朋友。」[105]不過，「他希望九月十九日中午離開華府，好在九月二十一日到清邁會見中國國務院副總理，他想知道跟總統的會面能不能安排在早上。」[106]國務院副總理的位階相當高，不過比中國（及美國）政府領導人還是低了好幾大截。

---

⑨ 橢圓辦公室（Oval Office）的名稱來自於室內空間呈橢圓形，是美國總統的辦公室。

***

在塔克辛與小布希治下，政治挫折的紀錄始於先前簽署東亞架構文件時：「我告知布希總統，這並非亞洲的亞洲，而是全世界的亞洲。因為我們現在四分五裂，我們處處發生衝突。假如我們能繁榮，我們擁有更多購買力，這樣對全世界都好。所以這並非代表我們想孤立於任何人。」[107]一位內閣成員憶述美方企圖加入亞洲合作對話，他論斷：

> 亞洲的擴張不知何故未被納入美國的利益範圍。東協加上對話夥伴的模式可被接受，但是穩定且對等的亞洲成員團體似乎不能。塔克辛極力投入的「亞洲崛起」概念相當適切。在中國同意主辦第三屆會議後美國的偏執更增。有些人相信，這是美國反對二〇〇六年軍方奪權時並不真正熱烈的原因。[108]

二〇〇二年塔克辛回應大使館的詢問，事關兩位美國新聞記者因國安與主權之故遭威脅驅逐出境。二〇〇三年國務院人權報告批評泰國警方，而塔克辛依然具有警察中校的身分，他答覆道：「一個喜愛談論和平的國家，肯定不常實踐和平……我們是友邦。可是我們並非任何人的奴僕。」[109]發動反毒戰爭後塔克辛表示：「如果你告訴我，有人將因為我們正在做的事而中止援助，我會直接說我不在乎。」[110]二〇〇四年，一位美國國會代表暨總統候選人斷言：「泰國不再是美國過往在東南亞最民主、開放和自由的盟友。」[111]二〇〇五年人權報告發布後，外交部召回波伊斯告訴他這會

「傷害雙邊關係」，隨後才同意協助限縮傷害。[112]相反地，日後的總理沙馬．順達衛（Samak Sundaravej）在電視辯論上質疑他（「這麼好的盟國為什麼會譴責親近的友邦？」[113]），並且號召赴美國大使館抗議。波伊斯認為沙馬的「激烈批評，不可能在當前政府未亮綠燈下說出口」。[114]對於塔克辛治下最後一份人權報告的回應，成為政變後每一任泰國政府的不變準則：報告「未察覺泰國真正的情況」。[115]儘管這基本上屬於重大反恐合作之外的戲劇性娛樂，美方批評的真確程度一如塔克辛回應的發自真心。

在川擔任總理期間兩國緬甸政策取得部分共同點後，在塔克辛治下歧見重新浮現，且出自商業往來遠多於國界另一邊的民主。二〇〇三年，美方對塔克辛的「曼谷進程」興趣缺缺，並且批評他對於仰光新一波鎮壓的軟弱回應。回顧此事時，素拉基亞說明美國在墨西哥採取相同做法：「這非關我喜歡或不喜歡緬甸領導階層，不是那個問題。問題在於我們有一千七百公里的共有國界，我不能把泰國移往其他任何地方。」[116]難民仍舊是美國與泰國軍方皆關注的領域，而軍方偶爾會做出違背塔克辛政策的行為。二〇〇五年接替素拉基亞的外交部長憶述，萊斯力促泰國採取美國的制裁與孤立政策。「我向萊斯解釋，我們擁有相同的目標。我們想見到緬甸脫離現有處境，但是我們有另一條路通往同一個目標。她接受了，還說我們可以一起合作。」[117]他補充萊斯欣賞他在二〇〇五年所做的寧靜外交，拖延緬甸取得東協資格，假若成真將對於「泰美關係非常糟糕」。[118]另一方面，一篇媒體訪談指出「泰國將取消在總理塔克辛與美國總統會晤時關於緬甸的種種承諾」。[119]他直接打給萊斯說明，卻也在下個月接待緬甸的外交部長，在美國看來既不明智亦無幫助。

國家安全委員會告訴波伊斯，將泰國的形象拿來與仰光相比令人難堪，軍方最高指揮官素拉育則表示川的政策更加有效。後者也透露，在起初同意軍方的邊界政策後，塔克辛改變看法「約莫等同於欣衛星⑩跟緬甸談成交易之時」。[120]

誠然，塔克辛不僅在單一方面，而是多方面在緬甸事務上行事矛盾，二〇〇五年他告訴美國，無論是美方的制裁或泰國的建設性介入皆未發揮效用，並確實建議「政權更替」。[121]他向小布希總統保證，四個月後他將對仰光公開表達更多批評，卻在來訪的國會成員施壓時表達異議。隨後他未在事先規劃或告知大多數團隊成員下赴緬甸出遊；目的與訊息不明。二〇〇六年，泰國拒絕支持美國主導將緬甸提交聯合國安理會一事，提出東協與國界問題，並且「舉人權報告與緬甸為例」，說明美國的形象在此區域褪色。[122]

***

外交部認定，反恐戰爭期間美國外交政策的其中一項轉變為商討協議：「要緊的不是你有沒有簽條約，轉變在於你能不能在沒有條約下合作……政治承諾而非法律。所以，假如你有足夠的權力說我們做出這項協議，條約就不再重要。」[123]由美國規劃、用以制止大規模毀滅性武器的散布，防擴散安全倡議（Proliferation Security Initiative）是在斷言其存在下入侵伊拉克的產物；與泰國的討論始於二〇〇四年。「他們說忘了條約吧，反正那些條約沒有用，禁止核試驗跟其他那些條約成效不彰，而且沒有適當的認可與實行管道。他們說讓我們換一種做法，繞過那一切條約規範並且……用你有的法律來解決，多做一點實際的合作吧。」[124]二〇〇五年，素拉基亞說他親力讓防擴散安全倡議獲得背書，但是持有疑慮的機構不少於十九個，國防部尤其如此。泰方先同意出席相關會議後，又於美方要求公開承諾加入時，於會議的僅僅數天前取消與會。就在美國國防部長倫斯斐介入時，塔克辛表示防擴散安全倡議會激怒南部的穆斯林，導致小布希在九月於華府與塔克辛會晤時重提此議題。他的政府在做出任何進展前就停擺了。

素拉基亞在二〇〇五年去職，取代他的外交部長企圖將全球議題列為泰國政策的重心，「所以我們跟美國的關係無法進展」。[125]他跟萊斯的關係從二〇〇四年起「十分密切」，當時他分享赴朝鮮行程的資訊（包括他力主由於缺乏大規模毀滅性武器而入侵伊拉克）。[126]二〇〇五年受邀重回平壤時，他「心想我可以從事電話外交，於是打給萊斯跟潘基文、中國人、俄國人、日本人」。[127]他協助說服朝鮮重回六方會談，於聯合國大會期間獲邀跟萊斯在紐約會面，「於是關係甚至變得更加密切」。[128]二〇〇六年他跟萊斯在巴西見面，此次會晤發生在波伊斯告知無法安排後，且於當年稍晚赴華府再度與她會面。「從那次起史基普就對我有點不滿意。」[129]他也跟伊朗建立關係，萊斯對此同樣感興趣。美國大使館報告，泰國正在尋找「所有可能的穆斯林友邦協助應付南部的叛亂」，並且埋怨泰國與發展核武的伊朗簽署獲利豐厚的售米協議。[130]

在塔克辛任期最後的外交活動之中，二〇〇六年底「美國終究未支持素拉基亞競選」聯合國祕書長。[131]兩年前他反對美國利用烏打抛基地從事南亞海嘯後的救援任務。隔年波伊斯詢問阿南，關於假若美國支持另一位候選人的後果：「完全沒有。」[132]塔克辛遊說的立基點是素拉基亞很「服從」[133]，

---

⑩ 欣衛星大眾有限公司（Shin Satellite PLC）屬塔克辛的欣那瓦家族所有。

而候選人親自表示「可以指望（我）會考量美國的利益」。[134]他的競選活動明白主張自己不會「跟中國走得太近」。[135]美國偏好川的外交部長是公開的祕密，後者屬於更親美的民主黨。這反應著美國必須排除，而非支持來自協約盟國的候選人，以避免世界最大的多國平台高層具有親中傾向。潘基文也代表一個提供特定政治保護的亞洲盟國，而選擇可能介於兩位同等親美的候選人之間。素拉基亞的職業生涯付出代價，不過美國已經吸納最大的成本。

## 自由貿易歧見

假使華府的反恐戰爭在美泰關係中製造了一員陣亡者，那就是自由貿易協定。終於有機會中止自一九九七年金融危機開始盤旋不去的傷疤議題，並善加利用泰國史上最支持貿易的一位總理，自由貿易協定反而重揭舊瘡疤，且隨著塔克辛的船一同下沉。泰方在談判過程與程序中犯下無可原諒的錯誤，不過最終使協商在劫難逃的是華府欠缺政治決心以及強硬態度。在九一一的前兩週，一位泰國官員會見美國助理貿易代表（assistant trade representative），對方「表示美國的政策是不跟任何國家再簽訂自由貿易協定」。[136]儘管這在攻擊事件後扭轉了，那是「一件全球事務，並非聚焦於泰國」。[137]問題於此浮現：美國並未讓兩個東南亞盟國在自由貿易協定上具有優先地位，而是，如同其他所有的後九一一政策那般一視同仁對待盟國。華府未能以適合真誠、全面性盟國的方式整合反恐與貿易促進政策，將反恐方面的進展視為降級貿易促進的理由。「我想部分原因出自美國對泰國興致缺缺，美國一直放眼四方。」一位泰國官員憶述。[138]國會授權著手與泰國協商經一輪投票即通過。兩年後，自由貿易協定僅在塔克辛與小布希於華府會晤後的十點聯合聲明裡，出現在空運、東協與傳染疾病等方面。

塔克辛確實先跟中國討論自由貿易協定，過程中的歧見和最初結果則對他不利。美國在二〇〇三年十月也確實已是泰國的主要貿易夥伴，此時泰國跟中國的協議已經簽定，而跟美國的協議才剛起頭。二〇〇三年的對美出口增加百分之二點五，且預期在自由貿易協定下將增加近百分之五。然而中國讓泰國享有相對於東協其他國家的優先地位，塔克辛則再度繞過國會與美協商，顯示他即使付出政治代價也要談成的決心。他甚至牴觸貿易無疑歸屬於商務部的泰國法律，將與美協商交付給外交部——這是善用一百七十年來的外交關係，曾有十三位派駐華府的大使成為外交部長。塔克辛二〇〇一年十二月訪美時打下根基，他看著素拉基亞基於經濟合作架構簽署了解備忘錄，並且宣告美國貿易發展署（US Trade and Development Agency）的區域辦公室將落腳泰國。最具說服力的是塔克辛成立一組貿易代表團（包括他的第二任外交部長），以反映美國的協商體系。二〇〇四年中他派任一位專職協商人員赴美，正是尼帝亞．頌堪，前總理披汶之子與前駐華府大使。素拉基亞主張：「如果不是最重要、至少是其中一件最重要的事，即我們從事自由貿易協定的對象是美國。」 139

在政治方面，美國阻撓的世界貿易組織主席候選人終究在二〇〇二年上任，塔克辛與前美國總統柯林頓（他倆在一九九七年同為反派人物）則共同熱烈討論全球化。截至二〇〇三年中、泰國提前兩年付清最後一筆國際貨幣基金組織的貸款時，金融危機不再構成泰國總理的議題。相反地，美國大型銀行受到歡迎來此中止（泰華）銀行於本地金融市場的主導優勢，因為後者開始反對塔克辛。在開始與美協商的一個月前，一項與澳洲的協議獲簽署，「如果我們不跟一個已開發國家協商自由貿易協定、我們將永遠是輸家的假設」不再成立。[140]原則上，泰國已經準備好面對美國。

塔克辛的錯誤已鑄成。令美國大使館失望的是他起初指派尼帝亞擔任外交部長顧問，這「並非握有多少實權的職位」，隨後才給他一個內閣等級的職位。[141]尼帝亞和美方一致偏好全面性的自由貿易協定，可是他過去並無貿易協商經驗，甚至告訴同事這是他唯一不想扮演的角色。尼帝亞依附主要盟友素拉基亞，並非塔克辛親信圈的一員。與此同時，二〇〇四年底塔克辛讓強勢的財政部長擔任自由貿易協定監督委員會（FTA Oversight Committee）會長，並且派首席顧問潘薩加入委員會。兩人皆為限縮、漸進式協議的支持者，並且「找到共同動機去阻擋尼帝亞的自由貿易協定計畫」。[142]塔克辛持續支持尼帝亞，以及後者將小布希總統納入二〇〇三年與二〇〇五年會議的與美方周旋方式，私下支持的卻似乎另有他人。二〇〇五年初，泰國商務部長告訴美國大使波伊斯，自由貿易協定真正的權責握在潘薩小組手裡，即便如此尼帝亞繼續投入且一籌莫展。二〇〇六年初，「由於在多個部會介入下無法實行自由貿易協定權責，並且未能獲得總理的協助」，尼帝亞辭職了。與其對立的財政部長告訴波伊斯，尼帝亞「沒能轉換泰國駐美大使的身分，導致他對美方太和善了」。[143]

除了分散權責以外，兩個泰國陣營皆不熟悉或了解與美全面協商的基本狀況。監督委員會要求各機構提供建議，大幅放慢進程，並且容許反自由貿易協定運動滋長。二〇〇五年，負責與美方討論特定議題的小組甚至未出席，隨後財政部長「指出他將全力投入我們的自由貿易協定，『現在我有時間了』」。[144]塔克辛在華府對小布希做出同樣的承諾。另一篇令人困惑的媒體訪談出自塔克辛的外交部長，使情勢再度陷入混亂，不過在年底的第六次協商籌備期間各方皆表示樂觀。尼帝亞告訴美國：「在真正的討論開始前，事先『兜點圈子』是必要的。」[145]美方正確判別塔克辛的雙軌並行、「邊做邊學」策略既漫無頭緒且缺乏效率，不過此種誤導手法是為了增加，而非減少談成協議的機會。

＊＊＊

二〇〇四年美國大使強森主張，自由貿易協定「將讓泰國經濟的內裡發生轉變，使其轉向更基於原則、透明的商業操作模式……為正在權衡經濟發展與貿易政策選項的其他眾多開發中經濟體擔任正面先例」。[146]此壯闊願景並未說明為什麼僅有「全部投入」的手段（相對於「漸進」）才能獲得預期結果。強森的補充言辭更能彰顯美國對泰策略：「通常，自由貿易協定是要將雙邊關係帶往新的層次。不過在泰國的案例裡，我們的動機大多是維持我們的現有地位。」[147]在雙邊《友好經濟關係條約》（一九六六年）規範下，美國投資者獲得的特惠待遇即將到期，「我們延續投資特惠權的最大寄望就是簽訂自由貿易協定。」[148]然而他再度未能解釋如何將關係帶往「新的層次」，以及為何維繫特權應是共同特定目標。兩個月後，泰國財政部長表示：「自由貿易協定並非只關心降低關稅與稅徵，也包括追求共同支持的活動……協議不應只關心貿易自由化，還要涉及貿易與投資的合作。」[149]他跟塔克辛皆力促美國將雙方協商稱為討論，將自由貿易協定稱為經濟結盟，「因為更能傳達對等合作的形象」。[150]

這並非全屬象徵與語義學。泰國正同時與日本「討論」一項「經濟結盟」，同樣以特例（及違法）情況劃歸外交部主導，進展卻好得多。財政部長提出兩個原因。第一，厭惡美國的全面開放策略，使得「早期收穫」⑪應用漸進式協議，導致美國的處境更艱難。第二點是「泰國對於美國投資者的負面認知，一九九七年金融危機的又一個後遺症」。[151]美國同意將一項爭議議題排除於某次協商外，並且考慮「劃分階段」[152]，卻拒絕考慮「早期收穫」。[153]這也「說明了儘管存在以下認知，即美方投資者比日方對泰國帶來更多」——此為高度可疑的主張，基於日本是泰國最大的海外投資方。[154]美國人沒說出口，他們的對泰貿易龍頭地位將於隔年讓給日本，原因正是後者與泰國的自由貿易協定。在自身造成的一九九七年後遺症下，他們仍舊固執、自大且誤判。不出人所料，塔克辛於二〇〇五年出訪華府前表達想簽署「開放天空協議」的期盼不受美方理解，反倒視為泰國想實行自由貿易協定的某種方式。協議聚焦於「促進旅遊與貿易量上升，增加生產力，並且刺激工作機會與經濟成長」。[155]這確實出現在會議後的聯合聲明中，卻令人費解且不必要地背離了自由貿易協定。

強森提及《友好經濟關係條約》使得參與協商的泰方既振奮且喪氣。儘管條約提供簽證與短期入境的互惠待遇，美國從未達到泰方實現條款內容的程度。尼帝亞表明：「泰國皇家政府看待短期入境的基本立場不變，這可能是落在正常協商過程拉鋸以外的數個議題之一。」[156]大使館評論上述主張「直接來自總理」。[157]另一方面，泰國憂心《友好經濟關係條約》將使他們違反世界貿易組織的投資特權規範，並且意識到這讓他們獲得罕見的槓桿作用力，而同意延長一年的特惠權。他們持續這麼做以交換對於任何法律挑戰的協助，「直到順利實現」包含短期入境特權的自由貿易協定。[158]

***

一位泰國經貿代表憶述，在正式協商前素拉基亞與萊斯進行初期會議，會中「氣氛十分冷淡……直白地（對於）試著讓泰國開放特定（經濟）領域交換意見」。[159]協商遂聚焦於一系列爭議事項，事後證明其中幾項爭議將長久延續。泰國銀行家協會（Bankers' Association）與商會（Chamber of Commerce）在稻米、泰絲、金融服務與電信方面對自由貿易協定提出疑慮後，美國副國務卿於二〇〇五年與國會黨團溝通。當年塔克辛二度同意廢除泰國針對美國牛肉的健康考量禁令，兩次都在與波伊斯大使用餐時表達。塔克辛於二〇〇六年接獲最後一次請求時，允諾將其列為「內閣週會的第一優先議題」。[160]二〇〇四年底南亞海嘯發生，美國隨即同意對蝦類關稅採取「情勢變更檢討」（changed circumstances review）。一年後檢討尚在進行，業界代表赴美國大使館外舉辦一場記者會，潘薩質問波伊斯：聽說美國在關切牛肉，「你們打算拿我們的蝦怎麼辦？」[161]有些泰國人甚至「與一九九七年金融危機期間相比，談論美國必須了解泰國在此情勢下的處境。九月十九日塔克辛總理赴白宮與美國總統會晤時提及此議題」。[162]二〇〇六年檢討定案，判定關稅不變後，泰國上演另一次抗議且向世界貿易組織投訴。潘薩告訴一位來訪的國務院官員：「做為盟友，美國應該要『公正且公平』。」[163]

二〇〇五年美方論斷「全面的智慧財產權保護在泰國仍極其不足」並非誤判，且建議將泰國持續列入美國的侵權一般觀察名單。[164]乍看之下，自由貿易協定最大爭議的本質與內容，令人想起一九八〇年代中期，美泰之間的經濟方面戲劇場景。不過後者主要關乎泰國涉足與融入更大的市場，

⑪ 在自由貿易協定中，「早期收穫」（early harvests）意指最早減免關稅與開放的市場或貨品。

當前事件則關於美國赤裸裸地企圖打破法律規定，贏得泰國的更大讓步。以此觀之，證實一九九七年的事件再度合理地構成陰霾，智財權談判則彰顯了兩件事，一舊一新。首先，從反恐戰爭持續可見，美國用二十世紀以來的方式介入泰國並無不利之處。假如九一一改變了華府對世界的看法，使其投入恢復雙邊貿易，九一一並未改變華府對於泰國的看法，即泰國有可能服膺規範。其次，智財權談判顯示泰國無法服膺二十一世紀的規範。泰國完全不受撼動。從美國長期友人尼帝亞，到赴會場外叫囂的自由貿易協定觀察組織（FTA Watch）人群，泰王國終究獲得不僅止於埋怨，而是拒絕此協定的能量。就檯面上而言，自由貿易協定是因為泰國的政治危機而破裂，不過波伊斯坦承「那或許並非全屬壞事」，暗示著一項漸增的理解：是美國迫使自由貿易協定落入絕境。[165]不同於相互抗衡的泰國各小組、《友好經濟關係條約》或者泰國大蝦的爭議，智財權是「唯一有能力扼殺自由貿易協定的議題」。[166]

二〇〇五年初，原本分歧且愈發強烈的反自由貿易協定批評，開始匯聚至美國要求二十五年的藥品專利，而非世界貿易組織規範的二十年。美國也想約束「強制授權」（compulsory licensing），即政府有權打破保護專利藥品的法律，生產較低價的學名藥⑫以度過公共健康危機。在人類免疫缺陷病毒（HIV）新增感染者從一九九一年的十四萬三千人高峰，降至二〇〇三年一萬九千人的國家，強制授權關乎人命更勝於法律。一年前泰國開始生產愛滋病的學名藥，造福患病的一百多萬泰國人。⑬身為前美國總統的柯林頓於二〇〇五年初造訪泰國時，竟告訴塔克辛他將「考量讓旗下基金會向（產製成本較美國低廉的）泰國廠商購買藥品」。[167]現任總統的政策很可能導致泰國病患負擔不起救命藥物，使得情感與道德因素滲入自由貿易協定爭端。

在自由貿易協定第三輪協商後，尼帝亞「告訴泰國媒體，曼谷不會對華府的要求讓步」。[168]截至此時，自由貿易協定觀察組織蒐集了五萬多個連署簽名，要求協商為公眾與國會所悉。美國和塔克辛皆為泰國人抗議的對象，此舉並無矛盾，因為正是華府對於藥物的立場使他們擔憂塔克辛的有欠透明。在二〇〇六年初的第六輪協商前，塔克辛告訴商界領袖：「關於泰美自由貿易協定……如果我們喪失進入美國市場的管道，相對於他國我們將居於莫大劣勢，因為其他國家將會謀求他們的協議。我們必須現在行動，搶在我們沒有空間行動之前。」[169]抗議者隨即試圖襲擊會場[170]，導致尼帝亞辭職，以及他給波伊斯關於此協議，和他自以為是態度的臨別一席話：「沒人喜歡這項協定，而且沒人喜歡你。」[171]參議員克萊薩克表示將要求美方暫緩協商，並且請求泰國法院裁決協定是否符合憲法。

美國發表回應聲明，主張兩國已同意對兩百項工業產品削減關稅，並與製藥業界代表共同準備一份公開說明資料。聲明中忍不住表達其明確看法：「假若自由貿易協定將所有的人類免疫缺陷病毒／愛滋病藥品正式排除於條文外，超過百分之九十的反自由貿易協定示威者，以及泰國大部分的反自由貿易協定公眾評論，都將消聲匿跡。」[172]此外到了二〇〇六年，原僅針對自由貿易協定的反對聲浪擴展成廣泛的反美主義，而且不只是愛滋病倡議人士與自由貿易協定觀察組織如此主張。林

---

⑫ 學名藥（generic drug）指原廠藥（brand drug）專利到期後，其他藥廠以相同成分、製程生產的藥品，與原廠藥用途相同。

⑬ 作者行文疑是指二〇〇四年開始生產，經查證應為二〇〇六年底實施強制授權。請參考：http://www.tradelaw.nccu.edu.tw/epaper/no50/1.pdf。

明達的人民民主聯盟從不受邏輯或原則所約束，藉機擴展經濟民族主義，以紅、白、藍三色的泰國國旗做為掩飾——美國國旗亦由此三色構成。由於與中國的自由貿易協定已定案，抗議與美締結協定的反對聲浪，同時推升了林明達的「泰華愛泰」（華人後代愛泰國）形象及議題熱度。誠然，強森大使言及美國僅在尋求「維持我們的現有地位」，而使他此語顯得更引人詫異的，在於他隨後所述：「此區域的中國經濟概況持續成長，意味著美國的貿易投資領導地位受到挑戰。」[173]

一待經濟數據於二〇〇六年中陷入危機，聲明就更難發揮調解作用。光是接下來十年間美國的農業與工業出口損失，估算共計六百多億美元，大部分來自協商後享有較低關稅的中國供應商進入泰國市場，而產生的貿易轉移⑭。「美國供應商將面臨的平均有效關稅，在農業產品是百分之十六，工業產品是百分之二十三，相對上我們的競爭者幾乎是零關稅。」[174]在美國出口至泰王國的貨物中，有百分之七十五跟泰國與其他國家間的自由貿易協定涵蓋品項重疊。據波伊斯所述：「無庸置疑，中國將迫使美國失去某些生意；問題只在於數量的多寡。」[175]有些答案已浮現：泰國每年進口的中國水果，自二〇〇〇至二〇〇五年從一千九百萬美元增加至六千三百萬美元；二〇〇〇年甚至早於兩國的自由貿易協定簽署前。從美國進口的水果，在二〇〇〇年是跟中國接近的一千八百萬美元，此後六年間未變。

此外，美國即將實施的一項決策，要對泰國前九大出口商品廢止普及特惠稅⑮，意味著包括泰國對美出口商及美國自身，皆可能將相當大的市場占有率讓給中國。曼谷與中國協商市場進入條件改善的力量受阻，美國則堅持另一項自我傷害行徑。塔克辛稱為「中國先生」的人物，是掌管泰中貿易投資暨經濟聯合委員會的財政部長，也是主理自由貿易協定監督委員會的同一人。他通常與美方意見相左，而在美方坦承「與中國的貿易逆差甚至更大了，以及與我們在泰國長期關鍵盟友的貿易關係規模較小」時，這位中國先生只能無言以對。[176]

最後，一份二〇〇六年中的國會研究處報告直白指出，自由貿易協定對美國的主要目的是增進智財權保護，而非促進自由貿易。此觀點對泰國的協商者與抗議者並非新鮮事，卻鬧上新聞。隨後美國向世界衛生組織（World Health Organization）施壓成功，換掉組織派駐泰國的代表；那位美國人公開倡導泰國強制授權愛滋病學名藥的立場。被換掉的代表事後憶述：「他們對我的攻擊相當粗糙，並且超出聯合國體系的常規。這麼做具有短期效果，但是印度、印尼、泰國和其他地方的政府官員銘記在心，而且是促使東南亞國家重新洗牌、朝中國靠攏的又一小根稻草。」[177]一位外交部官員附議：「我們不信任美國。看看自由貿易協定，它沒撐到最後，基本上就是因為信任問題。」[178]

曼谷的政治騷亂到當時已達引爆點；協商於二〇〇六年三月暫緩，未能於六月如期重啟。「政治不確定因素介入。」外交部長憶述。「於是協商在某種程度上停下來等情勢更明朗，可是從未等到。」[179]政變奪走總理職位，卻沒說要自由貿易協定；是注意力分散且自以為是的超級強權造成如此差別待遇。

---

⑭ 貿易轉移（trade diversion）指原向A國進口的商品，因與B國簽署關稅協議，轉向B國進口。

⑮ 普及特惠稅制度（Generalized System of Preferences）指世界貿易組織向成員裡的發展中國家提供優惠關稅。每個國家會對此制度設限，例如美國就將支持恐怖主義、侵犯智慧財產權的國家排除在外。

## 我們是戰士

一九七二年，正值美軍在越南作戰的最後掙扎那幾年，美國飛行員羅伯特・海默（Robert Hymel）的B-52轟炸機在河內（Hanoi）上空遭擊中，迫降於泰國的烏打拋基地。海默與一位同僚獲救，但是他的燒傷十分嚴重，甚至做了臨終祝禱。後來海默不僅康復了，還在第一次波灣戰爭期間的一九九〇至一九九一年再度從烏打拋基地駕機升空。辦公地點移往日後遭襲擊的區域後，於二〇〇一年九月十一日，海默成為五角大廈恐怖攻擊一百二十五位死者的其中一人。雖然絕計不能把海默的貢獻與犧牲簡化成象徵符號，他的故事是一扇窗，供窺探美泰軍事關係在一九七〇年代的結盟破裂後如何能延續，甚至興盛奮起，又在世紀之交非必要地變得衰弱。

從表面上看來，反恐戰爭的特徵正好相反：協約盟國間的「軍對軍」合作顯著升級，展現在基地、協議、駐軍與訓練上。於晚近的二〇〇四年，泰國軍方人員指出「我們與中國關係友好，我們與美國是盟友，那並沒有要改變」。[180]不過此言也顯示盔甲上存在裂縫，而政變會將裂縫拓展至徹底的分歧。除了互斥性（多半由反恐主義招致，勝過其他軍事活動）以外，人口統計也加入運用，且表現在世代，甚至個人身上。據一位先前長期主管美軍聯合顧問團者所述，歷史上美方認為百分之十五的泰國軍事領袖與己相當。這群人雖然傾向於涉入商業，身處軍隊核心，甚至懂得遊走在法制外，他們專業、訓練精良，且嚴肅看待國家安全與國際關係。縱有如差瓦立將軍等少數例外，他們大部分人與中國關係不緊密。這些軍隊領袖親美，因為他們跟美國人關係密切。他們也親近在中南半島共同作戰、或同樣曾於萊文沃斯堡⑯進修的軍人，並且親近中情局和美國大使館，即使彼此出身的地方與背景不同。以炳的外交部長為例，部長的父親於一九四〇年代把兒子送往一所美國大學，「因為本世紀將是美國的世紀」。[181]而且他們跟自一九五〇年代起在泰國從事各種職務的許多美國公民關係密切，其後這群美國人選擇留下或回國，身邊常有泰籍配偶和家人。用一位美國外交人員的話來描述：「無論美國或泰國將領，他們的初次作戰經歷是彼此並肩作戰，並且利用這層人際網絡。所以當他們返鄉後，你就有一整個世代的軍官，定義他們青壯年閱歷的實際上是壕溝作戰經驗。」[182]

另一個方向，這也適用於回國繼續職業生涯的美國人。工作頭七年分別在華府與曼谷從事泰國事務的外交人員即為見證：

> 我起初從事公職時，所有關注泰國的人全在國防部長辦公室、中情局、印太司令部，他們善盡職責，愛上了泰國，隨後以平民身分跟美國政府合作。許多人一開始是受徵召入伍，甚至並非公務員。三十多年來他們關心對泰關係，了解策略共通性，並且願意將個人投入至關係裡。[183]

二〇〇六年，一位日後將派往華府的泰國駐美大使「認為美泰關係穩固，但是在國務院與國防

---

⑯ 萊文沃斯堡（Fort Leavenworth）是美國陸軍指揮參謀學院（US Army Command and General Staff College）的所在地，位於堪薩斯州。

部外未獲充分理解。他強調，兩國關係的堅定久長需要培養，尤其是在美國國會內部」。[184]這一點到了晚近才落實，有多位現任美國議員在數十年前離開此區域時謹記著泰國的點滴，參議員（以及日後的總統候選人）約翰．麥肯⑰和吉姆．韋伯⑱即為其中兩位。

整個一九七〇年代中期，一如所料，美國勢力在人權、民主與法制層面重重牽制泰國軍事將領，導致他們於接下來三十年間強力且有害地干預政治。一九六〇年代初期赴孟茅斯堡⑲和萊文沃斯堡進修的泰國軍人裡，差瓦立是最早的一批，在他與中國往來的十五年前。然而，最低限度至少拖延泰中往來的一個主要因素，在於一九七六年創辦的國際軍事教育與訓練計畫。計畫由國務院主導，五角大廈負責辦理，讓外國軍事人員前來一百五十多間美國軍校進修約兩千種課程。在二〇〇六年政變的前三十年間，泰國是最大規模參與的國家之一，僅僅從一九九八至二〇〇四年就有超過一千七百人參與。這跟許多泰國平民的情況截然不同，包括塔克辛在內，他們只是去美國讀書；國際軍事教育與訓練計畫不僅是在美國受教育，而是一種美國式教育（American education）。考量到國際訓練計畫的主要目的是培育稱職的專業軍人，包含國際法、交戰規則、人權等課程，泰國於一九九七至二〇〇六年間僅發生過一次成功政變，此計畫應肩負部分功勞。此外：

> 國際軍事教育與訓練計畫畢業生幫助我們，說服平民領袖、讓泰國成為維安部隊的區域訓練中心……贏得泰方支持，出兵阿富汗與伊拉克……讓維安行動調度至東帝汶（East Timor）、柬埔寨、亞齊（Aceh）和其他地方……讓泰國成為更確實可靠的結盟夥伴，加入我們的行列，從冷戰年代轉型至當前新的國際安全挑戰，直到未來。[185]

然而在二十一世紀初年，泰方與美方親近的世代紛紛退休，而且「到二〇〇五年多半已離世」。[186] 素拉育將軍是其中最後的幾位，他不僅讀過萊文沃斯堡的美國陸軍指揮參謀學院，甚至獲得榮譽校友資格。他的「身處軍隊高層領導職位，據一位美國外交人員所述，構成華府於二〇〇三年決定（授予泰國主要非北約盟友地位）的一個因素」。[187]

其餘在二〇〇五年底仍在役或者有影響力的人，是四位國防部高官與六位總司令部高層，包括一位萊文沃斯堡的畢業生，在前一年指揮南亞海嘯後的行動。陸軍、空軍與海軍各有兩位高層是國際軍事教育與訓練計畫的同儕，三軍的總司令皆包括在內。然而這無法阻止陸軍司令頌提於隔年推翻塔克辛；頌提獲得泰國國家安全委員會主席襄助，且證實與炳有牽連，兩人皆為美國陸軍參謀學院的畢業生。前者也在一九六〇年代晚期就讀班寧堡⑳的步兵學校，他從中南半島返美僅十天後，就要向一位美國軍官轉達難以啟齒的消息：他的朋友與同僚剛剛送命，是死於越戰位階最高的泰國人。

二〇〇三年國際軍事教育與訓練計畫在泰國受挫，塔克辛宣告，唯有在國內軍事學校讀完所有

⑰ 約翰・麥肯（John McCain, 1936-2018）曾參與越戰並獲勳章，於一九八二年當選眾議員，一九八六年當選參議員，且於二〇〇〇年、二〇〇四年、二〇〇八年均投入美國總統選戰。

⑱ 吉姆・韋伯（Jim Webb, 1946-）打過越戰，二〇〇六年當選參議員，投入二〇一六年美國總統大選。

⑲ 孟茅斯堡（Fort Monmouth）位於紐澤西州，此處有陸軍的通信訓練學校。

⑳ 班寧堡（Fort Benning）是位於喬治亞州的陸軍訓練基地。

課程的軍官，才能擔任總司令、最高司令與國防部常任祕書。根據在一九八〇年代中期掌管訓練計畫的一位美國官員所述，此舉讓「出國這整個概念徹底瀰漫著不信任，傳統上泰方總是以達致更好成就與光明前途來看待此事，幫助人們在軍事生涯中往上爬」。[188]美國大使館證實，最優異的畢業生獲「高層軍官攬用為副手，或者安置於當局的其他職位，因為他們被視為最能了解當前的美國軍事準則……這條『萊文沃斯堡路徑』確保我們能接觸泰國軍事最高階層，價值難以估算」。[189]此政策也往下擴散至前景與抱負較低的軍校生，且將於後塔克辛年代帶來負面效益。此外，這也在技術上連帶影響赴中進修，為中國帶來零和效益的優勢，因為中國的課程通常設計給已讀完泰國軍校的人。泰國國防部長表達相異意見，二〇〇五年初他向大使波伊斯要求增加參與國際訓練計畫的人數，還說會找塔克辛談，以示他的「誠摯背書」。[190]泰國已方用於共同支持此計畫的預算亦減少，即便如此，從計畫收到的金額而言，泰國仍舊是國際軍事教育與訓練計畫的全球第四大參與國。官員也要求增加聲譽卓著美國軍校及亞太安全研究中心㉑的泰國學生人數；「泰國校友對於共同關切重要議題的回饋更詳盡，並且更願意與美國軍方同仁合作。」[191]

***

軍購也在塔克辛治下遭逢重大挑戰。二〇〇一年中，美國應允泰國購買先進中程空對空飛彈，條件是只在區域內他國出現對等飛彈時出售。這是東南亞國家首度獲此承諾，且推翻了一九九六年柯林頓總統的決策。兩年後，在俄國販售相仿武器給中國後，美國賣給泰國八枚先進中程空對空飛彈，與先前購置的F－16戰機同時交貨。布希政府告訴國會，北京部署此批飛彈的實力「造成立即威脅，構成交付先進中程空對空飛彈給泰國的正當理由」。[192]二〇〇四年的軍購總額達一億七千九百萬美元，包括三十架改裝的UH-IH直升機與七架UH-60黑鷹直升機。隔年軍購總額達九千兩百萬美元，當時泰方要求允許私人企業投標美國國防合約，「以實際方式展現泰國成為主要非北約盟友地位的益處」。[193]相對地，美國要求修改既定合約，以利多餘的國防物資持續轉往泰國。據美國大使館所述，泰國海軍「未有泰國海防需求為何、可能遇到何種威脅的遠大展望……結果導致其戰備品裡有多種效用可疑的配備」。[194]二〇〇六年泰國海軍選擇購買六架瑟科爾斯基㉒的MH-60S海鷹直升機，總價達兩億四千六百萬美元，陸軍則購置超過七萬把步槍和機關槍，以及護目鏡和夜視鏡。

假若泰國仍然對美國在一九九七年金融危機的作為心懷芥蒂，那麼泰國早已忘懷，隔年已方史無前例地要求美國買回已預訂的F－18戰機。塔克辛以美化的方式概述：「當軍隊想買噴射戰鬥機，F－16已經過時了，所以倫斯斐來提議改裝升級，而且提議以貨易貨。於是我們同意了。他們不想要我們使用俄國戰機，當時我們只用美國戰機。」[195]誠然，波伊斯一再力促泰國將十八架新的F－16戰機納入標案，從軍隊高層到外交部長、潘薩、以至於塔克辛本人皆在場。二〇〇五年初，

㉑ 亞太安全研究中心（Asia-Pacific Center for Security Studies）隸屬於美國國防部，位於夏威夷州。

㉒ 瑟科爾斯基（Sikorsky）是美國的飛機與直升機製造商，始自一九二三年，創辦人伊果・瑟科爾斯基（Igor Sikorsky）於一九一九年從俄國移民赴美，設計出全球第一架四引擎飛機與第一架投產的直升機。目前瑟科爾斯基的著名產品也包括UH-60黑鷹直升機（Blackhawk helicopters）。

美國國務卿萊斯和國防部長倫斯斐加碼勸進。美方人人皆強調協同工作能力、知識與經驗（泰國已有五十九架F-16戰機），以及泰國表明欲跟進採購美國聯合攻擊戰鬥機計畫（Joint Strike Fighter program）的目標。中國的飛彈性能日增，更加深了美方（顯然非泰方）的迫切感，因為美國近期賣給泰國的先進中程空對空飛彈需搭載F-16戰機。泰方提出，在近日的禽流感恐慌期間，俄國與瑞典仍願意接受以雞肉物資抵償他們出售的戰鬥機。「塔克辛表示，優先考量更關乎『加速出口』的政策，而非戰機本身。」[196]美國國防合約商隨即提供百分之一百的相對貿易㉓交易；泰方回應，俄國與瑞典給的條件超過百分之一百。泰國軍方線人建議美國官員大膽發言「反擊近期支持瑞典國王和普丁總統的論調」。[197]

塔克辛表明他也許偏好改裝現有的F-16，而非購買新戰機後，在二〇〇五年九月的一場私下密談裡，這件事的層級上達小布希總統。小布希鼓吹購置新戰機，然而致力最深的是確保一個純屬美方的解決方案。泰方承諾價值六億五千萬美元的改裝案，並且暗示新購戰機若非F-16即為俄國直升機後，塔克辛立即宣告新購戰機定案為俄國戰機。早接觸過泰國總司令的美國，基本上已束手無策。美方主張塔克辛「清楚表明他不會採購俄國戰機……對我們來說，向協約盟國採購戰鬥機是『重要敏感（hot button）』議題……塔克辛應尋找不以對美關係為代價的別種方式，去改善與俄國的關係」。[198]接著塔克辛拒絕給小布希明確答覆，並且「堅信採購俄國戰機理應不影響與美國的合作」。[199]

總理將在數個月內改變心意，停止F-16的改裝計畫，美方隨即還以顏色。然而美國終將落敗。與此同時，塔克辛顯然從他的美國「盟友」身上學到槓桿作用與忠誠的二三事。潘薩遺憾地描述赴華府會見小布希之行，當時「我們在五角大廈聽取雙方合作簡報。我們從簡報室下樓時，大約有十八位全身戎裝的越南將領賓客走在五角大廈走廊上。饒了我吧。你們這些傢伙不是笨蛋，你知道吧，你們很厲害」。[200]

***

由於九一一事件與泰南情勢重燃，反恐主義與反叛亂訓練分別支配著軍事關係。二〇〇一年塔克辛也同意，讓美國特種部隊以半永久形式加入泰國北部新設的反毒專案小組。此外，在塔克辛治下泰國舉辦四十多次跨軍種或多國聯合演習，但是大部分仍屬小規模與單一演習。金色眼鏡蛇持續進展，不過在二十年前昭示著美國重回此區域後，演習開始顯得像是「例行公事」。同樣的情況亦以較少程度顯現於抗虎演習㉔，即最大規模的美泰空軍演習，以及海軍的聯合海上戰備訓練上，兩種演習皆於一九九〇年代中期籌辦。以一位塔克辛團隊初期成員的話來描述，金色眼鏡蛇「並未真正反映白宮目前對於泰國的理解。演習已經變成年度工作，一件讓軍方去做的例行事務」。[201]

二〇〇二年中國加入觀摩金色眼鏡蛇演習的行列，僅未出席二〇〇四年以反恐為主題的大型演習（美軍一萬三千五百人與泰軍六千人）。二〇〇五年和二〇〇六年的較小型演習主題為災難應變

㉓ 相對貿易（countertrade）指買方以勞務或商品抵償全部或部分貨款。
㉔ 抗虎演習（Cope Tiger）又譯為天虎演習，本書參照後文的抗雷演習（Cope Thunder），一致譯為抗虎與抗雷。

與維安，當時至少有其餘二十國在場觀摩。前者受到前一年的南亞海嘯影響，後者則受泰國成為全球和平行動倡議（Global Peace Operations Initiative）一員影響，亦見泰國參與美國－蒙古維安演習。一向拒絕赴阿拉斯加參與抗雷演習的泰國空軍，認為抗虎演習提供「泰國和美國飛行員別處無法獲得的訓練機會」。[202]這使得美國重新考量是否要合併抗虎和金色眼鏡蛇演習，提及為了維持兩項演習分開舉辦，「甚至將邀請第三國」加入。除聯合海上戰備訓練外，美國海軍海豹部隊㉕訓練泰國同仁以保護鑽油和天然氣平台。其他合作包括建設計畫、美國國防資源管理研究計畫，以及泰軍最高司令部與美國印太司令部間的年度會談。最高司令部想對泰國北部的跨部門情報整合中心（Interagency Intelligence Fusion Center）採取更多「策略」運用，並且感謝美國打擊索馬利亞海盜，後者在二〇〇五年威脅一艘泰國漁船。[203]美國尋求增加船艦靠泊次數（僅二〇〇四年就有二十四次），二〇〇六年訪泰的航空母艦戰鬥群廣獲媒體報導。

***

距波伊斯宣示擔任大使未滿兩週、塔克辛的第一個任期將盡，二〇〇四年十二月二十六日這天，南亞海嘯快速猛烈襲擊，奪走世上二十五萬條人命，在泰國約八千人喪生。美國國務卿鮑威爾是第一位致電提供援助的外國官員，美國海軍第七艦隊與其他前哨基地的資源立即動員：「十九艘海軍船艦與一艘海岸防衛隊巡邏艦載運近一萬一千位軍人出海，以及陸上近一千八百人。」[204]僅於泰國一地，他們：

在國內分發超過六十六萬磅重㉖的補給品，包括藥品、食糧、乾冰和屍袋。團隊人員包括來自美國疾病管制與預防中心（Centers for Disease Control and Prevention）的醫療專家，軍事醫學研究院（Armed Forces Research Institute of Medical Science）和夏威夷的戰俘及戰鬥失蹤人員聯合調查司令部（Joint POW/MIA Accounting Command）也派人至泰國協助辨識受害者。美國海軍海豹部隊、外國災難援助辦公室（Office of Foreign Disaster Assistance）的一位代表與泰國軍隊密切合作，搜尋美國人和其他災難受害者的遺體。[205]

泰國烏打拋航空基地再度成為關鍵要地，五三六聯合支援部隊（Combined Support Force 536）進駐，由此處策劃、發動美國在整個區域的行動。塔克辛在海嘯襲擊的二十四小時內批准開放飛越領空，結果是從烏打拋基地、航空母艦亞伯拉罕・林肯號（USS Abraham Lincoln）、航空母艦埃塞克斯號（USS Essex）、兩棲攻擊艦好人理查號（USS Bonhomme Richard）出動的數千次飛行。這是史上對於單一天災的最大規模國際反應，也是美國印太司令部所見過最迅速的一次。

由於塔克辛在餘下任期內明確表達感激，美方經歷一段適中的人氣「反彈」。素拉基亞表示，他們「贏得亞洲人的心」。[206]塔克辛親自上電視感謝海豹部隊。他說「泰國人深受感動，布希總

---

㉕ 海豹部隊（SEALS）全名美國海軍三棲特戰隊（Navy Sea, Air, and Land Teams），主要從事非常規戰爭、國內外防禦、直接行動、反恐行動、特殊偵查任務。

㉖ 約等於三十萬公斤。

統、前總統布希和柯林頓皆親自造訪華府的泰國大使館，在弔唁冊上簽名」。[207] 一個月後多位前領袖造訪泰國，代表兩黨表達支持。數家泰國報紙則推測，美國利用天災維持更長久的在泰駐軍，大部分部隊於二〇〇五年三月重新部署，且救援物資被美軍聯合顧問團指揮的重建計畫取代。國務卿萊斯將於七月巡視各處海灘，隔月美國投注關鍵力量與技術的先期預警系統啟用。

美國做出種種回應，問題出在對於華府政策制定者的效益不合比例。儘管美國的形象獲得改善，由於二〇〇四年底海嘯前的「起點」低迷，泰國的友善程度雖上升，仍少於華府所料想。另外，美國未自此一有限開端繼續拓展，而是將聲望籌碼兌現，回到缺乏生氣的現狀。除了同意多年來的金色眼鏡蛇演習對於災後反應大有助益，以及此課題應納入未來的演習（方向正確卻稱不上創新），美方受限於僅僅自大宣稱：「沒有其他國家能像美國對海嘯做出如此反應……許多人質疑我們與泰國的廣泛軍事演習計畫，以及我們頻繁使用泰國的軍事設施，這些人現在清楚理解到，我們跟泰國的五十年軍事結盟在今日比過往更必要。」[208] 更遺憾的是允許美國船艦出現在泰國海域，依據的是同情支持而非策略思考，讓塔克辛對於中國及泰國國內皆不費代價就取得政治贏面。無需爭論出於人道立場的善行是否夠格，海嘯過後美國在泰國毋寧說是錯失了機會，而非把握機會。

## 徹底翻轉東協

海嘯是一樁無可預期的事件，美國不可能事前策劃。其反應的尺度與迅捷，切合世界上最強大軍隊之力，其慷慨大方展現以價值觀為基礎的外交政策。但是在船艦與軍靴開拔往東南亞海岸後，美方不能、也不會調整打擊真正與想像恐怖分子的單一目標。美國極其狹隘地界定其海嘯後任務，太快就對區域地主宣告「你們能應付」，因為美國全神投入於他處，在人道主義以外不受動搖。[209]在御前演出㉗期間美方或曾目睹中國正徹底改變此區域，一如美國對中東的作為，只是更加細微。這是東南亞地緣政治面發生大陸漂移的一記遲來警鐘，海嘯或許也席捲了同一片地緣政治。漂移運動從一九九七年另一種災難襲擊時起步，到塔克辛執政時期迅速擴展，其人視自身與泰國為區域領袖。早至二〇〇一年塔克辛與小布希的初次會晤，他說：「你參與那麼多事，卻不包括東協。我試圖說服他東協對美國很重要。假使美國不能跟東協結盟，那麼，中國人正逐漸贏得重要性，中國變得愈來愈強大，中國更近。」[210]相反地，美方持續耽溺於自滿：「在海嘯發生前，」波伊斯於二〇〇五年寫道，「多位區域分析師推斷美國全神貫注於世界上其他地區，很可能被別國取代，也許是東南亞最有權勢的中國。」[211]這波浪潮的影響範圍稍稍越過了海岸線。

二〇〇二年曼谷主辦一場東協年度區域論壇下的防治恐怖主義工作坊，美國也參與其中。隨著泰國於二〇〇三年繼任東協—美國關係的協調員，美國導入東協區域安全貿易（Secure Trade in the ASEAN Region）。二〇〇四年有一場反恐與反盜版的聯合工作坊，並且簽署一項反恐聯合聲明。泰國外交部長回想二〇〇五年：

㉗ 御前演出（command performance）指戲劇、電影等為皇室或重要人物特別映演，此處可能在嘲諷美軍救災彷彿是供泰王欣賞的演出。

> 突然間康朵麗莎・萊斯拒絕我初次出席的東協區域論壇。她在約四天前通知，並且指派副手前來。老實說每個人都很沮喪，因為這成為東協被貶低的注記。但是在那之後過了幾星期，萊斯因為海嘯事務來到泰國。我決定提起這件事。她解釋有些緊急事務發生，她沒細說是什麼，卻說他們衡量局勢，判斷副國務卿是亞洲專家，所以覺得他是與會的最佳人選。我說我們非常欣賞他，可是這件事有別的層面，象徵性的層面，如同與會的全是外交部長。假使美國只來了一位副手，我的許多同伴覺得那是貶低東協，甚至是我們被輕忽了。我對她十分坦誠，而她承諾我她明年會出席，她也做到了。[212]

到了二〇一五年稍晚，東協得以在紐約與萊斯商討區域經濟體，但是據素拉基亞（仍扮演外交事務要角）所述，「美國的心思放在其他事務上」。「美國未將東南亞視為他們眼裡的後院以反制中國勢力。他們忘了把東協看待為六億人的經濟樞紐。即使在九一一過後，東協著手在東協社群討論經濟體的明確發展藍圖，可是美國仍舊不感興趣。」[213]於是在二〇〇五年底，美國建議聚集於曼谷的東協，「東協區域論壇必須強化為討論嚴肅安全事務的論壇」。[214]

在二〇〇六年的第十九次東協—美國對話（ASEAN US Dialogue）中，與美國「增進夥伴關係」是「泰國的東協政策焦點」。[215]跟金色眼鏡蛇不無相似處，這樣的對話通常意味著維持現狀而非向前推進，甚至未年年舉辦；首次對話是在一九七七年。美國派出一位助理國務卿及其副手，即下一任駐泰大使。以美國的觀點而言，「雖然美國樂見亞洲內部日漸整合，我們必須致力於確保亞太經合會、東協區域論壇、東亞峰會、東協及其他區域機構密切合作，而非彼此競爭。」[216]此考量稱得上合理，只是出自一個近年來鮮少參與上述機構的國家。助理國務卿也指出，「共同利益的關鍵領域，如反恐、海事安全與禁止核武擴散」，全都與國家安全相關。他談論伊拉克、以色列—巴勒斯坦、伊朗、利比亞和朝鮮的簡報，亦基於相似關懷，而除卻泰國在平壤扮演的次要角色，上述議題與東協全無直接關聯。美國確實延續了在公共衛生和環境倡議方面的合作，此外更力促緬甸改革，後者長久造成美國與東協間的嫌隙。美國也施壓要東協完成管理憲章。泰國代表回應，希望美國指派一位代表到東協並簽署《東南亞友好合作條約》，三年前中國已簽署此項歷時三十年的文件。東協將於隔年通過憲章，但是美國直到二〇〇八、二〇〇九年才達成東協的請求。

在二〇〇六年對話中，美方的經濟主旨是「推動（世界貿易組織協商的）完整杜哈議程㉘的進展」。[217]不是美國—東協自由貿易協定或雙邊自由貿易協定，而是世界貿易組織的議程。二〇〇二年底美國成立東協倡議專案（Enterprise for ASEAN Initiative），目標是在此區域談成自由貿易協定，另外的經濟商討則外包給美國—東協商會（US ASEAN Business Council）。東協倡議專案談成與新加坡的單一協定，商會則偏好美國—東協間的自由貿易協定，並且「希冀……美國政府提出想法，以期在東協推動一系列經濟貿易議題」。[218]在美國各黨派與利益間存在的諸多不一致中，二〇〇六年廣獲贊同的是一項增進夥伴關係行動計畫（Plan of Action for an Enhanced Partnership），以及模糊且空洞的東協—美國貿易投資架構協定（ASEAN US Trade and Investment Framework Agreement）。

---

㉘杜哈議程全名為杜哈發展議程（Doha Development Agenda），是世界貿易組織從二〇〇一年在杜哈展開的多邊貿易談判，包括農業、服務業、智財權、貿易等八個領域。

美方並未參照十年來中國與東協間的進展，包括其於二〇〇三年達成的策略協定。「由於我們在東協和在泰國的感受，覺得美國把注意力聚焦在其他地方，」泰國外交部長憶述，「這給了中國機會。」[219]素拉基亞附議：「我們一直呼籲美國利用經濟力量介入東南亞，像你以前那樣介入泰國。你所有的跨國公司總部依然設在曼谷，而非其他國家。你可以把曼谷當作一個樞紐。中國聽進去，也切入了。」[220]美國曾帶領東協於一九六七年創建、還擊中國的意識型態與手段，且於一九九四年抱持類似、只是更新了的擔憂支持開辦東協區域論壇。然而到了二〇〇六年，美國完全遺忘當初的目的並且失去了忠誠。東協遭到徹底翻轉。

## 馬六甲海峽

二〇〇四年，塔克辛的任期過了三分之二，美國大使強森發送一則令人震驚的電文至華府，標題為「中國崛起是誰付出了代價？和平共存——泰國人天真嗎？」在他對泰國的七項觀察裡，六項套用在美國身上更為準確。強森抱持著某種顛倒的自戀、不經意的自責，而非自我崇拜，描述泰國人：

> 希望與中國變強大相關的問題將會自行解決，否則就是受其他強權平息……不值盡信的見解，關於中國將施壓要東協國家在政治或戰略議題上支持北京，危及在此區域的普遍良好關係……認為中國的崛起地位若非未影響其他國家勢力，就是讓台灣和日本付出代價，而非美

> 國……似乎未能考量到奮力一搏的中國，可能做出危及區域安全的舉動……似乎未能判斷近日泰國與中國眾多貿易案的衝擊……似乎過度樂觀看待中國崛起將對區域安全情勢造成的影響。[221]

電文的標題、語氣與主旨暗示美國不贊同泰國（存疑）的天真，儘管美國多年來的政策與實踐堅定顯示並非如此。誠然，最關鍵的觀察顯然有誤，因為在同個月稍早一位泰國將領告訴美國，中國的目標是對美國「形成長期抗衡」，理想是「取代美國成為區域內最強大的勢力」。[222]大使的全盤結論是：「泰國希望見到中國在未來成為國際社群的盡責成員，與我方的目標相符，然而泰方分析的中國漸增勢力之影響，顯得不夠充分且過度樂觀。」[223]幾乎不可能再提出更富諷刺意味與負面後果的觀點了。

二〇〇四年外交部長告訴美國，中國致力於借道緬甸觸及安達曼海，將對中泰關係造成不利影響。回溯至二〇〇一年，大批民兵在緬甸境內從中國邊境移往泰國邊境時，北京曾對泰國求援置之不理。軍方同樣表示，中國的地緣政治策略若有任何多角化發展，泰國的「門戶」利益將與之發生衝突。然而考量到中國的主要參照對象是美國、並非泰國或東協，泰國對於中美間零和動態關係的評估，同樣適用於中泰關係。從一九九〇年起緬甸遭受美國的經濟制裁，而且泰國沒有接壤鄰國與美國關係鞏固。因此，即使塔克辛讓泰國轉向東方，中國固有其久存的地緣政治優勢，即確保東南亞有通往安達曼海的多重出口。泰國正在玩一場微妙賽局，一面向美方抱怨中國入侵其他地帶，同時又在曼谷為北京鋪設紅毯。不過若是塔克辛無能阻止中國的多角化，美國或將選擇完全不動用強國力量，讓其「盟友」別無選擇，僅能接受現實，並且一心成為與北京互動的「同儕之首」㉙。美國的損失就是中國的收穫。

近十年皆如此，中國在東南亞的主要關切在於受美國掌控的馬六甲海峽。中國現今對於石油、天然氣和對外貿易的胃口迅速增長，並且愈來愈有能力滿足此渴求。鮮少有人想起，塔克辛曾在川的第一個任期擔任外交部長五個月，時間點就在川著手推動「陸上橋梁」橫越克拉地峽後。二〇〇二年，塔克辛短暫考量尋求俄國援助以完成計畫。隨後他和差瓦立將軍又獲俄國於一九九七年與一九九九年積極運作，並且設立一處國家委員會（National Committee），從事以克拉地峽計畫緩解經濟危機的研究（Study of the Kra Canal Project to Alleviate the Economic Crisis）。差瓦立擔任委員會主席，他成立的泰中文化經濟協會則提供委員與專家人選。也常被人遺忘的是塔克辛曾任差瓦立的副總理，且負責主管相關計畫。八年後他們互換角色，委員會報告亦於二〇〇五年發表。報告建議興建長一百二十公里的運河，從東部的宋卡府連至西部的董里府（Trang）。「我們獲得結論，計畫將在許多方面帶來益處。」差瓦立於二〇一五年憶述，但是泰國南部新近重燃的衝突導致遲疑：「我們必須延後這項計畫，即使我們想繼續進行。因為我們必須將國家安全納入考量。」224

泰國並非唯一希望計畫進行的一方；中國在謀求能源上「非常斤斤計較」，塔克辛如此說道。225到了二〇〇四年中，即必須進口石油達七年後，中國正在考量此區域的多達十項計畫，以獲取更多天然資源。「泰國提出的計畫進度最佳，且獲得泰國政府的大幅支持。」226泰國國家石油公司㉚和中國石油化工㉛宣布，他們正在研擬建一條油管穿越克拉地峽，即川的未完工公路所在地。預期耗資八億八千萬美元，每日至少接收一百五十萬桶石油，並且避開馬六甲海峽，使轉船運輸時間縮短一週的計畫包括雙邊海岸的石油儲存槽與儲運場。儘管非政府組織的反對也遏阻了這項計畫，不過就如同運河一般，計畫只是遭到擱置而非捨棄。此外，二〇〇五年泰國國安專家帕尼坦告知美國，中國已經開始在泰國南部買地。

美國大使館將於二〇〇六年通報華府，油管計畫「預期不會進行」。[227]然而中國海洋石油公司㉜正與泰國國家石油進行石油合資案，而前者可能在尋求取得美國的加州聯合石油公司㉝資產。泰國國家石油也開始跟中國石油管道局工程有限公司（China Petroleum Pipeline Engineering Corporation）合作，在曼谷附近興建一條長七十公里的油管。中國與泰國、寮國和緬甸簽署協議，允許中國沿湄公河運輸更大量的石油——二〇〇四年派遣第一批工程師，使此方案成為可能。由於湄公河流入的並非安達曼海，而是泰國灣與南海交界處，與馬六甲海峽無關。湄公河提供另一條路徑運送石油至中國的西南內陸及濱海的廣西自治區，後者亦於二〇〇六年擴展聯海建設。前文述及二〇〇四和二〇〇五年間，首度於安達曼海和泰國灣舉辦的中泰海上演習，有部分原因是為了保護這些投資。

---

㉙ 同儕之首（first among equals）源自拉丁語「primus inter pares」，是頒給同級別身分之中較資深或有權威的榮譽稱號。

㉚ 泰國國家石油公司（PTT Public Company Limited）源自一九七八年成立的泰國石油管理局，負責國內的石油、天然氣開採煉製。

㉛ 中國石油化工（Sinopec）是中國最大的石油和化工製品生產商，在上海、香港、紐約、倫敦的證券交易所均有上市。

㉜ 中國海洋石油公司（China National Offshore Oil Corporation）主要負責中國海域的石油和天然氣開採，是中國第三大國有石油公司。中海石、中國石油天然氣集團及上文提到的中石化，並稱中國石油業的三巨頭。

㉝ 加州聯合石油公司（Union Oil Company of California），早在一八九〇年成立，二〇〇五年被美國第二大石油公司雪佛龍（Chevron）收購。

這正是強森大使發送電文的地緣政治脈絡，而在二〇〇五年，美國同意與泰國展開雙邊「戰略對話」。對話完全出自塔克辛的提議，獲得聯合國安理會所有常任理事國、加上日本的投入。目的在於研擬行動計畫以「增進雙邊關係，及泰國在此區域的聲望」。[228]「實務上，」據波伊斯所述，「這些計畫實際看起來，完全就只是兩國想要的樣貌」。[229]陪同國務卿萊斯赴泰國災後受損海邊的兩天後，他透過國家廣播電台宣告美方行動計畫的目標。然而在泰方堅持下，「戰略」遭排除、淪為初期的描述用語，因為「可能在泰國媒體上引起多餘聯想」。[230]回溯至一九九九年，泰國的計畫裡並無類似的中國顧慮，並且也許更能解釋政府決策，而非媒體風向。甚至要到塔克辛第三度，以及二〇〇五年九月最後一次造訪華府後，才開始與美國的對話，當時正值反恐戰爭的緊要關頭。雖然有五位美國國防部代表與會，美方仍由中階官員領頭，即出席美國—東協論壇的同一位副助理國務卿。相對地，泰國是由外交部常任祕書率領最高司令部、國防部、國家安全委員會、國家情報局與軍方人員與會。

對話議題包括：「中國與印度的區域角色、區域集團、促進緬甸的民主、朝鮮半島、印尼、禽流感、人口販運、海事安全、教育交流、軍對軍的合作與演習、防擴散安全倡議，以及泰國南疆的持續動盪。」[231]由於對話名稱的改變，難以表明美方是否從戰略角度看待中國與馬六甲海峽，且兩者是否構成相關的顧慮。對話摘要裡僅有一處確切提到中國，「在會議的間隙，幾位泰國官員指出願意在未來的全球和平行動倡議或維安行動中，與中國人民解放軍合作。」[232]一位美國陸軍准將的提議缺乏說服力：「下一次的美泰戰略對話，應該有一個整天用於討論泰國之於中國的特殊地位。」[233]相對地，中國的對泰行動計畫已進展近七年，且無疑常獲修正改善。而中泰戰略夥伴於二〇〇五年正式開展，後續的對話有四年，而非兩天。關於對泰行動計畫與戰略夥伴關係，美國皆為最大的促發因素，受美國掌控的馬六甲海峽至關緊要。美國首席代表做出簡報結論，且預示自己將任大使職位，主張「中國崛起並非一場零和賽局，而且可能對美國與泰國皆有利」。[234]

泰方提出六頁的草稿，並且建議在三個月內定論。大使館提出，這「或能起到幫助我們推廣美國關鍵目標的一些效用」；外交部則表示可以協助官僚政府間的地盤爭奪戰。且於二〇〇五年九月塔克辛會晤小布希後的聯合聲明中獲提及。[235]二〇〇六年，倫斯斐的辦公室做了一場美國促進對中關係的簡報，泰方將其描述為「區域內較小國家的寬慰」。[236]第七艦隊與泰國領導階層商討中國的「未來角色」，國會代表則問及中國近日的建軍。[237]塔克辛告訴他們，中泰關係「非常緊密，尤其在他執政時更是如此」。[238]政變前最後的一段話是「發布通知，諮詢華府是否要繼續行動計畫」。[239]因此，塔克辛對於與美交手的憶述，通常也被他運用於助長反美情緒：「每次有國務卿層級的人來訪，甚至總統層級，他們來了以後只做一件事就走了。接著某個助理國務卿接手跟進，而下趟參訪又必須重做一次。」[240]

＊＊＊

在二〇〇三年盛行的反恐提綱下，泰國於兩側海岸皆實施貨櫃安全計畫（Container Security Initiative）。隔年，在美國藉以聯合外國進行國安合作的一項計畫下，泰方參與了在泰國海岸線與華盛頓州舉辦的演習。二〇〇五和二〇〇六年時港口成為計畫重心，目標是遏止船運物資用於大規模毀滅性武器，並且提升泰國灣林查班港口（Laem Chabang port）的安全。考量到「其支援美國海軍大型船艦赴泰的能力（包括美國的航空母艦），確保港口安全將能增進我們的部隊防護能力」。美國大使館表示。[241]美國的「天眼」計畫（Eyes in the Sky initiative）包含三架巡邏機、各來自圍繞馬六甲海峽的三個國家：馬來西亞、新加坡和印尼。泰國在二〇〇五年任計畫觀察員，對於此「象徵性質」的作為反應平平，卻支持印尼的「聯合海事巡邏」（Combined Maritime Patrol）計畫，規定船隻需向區域港口駐站報到。[242]

不僅在泰國的安達曼海沿岸港口有此安排，計畫亦聚焦馬六甲海峽，有潛力「從所有的駐站供應戰略資料，匯入泰美海事行動情報整合（Thai U.S Maritime Operations Intelligence Fusion）」計畫。[243]然而事態明確，美國感興趣的海事情報與中國無關，因為主要負責的美國聯合跨部門工作小組（Joint Interagency Task Force）專門關注非法人口販運。這符合他們對於國際犯罪的疑問，以及「馬六甲海峽海盜與恐怖分子的連結」。[244]

泰國與美國國會於二〇〇六年簽署一項區域海事安全倡議（Regional Maritime Security Initiative），「保衛泰國在安達曼海的領海……在馬六甲海峽北端入口提供雷達探測範圍……提供探測範圍覆蓋泰國的整個半島西側、往下延伸至蘇門答臘……給予泰國皇家海軍（Royal Thai Navy）在沿海的海上攔截能力，加強通訊並改良對空監測雷達。」[245]誠然，「倡議的核心」是在海峽北端設置覆蓋兩百海里的高頻雷達，連至一處海事行動中心（Maritime Operations Center）。六艘波士頓捕鯨人[34]巡邏艇、三架偵查機及地面感測器將：

遏制泰國南疆至印尼亞齊間的槍枝私運，打擊走私，保護漁民並且救援水手……世界上半數的油輪和三分之一的海運經商皆通過馬六甲海峽，這項倡議或能幫助保護商業……監控可疑恐怖分子的動靜……進一步拓展防擴散安全倡議。[246]

倡議明確提及馬來西亞、新加坡、印尼、菲律賓與印度間的合作與協調。然而，美國大使館號召此項「意在安達曼海提升海域意識的遠大計畫」，似乎未意識到對於海域最熱衷的那一個國家。[247]對於油輪與貿易懷抱著永無止境胃口的中國，占據第一排座位，卻被美國外交人員遺忘。

相反地，正是中國的在場而非缺席，造成美泰聯合軍事演習的規畫發生誤差。二〇〇六年，大使館「確信我們能持續修正金色眼鏡蛇及其他演習，以達成我們的區域安全目標，也包括在此區域建立類持續駐軍（near-continuous presence）的能力」。[248]新加坡、日本和印尼增加在金色眼鏡蛇的參與規模，自然受到歡迎，做為美國在「亞洲」勢力擴展的證據與允諾。但是又該如何看待中國始自二〇〇二年的有限度觀摩（僅二〇〇四年除外）？另一方面，截至此刻的中國崛起主要在於經濟層面，使得與北京結為「夥伴關係」的主張確實擁有正當性、即使為期短暫。而且由於中國勢力增長的方向與影響仍未明，金色眼鏡蛇可以被視為在運作上對等於國際軍事教育與訓練計畫。從表面看來這並非不智之舉。然而，考量到此區域強權在美國的區域思考中近乎完全缺席，這僅僅是等式

㉞ 波士頓捕鯨人（Boston Whaler）是始自一九五八年的美國造船廠，原來由迪克·費雪（Dick Fisher）創於麻州，後遷至佛羅里達。生產船隻除做為個人用，因性能良好，亦受美國海岸巡防與駐紮各地的海軍採用。

的其中一半。邀請中國觀摩金色眼鏡蛇的部分演習，而未在大多數時候表明中國是「觀摩」的主體，不啻是戰略上的天真作為，即使在二〇〇二年亦然。發往華府的電文洩漏了美國的一項東方盲點：

> 考量到美國在東亞的廣泛安全利益，範圍從反恐到反毒再到禁止核武擴散，可能有其他、我們未意識到的關鍵外交政策目標，可以透過我們在泰國的演習計畫予以支持。發布公告，歡迎見者提供任何建議或方針幫助形塑我們在泰國的計畫，以增進我們在此區域的利益。[249]

同樣地，二〇〇五年的海軍聯合海上戰備訓練，美方聚焦在涉及區域海事安全倡議的主題，且於隔年增加他們的「區域特色」。[250]美國主張泰國海軍是在「尋覓一項使命」，並且視倡議為擴大與運用影響力的手段。[251]南亞海嘯將安達曼海的攀牙府海軍基地大半摧毀後，泰國立即接受協助重建的提議。依美方評估，這是「位於泰國西海岸僅有的海軍戰略設施」。[252]跨越泰國的迫窄地峽即為泰國灣邊緣的烏打拋航空基地，通往南海。在軍事圈外鮮少有人曉得烏打拋基地屬於泰國海軍，而非空軍。儘管每年持續見到超過四百二十架美軍戰機，「我們不能將迄今享有的視為理所當然。雖然美國在烏打拋活動頻繁，我們在改善或維修長期設施方面無甚貢獻，此舉將有助於共同利益，並且能支持我們在擴展出入路徑與勢力上的戰略目標。」[253]泰國在二〇〇五年要求上述支援，獲得美軍聯合顧問團與美國印太司令部的適時提供。

檯面上聚焦於烏打拋，另有兩項基本決策隱伏於下。其一，塔克辛在二〇〇一年決定拒絕美國提前部署軍艦的兩次請求，即泰國灣的「漂浮基地」。這跟川在一九九四年做的類似決策不同，即塔克辛曾短暫任其外交部長的總理；塔克辛並未將此事單純視為維持適當的區域權力平衡。他沒有川的親美形象，而且在後九一一的壓力下仍不動搖。假使均勢偏移往對中國有利的方向（無論在軍事前線有多麼緩慢），塔克辛絕無可能不關心；他更可能予以認可。跟先前的川相比，塔克辛的決策遠遠較欠複雜和細緻，甚至跟他的外交政策願景和方向更加一致。美方在完全無關的聖戰驅使下提出上述要求，對於二〇〇一年的拒絕毫不領情，對於四年後的決策則多了些微理解。

第二項決策事關美國在二〇〇五年，將烏打抛評估為「我們在整個亞太區域最重要的合作安全據點（Cooperative Security Location）」。[254]依據五角大廈的二〇〇四年全球軍力部署檢討（Global Posture Review）所認定，合作安全據點僅有少數或無美軍人員常駐，但是可以用於反恐訓練和海上攔截，以及通往美軍基地已裁撤區域的緊急出入路徑。過往烏打抛已在上述層面證明自身，如近期的南亞海嘯過後，並且納入一九九六年的一項協議，逢危機或戰時允許做為訓練使用，在「漂浮基地」遭拒後依然如此。儘管、或者因為烏打抛位於泰國灣，波伊斯承認其於馬六甲海峽相關行動中具有「關鍵地位」。[255]然而，憶及美軍於越戰時期普遍存在的非正式往來，「關於在泰國建立合作安全據點，與泰國皇家政府各階層皆無正式協議。目前我們享有的出入途徑，完全基於傳統上的結盟，以及延續多年的軍事夥伴關係。」[256]為一個合作安全據點「做東」也跟泰國海軍表明的觀點一致，即其部隊僅用於護衛安達曼海和泰國灣，未及「藍水」海域。[257]

綜觀美國指涉的擴張區域（亞太）以及泰國海軍勾勒的狹隘區域（排除西方的孟加拉灣和東方的南海），可推論兩國對於合作安全據點的盤算裡皆有中國因素。但是這麼做將帶來更多顧慮，而非表達真誠感受；泰方的做法表現在九一一事件前的政策規劃上，美方則是九一一事件後的政策匱乏。此外，與美方出資的倡議合作，塔克辛需付出的政治與財政成本同樣微薄，原因正是中國完全無需對此付出成本。相反地，他國投入護衛其商業出口與能源所仰賴的海路，北京只會從中獲益，因為此時中國更關心的是如何繞過馬六甲海峽，而非通行於此。美方持續多半透過反恐與跨國犯罪的短視眼光看待這片海域，中國則投資於一個海峽安全將無關緊要的未來。塔克辛藉此巧妙出招，忠誠地與拒絕將「海峽視為海洋」的美國「盟友」合作，同時為追求長程目標的中國扮演「門戶」。

## 全中國的財富

美國駐泰大使波伊斯描述：「更密切監控中華人民共和國與泰國和東協的關係，是此職位的部分職責。」[258]二〇〇五年他發起「與中方定期茶聚」[259]並且主辦大型晚宴「共度許多夜晚」。[260]與一九八〇年代晚期他在柬埔寨的「祕密政治團體」相仿，此舉顯示大使館比華府更能理解中方的優勢。禮尚往來，中國代表邀請美方赴春節宴會，並且「表示泰國是商討區域議題的便利地點」。[261]誠然，波伊斯正確評估「中國外交官鮮少對於泰國政治的枝微末節感興趣，反倒更加關心美國的涉入」。[262]中國駐泰大使表示，他們國家可以在馬六甲海峽的安全方面合作。中國駐外武官舉二〇〇一年在南海上空發生的中美撞機事件為例，表示「找方法建立信任是我們駐地人員的職責」。[263]這位武官是反恐與中亞的專家、上海合作組織一員，亦獲知近日美國高階國防官員的北京參訪行程。中國相信「可以多方分享發展經驗，讓東協國家從中學習獲益」，並且力促美國加入東亞峰會。[264]

然而雙方皆運作非正式關係，中國主動表示「不會侵略」其他國家[265]，前提是「各國皆未……提及雙方看待台灣的歧見」。[266]

對於中美強權而言，來自中國的企業家和新聞記者也是打探彼此消息的來源。二〇〇六年，多位本地中國企業家告訴美國，他們將泰國南部的叛亂歸因於泰國政府的貪污，以及「美國的利益與干預」。[267]其中一人直言，「起初是伊拉克，現在是朝鮮，為什麼大家都要聽你的（美國）？」[268]影響力十足的一位台灣企業家表達得較為友善，卻同樣具有不祥預兆：

> 中國正抓緊機會擴展與鞏固在東南亞的固有勢力，「同時間美國正忙於伊拉克和阿富汗」……中國領導人將海外投資視為一項政治工具……中國近年更活躍且有組織地參與東協，這不過是另一個指標，彰顯中國在此區域擴張勢力的政策……塔克辛．欣那瓦助長了中國的政策。[269]

《光明日報》的一位記者要求美國大使館不得向任何人揭露其會面。他透露，中國在泰國的主要目標是「密切監控美國」，深信東協—美國增進夥伴關係計畫是為了「抗衡中華人民共和國」。[270]不過他主張，北京在經濟連結與中—泰勢力方面的「雙重保險」，意味著優勢將獲延續。[271]此外，「中國記者蜂擁參與美國的軍事行動……去年金色眼鏡蛇演習的開幕式上有六位新華社記者，儘管新華社的駐曼谷記者只有三位……把工作重心放在拍攝軍械及美國官員的大頭照。」[272]

## 最後的美國式政變

中方未預料到二〇〇六年的泰國政變，部分是因為僅有政治激進分子得知相關的通告與活動。關起門戶流傳的耳語，與人民民主聯盟在街頭集會的擴音器演說輪番上演。雖然兩者從二〇〇五年底開始皆引人日日臆測，謠言總是惡名昭彰的生變預兆。當時塔克辛和樞密院委員炳正在為年度軍事改組爭論，導致最終的政變發起人頌提將軍留任陸軍司令。據傳塔克辛組織了一個團隊、致力於揭發任何對付自己的陰謀時，塔克辛對波伊斯說他跟「王室素來關係良好」。[273]到了當年底，屆時已退休且進入樞密院的素拉育將軍，要求人民民主聯盟停止號召王室採取行動。相反地，聯盟在二〇〇六年六月公開遞交請願書給炳；炳並非王室成員，不過久為網絡君主制的領袖。素拉育告訴美方，「軍方內部有關於單日政變的『一些談論』，將權力轉交給泰王」，但是頌提將軍「絕對不支持此種舉動」。[274]儘管如此，預計在未來二至三個月發動的政變仍於本月開始策劃。

三月波伊斯通知華府，「泰方若非寄望美國領導，否則就是把問題怪在美國頭上。也就是說，格外驚人地，沒有一個陣營是請求美國插手持續上演的爭鬥……人人都想得知我們知道什麼——但是沒有人問我們該做什麼。」[275]當月他與泰王的首席私人祕書會面三次，這位前駐美大使表示，雙方陣營都把王室牽扯到爭論裡，並且形容塔克辛與泰王的關係「得體」。[276]波伊斯給他一份《從不微笑的泰王》（*The King Never Smiles*）樣書，這本美國記者寫的書已引起爭議，將於當年稍晚出版。曾任駐美與駐中大使、現為泰王首席私人祕書助理的德汶納向波伊斯抱怨，媒體將定期召開的樞密院會議描述成一樁政治事件。頌提將軍告訴大使館情勢跟一九九二年不同，當年泰王曾阻止暴力示威，而今塔克辛的命運對軍方來說並無「既得利益」。美方「震驚於陸軍高階領導人在支持塔克辛方面顯得如此冷淡」，儘管「頌提在在表現得像一位謹守專業的人士，致力讓陸軍袖手旁觀」。[277]另一件策劃政變諸君告訴波伊斯的事，是軍方「堅不插手」。[278]炳明白表示，塔克辛應該「現在去職」，大使館則應該試著影響塔克辛身邊耳根子軟的策士。[279]即使是仍在塔克辛政府任職的素拉基亞都透露，某個「有王室威信」的人應該讓總理下台。[280]

據稱塔克辛得知將於四月大選競選期間發動的政變陰謀，這很可能影響了他，決定在投票後從總理職位暫時「休息」。[281]素拉育告訴美方，塔克辛在那之前見過泰王，但是並未接獲任何形式的指示。然而首席顧問潘薩指控「王室裡擔任顧問的一小群陰謀團體，解讀國王的話和行動以迫使塔克辛辭職」。[282]無人提及政變字眼，不過炳再度位居核心。波伊斯更相信素拉育的說法——塔克辛「認為自比翁山蘇姬毫無令人啼笑皆非之處」，潘薩則力促美國發布一項聲明。[283]五月，素拉育仍對人民民主聯盟感到憂心，向大使館提出意味深長的另外兩個論點。他「擔憂持續的政治僵局，可能導致國軍方面的預算困擾」。[284]儘管塔克辛已增加國軍預算、設法將反對聲浪降至最低，這筆預算從十年前的「泰國之春」後就顯著下降，並且將於政變後一飛沖天。素拉育也說：「司法系統內部的消息來源預期，至少需時二或三個月……對於影響政治情勢的所有案子做出判決。」[285]又將度過四個月直到軍方介入，但是上述一切判決尚未定案。

塔克辛在六月寄了一封信給美國總統小布希。他主張己方政府「一再受到利益團體所削弱，憑恃製造混亂且於曼谷發起街頭示威做為手段，以獲取他們無法藉著勝選得到的政治權力……我的對手現正多方嘗試憲政體制外的手段以籠絡民意」。[286]言及的「利益團體」據悉為炳和網絡君主制。

小布希的回覆顯示他漠不關心，表示「泰國人民是堅韌的，而泰國民主很堅強」，使泰國雙方陣營皆有正面解讀的空間。實際上，參議員克萊薩克和外交部長在媒體上抗議塔克辛寫的信；人民民主聯盟在六個大使館前遊行，包括中國大使館在內，並且遞交一封公開信給美國：

> 我們重申泰國人民維持對等的決心，數百年來泰王與美國歷任總統締結兩國間真誠、友好的互利關係……這是為什麼我們必須向美國政府道歉，為了泰國的看守政府首長違反協議，繞過你們派駐本地的大使㉟……謀求兩國友誼之外的私人友誼。[287]

七月，頌提將軍聲稱情勢「岌岌可危」，卻主張軍方受到他的穩固掌控。[288]波伊斯回覆，軍方依舊袖手旁觀「可以大大歸功於頌提自身」[289]，不過也提醒華府，「永遠不能徹底排除泰國軍方干政的潛在可能」。[290]炳告訴波伊斯，他曾建議塔克辛澄清寫給小布希的信，而且「必須記住他是店鋪經營者，而非店鋪老闆」。[291]在塔克辛自己與波伊斯會面時，塔克辛坦承信中所指為炳，並詳述近日與頌提將軍互相建立信任關係的一次會面，而頌提向他保證：「身為穆斯林、且因此是有品德之士，他絕不會容忍政變。」[292]塔克辛也會晤一位久識的美方人士卡爾·傑克森，告訴後者他將不會在新近的大選後回任總理，且將危機定位成「泰國政治上的三十年循環：一九四六年、一九七六年，以及當今的二〇〇六年」。[293]塔克辛預料危機將於四十五天內解除，並且告訴傑克森：「要脫身只有兩種方式，暗殺或政變。」傑克森開玩笑說，塔克辛應該「選擇後者」，不過就五十一天後，塔克辛險險躲過一枚汽車炸彈。[294]

一位前泰國內閣祕書告訴美國大使館：「他確信塔克辛家族成員可能也成了塔克辛對手的目標。」[295]相對地，他說總理恐慌已久，會監聽內閣首長的電話，要副手檢查他的餐食，暗示辭職將帶來的後果。潘薩提出異議，主張塔克辛曾企圖維護皇家資產管理局免於經濟損害，以及避免《從不微笑的泰王》傷及王室聲譽。最終波伊斯與素拉育會面兩次，後一次發生在二〇〇六年九月一日：「素拉育告訴大使，他認為頌提是一位可靠的專業人士與不訴諸情感的人，非屬發起政變的類型。當大使評論道，考量泰國歷史，設想政變不可能發生或非明智。素拉育只是笑了。」[296]

＊＊＊

二〇〇六年九月十九日下午，美國大使波伊斯在泰國北部的清邁府休假，跟家人一齊騎大象。飛回曼谷前，他的副手打來詢問「機場有無任何不尋常的軍事活動」。[297]塔克辛人在紐約，但是「傳聞泰方可能會在他身上重演艾奎諾（Aquino）的遭遇」——在飛機跑道上刺殺他，一如一九八三年菲律賓參議員艾奎諾在馬尼拉遭槍擊身亡的方式。[298]由於清邁府是塔克辛的家鄉，揣測他也許會降落在清邁，而非曼谷。隨後波伊斯接到參議員克萊薩克的來電，要他整晚保持電話暢通；日後克萊薩克解釋，他擔心可能會有泰國人需要到大使館內或大使住處接受保護。到那時波伊斯打給素拉育，後者說他聽聞傳言，但是對於「今晚」會否發生任何事存疑。[299]一週後，素拉育告訴波伊斯

㉟ 指塔克辛未與美國駐泰大使溝通，而是直接寫信給美國總統。

當時自己「身穿睡衣」，時間剛過晚上九點半，頌聖歌㊱響起，打斷了從塔克辛飯店房間傳來的電視或廣播聲。[300]「我們通話時他堅守觀點，他正要從王室的一場宗教儀式回家……到家後他打開電視，看見塔克辛試圖宣告進入緊急狀態，並開除陸軍總司令頌提。此時炳打來，叫他『來皇宮』。」[301]頌提將軍日後表示，軍隊的政變前置時間需要兩天，使得塔克辛出國時成了理想機會。「我始終建議塔克辛別在當時前往聯合國，因為太不穩定了。」他的外交部長回想。[302]

這場政變在泰國歷史上獨一無二，由陸軍第二師第十一步兵團和第二十一步兵團躍居要位，後者即為王后衛隊。以曼谷為責任區的第一師第一步兵團（即泰王衛隊）稱不上被邊緣化，但是確實未如前一次政變時主掌領導權。士兵在軍服別上保皇主義者的黃絲帶，而領導階層立刻自冠為君主立憲制民主改革委員會（Council for Democratic Reform under the Constitutional Monarchy）。波伊斯深夜致電時，塔克辛的說明並未違背想像：「我說他們指控我對泰王不忠，他們認為我資助了《從不微笑的泰王》。我從來就不認識韓德里㊲。他對我嚴厲批評，儘管我這輩子從沒見過他。潘薩告訴我他是誰。而指控就是如此。」[303]日後他補充：「波伊斯也許向華府參了一份關於我的負面報告，因為他從黃衫軍獲得片面觀點，尤其是批評我的那些人，那些前中情局人員。」[304]軍政府首先公告，取消排定於十月的全國大選。國務院表示正「密切關注局勢」。[305]

隔天，塔克辛取消在聯合國的演說且準備前往倫敦後，小布希總統踏上演講台。「我還在聯合國，」塔克辛憶述，「而喬治．布希在大會發表一場關於民主的演說。但是他未曾提及泰國發生的政變。看起來像是美方覺得我被趕下台很好。別提了。」[306]美國大使館也指出，對政變略過不提「在這裡廣受議論」。[307]小布希或許正等待上文提及的同一個大使館給予指點，此舉合情合理，然而至少以真實事件的方式「提及」政變，會是為人所樂見與明智之舉。一個以民主方式選出的政府，剛剛被國內軍隊推翻。一個不少於三種管道締結的正式盟友，剛剛陷入不確定狀態。而且坐在美國總統面前的並非白宮媒體團或國會，而是幾乎世上所有國家的代表，包括中華人民共和國在內。就泰國而言，這是一場在外交政策上讓步的演說。

當天國務院亦無任何正式發言，日後波伊斯將此耽擱歸咎於政變的時間點卡不進華府的中午十二點新聞週期——「壞運氣」。[308]以華府的時間為準，政變發生時距離九月十九日中午不到三小時；大使館將在二十日清晨六點五十五分發送一份聲明草稿。在這二十二小時內，大使館主要聚焦於美國該採取何種行動，於送交聲明草稿前的一小時寄出上述建言，並建議等到詳閱建言後再發表聲明。此外，雖然聲明草稿於下個新聞週期的整整五小時前發送，其文字卻在一週間片段出現於媒體引述。聲明全文如下：

為回應泰國的軍事政變，美國將暫停給予泰國政府的多方援助，包括軍事援助在內。我方得悉，君主立憲制民主改革委員會承諾於兩週內建立平民政府。我方敦促民主選舉能盡快舉辦。我們相信泰國人民有能力以和平方式解決政治歧見，並且服膺民主與法治原則。[309]

---

㊱ 頌聖歌（Sansoen Phra Barami）是讚頌泰王的歌曲，也是一九三二年以前的泰王國國歌。目前仍受歡迎，在一些廣播與電視台開播、收播時放送。

㊲ 指《從不微笑的泰王》作者保羅．韓德里（Paul M. Handley）。

然而是否具備明確決心非關緊要，原則上聲明草稿並不太需要華府的同意以暫停「軍事援助」。因為那並非可自行裁決的事務，而是關乎法律：基於泰國剛剛發生政變，美國《外交行動撥款法》（*Foreign Operations Appropriations Act*）第五〇八條規定政府對泰國實施軍事制裁。身處兩國的美方外交人員皆合宜地著重實質內容、勝過速度，但是法律讓他們一開始就少有決定權，也使得回應上的耽擱更加欠缺藉口。發送聲明草稿電文的三十四分鐘後，波伊斯無意間揭露了此法條的想法與含意：「政變就是政變，我們相信立場強烈的美方聲明……完全有必要。」[310]日後他感到懊悔：「我們是最後一個批判的國家。」[311]

然而波伊斯在駐地的謹慎與原則間取得平衡，獲得公正的認可。「他用正確的方式處理，」波伊斯在曼谷的政治顧問憶述，「他耿直行事，但是他也心懷理解。他能夠傳遞強硬的訊息，同時避免不必要的不快。」[312]卡爾·傑克森對比波伊斯在華府對此事的反應：「他真正的本領是在政變後應付華府，因為這裡很多人想召回大使，破壞關係。而且兩黨皆如此。」[313]前泰國總理阿南「十分驚愕」於政變兩天後的美國媒體引言，他也憶述國務院「凌駕」於「幼稚的」國家安全委員會。[314]波伊斯身處這一切的核心。誠然，政變後大使館忙於一連串的會議，包括在事件發生的數小時內會晤頌提將軍；光是在九月二十日就發送六封詳盡的電文給華府。頌提表示，塔克辛縱然「並未做出任何與法有礙之舉」，是「人民要求我們行動」。[315]會見的其餘人士包括擬造一部臨時憲法的炳、民主黨領袖艾比希·維恰奇瓦、中央銀行行長、外交部、多位學者、其他政黨領袖，以及眾多商界代表。波伊斯也跟駐紐約的泰國大使通過電話。兩位泰國人把寫給布希總統的信送交大使館，請求他反對新成立的「泰國獨裁委員會」。[316]在泰國北部，美國外交人員察覺自己受到嚴密監視，熟識者不願與其談論局勢。

概括而言，雙方皆有兩件始終存在卻相輔相成的事。之於美方，軍事援助將暫停，應對恢復平民領導與新的大選設定時間表並加以遵守。之於泰方，塔克辛讓他們別無選擇、只能終止他的非民主治理，因此他們全力謀求盡快重建民主。「我對他提出警告，而現在我們必須截斷援助，」波伊斯憶述對頌提說的話。「他能理解」。[317]外交部承認「美國政府聲明的合法性體現了失望」[318]，一位軍政府成員則同意，「塑造政治變遷的軍隊對國家造成了損害」。[319]僅有少數泰國人主張，美國在巴基斯坦一九九九年政變後對巴國放棄制裁是「雙重標準」。[320]若說對於政變的結果存在基本異議——頌提宣稱「現在泰國百分之一百民主了」——至少可見的未來一片和諧。[321]美方甚至願意「採取鼓勵的基調，幫助泰國回歸民主道路」。[322]儘管素拉育將軍曾宣稱，一九九二年「使他確信軍方永遠不應干涉政治」，在政變的八個月後，他靜靜獲起用為泰國的「平民」總理。[323]與波伊斯會面時，他「自嘲任此職位的沮喪本質：一份歷時八到十個月的困難工作，激怒一堆人，然後被趕下台」。[324]簡單說，雙方都很了解彼此，這在當下十分重要；而這份相互理解僅僅存續於當下，甚至是更值得關注之事。這在八年後愈發彰顯，屆時美泰兩國間幾乎不對話、更不傾聽對方，二〇〇六年標誌著兩國還願意試著尋求共識的最後時光。

由於素拉育的正式任命安排在波伊斯預定抵達華府的前一天，波伊斯選擇成為面見新總理的第一位大使，而非重演「壞運氣」、淪為最後一位。素拉育幾乎搶白了波伊斯的主要想法，表示將在一年內以自由公正的選舉讓泰國回歸民主。驚訝卻滿意之餘，波伊斯接著建議他們向守候在外的媒體團聯合宣布；美國可以呈現一定程度的認可，即泰方的可信度。然而波伊斯事後懊悔說明，吸引最大注意力的是兩人步出室外時，表現得如同「兄弟一般」的相片；「多年來那張相片對我從無幫助。」[325]誠然，以一位塔克辛內閣成員的話來說：「波伊斯立即去見眾位將領，那傳達出不同的訊息，代表失去權力的人出局，得勢的人上位。我認為那是他的主動作為，而這項訊息對塔克辛不利。」[326]

察覺素拉育的樞密院委員身分與軍事背景引發形象上的質疑，波伊斯並未偏愛保皇主義人士，勝過普遍被視為保持共和派觀點的塔克辛團隊。但是他確實了解兩件事：首先，從一九五七年的陸軍元帥沙立開始，君主政體就與軍方密不可分，且於一九七六年更加靠攏。君主立憲制民主改革委員會將名稱裡的「君主立憲制」刪去，以防「損及泰王的（海外）聲譽」時，事實上那並非重要議題。[327]長久以來，泰國軍隊誓言以保護君主為主要目的，幾乎無人思及軍政府的名稱有何重要性。頌提將軍曾列舉「褻瀆泰王」為其中一項政變原因[328]，但是如同波伊斯的闡釋，這項原因「並不令人意外或非比尋常」。[329]塔克辛並非錯在頌提所述的冒犯泰王，而是冒犯了網絡君主制，尤其是炳。軍政府最終更名為「泰國國家安全委員會」，消去了真正顯眼的「民主」字眼而更加引人議論。其次，波伊斯明瞭，長久以來泰國軍方──皇室聯盟在外交政策方面的主要考量是美國。沙立曾與泰國僧王（patriarch）並肩加入美國金主的陣營，而泰王自身於一九七〇年代中期的實驗年代明確重申其親美立場。頌提和素拉育將軍在當時既活躍且面面俱到，打擊共產分子，鎮壓「泰國之春」，統領軍隊，為皇室提供建言。炳同樣活躍，管理軍隊、國家，終至樞密院。這一切都有助於使美國成為某種形式上的網絡君主制當然成員。

尚未釐清的是波伊斯是否完全了解網絡君主制內部發生的變化，開端始於發動政變部隊裡的細微轉變。居於第一線的王后衛隊，過去在針對炳的失敗政變中主要扮演護衛角色，如今具有的重要性將在往後數年變得更加顯著。同時位居王后衛隊與政變領導成員的是巴育．詹歐查（Prayuth Chan-ocha），儘管他並非國家安全委員會的一員。巴育指揮一支新成立的部隊，致力於打壓異議人士，最終於二〇一〇年成為陸軍總司令，且將在泰國二〇一四年的政變躍居要角。在那之前，他將於兩次政變間擔任陸軍總司令。更確切地說，泰王衛隊與王后衛隊皆受皇室偏愛，而這兩支部隊間的共通點，遠遠勝過由效忠塔克辛者率領的那些較無名氣部隊。此外，兩支部隊都是在泰國的美國年代創建，在某種程度上皆為美方的產物。這並未使得泰國的任何政變因此可歸咎於美國，不過確實表明在一脈相承的憲法外變革時，美國常是獲益方。不過在泰王衛隊維繫其美國血統時，王后衛隊則持續演變，因此導致網絡君主制內部的微妙發展。

二〇〇六年政變的影響有限，兩支衛隊皆重回軍營，並且由一位有泰王衛隊背景的總理嶄露頭角。儘管世代變遷的感受在泰國內部才最強烈，而且美國軍方對於政變具有明顯的影響力，其餘波代表著舊衛隊勢力的最後一搏。用波伊斯的話來說，素拉育的「任命對於泰國內部是極為正向的發展，對於泰美關係亦然，我們應該樂見此事」。[330]同樣值得關注的是在總理的主要考慮人選裡，其一是當時八十六歲的炳。據傳世界貿易組織的前總幹事㊳在要求自行組閣後，阻撓了榮登總理之路，但是他先前（在世界貿易組織）不為美方所接受可能也有影響。新任外交部長是尼帝亞，儘管在自由貿易協定的歧見紛爭中錯失良機，他偏好在此案採取美國途徑，而且其親美背景可追溯至半

㊳ 作者指的可能是素帕猜．巴尼巴迪（Supachai Panitchpakdi），於二〇〇二至二〇〇五擔任世界貿易組織總幹事。

個世紀前。尼帝亞「為網絡所接納，似乎來自他的美國妻子擔任炳的英語家教」。[331]一位美國軍事名校的畢業生獲任命為最高司令官，另有一位金色眼鏡蛇的司令官繼續管轄邊境事務。

泰國內部權力壁壘所蓄積的動能，將在八年後產生大異其趣的動態關係，不過二〇〇六年仍由中樞掌控。在二〇〇六年，泰國歷經最後一次的美國式政變。

＊＊＊

美國暫緩對泰的兩千九百萬美元軍事援助。這接近美國相關法律規範的最低標，既淪為不必要地對泰方「傳遞訊息」，金額卻又少得無法確保對方了然於心。如同波伊斯在政變隔天發送的一則電文所指，他了解這一點，華府則否。除了法定的制裁以外：

> 進一步提議，也暫停與第五〇八條所規範舉措類似，而不在《外交行動撥款法》內的軍事計畫……泰國可能會在數個月後擁有民選政府，屆時我們就能解除第五〇八條的制裁。為了提供我方調解措施以鼓勵泰方尊重民主常規，我們提議也暫停其他軍事計畫，此暫停將不會損害至關緊要的美國國家利益，直到泰方任命可接受的過渡時期平民看守政府為止。[332]

儘管波伊斯與素拉育對於泰國的民主藍圖達成共識，波伊斯明白，要堅持，而非僅僅陳述政變不被接受的論點，制裁必須超過最低標準。對於一場歷經十五年民主活動後的政變，有必要做出同樣出人意表且特殊的回應。波伊斯提議，美國停止「所有軍事演習的規劃與執行，包括金色眼鏡蛇在內」，後者從一九九一年的前次政變後，從未受到影響。縱然了解這將「為演習策劃者帶來龐大負累」，他合理論斷，此舉將「向泰國軍方展現其行動的後果」。[333]較不引人注目的是「儘管不受第五〇八條規範」，波伊斯也提議美國軍事名校不再接受泰籍學生。[334]忽視軍政府請求「美國政府勿把諸位將領逼到牆角，而是幫助他們建立一個民主政府」，波伊斯正確判斷達成後者的最佳方式為實踐前者。[335]華府並未同意。持續呼籲頒布憲法、舉辦選舉與實現公民自由，華府「猶豫於是否要撤銷軍對軍後勤方面的聯合備忘錄、一項軍購計畫……是否持續使用烏打抛航空基地，以及每年一度的金色眼鏡蛇聯合軍演」。[336]十月底波伊斯告訴炳，「由於需謹慎看待國際後果，尤其是從美國的觀點出發」，美方將「於十一月初重新評估進展已實踐至何種程度……欠缺進展或倘若事態惡化下，未來我們或將採取的可能行動，可以包括取消金色眼鏡蛇演習，暫停船艦靠泊，限縮軍事高層互動，並且中止軍備銷售」。[337]少了華府的支持，這些舉措很快就會失效。

在第五〇八條的規範下，國際軍事教育與訓練計畫、對外軍援和經濟援助基金並無協商餘地。然而波伊斯成功倡議，本於法律所允許的自行裁量權，允許已登記國際軍事教育與訓練計畫與反恐人才培訓計畫（Counterterrorism Fellowship Program）的泰國人完成學業。如同他在二〇一五年合理表述的，考量到其目的與結果，理想上最好將「國際軍事教育與訓練的計畫規模翻倍，這是一份持續回報的禮物」。[338]波伊斯也把一封電文的標題取為「我們想要保護的計畫」，其中確切點名全球和平行動倡議，「審慎的雙邊訓練以協助泰國軍人輪替派往南部，辨別並拆除簡易爆炸裝置」，聯合民政／印太司令部團隊則反擊南部叛亂的意識型態助力。[339]頌提將軍曾直接指揮後者。不過波伊斯錯在建議無需保護區域海事安全計畫。儘管這項計畫欠缺對於中國的關注，仍然是美方最接近地緣政治活動的倡議；中止計畫將使中方得以施展甚至更多力量與影響。不令人意外地，聯合反恐情報中心完全獲得保留。

最終，一位泰國將領說明，由於泰國的年度軍事預算約為二十億美元，美國削減的兩千九百萬美元根本無法使泰方「感到手頭拮据」。[340]同時實行懲罰性與預防措施時，使對方手頭拮据的做法才能發揮效用。美國的反應使人惱怒，卻無法造成傷害。泰方熟知美國法律，並且獲得警告，因此得以將制裁僅僅視為盤算的其中一個因素。他們不太可能準備好面對暫停「所有軍事演習的規劃與執行，包括金色眼鏡蛇在內」。那將迫使政變後局勢的重新估算。當制裁毫不足懼，美國只是在喊「狼來了」；美方應該要給自己呼喊的理由。

## 嶄新棋局

提及他們自己在政變後的「不同標準」，中方告訴美國大使館，泰國人「佛教哲學裡的認命，讓他們易於接受如『民主政變』般的政治悖論」，以及其父曾領導泰國共產黨的總理。[341]他們「力促北京迅速表示支持」。[342]更明確且意味深長地，這位駐外武官說他「將美國軍事制裁看作擴張勢力的機會」，而且「他告訴泰方『中國是你的鄰國，我們會長遠在此，我們不會干預你們的內務』，此舉將幫助他勝過美國同儕一籌」。[343]

華府對這一切不為所動，儘管曼谷定期傳來急件，有效說明了問題與後果。真正使其變革的，在於與網絡君主制內部轉變不可分割的一部分。中國利用的正是泰王國權力結構的基礎（但此基礎是美國所協助建立），在美國最在意的泰國事務上取代了美方的位置。據塔克辛內閣的一位部長所述，小布希總統「完全不了解君主政體」。[344]皇室與華府間的關係在二〇〇〇年代初期大幅衰退，原因歸咎於在更大層面上界定關係的同一個現實：一場戰爭以及一波世代變遷，發生於泰王六十年統治期間的末期，而不同於先前的冷戰，這場戰爭泰王並未扮演要角。美方至多能召集人馬的是一項美泰教育圓桌會議（US Thai Education Roundtable），由詩琳通公主在二〇〇一年象徵性創立。皇室人物仍然出訪美國，包括二〇〇三年的泰國王儲與二〇〇五年初的王后，但是參訪頻率與聲勢衰退得很快。相對於在美國「卡梅洛堡」㊴年代參與類似出訪的氣氛，四十年以來所展現的是「美國人不在乎」。[345]

此外，從美國傳出的皇室消息常屬負面，例如二〇〇五年關於一間舊金山博物館裡古老頭飾的論戰。在單單一週內，泰國人三度赴美國大使館抗議，指控此文物是在一九五〇年代遭到竊取。首波抗議聚集了兩百人與六頭大象。「耐人尋味的是在泰國是由塔克辛總理本人引發此項論戰。」[346]詩琳通公主的副手要求美國大使館確保文物歸還給王室，而非政府。「他表達希望頭飾事務不致點燃美泰之間的重大『外交事件』。」[347]六個月後，泰國外交部通知美國大使館，有人向駐洛杉磯泰國領事館發送傳單，批評總領事及王室家族。外交部要求聯邦調查局介入調查；大使館聯繫外交安全局㊵。

㊴ 卡梅洛堡（Camelot）是亞瑟王和圓桌武士傳說裡的王宮，意指最高峰、輝煌的年代。
㊵ 外交安全局（Bureau of Diplomatic Security）是美國國務院下轄的執法單位。

在緊接著政變的餘波之中，外交部的主要顧慮事關一位美國記者，他在一場新聞記者會裡提出貶損泰王的問題。

無可否認，美方確實盡可能去了解王室的最新消息和觀點，大多經由樞密院及其他王室密友。在政變前八個月跟波伊斯大使談過話的所有人，幾乎都對泰王、王后或「王室」的立場提出不同的看法。可信度的落差有如各觀點間的跨度，然而有些消息來源真正了解內幕，其餘偶爾獲王室接見，還有少數是靠茶葉占卜。人人都想提出他們個人與政治上的議題。最糟糕的是政變後僅僅十五天，這一切私下個人談話隨維基解密（WikiLeaks）開站而全數公開。

相對地，中國大使在政變兩週後告訴美方，詩琳通公主是「我們在泰國的特別大使」。[348]這不只是一句空話：二〇〇四年中國人民對外友好協會授予她「親善大使」的頭銜。[349]二十多年來她赴中參訪，包括每年四月停留兩週慶祝生日，且能說流暢中文。朱拉蓬公主也成為長時間停留的頻繁訪客，參與教學和其他活動。在塔克辛治下於北京多方工作的一位外交部官員表示：「中方甚至比（泰國）政府對那投注真正的愛護，因為他們曉得政府來來去去，但是王室不會。中方願意多花心力接待我們的王室。無論我們要求什麼總是應允。」[350]中方亦出訪泰國從事「全面打點」；二〇〇三年胡錦濤國事訪問的接待晚宴即於王宮舉辦。[351]這位官員進一步憶述，塔克辛對於中國領袖要求見炳感到不悅，「一位老朋友」。[352]他認為在中國眼裡，泰國的君主就跟中國的共產黨相仿，這也是為了表達理解和尊重。相仿處當然並非意識型態（有著數十年來敵意深植的根源）而是在於地位和影響力。一位內閣部長的評價更簡單：「中國人懂。」[353]

# 第九章　中國樞紐

## 二〇〇六至二〇一四年

從許多方面而言，泰國的故事就是這片區域的故事……而明年新人入主白宮之際，美國在亞洲的結盟將堅強得前所未見。[1]

——喬治・布希，二〇〇八年八月

起初我們抱持希望，如同二〇〇六年政變時，軍方將相對迅速地轉移權力給平民政府，並且朝自由公正的選舉前進。然而新近的事件顯示，當前的軍事政變跟上一次相比還更加高壓，而且可能延續得更久。[2]

——史考特・馬塞爾（Scot Marciel），二〇一四年六月

當中國因為其幅員、因為歷史而崛起，其餘有些國家開始談論著中國威脅（China threat）。但是對於泰國人而言，因為我們在血緣上如此接近，我們跟中國的來往自然更加愜意。你會詫

異於有多少來此的西方代表團提及「中國威脅」或「中國人的威脅」詞彙，而我的回應總是：「那麼，是什麼威脅呢？」我們不把中國視為威脅。我們當然將中國視為強權，因此可能握有相當大的勢力，但是我們沒有中國構成威脅的感受。[3]

——艾比希・維恰奇瓦，二〇一五年二月

二〇一一年底《外交政策》（*Foreign Policy*）期刊上的一篇文章，表述兩年前初次提出的一個觀點。國務卿希拉蕊・柯林頓開篇陳述：「由於伊拉克的戰爭逐漸緩和且美國開始從阿富汗撤兵，美國正立於一個樞紐點上。」[4]上文提及的樞紐，正遠離長達十年在中東被動且好戰的反恐主義政策，轉向主動聚焦於亞洲的和平繁榮政策。她繼續聲明：「我們與日本、韓國、澳洲、菲律賓和泰國的協約結盟，是我方策略性轉向亞太地區的支點。」[5]不過在這之前的三年裡，希拉蕊和她在白宮的上司讓此樞紐作用成真的作為不多，後續數年亦展現出並無前景可期待。然而此結果並非區域慣性，或甚至亦非中泰關係與美泰關係間此消彼長的現況延續，而是那股趨勢的加速。儘管其見解明智且引介方式經深思熟慮，樞紐概念的本質也必定招致中國人的警戒。美國人心知肚明，並且正確判斷其無可避免、卻是可控制的：一個世界強權自然會對另一強權的重大政策轉變做出反應，而且一個真正的樞紐作用，能給予北京的機會跟挑戰一樣多。到頭來，這是對於中國強勢崛起的遲來回應。問題在於美國宣告了計畫，實踐範圍卻未能超越籌備階段。美國對泰國政變的回應受到中國的歡迎與利用，其樞紐點計畫則不被樂見，因為此計畫將促使美國進一步與泰國、東南亞和亞太地區往來。美國的政策終於到位了，但是其建構者與代理人無法擺脫舊習。這導致中國進一步轉入上述國家和區域，美國未能實現的樞紐計畫將產生反效果。

在泰國，假若二〇〇六年政變後的八年間的總理輪替，令人想起一九九〇年代的「泰國之春」，這兩個時期的國內外政策取向則互為倒反：中國和中國模式將在泰國愈發興盛。即使其最顯要的代表人物①流亡在外，中泰關係將在所有的政府、群體、鬥士和派系間鞏固支配力。網絡君主制仍舊是塔克辛的政治對手，但是歷經軍政府和平民政府皆證實他在人權、民主和法治面向擁有同路人。二〇〇七年，政府屢屢聲稱與塔克辛毫無關聯，卻不能也不願疏遠或背離塔克辛熱烈奉承的中國。身為泰國之春產物的一九九七年憲法遭到背棄，取代者是一部剝奪政黨權力與選民公民權的憲法。新一波「紅衫軍」運動興起，反對這部憲法，以及人民民主聯盟的「黃衫軍」公開支持的其他一切事物，除此之外則跟黃衫軍同樣憎惡民主；黃衫軍的反獨裁民主聯盟（United Front for Democracy Against Dictatorship）也名實不符。中國自身忙於削減機會主義者的軍事交易，對此佯裝漠不關心。美方處於自我設定的政治流放，除了「力促」、「警告」和「鼓勵」之外幾乎無能為力。

二〇〇八年，塔克辛提名的兩位候選人經由全民投票當選，隨後被雙方陣營稱為「司法政變」的法院判決剝奪權力。愈發暴力且保守的人民民主聯盟再度為網絡君主制衝鋒陷陣，儘管日漸像是流氓惡棍。他們占領泰國總理府和曼谷的兩座機場，軍隊則開啟一段忘記、拒絕或未能維持秩序的六年期間。關心穩定勝於其他一切的中國保持密切觀察，卻設法在泰國首度舉辦聯合軍事演習，並且確保奧運聖火赴曼谷傳遞時周圍高度戒備。美國實際上讚賞了泰國軍方的「約束力」，同時將泰

① 指塔克辛。

國頭號貿易夥伴的地位拱手讓給中國。

艾比希．維恰奇瓦從二〇〇九至二〇一一年中擔任總理，代表與美國關係久遠的民主黨。適逢歐巴馬競選美國總統，自一九九〇年代的柯林頓—川政府以來，雙方關係喜迎最有建設性且均衡的一段時期。二〇〇九年不僅處於泰國任東協主席長達十八個月的期間，美國區域關係也在當年獲適度進展。然而塔克辛朝艾比希政府投下一道綿長陰影，前總理當時住在國外。他的許多措施仍獲延續或捲土重來，泰國的人權紀錄的改變則在於顏色而非基調。艾比希的外交部長持親美觀點，無法跟中國的必然推進和解，他個人對於人民民主聯盟的背書亦無幫助。誠然，網絡君主制普遍表明，民主黨人耗費大部分精力在回應塔克辛所為真正的、預期的或想像的行動，而非研擬具有創見的政策。二〇一〇年法院將塔克辛半數以上的財產充公，引發現代泰國史上死傷最多的抗議及鎮壓活動。塔克辛依然是糾纏全國的幽靈，讓人想起同樣逃到中國的比里，半世紀前他在王室的懷疑陰影下出走。跟比里不同，塔克辛仍舊是世界上最有影響力的泰國人。中國對穩定的憂慮加深，然而超過百分之七十的泰國人將中國（Middle Kindom）選為泰國最親近的友邦，這是三年內的第二次；詩琳通公主已訪中三十多趟。美國除了面臨自身導致的全球金融危機外，未能與泰國重啟自由貿易協定協商，且在寮國輸掉一場關於冷戰難民的拉鋸戰。小布希（二〇〇八年中）與歐巴馬（二〇一二年底）在艾比希總理任期的頭尾出訪曼谷，展現這兩個「盟國」間已形成多麼巨大的鴻溝，而彌補鴻溝的努力又是如此微渺且遲緩。

最終在塔克辛初次執政的十年後，藉由其妹與代理人盈拉，他在二〇一一年第三度成為實質上的泰國總理。與此同時，三代以來美國在東南亞最堅定的盟友泰王蒲美蓬則健康衰退。證據愈發彰顯，大選淪為僅是決定威權主義色彩的另一手段，盈拉也致力於中國模式的經濟因素：與中國的貿易在二〇一一年成長百分之二十一，相比之下與美貿易成長百分之九。中國總理成為有史以來在泰國國會演說的首位外國人，美國則在這場外交足球賽上失球，派任一位對華府比對曼谷更感興趣的大使。艾比希治下形成的有限共識被美方棄守，經泰方轉手後，由中方拿下。回想八年前的中國大使館，這將以使美國措手不及的二〇一四年政變收場，及美方設法以創紀錄速度所做出的有失專業回應。美國始終將泰國軍方的不勝任與盤算錯誤解讀成克制或專業，這不僅讓其落居下風，簡直是被擊倒。一如本世紀初以來的情勢，中國站穩了腳步，新盟友到位，只國名有別。於是盈拉在不知不覺中完成數年前塔克辛當選後開展的大業，無論誰掌握著往前邁進的大權，他們都將以仰望北京為重。

## 素拉育：回到未來（二〇〇六至二〇〇七年）

美國對泰國政變及軍政府的回應，在未來十六個月間模糊了政治與軍事關係間的界線。毫不浪費時間，中國總理溫家寶於二〇〇六年十月在北京會晤素拉育，在一場東協—中國的會議上。中國人民解放軍的幕僚長在曼谷會見泰國最高司令官與國防部長。北京在政變的六星期後准許塔克辛入境，儘管未預先得知他將抵中，仍彰顯了北京有能力在政治上對兩方下注、騎牆觀望。塔克辛試圖在東協聚會見素拉育不成後，於十二月安然轉往南行。頌提將軍在二〇〇七年一月出訪中國，僅會晤國防部長、未會見國家副主席，當時「中方擺出盛大場面」。[6]雖然頌提向波伊斯大使表示並無討論太多實質議題，但中國大使館宣告將加強軍事交流和採購；雙邊公開承諾更緊密的「友好」關係。[7]三月一位中國國務院委員拜訪素拉育總理，並且在「老朋友的會面」場合見了差瓦立將軍。[8]五月素拉育再度出訪中國。塔克辛及素拉育政府時期皆派駐北京的一位泰國官員表示，中方維繫的「外交政策是出於便利性，而非基於任何美德。」[9]

二〇〇七年二月，在美國將恢復對泰援助的整整一年前，中國給泰國四千九百萬美元供軍事用途。七個月後，泰國海軍僅僅花費其中一百萬美元購置中國的C-801反艦飛彈。更重要的是依照兩年前所議定更廣泛的戰略夥伴關係，在五月簽署了安全聯合行動計畫（security joint action plan），至二〇一一年涵蓋十五個地區的合作。其中包括首度聯合軍事演習，與中國特種部隊有關的所有國家皆參與：「突擊二〇〇七」（Strike 2007），在廣東省進行十三天的射擊、徒手格鬥、叢林戰與人質救援演習。泰國數度觀察中國聯合其他國家舉辦的軍演，中方亦持續派送觀察員至金色眼鏡蛇演習。兩國的軍校交換生人數也同步成長。此外，這項行動計畫還設法對付恐怖主義、人口販運、洗錢、網路犯罪與海盜行徑。

## 軍政複合體

政變後美國將大部分精力投注於提倡一部進步的憲法及解除戒嚴；泰方提出異議且延宕實行。根據最高司令官所述：「泰國的戒嚴遠遠不如美國所認知的那般嚴苛。」[10]民主黨黨魁艾比希建議持續施壓：「以免給人美國政府想要孤立泰國的印象。」[11]因此在十一月決定部分解除戒嚴後，美方放行布希總統於隔月訪泰。他們也同意舉辦每年一度的天虎空軍演習，不過那實屬不智之舉。更有甚者，主要提倡者並非華府，而是駐曼谷大使館，判斷泰方部分解除戒嚴的舉動，足以向國防部起初的取消演習提出異議。也就是說，波伊斯在正確支持「蘿蔔與木棍」的軟硬兼施手段達兩個月後，他認為已發揮效用：不參與演習「將傳達混雜訊息給泰方，而且這無法使我們更能鼓勵較快恢復民主」。[12]外交部請求美國別「只為了傳達你的訊息而繼續懲罰我們」[13]，美國同意了。天虎演習在二〇〇七年一月底舉辦，陣容裡有八百多位美國軍人。素拉育的一位顧問論斷：「美國的官方政策具有強制性，但是我們察覺國防部試圖設法繞過這些做法。華府完全了解軍方居於主導地位，而且中國正虎視眈眈。」[14]即便只是短暫成立，華府似乎終於真能理解波伊斯從政變後一直提倡之事——卻發現他的決心已動搖。

二〇〇六年塔克辛二度致電波伊斯，跨年夜曼谷炸彈攻擊案之際又打了一次。第一通電話只感謝大使館協助美國簽證事務後，十二月他問及前總統老布希是否會在下一次出訪期間會晤素拉育。他也「基於友好與支持」寫了一封信給現任的小布希總統：「我們共同取得大幅進展……我個人依然認為民主是最佳的政府體制……我深深相信維繫並提升泰國與美利堅合眾國間的合作，將持續為雙方人民與廣大世界帶來更大益處。」[15]在第三通電話裡，塔克辛詢問美國是否曉得誰犯下新年爆炸案，並且埋怨素拉育在爆炸後數小時內公開指控他。無冒犯之意下，泰國當局告訴波伊斯法院也許會判塔克辛刑，「但是傾向讓他離開……政變的真正原因是要確保塔克辛永遠失勢。」[16]儘管抗議者要求大使館支持在新加坡一項與塔克辛相關的爭議，但泰國未將華府數間公關公司為塔克辛奔走歸咎為美方的責任。前總理於二〇〇七年四月造訪美國。

跨年夜的曼谷炸彈攻擊案獲得美國的技術援助，卻未使美方對於完全解除戒嚴降低期盼。波伊斯「相當艱難地建議」華府歡迎泰國外交部長尼帝亞來訪[17]，後者對於大使館顯示何處依然維持戒嚴的地圖「顯得吃驚」。[18]一位政變策劃者與中情局的長期夥伴表示完全沒必要戒嚴。素拉育部分同意，從天虎演習的第一天開始在曼谷解除戒嚴，卻抨擊大使館「愈來愈漠不關心」。[19]美國告知泰國尚未對金色眼鏡蛇演習做出決策。二月，頌提和阿南嚴厲批評素拉育與波伊斯的會談「欠缺國家議題，欠缺策略，欠缺治理技能而且欠缺勇氣」，卻詢問自己能否排除萬難受邀赴華府。[20]波伊斯澆了這想法一盆冷水，並且警告「晉升一位軍人至總理職位的任何舉動都不會被美國接受」。[21]與此同時，波伊斯告訴華府「繼續舉辦金色眼鏡蛇對我們有許多益處，並且幾無損失」。[22]五月，「連國際對話者」都擔憂塔克辛對美國政策產生影響之際[23]，頌提「承認有些言論是接續發動政變以替換素拉育」。[24]波伊斯告知華府，其批評被視為「一位老朋友的『背叛』」[25]，考量到「更加迎合的中方做法」時更是如此。[26]但是他並未建議縮減或擴大美國對政變的回應；金色眼鏡蛇進入籌備期。

＊＊＊

二〇〇七年中泰國最高司令官請求參訪就讀過的美國軍校，大使館表示支持，因為他並未策劃政變，且在政變後證實屬溫和派人士。他的訪問對於「泰方若繼續延遲恢復民主選舉政府將損失的利益，形成尖銳提醒」。[27]大使館也贊成最高司令官出席夏威夷的國防會議。相反地，大使館反對允許泰國助理總司令赴美研讀爆裂物，因為他「自稱在政變相關活動中扮演重要配角，並且很可能因此獲得他的第四顆星」。[28]

美國軍售並未受限於必然制裁（出乎中方的意料之外），而是列入「第五〇八條以外」的措施，保留做為對抗民主衰退（democratic slippage）的槓桿力量。政變的一個月後，由於「短暫停職日期」尚未取消或變動，大使館建議實施六項待決請求。使館應該只要請求兩項軍購案的決斷，對象皆與泰國海軍：以六千萬美元採購兩架MH-60S海鷹直升機，以及維修P－3海上反潛巡邏機（P-3 patrol aircraft）。即使美國缺乏對於中國海洋戰略的認識，批准此兩項軍購案實屬明智。泰國空軍的兩項要求應予拒絕。其關於F－16戰機的兩項最終維修要求，皆與引起爭論的老化戰鬥機替換零件有關，此決策尚無定論。無論如何，一年後泰國終將選擇瑞典的獅鷲戰鬥機（Gripens），而非新的F－16戰機（或俄國噴射機），讓為期三年的一連串風波劃下休止符。儘管新近批准了六項決議，泰方公開宣稱制裁迫使他們這麼做。他們也指出，採購獅鷲戰鬥機將使現有F－16戰機性能提升的資金受限，代表失去一項支柱交易案將波及後續數年。在美國總統處理此議題時提及「盟國地位」的至少兩年後，泰國動搖了，對象並非莫斯科而是斯德哥爾摩②。

二〇〇七年七月，身為越戰退伍軍人的強勢美國參議員吉姆．韋伯到訪前幾日，大使館支持對泰銷售M－16突擊步槍，以維繫泰軍與美軍間的協同工作能力（interoperability）。然而泰方改變心

② 斯德哥爾摩（Stockholm）是瑞典首都。

意採購以色列機關槍，隨後又放棄已獲應允的M-113裝甲運兵車③，改為考慮烏克蘭車款。與韋伯會面時，素拉育「有些懊悔地承認，難以說服美國國會是他的前人（前總理塔克辛）未曾樹立一個『好榜樣』」。[29]然而說不的並非美國。到訪的一位美國外交官在非關嘲諷下，遭問及美國如何管理完全民選的參議院④後，外交部長尼帝亞於二〇〇七年九月面見美國國會。

***

政變的三週後，一位美國華裔外交官赴泰國東北部一所大學參訪「美國資料中心」（American corner），校內泰國人詢問能不能找她練習中文；「學生表示就業前景激發了他們對中文的興趣。」[30]這所大學正在跟另一所中國大學洽談設立孔子學院。波伊斯注意到此意外現象，在發給華府的電文裡指出：「儘管中文絕未『取代』英語的重要性，以及類推至中國『取代』美國，但在泰國人心裡，中文的重要程度正迅速迎頭趕上。」[31]二〇〇七年四月大使館推動一系列演講，意圖接觸泰國年輕人和首都外的居民時，波伊斯承認「把美國的故事講給六千兩百多萬泰國人聽是一項艱巨任務」。[32]那至少二十間學校和公民團體，以及國內的五處美國資料中心成為活動場地，接待使館人員談論「女性的領導能力、民權運動、泰國電影在美國、美國高中生活和環境議題」。[33]齋戒月⑤時辦了五次開齋宴活動，其中一次在大使官邸，席間有演說並引發難以回答的提問。（「為什麼喬治·布希痛恨穆斯林，還覺得他們全是恐怖分子？」）[34]

誠然，美國在伊拉克打的仗使關係愈形複雜；波伊斯和尼帝亞於二〇〇七年一月商討此事，六個月後參議員韋伯和素拉育也盡了同樣的努力。於此期間，泰方再度提出穆斯林叛亂及東協的穆斯林占多數國家（Muslim-majority countries），做為仍猶豫於簽署防擴散安全倡議⑥的理由。美國謊稱伊拉克有大規模毀滅性武器在當時已廣為人知，也使得關注此議題的防擴散安全倡議產生問題。美國採取的快速通道⑦途徑持續拖緩此過程：「防擴散安全倡議不是法律文件，」一位外交部高層官員埋怨，「你不能把它送交內閣批准。」[35]

美方踢進最糟糕的外交烏龍球，帶來既可預見卻又出乎意外的後果。由於伊拉克的威脅漸增，國務院向外交官保證，在巴格達服務一年可以交換下次派任至他們的五個首選駐地之一。然而如同數十年來的情況，將泰國列入名單的人數特別多，國務院被迫把駐泰任期從尋常的四年縮短至兩年，不允延長。即使每位外交官都列了另外四個選項，仍然不得不這麼做。因此，二〇〇七年成為美國駐泰外交官（最高層級除外）尚有時間投入培養關係、文化、語言與知識的最後一年。兩年輪值將持續至二〇一四年政變時，國務院使得波伊斯必然成為如他這般大使的最後一人。

相對地，美國也受害於純然的壞運氣，其不良影響在接下來數年間也將相互加乘。就在政變後

③ 指向美國採買M-113裝甲運兵車。

④ 泰國參議院的部分議席由泰王委任，其餘民選，眾議院則全數民選；二〇一四年政變後，參眾兩院議席全由軍政府委任。

⑤ 齋戒月（Ramadan）是伊斯蘭曆的第九個月，教徒在這個月禁食和學習古蘭經，以求更接近真主。

⑥ 最終泰國於二〇一二年加入防擴散安全倡議。

⑦ 快速通道（fast-track）是可以較快抵達的路徑，此處可能意指美國尋求泰國政府高層的協助，希望泰國盡快簽署協議，結果適得其反。

不久，美國大使館與多位泰國和外國聯絡人的歷來私下談話，遭公開在維基解密網站上。閉門會議的紀錄及其他事件的記述唾手可得，充滿重點摘要和軼聞趣事、引述發言與評論。雙方顯然視為更完整、敏感、戰略性質的資訊與見解遭到揭露，且較原本公告周知的內容更加坦率直言，此網站分外傷害了美泰關係。由於維基解密的消息來源保持匿名，無從得知文件確切是由美國官員或駭客洩漏「解密」。不過因為資料是由美國駐泰外交官記錄、且以外交「電文」發送至華府（及世界各地的美國使館），美方在最低限度上被視為不知情的共犯。那些談話涉及泰國最高階層人士與最需謹慎以對的議題，導致此失序事件無比嚴重；私人關係亦受損害。一位樞密院委員日後憶述：「炳將軍應對得不太好。我也不認為我的舊上司處理得多好，不過他從未跟我談論這件事，美方也從未提起此事。」[36]雖然在二〇〇七年，一位大使館高階官員確有向數位泰國聯絡人道歉，維基解密使雙邊關係的世代交替留下苦澀餘味，中國人則獲得外交上的意外收穫。

## 王室影響力

除了在極為私下與保密的談話以外，君主制在泰國被視為神聖不可侵犯。二〇〇七年當局審慎研究，是否有理由以褻瀆王室法起訴塔克辛，將此要素引入泰王國的政治危機，且迅速躍居核心。在整個二十世紀後半葉，五十年內任何一年的褻瀆王室法案例普遍介於一至十一起不等。二〇〇〇至二〇〇四年間，每年起訴案件少於兩起，接著在二〇〇五年是十七起，政變當年三十起，且於二〇〇七年遽增至一百二十七起。泰國也在二〇〇七年封鎖 YouTube 網站達四個月，原因是認為一段影片冒犯君主制。以泰王在二〇〇五年的明確公開發言觀之，他認為自己並不完美，獵巫行動所傳達的較為泰國保皇主義者的立場，而非王室。二〇〇七年阿南私下告訴波伊斯：「在王室工作的人，有一半只是為了獲取地位與宣揚影響力；僅有約三分之一是純然出於對泰王的忠誠才來宮廷。」[37]尼帝亞也私下對波伊斯說，是王室本身下了指示，停止以褻瀆王室法起訴塔克辛的作為。對美國而言，維基解密出現在最惡劣的時間點，恰逢泰國最高權力階層日漸政治化之際，且最終對其政治化推波助瀾。

相對地，中國只限於告知美方的內容遭揭露，最失當者僅為中國認為炳曾支持政變。此外，一位中國國務院委員於二〇〇七年二月到訪，主要目的是晉見泰王。他也是兩位樞密院委員主辦晚宴的座上賓，席間宣告捐贈一百萬美元給王室的一個基金會。十二月，中國國防部長和將領代表團出席泰王的生日慶典。儘管後來取消了，但中國規劃泰國王儲於二〇〇七年首度到訪，以及詩琳通公主多趟再度訪中的行程。中方亦展開持續兩年的「堅決努力」，安排泰王出訪，泰王未曾前往中國，且自一九九五年起就沒再出國。雖然健康疑慮導致泰王的行程也被取消，但中方與王室的往來關係，已達到美方未來數十年皆無法企及的水準。以一位內閣部長的話來描述，中國看出塔克辛和王室間的諸多衝突：「為什麼要選邊站？每一個人都將在來日回心轉意。」[38]

無論日後是否可能公諸於世，美國持續接觸環繞著君主制周圍的一層層關係人士。這包括泰王本身，如二〇〇六年美國總統老布希到訪祝賀蒲美蓬在位六十年，以及王儲殿下，隔年波伊斯與他長談。有些人認為前者是對於「保皇人士政變的象徵性背書」[39]；大使館則將此舉看作「為美國帶來相當大的善意」。[40]儘管美國已明智地施加制裁，但仍准許泰國空軍首長赴西雅圖，參加為王后購置一架飛機的紀念儀式。二〇〇七年，詩琳通公主現身美國和平工作團駐泰的四十五週年慶典。樞密院仍然是主要的雙向溝通管道，縱然炳被排除在跟小布希共進晚餐的最初名單外（隨後補上了他的名字），令人疑心其接觸途徑與準確程度。二〇〇七年波伊斯與炳至少碰面兩次，更別提他跟同為樞密院委員的總理素拉育會面次數，且曾出席向另一位委員致敬的晚宴。炳詢問塔克辛四月訪美的消息，並否認知悉塔克辛宣稱曾寫信給泰王一事。

## 貿易排名

當素拉育在二〇〇六年發言表示要實行「道德外交」（ethical diplomacy），他指的是前任總理將私人利益與國家利益混為一談。[41]他也加入人民民主聯盟，提倡泰王的「適足經濟」（sufficiency economy）理念，儘管那同樣是要將塔克辛貶低為全球化的看板人物；泰國的舊菁英階層求得今日地位，並非只為了渴求永續。可是素拉育無法不延續塔克辛的著重方向：二〇〇七年中國取代美國，成為泰國的第二大貿易夥伴。泰中雙邊貿易於二〇〇七年較前一年上升百分之二十三。然而泰國繼續保持貿易逆差，從二〇〇三至二〇〇七年的期間，進口（從六十億美元增至一百七十億美元）的成長百分比僅略高於出口（從六十億美元增至一百五十億美元）。泰國也抱怨人民幣幣值過低。一位中國國務院委員縱然樂於接納提高中國企業競爭力的建言，從他的主要對話者是沙勒辛·維勒波就能略知一二；後者來自以中國為重心的卜蜂集團。整體而言，泰國人認為「除了盡可能圓熟地乘勢而行，別無其他選擇」；二〇〇七年中，素拉育授權允許一架軍用C-130運輸機載水果到中國，供給一場清真食物的節慶。[42]

＊＊＊

在素拉育治下的十六個月間，美泰經濟關係可由二〇〇七年的一項事實概括說明：美國把泰國頭號貿易夥伴的位置讓給日本後，隔年落居中國之後，兩年內從首位退居第三。美國於二〇〇六年憂心的貿易轉移現象倏忽到來，並且加倍成真。至於或許能扭轉損失的自由貿易協定，在政變前六個月美國對其的描述是「不確定」，二〇〇七年的前景甚至愈發惡劣。[43]由於對塔克辛有所顧慮，素拉育並不熱衷推動自由貿易協定，泰國國會則想確保自身的涉入。美國國會授予小布希的「快速通道」貿易談判權將於七月到期。即使美國貿易代表主張「我們尚未放棄」自由貿易協定[44]，泰方則表示協商已「無限期延後」[45]，或者將「於民主政府就緒後重啟」。[46]只有民主黨的艾比希支持立刻重啟協商。根據塔克辛任內的一位前部長所述，政變後「美方冷處理此事。老實說，有點像是擱置一旁。沒有任何人提出不進行的決定，就只是擱置一旁」。[47]波伊斯建議在二〇〇八年重啟對話。

不似受到阻撓的自由貿易協定，人類免疫缺陷病毒抗體（anti-HIV）藥物的強制授權超越了國內政治爭端，持續讓整體氛圍顯得撲朔迷離。二〇〇六年十二月泰國宣告一項此藥物的授權，允諾將進口一種學名藥且於國內生產。泰國並未與藥廠事先協商的事實使美方不快，且提出可能的和解途徑。然而實情與之相反，泰國主張於年底前處理符合條件的人類免疫缺陷病毒專利，目標是授權十三萬三千種中的一萬一千種，搶先一步制止美國的回應。第二項授權正式授予後，另一間美國藥廠暫停在泰國註冊新藥品，美方對此表示贊同。唯恐美國可能在智慧財產權侵權觀察名單中提升泰國的位階⑧，並且撤銷普及特惠稅制，泰國公共衛生部長計畫造訪華府。私人狀況迫使他取消此行程，隔月泰國如預期列入優先名單。儘管波伊斯告訴泰國國會強制授權僅是其中一個成因，沒人相信他；更有甚者，在完全符合國際法某領域的情況下去懲罰一個國家，卻只因主張他國的順從而傷害了自身可信度。

> 在對於這件事的詭異曲解之下，泰國皇家政府發現美國一間親藥廠的非政府組織……鼓吹將泰國列入優先觀察名單，與前總理塔克辛有所關聯。這間非政府組織的執行總監……是埃德曼公關公司（Edelman Public Relations）的高階顧問，此公司亦受塔克辛委任。傳聞指控塔克辛設法利用這層關係去影響美國貿易代表署（United States Trade Representative）的決策，藉此進一步敗壞現任政府的名聲。[48]

公共衛生部長終於在二〇〇七年五月展開行程，期間與柯林頓基金會簽署人類免疫缺陷病毒抗體的一項協議，最初提案時間是兩年前；至少有一位引人注目的美國人朝著正確的方向努力。然而部長另外的擔憂成真，美國撤銷了泰國特定出口品的普及特惠稅。

二〇〇六年底，泰國計畫起訴美國投資銀行雷曼兄弟（Lehman Brothers）在一九九七年金融危機期間的不法行為，指出其旋即引發另一波危機的舉措。泰方亦草率宣布，投資泰國的外資必須將其中百分之三十做為預備金，為期一年。這本意想穩定匯率市場，反倒造成泰國股票市場在一天內下跌十四個百分點。遭受曼谷各大使館公開嚴厲譴責後，當局才在接下來的數個月間逐步鬆綁。普遍認為，塔克辛與新加坡的交易促成了外籍人士經商法（Foreign Business Act）修正案。向灰心喪志的美國商會簡報後，美國大使館就修正案是否違反國際貿易法規尋求華府的意見。與此同時，素拉育保證《友好通商條約》規範的投資特惠權仍舊有效。

## 一體適用

由於素拉育的「道德外交」重視中國，此原則亦適用及更廣泛的區域。素拉育漠視亞洲合作對話、伊洛瓦底江—昭披耶河—湄公河經濟合作戰略組織等，塔克辛所推動的正式機制，而讓他在泰國北部的「門戶」洞開；當地距離聲稱雲南省不到一百公里，後者則聲稱其商會擁有六萬五千成員。不過湄公河的腹地仍受中國掌控，在泰國段開闢第二座港口的計畫暫遭擱置。途經寮國的雲南—曼谷公路獲得進展，儘管連通泰國與寮國的一座關鍵橋梁取消了興建，改由泰國和中國出資的較短橋梁替代。與此同時，湄公河上一艘渡輪緩緩載運貨物越過邊界。從雲南經緬甸抵泰的一條稍短路徑，某部分補償了經寮國公路預計將延遲三年的完工期。二〇〇七年三月，泰國、中國和其他四國的官員與媒體在五天內走遍全路。雖然緬甸境內私下索取過路費令人困擾，卻能通往更大的潛在市場。預定建於泰國北部的鐵路計畫與工業園區進展有限。

---

⑧ 意指從原先的一般觀察名單，列入侵權更嚴重的優先觀察名單。

對中國而言，戰略目標依然是保護與規劃其能源與貿易利益，藉由區域幹道和出入口的多樣化來達成。二〇〇六年底，載運三百噸石油的兩艘船從一座泰北港口駛往雲南，即為中國借道湄公河進口石油之始。據中國官營的新華社報導：「專家表示，這條水道將成為馬六甲海峽的替代路徑」，每年可運七萬噸精煉油（refined oil）至中國。[49]這在技術上屬實，但是中國仍然需要位於泰國克拉地峽西側的替代路徑。一位泰國石化業領袖「怪異提及恢復克拉運河計畫」，素拉育則有更急迫的事要處理。[50]另一方面，中國從此區域進口最大量的物資，即橡膠，也是經由湄公河運送，其在軍事與工業發展的重要地位僅略低於石油。全球有百分之九十的橡膠產於東南亞，由皆位於海峽東側的泰國、印尼和馬來西亞居首。

中國和泰國達成的雙邊關係在二〇〇七年拓展至整個區域，在東協的貿易夥伴名單中趕過美國（仍落後於日本與歐盟）。僅從二〇〇四年至今，中國跟此區域的貿易幾近翻倍。雖然泰國與其鄰國私下合作以推動人民幣加速升值，整體經濟景況的效益仍遠大於成本。北京也跟東協簽署一紙軍事合作協議，同時認可透過東南亞國家協會區域論壇與朝鮮談話，以維繫泰國的利益（始自塔克辛在任時）。二〇〇七年七月展開首度中國—東協聯合軍事演習，聚焦在維安與區域災害。

最終，二〇〇七年初中國否決聯合國安理會對緬甸做出的決議，並且對泰國人表示，「證據顯示美國支持」九月在緬甸發生的大規模示威。[51]泰國將後者解讀為中方在擔憂泰方的「軟肋」，即緬甸與泰國同為中國欲納入地緣政治的對象。[52]從北京到訪的一位國務委員表示曾向緬甸施壓以維繫東協的支持，泰國則認為來客背後代表的勢力遠大於區域組織。鎮壓示威過後，中國駐曼谷大使在一個重要的談話節目現身，與波伊斯討論此議題。

## 拆夥

若說美國的基本主張是不介入，緬甸仍為其介入的少數區域議題之一，而素拉育確曾告訴波伊斯，他意圖採取比塔克辛更強硬的路線。但是在總理保證不反對安理會決議下，外交部卻跳出來反對。尼帝亞也宣稱，塔克辛的「曼谷進程」跟二〇〇六年十一月「美國總統喬治．布希（談論東協領導地位時）所表達的一致」。[53]波伊斯要素拉育「果斷監控」他的外交部長。[54]此外在當年隨後的緬甸示威抗議期間，東協採取稍偏強硬的立場，泰國反倒支持聯合國如預期般軟弱的「緬甸之友」（Friends of Burma）倡議。素拉育在二〇〇七年九月的亞太經合會親口告訴小布希總統，區域勢力已是中盛美衰。尼帝亞表示，假使軍隊「開始射殺僧侶」泰國才會改變立場，但是當此事在數日後如實上演，他勸阻素拉育在紐約的聯合國大會發表看法。[55]

身為塔克辛緬甸政策的公開反對者，頌提將軍實則對於軍政府公開表達「同情與支持」。[56]儘管素拉育將駁回尼帝亞和頌提的意見，並且承認自己過早下定論，泰方與美方之間的緊張關係已愈演愈烈。

＊＊＊

二〇〇七年，泰國提議將緬甸納入東協區域論壇的探討問題。然而無論美國對緬甸的立場為何，國務卿萊斯「對於中東事務使她無法參與東南亞國家協會區域論壇感到失望」，這是三年內的第二次。[57]泰國的回應是提醒一位國務院官員、他也是日後的美國駐東協大使：「在這一帶，象徵很重要。」[58]直到素拉育任期結束前，顯然美國仍在為象徵意義苦苦掙扎。在政變後僅數週之隔的一場東協會議裡，不顧其他人以字母排序，白宮「搶著」要讓美國代表站在泰國代表身旁拍照，只為了在外交的冥冥因緣占上風：「我還站在越南代表旁邊！」[59]泰方不斷重申呼籲美國簽署東南亞友好合作條約，描述此舉對於本區域「將具有非常高度的象徵意義」。[60]儘管美方承認，單單簽署（在未經參議院批准下）純粹是行政決策，白宮並未採取行動。白宮實際做的是在二〇〇七年九月的亞太經合會期間，邀請東協領袖到小布希位於德州的農場，結果迎來「敵對氣氛」。[61]小布希將緬甸排除於邀請名單外，直到美國—東協峰會（US-ASEAN summit）三十週年遭無限期延後才發出邀請函，此舉充滿了不言而喻的象徵意義。參訪從未成行；高峰會延至兩年後舉辦。

炳對於政變後「亞太經合會的立場十分感興趣」，因為他獲悉小布希和素拉育都將出席二〇〇六年十一月的宴席，想要避免另一樁（雙方的）尷尬場面。[62]相反地，頌提將軍未能領會「美國總統（跟素拉育見面）或將引發的爭議」。[63]數日後，一位中國外交官證實北京領導人即將會晤泰國總理，並且「出言詢問，假使美國總統拒絕會見素拉育，對於東協—美國間的關係有何影響」。[64]所幸美國國家安全會議未能預先阻止小布希在此場合跟誰握手，雖然僅出此舉，難掩美國的反應普遍膚淺。接下來在二〇〇七年底的亞太經合會上，小布希提早一天離開。

上述一切皆無法為美國對此區域「戰略意義」的主張更具可信度，且許多機密電文裡的主張亦然。在強調烏打拋和梭桃邑海軍基地（Sattahip，美方曾在一九六〇年代進行現代化改造）的重要性時，美國僅僅指出每月有超過七十架飛機由此起降赴中東交戰。雖然新加坡是天虎演習僅有的另一合作夥伴，位置恰恰坐落於馬六甲海峽南端的船隻出入口，但美方仍未提及中國是政變後不到五個月內就舉辦空軍演習的原因。二〇〇七年時，美國顯然意識到泰國「地近海事戰略要害……在美國海軍布局中有潛力扮演更顯著的角色」，美國並未對泰國（短暫）表明有意興建克拉運河做出回應，連檯面下的回應都沒有。[65]再者，若說金色眼鏡蛇是在「中國和他國專家主張美國不關注東南亞」下舉辦，演習卻聚焦於最重要的地緣政治議題。[66]從參議員韋伯和素拉育身上體現了一部分例外。儘管韋伯只談論穩定，他「想確保美國永遠是泰國（區域）考量的一部分」。[67]尚未忘懷反共過往的素拉育則答道：「我們的另一邊有中國。我們不想只靠自己。」[68]

## 軍事司法

推翻塔克辛的其中一位士兵，在引發「泰國之春」的一九九一年政變後遭到羈押，成為象徵泰國意識型態真空的一次事件。就像竊賊承諾要歸還其他人偷走的物品，軍政府誓言恢復被塔克辛奪走的民主人權。素拉育確為國家先前的違反人權行徑，罕見地向南部穆斯林道歉，著手調查他發起的「反毒戰爭」，並且成立反人口販運中心。泰國樂見美國於二〇〇七年重新安置一萬三千多位緬甸難民，儘管後者在拒絕新抵難民時反覆重述其「墨西哥防線」（Mexico defense）。一位美國陸軍准將訪視位於北端的難民營評估其生活條件（及反毒工作）。隨著警方突襲一處北韓難民收容所後，素拉育承諾協助較小規模且較審慎的美國移民安置工作。一待政變後的管制鬆綁，當局對於媒體的敵對態度比塔克辛時期還輕微。就區域面而言，泰國主導將人權機制納入東協憲章草案，而無論是否終究淪為妝點門面的組織，少有其他國家提及此議題。

二〇〇七年中，一位前苗族民兵指揮官因密謀推翻寮國共產黨政府而在加州被捕。許多人不曾遺忘數十年前他曾受中情局訓練，以防共產黨接管政權。出乎波伊斯的意料，素拉育稱這位指揮官是一個「老朋友」。[69]在泰國境內，有一百五十八位苗人遭強迫遣返的假警報過後，美國大使館要求泰國國家安全委員會確保指令是由上而下傳遞的。聯合國難民署（The UN Refugee Agency, UNHCR）承認一些人是難民；其餘則被拒絕重新安置。隨後泰國確曾嘗試遣返他們，唯有在素拉育親自回應美國（及他國）的懇求後才暫停行動。外交部宣稱「左右為難」，向寮國保證沒有苗人會被重新安置到美國，卻又向美國允諾不會有人被遣返回寮國。[70]此外，在這一百五十八人裡，有些跟已待在泰國更久的八千苗人群體有關，其中有六十一人在被聯合國難民署拒絕安置後，遭受遣返。

＊＊＊

使泰國當局手握大權的「非常法」（Extraordinary legislation），在素拉育治下迅速變為常態。新的《電腦犯罪法》（*Computer Crimes Act*）成為「保護君主制」的途徑，新的《國家安全法》（*Internal Security Act*）則讓國安行動部隊在和平期間享有的權力，與戰時戒嚴法授予軍隊的權力相仿。在大多數案例中，法律條款或其濫用會導致侵害人權。素拉育告訴波伊斯，國安法「充滿冷戰語言與概念」，類似於美國的《國土安全法》（*Homeland Security Act*）。[71]甚至在政變前，從一九九一年起戒嚴法已在十九個邊界府內的劃定區實行；「泰國之春」有其侷限。塔克辛的緊急命令是另一項「非常」法，在最南端三個府短暫取代戒嚴法，隨後又以高於命令的地位恢復戒嚴。但是從二〇〇六年政變起，一路延續至八年後的下任總理，在任何一個時間點，泰國的七十七個府之中不少於三十一個府至少部分受到戒嚴法管控。在泰國其餘地區，少有緊急命令及（或）國安法未實施之地。除了某個短暫期間的整個南疆和曼谷部分地區，當地情勢鮮少有正當性動用上述法令，可是面臨危機之秋的政治和權力卻難以約束。

二〇〇七年底一位中國外交官告訴波伊斯大使，「由於中國共產黨近期決定承擔更多外交事務的責任，明年中國政府將評估其對於國際事件的影響力……中國所能影響其他國家的程度。」[72]雖然並未提及泰國，王國的外交事務無疑將持續受到中國的深遠影響。由於非常法具有的獨裁主義內涵，在素拉育治下，泰國的國內事務甚至比塔克辛時期更受北京影響。誠然，泰國軍政府不比塔克辛當選總理期間更近似中國的寡頭政治。但是就跟中國自身一般，在素拉育治下，中國模式是由武力和至高的法律權力所塑造，而不是來自受歡迎的政治代表，如塔克辛。軍方任命立法機關，該機關轉而授予軍方新的權力。相比之下，儘管塔克辛在超過一千萬選民支持下連續贏得兩屆任期，並且扮演傾向限縮自由的堡壘，他的勢力較不龐大、累積得也較緩慢。政變後的政府主張摒棄塔克辛的國家治理，實則採納、調整並深化其治理。

塔克辛在通電話時告訴波伊斯，他樂見美國設法使泰國恢復民主，「不是為了他自己好，而是因為『對國家好』。」[73]以及他未能坦率直言並非不尋常；他代表其他那麼多的泰國人（支持者與反對者皆然），顯示出他在位期間歷經多少改變。這不僅在權力高層間屬實，在室外的街道上亦同，人民民主聯盟（黃衫軍）與新的反獨裁民主聯盟（紅衫軍）彼此衝突，卻突顯著類似的贏家通吃政治議題。他們分別反對與支持選舉，不過這兩種相異手段指向同一個目的。

## 沙馬與頌猜：大中華（二〇〇八年）

泰國在二〇〇七年十二月舉辦大選，距離政變發生十五個月。塔克辛的泰愛泰黨換新黨名重組，再度輕鬆囊括選票。

中國外交部長表示：「身為泰國的好鄰國，我們尊重泰國人民的選擇。我們真摯期盼泰國能維持政治穩定與社會和諧，偕當地人民生活安康，且中泰間的戰略合作關係能持續進展。」[74]一個月後沙馬．順達衛當上總理，他是一九七六年鎮壓行動的主腦，且公開表明自己是「塔克辛的提名人選」。[75]中國總理溫家寶來信恭賀，沙馬回覆：「泰中關係根深柢固，如同親人或兄弟般不可分割……『我是中國的老朋友』。」[76]他自身亦為泰華人士，祖先出身於廣西自治區。他將撥款十萬美元援助二〇〇八年五月發生在四川省的地震，並於七月正式出訪中國。問及中國逐漸茁壯的勢力時，沙馬提到他流亡在外的主子：

> 假使他在買F－16戰機時橫生衝突，他就靠攏中國，靠攏印度。如此一來，你做出這類舉動，就會讓態勢更加平衡。而且美國無法有任何表示。我覺得這樣很好……美國有點遙遠，卻是一個很好的老朋友。但是中國不僅僅扮演很好的老朋友。[77]

二〇〇八年二月塔克辛回到泰國，面臨濫權犯行的逮捕令，在政治上卻由選民證實其清白。網絡君主制瞬間落居受批評的防守方。在國際刑事法院裁決柏威夏寺屬於柬埔寨領土的半個世紀後，人民民主聯盟指控沙馬的外交部長叛國，竟支持柬埔寨爭取柏威夏寺成為世界遺產。憲法裡的一項技術性細則迫使他辭職。替代人選是前駐中及駐美大使德汶納，雖然再過僅僅四十天就即將下台。八月塔克辛最後一次離開泰國。「然後他就逃亡了。」卜蜂集團的沙勒辛描述。「他尋求前任泰國奧委會主席的幫助……取得出席二〇〇八年北京奧運開幕式的法院許可。那發生在判決宣告前。他有聽到任何消息嗎？假如他有我不會意外。」[78]從那時起塔克辛指揮反獨裁民主聯盟反制人民民主聯盟，展開為期五個月的泰國總理府占領行動，並且抗議中國的友好行徑。報導指出塔克辛正在中國合夥人名下土地興建房屋，他予以否認。九月，沙馬在主持電視烹飪節目後，因一項憲法技術性細則遭令辭職。塔克辛隨即指派妹夫頌猜．旺沙瓦（Somchai Wongsawat）補任總理職位後，人民民主聯盟與反獨裁民主聯盟發生衝突，造成一人死於中國製造的催淚瓦斯爆炸。十一月，人民民主聯盟占領曼谷的兩座國際機場達數週，導致中國採行有史以來最大規模的海外公民空運，以及頌猜的辭職。他是三個月內下台的第二任總理。

## 提案通過

素拉育在位的最後一個月亦為波伊斯駐泰的最終月份，或許在兩人身上都彰顯了象徵意義：「大使指出，他在泰國執行的最後三項工作結束之際，均致電素拉育道別。」[79]接替波伊斯的是艾瑞克．約翰（Eric G. John），其大使任期在美國與泰國同樣引起爭議。從總帳本的其中一個層面來看，大多數人同意他在艱難環境下合宜執行美國「政策」。另一位十分關鍵的大使館官員表明，約翰迅速「達到他的必要表現，因此成為我方訊息的可靠傳播者」。[80]這歸功於在空降大使館前，他曾擔任三年的東亞與太平洋事務副助理國務卿（DAS for East Asia and the Pacific）；他熟悉政變各方對峙下的泰國危機。沙馬的第一任外交部長憶述與約翰的正向關係，塔克辛亦未質疑他的資格。

翻到帳本的另一個層面，共識是約翰的個性、引人議論的私人生活和管理風格都成了問題，並且有時波及專業。用波伊斯的話來說，「行事風格確實能證明」，而在外交領域裡，行事風格尤其算數。[81]二〇一〇年，傳聞約翰是駐緬甸特別代表（special representative）的可能人選，曼谷近百位具崇敬地位的美國公民，以及十多位泰國外交部人員，籲請柯林頓重新考慮。約翰不曾擔任使領館副館長（deputy chief of mission），即大使館的「第二把交椅」，他因為赴任副助理國務卿而錯過了馬尼拉的副館長職位。由於這是在大使外負責所有大使館計畫、專案與人員的僅有職位，他缺乏關鍵的特定職場經驗。曼谷大使館仍然位居全球規模最大使館的行伍，傳統上是由外派職涯近尾聲的外交官赴任（約翰的年齡是四十七歲），這也使問題變得更糟。其中一個結果是二〇一〇年五月對於約翰管理績效的負面內部評估。不過，與將被提早召回華府的傳言相反，四個月後他在家人英年早逝後離職。

未能替約翰免責的一項事實是（實際上他也無甚責任）在擔任大使期間，他為國務院發聲更勝過外交事務。他曾是駐韓大使克里斯多福．希爾（Christopher Hill）的手下，扮演後者的副手（即副助理國務卿），且眾人皆知希爾促成約翰泰國職位的任命。考量到他們的關係與標準的組織文化不算非比尋常之舉，然而這是超過十年時間釀成的失策。誠然，「根本沒有人會換掉史基普⑨，你只能當他的繼任人。」[82]不過單就約翰的泰語欠流利而論，不僅有別於波伊斯，也跟中國駐泰大使形成差異。在越戰的高峰期，國務院每年至少送十多位官員到美國重點大學研習泰語及東南亞「區域研究」。一九八六年，美國國際開發署資助創設由二十多位泰國專家組成的顧問委員會。一九八〇年代雷根削減區域研究預算，美國國際開發署則從基礎建設轉向治理，在泰國的人事亦有相同轉變，換成不同領域的專家。直到一九八六年，國務院在泰國派有三位主管級人員，接著裁減至兩人，隨後只餘一人。一九九〇年代中期，國會將區域研究仍有的一千五百萬美金預算大砍三分之二，並且撥給亞洲基金會。二〇〇一年，基金會報告描述許多區域領袖憂心「第一代的美國東南亞專家開始退休，而且接替的速度沒那麼快……美國政策制定者與大眾都將日漸對此區域較無充分認識，為日後的美國—東南亞關係帶來負面後果」。[83]

在泰國當地，美國只維繫三處「美國資料中心」，分別位於泰國南部、北部與東北。美國國際開發署和亞洲基金會的計畫繼續推行，美國之音電台持續利用舊有的拉馬森設施對外廣播。自一九九七年金融危機過後，泰國大學裡的美國研究課程開始衰減，一九九八年美國新聞署隨之關閉。雖然外交部持續在美國資助泰國研究課程，並且在泰籌辦二〇〇八年和二〇〇九年的雙邊關係會議，但美國的參與度仍受到限縮。與此同時，在二〇〇九年，中國於東南亞創設的二十一所孔子學院之中，泰國占了十二所。在令人不可置信的諷刺案例裡，東北部一所大學的美國歷史和外交政策課

⑨ 即前任駐泰大使波伊斯。

程，皆由領取中國政府薪水的中國教師授課。派駐泰北的美國外交官會見共產黨領袖，參訪一世紀前由美國傳教士創辦的醫院，推廣美國的高等教育，並且捐贈書籍給少數民族兒童。外交官對於泰國人對美國學生簽證難以取得的眾多誤解感到訝異，實際的申請通過比例超過了百分之八十。二〇〇八年十一月美國同時舉辦三場對媒體開放的活動，超過兩千位泰國人（及美國人）共同觀賞美國大選的直播報導，「與大使交流以及……更了解美國的民主體制。」[84]約翰也前往東北部，「傳達美國政府持續致力打造、維繫文化與經濟連結，並延伸至曼谷以外的泰國所有區域。」[85]

＊＊＊

美國總統小布希致電恭賀沙馬勝選，約翰則造訪他的住處。「你想要的任何事，我們都會幫忙。」新任總理對約翰說。[86]「沙馬提到美國時言詞友善……美國為其他國家提供良好典範，而且許多接觸過美國的泰國人採用了美國的思考方式。他稱許美國促進不同族群間的平等與和諧關係。」[87]泰國議會發言人感謝美國在政變後發給他簽證，並且樂見以同儕交流為重點的國會代表團來訪。發言人要求他們在華府更正關於塔克辛的「錯誤資訊」。[88]川告訴約翰，許多泰國年輕人「看待美國不如老一輩人那般正面」。[89]

二〇〇八年三月，國務院承諾在美國大選前設法促成沙馬與小布希會晤，沙馬的（首任）外交部長則與萊斯、司法部長、國家安全會議總監⑩在華府見面。外交部長請求美國協助改善泰國與沙烏地阿拉伯的關係，內政部長則籲求更多反毒支援，並承諾會尊重人權。後者先前擔任警察時曾接受美國訓練，他說「美國不該忘記自己的老朋友」。[90]在泰逮捕俄國人維克多・布特（Viktor Bout）為上述一切推波助瀾，布特圖謀販售武器給哥倫比亞革命分子而遭控恐怖主義。他的「共謀者」是攜手合作的臥底美國特務與泰國同行。美方提出近期引渡一位美國公民到泰國受審的案例，希望把布特送到美國。司法部長隨即於當年為布特一事到訪，此外還從華府三度致電泰國當局。小布希亦親自向沙馬提及此事，顯示布特一案連帶引發的優先權和問題。

約翰大使在四月接待塔克辛夫婦共進晚餐，即將成為總理的頌猜亦列席。他的賓客「開朗健談」，包括最近有人提議把美國職籃休士頓火箭隊賣給塔克辛。[91]六月警方查獲數百本遭竊或偽造的美國護照，促使來訪的司法部長讚揚他們「傳遞我們將攜手合作的訊息，不僅跨越國界且不分國界」。[92]大使館與曼谷的伊斯蘭學者會談，評估政府處理南疆的方式，另見一群美國參議院代表團出訪。泰國出席防擴散安全倡議的五週年活動，卻也再度表示無法立即簽署。在九個月內敘職的泰國第三任外交部長，於九月的聯合國大會期間會見美國官員。塔克辛最後一次會見約翰時說，他即將認罪並獲得特赦，且以退出政治圈與「主要（居住）在海外」做為交換，來取回被凍結資產。[93]但沒有一方將遵守協議。

二〇〇八年八月的小布希出訪，成為沙馬與頌猜在位期間的主要政治事件。小布希提及雙方一

---

⑩ 美國國家安全會議組織裡，最高層級的主席（Chairman）由美國總統兼任。本文此處所寫的總監（director），可能意指國安會裡兼任情報顧問的國家情報總監（Director of National Intelligence），或者兼任毒品政策顧問的國家毒品管控政策辦公室總監（Director of National Drug Control Policy）。

百七十五年的外交關係，佯裝若無其事：「美國將泰國視為區域的領導者與全球夥伴。我很自豪能頒布泰國為美國的主要非北約盟友。而且我要向泰國人民的恢復民主致敬，這證明了自由與法治主宰此地。」[94]然而美國至少十年未以盟友地位對待泰國。恢復民主不只需要一次大選，而且從二〇〇一年開始，自由與法治就飽受侵害。此外，小布希「顯然避免評論泰國經歷十六個月的軍事統治……數位重要的塔克辛盟友並未受邀這場備受注目的盛會，塔克辛本人也顯然缺席……即使在泰國政府強力遊說下，小布希的顧問拒絕接受會後提問」。[95]塔克辛已在前一日飛往北京自主流亡。

辭職後沙馬去了迪士尼樂園。一位人民民主聯盟抗議者被害身亡（及一位美國人受傷）當天，外交部請求約翰證實政變將會傷害關係。阿南告訴他：「不會發生傳統意義上的政變。」[96]在認罪後一通預言式的電話裡，塔克辛告訴約翰，他的反對者「只會遭逢更大的問題」[97]，而「他的政治盟友將繼續贏得選舉」。[98]最高司令官請求大使館利用「與泰國政治人物私下會面時對他們發揮正面影響力」。[99]

當人民民主聯盟在十一月占領曼谷兩座機場時，美國表示「並無立場評論示威者的政治訴求……這是泰國人要解決的問題。我們希望見到泰國的事件能和平進展且服膺憲政與法治」。[100]國會成員表達其錯誤判斷，擔憂泰國可能成為失敗的國家。值得讚賞的是約翰赴東北部與地方首長商討情勢，後者「表達對於美國政治『成熟度』的欽佩」。[101]頌猜總理在美國大選活動裡交給歐巴馬一封恭賀信；政變領袖並未受邀。然而約翰卻描述其中一位政變領袖是「過去四個月間政治舞台上最穩固的人物……他堅定抗拒雙邊要求軍隊干政的壓力」。[102]事實上，這位司令官公開提議頌猜辭職，且無能保護關鍵基礎設施與外國旅客的安全。

## 地面部隊

沙馬於二〇〇八年七月出訪中國時，泰國國防部長亦同行，與中國國防部長達成進一步強化軍事關係的協議。同一個月，接續去年初次共同演習的「突擊二〇〇八」（Strike 2008）於泰國北部舉辦，這是中國部隊破天荒頭一次在海外受訓。由二十四支特種部隊組成的兩個小隊進行反恐演練。採購的步調也沒有放緩，泰國的軍事預算在二〇〇八年增加百分之二十八，這是素拉育去年送給選民的臨別贈禮。

二〇〇八年二月六日，美國取消了針對泰國的政變相關制裁。對此沙馬表示：

> 沒關係，他們沒賣武器給他們⑪……但是美國仍然是全球此種軍事活動的擔保人。他們在全球注目下發表堅定聲明，像是現在巴基斯坦的穆沙拉夫將軍（Pervez Musharraf），他們告訴他你必須停止緊急狀態的統治。但是世人別開目光時美國就不多說什麼了。[103]

美國印太司令部新任指揮官於二〇〇八年兩度造訪，但是泰國陸軍總司令第三度「拒絕參與」。[104]國防部長羅伯特．蓋茲（Robert Gates）於六月到訪，介於泰軍最高司令官副官（deputy supreme commander）與其上司的訪美行程之間。金色眼鏡蛇的規模比前一年浩大許多，中國與其

---

⑪ 可能指美國沒出售武器給泰國軍方。

他六國繼續扮演聯合觀察聯絡小組（Combined Observer Liaison Team）。由於一些部隊轉去應對緬甸的納吉斯氣旋（Cyclone Nargis），「當地報導強調了演習的益處」。[105]

除了天虎演習和海軍聯合海上戰備訓練，泰國也在五年內首次主辦「橢圓查理」反恐演習。用大使館的話來說：「馬來西亞和柬埔寨獲考慮擔任二〇〇八年演習的主辦國而後落選……強調出美國在泰門路的價值持續存在。」[106]聯邦調查局、國務院和特種作戰人員皆參與演習，展開一系列情蒐與人質救援行動。泰方受鼓勵繼續從事美國國防資源管理研究計畫，且開始與美方調停其戰鬥機損失一案，美國論及瑞典機型利用了美國科技。美方在與中國競爭的初步失利下，聚焦於泰國海軍的採購，供應S－3反潛機（S-3 aircraft）且「跟他們合作衡量美國的軍事物品與服務，而非考量如中國等他國品項」。[107]在對外軍援的禁令開放後，他們也鼓勵購置海視偵察雷達（SeaVue radar）、P－3巡邏機，更多MH-60直升機，以及魚叉反艦飛彈系統的支援物資。

## 停滯

中國的經濟實力在二〇〇八年綻放甚至更耀眼的光芒，此時正值從美國蔓延至全球的金融危機之始。中泰貿易攀登三百六十億美元的高點，距僅六年前、雙方簽署自由貿易協定前夕的數字翻了四倍。泰國的卜蜂集團「低調行事，卻在兩國收買人馬以維護利益。鮮少有人曉得集團屬於泰國人⑫」。[108]沙馬的外交部長回顧：「憑藉堅強的外匯存底，中國得以輕易擴張，利用經濟勢力獲得更多朋友並贏取泰國的信任。中國要建立更緊密的關係也很容易，因為大多數泰國富人是華人。這很自然，他們投資泰國而我們投資中國。」[109]

相反地，在《友好通商條約》一百七十五週年之際，美泰商業關係落後中國經年。雖然二〇〇八年的雙邊貿易數字僅少於中泰貿易六十億美元，但從二〇〇二年起，相比於中泰的四倍成長，美泰貿易僅增加百分之六十。身為泰國的最大出口市場，卻只是第三大進口供應國（落後於日本和中國），整體而論美國仍然是泰國的第三大貿易夥伴國。自從十年前買回F-18戰機後，美方下了最明智的一步經濟棋，提議展開定期對話。縱然泰方開始重視此動向，卻「提議可以在其他國際會議的空閒時間進行」。[110]三月，美國助理貿易代表（assistant trade representative）嘗試後未能就自由貿易協定重啟協商：「泰國政府並未交涉要求我們規劃額外的協商，儘管官員們有時會公開聲明重申自由貿易協定為長期目標。」[111]小布希鼓吹趁他八月在曼谷演說時重啟協商，但是他處理協定的快速通道授權將於兩個月後到期。

由於一連串商標侵權、執法寬鬆以及世界上第二高的電影盜版率，泰國繼續名列美國的違反智慧財產權優先觀察名單。少有泰國人認為這個問題的範圍超出藥品強制授權。沙馬要求檢討撤換公共衛生部長，但是「顯然前任政府支持強制授權的論點持續引起共鳴」。[112]在美國公開否認預計向世界貿易組織提出強制授權的（無根據）申訴後，聯合對話委員會獲批准成立。世界貿易組織告知美國，自二〇〇五年以來對泰國蝦出口所徵關稅及其「持續性保證金」（continuous bond）不合規定。不過即使在世界貿易組織的上訴機構確認裁定後，美國拒絕遵守。泰國定出二〇〇九年二月的

---

⑫ 如前所述，卜蜂集團在中國另取名為正大集團。

期限，過後「將別無選擇，只能回頭尋求世界貿易組織的仲裁」。[113]泰國也要求恢復前一年失去的普及特惠稅，並且擔憂美國禁止緬甸寶石進口可能對泰國的工業產生傷害。布希的回應反常地恰到好處，表示「美國有時會傳遞出關於我國經濟開放性的不一訊號」。[114]

政治騷亂與前任政府的決策導致有興趣投資的美國公司日漸稀少。回應關於協商的要求時，泰國表示「已經藉由政府體系提議」。[115]沙馬的財政部長訪美而美國助理商務部長（Under Secretary of Commerce）赴泰，聚焦於通訊、運輸、金融服務和農企業（agribusiness）。約翰大使也為一間欲生產泰國國家航空公司⑬引擎的美國公司發聲，對於警方拒絕在罷工期間保護一間美國汽車工廠表達關注。泰國銀行業擔憂美國企業在全球危機之際的財務健全，選在泰國財政部長出訪華府之際的可笑時間點緊縮其信用額度（lines of credit）。

## 總統的遺憾

塔克辛抵達中國出席奧運、並且迴避出庭時，詩琳通公主在城裡，以貴賓身分出席泰國大使館和中國當局籌辦的歡迎會。塔克辛在未受邀的情況下直接走進會場，加入素拉育政府及他一手安排的現任政府成員，並肩站立歡迎來客。從他在位以來，不曾見過如此多種權力中心共處一室——不僅在曼谷也包括北京，這座泰國二十一世紀盟友的首都。根據一位泰國外交官所述：「我們沒有以大使館的身分獲得告知，讓我們頗為不快」，室內其他人則陷入難堪的沉默。[116]同樣出人意表的是公主讓前總理歡迎她。這位外交官憶述，塔克辛「看起來像是剛輸掉一場戰役的人」。[117]

相反地，美國與泰國王室在二〇〇八年的動態關係，是以分立而非趨於一致為特徵。八月，「外交部極力遊說安排與泰王蒲美蓬．阿杜德會面後，布希未能落實，因為泰王住在華欣（Hua Hin）的海濱行館，位於曼谷南方約兩百公里處。政府來源指出，原因是華欣的機場欠缺容納布希座機的跑道設施。」[118]半個世紀過去了，在泰國投入的艱巨後勤工作是為了地緣政治要務，而非容納噴射機。進一步體認到促成這些成果的正是居於海濱行館的這位君王，美國總統未能與其會面實為大事。這使得小布希本已空洞的演說必然缺乏意義，並且傳遞了另一種訊息。對於在位期間將盡的一位國王，美國總統小布希不能、也不會跨越等同於華府到費城的距離。原本應是世上最有權力人士、與自二戰至今最穩固區域盟友間無可妥協的會晤，「證實了在後勤方面不可能安排」。[119]

兩個月後詩琳通公主出訪美國，她在當地表示人民民主聯盟並非代表王室行事。她在曼谷與約翰大使會面。約翰在十二月出席慶祝泰王生日的年度閱兵，不同於選擇迴避此活動的許多同行。在納吉斯氣旋與金色眼鏡蛇過後，炳對於美國在緬甸的投入感到興趣。二度否認將掀起另一波政變，炳告訴約翰，沙馬「終究必須下台」。[120]相對地，他表示很滿意頌猜公開接受對塔克辛不利的判決。「強調大使是他唯一透露此項消息的外國人」，炳的外交部長與樞密院同僚策劃了沙馬離職、阿南接替的布局。[121]約翰「反覆強調這將構成換個名義的政變……阿南回答美國對於二〇〇六年政變的反應讓他不以為然」。[122]樞密院的其他兩位委員告訴約翰，他們將保護泰王免於持續延燒的危機所害。國王的首席私人祕書「天真談論他與華府人士的緊密聯繫，諸如參議員麗莎．默考斯基

---

⑭ 指泰國國際航空（Thai Airways）。

（Lisa Murkowski）、前參議員山姆・努（Sam Nunn）與前國務卿喬治・舒茲（George Shultz）」。[123]首席祕書的副手在二〇〇八年從駐華府大使職位被召回，到他手下工作。祕書同意約翰所提，或許王儲該斟酌為美國要人盡更多職責，卻表示「美國政府對於泰國亂象的任何公開聲明都將『無益至極』」。[124]一位王后的外國聯絡官（foreign liaison officer）告訴約翰，不會發生「像二〇〇六年九月十九日那樣」的政變[125]；另一人「推測頌猜將在年底被迫去職」。[126]最後、也最無足輕重的一點，塔克辛也跟約翰談論君主制，且於日後憶述：「艾瑞克・約翰跟炳將軍十分親近，他總是去見他，而且炳是真正非常想報復我的人。所以艾瑞克・約翰得到片面訊息後提交錯誤的報告，偏向單方面的報告。」[127]

## 中國城

二〇〇五年沙馬向波伊斯大使下戰書，邀對方在電視上辯論泰國的人權紀錄，然而他（與頌猜）的人權紀錄並不出色。一項進步的人口販運法，與另一波反毒戰爭的說法產生權衡拉鋸。南疆的違反人權（雙方皆然）持續不減，七十七起褻瀆王室新案件正式提告，而在二〇〇八年後半的大部分日子裡曼谷實施緊急命令。寮國的一百五十八位苗族難民（半數是兒童）仍舊拘留於泰國，北部的難民則降至六千人，出於自願返國的不可信泰方宣稱。有些人成為難民「是因為他們在越南幫助過你們」。[128]八月，在羅瑟琳・卡特赴泰國東部邊界訪視柬埔寨人的二十九年後，第一夫人蘿拉・布希（Laura Bush）到西部探訪緬甸難民。小布希總統在約翰大使住處（就法律而言屬於美國領土）接見緬甸異議人士，在那之前泰國禁止會面發生在她國土上。為了確保泰方能推托不知情，大使館根本沒告知他們。

沙馬得知國會代表團將來參訪後，「對於中國針對國家統一與分離主義運動的合理關注小心翼翼。」[129]在西藏的鎮壓導致原泰國火炬手人選退出後，沙馬保證抗議人士不會干擾奧運聖火在曼谷傳遞。幾位中國公民被趕出現場。不同於美泰在二〇〇〇年代初期的合作（這造成中國表示「我們也想比照辦理」），泰國當局開始拘留中國（與伊斯蘭）維吾爾「恐怖分子」。[130]沙馬也無視穆斯林少數民族的困境與人權，計畫關押從緬甸搭船逃至泰國南部島嶼的羅興亞人（Rohingyas）。

沙馬的外交部長描述在曼谷打壓法輪功宗教團體，因為「我們不想跟中方對立」。[131]事實上「中國大使警告總理府官員，在曼谷聖火傳遞期間可能遭到法輪功團體炸彈攻擊」，縱使其活動歷史和平無污點。[132]兩個本地團體的創辦人皆獲泰國警方警告，在盛事期間國家必定「不能丟臉」。[133]雙方公開說明立場的企圖遭拒，反映出媒體「不想被視為反中」。[134]此外，法輪功在曼谷最大的公園前活動，位於中國大使館前方。中國外交官「常常打給泰華人士……其投資與中國有關聯，警告他們不能跟法輪功團體往來」。[135]泰國警方在中國大使館外逮捕十九位中籍法輪功人士；聯合國難民署一六一人名冊以外者遭到羈押，或迫其越過邊境前往緬甸或寮國。中國通常不謀求法輪功信眾遣返，但是正如一位泰國外交官所解釋：「中國了解我們，也就是泰國不會做出任何破壞關係的事。」[136]

＊＊＊

沙馬告訴一位美國國會代表，「沒有必要逼迫中方採行民主改革」，因為他們「只是名義上的共產黨人」。[137]只要他們的行動與共產黨人不符，不民主是可以接受的。至於法輪功，一位泰國官員告訴美方：「我們同意不允許其他團體利用泰國做為抗議場所的國際準則，並且惡化我方與第三方的關係。」[138]然而上述準則並不存在，僅旨在維護中國及在其勢力漸長範圍內的國家，國際社群的另一陣營。「就歷史、文化與地理而言，中國更強大且距離泰國更近」，外交部長說明，「就像美國政府關注墨西哥勝於泰國，這考量鄰近性、共同利益，中國無庸置疑將擴張勢力並且意欲成為亞洲領袖……第一強權。」[139]

對於泰方的態度與仰望對象轉變，美國的體認方向不一。約翰大使在政變的事後分析裡，寫下自己「難以想像任何得以施加決定性影響的外國制裁，有可能跟泰國與西方間的長久友誼共存」。藉著否認制裁未能達成任一目標，他正確指出另一種東方選項。不過他埋怨，泰國的「過渡時期政權有時表現出有意不重視外國的看法」，此說法並不完整：他們認為美方的看法較邊緣，不如中方的看法。

美國也鼓吹泰國成為亞太民主夥伴（Asia-Pacific Democracy Partnership）的創始成員，「基於泰國建立民主制度的自身經驗。」[140]泰國確實加入擔任觀察員，但是希望此倡議不要求「納入會員國的公民社會組成分子」。[141]單單基於二〇〇七年大選，美國已將泰國視為完全恢復民主。亞太民主夥伴的主要任務是選舉觀察，更為此增添循環論證，這更別提泰國擺明希望排除特定的「組成分子」。大使館自身亦觀察到，「最具能見度且活躍的非政府組織，是明顯跟塔克辛有關聯的新創派系組織。」[142]另一方是高高在上且態度輕蔑的「黃衫軍」，由人民民主聯盟及其他勢力領導。人民民主聯盟開始提倡「新政」（New Politics），將參議員改為百分之七十由選舉產生（原先僅百分之三十），以及一位君王同時掌控議會和軍隊。與此同時，聯盟呼籲由一位樞密院委員擔任臨時總理，並成立類似中國國務院的「最高委員會」。甚至在十一月美國大選的三天後，林明達表示：「美國在很久以前已喪失向泰國鼓吹民主的正當性。」[143]

## 東協及其不滿

中方告訴泰國，「他們絕不會讓緬甸落得像伊拉克」，並要求泰方協助說服美國與緬甸領導階層見面。[144]不過泰國相信中方對緬甸的支持無法阻止其局勢生變。沙馬支持多邊會談，強調「談判關鍵在於中國」。[145]泰方也埋怨中國在一項能源計畫裡將多數股份撥給己方，造成泰方原始股份不足一提。「中國拿走『幾乎一切』，甚至接管泰國開創的計畫。」[146]泰方以去年的親身經驗「警告美國，制裁政策將迫使緬甸成為中國的衛星國，首先在經濟層面，最終是國安領域」。[147]沙馬於三月出訪，提及古巴而非墨西哥：「美國容忍共產黨在自家後院獨裁數十年。」[148]不顧美國數度要求，泰國也維持不投票支持聯合國大會對緬甸的決議。如同約翰告知華府的，沙馬「顯然對於如何促使緬甸正向改變有他自己的想法……不過他會把總統的擔憂一直放在心裡，而且他重申有意繼續扮演西方與緬甸間的『信差』」。[149]泰國勸告美方把緬甸視為緩解與東協關係的前提，其新任祕書長、即川的外交部長則同時尋求中方與美方的支持。五月納吉斯氣旋來襲的四天前，亦即泰國接管東協主席大位的預定日，並且表示美國─東協的「下一階段」軍事合作應聚焦於人道主義事務。[150]美國與泰國隨後在天災期間促成一百八十五次人道飛行，大多從烏打拋基地起飛，且運用本區域為金色眼鏡蛇準備的物資。

在國界的另一邊，美國大使館力促泰國與柬埔寨新設一個雙邊委員會以調解柏威夏寺紛爭。柬埔寨尋求聯合國安理會召開會議時，兩股主要勢力都接獲通知。泰方隨即「對於七月二十三日聯合國安理會，提及泰方持續嘗試在雙邊途徑下化解與柬埔寨的柏威夏寺爭端，解讀為美國的堅定支持並表達懇切感謝」。[151]在泰國表示可援引同年簽署的塔那—勒斯克雙邊備忘錄、視之為法院判決的誇張提議後，頌猜總理向約翰保證武裝衝突將不再發生。那年稍晚，北京接待兩國總理進行會談。

＊＊＊

一位親美的泰國人從二〇〇八年起擔任東協祕書長五年，而且泰國將繼續擔任區域主席十八個月、直到二〇〇九年，但是美國並未遏阻東向的浪潮。四月外交部告訴美國：「每一年中國都推出新的倡議，例如同意加入《友好通商條約》，或是跟東協國防部長（ASEAN Defense Ministers）召開定期諮商。」[152]美方僅應允印太司令部與國防部長蓋茲將出訪，美國—東協間的定期國防會議「值得考慮」。[153]在東協對話夥伴裡首開先例的新派任美國駐東協大使受到歡迎，但是這位大使的其餘職責尚包括擔任副助理國務卿（他的辦公室仍在華府）。儘管澳洲、法國、印度、日本、紐西蘭、俄羅斯、韓國與英國全都隨中國之後簽署東協條約⑭，大使跳過了最明顯的入門第一步。國務卿萊斯極力要求在七月實際出席東協區域論壇前預先審核，會中充斥以反恐、防擴散安全倡議為重心的美國工作計畫。由於人民民主聯盟占領機場，東協高峰會延期至十二月，不過小布希在同一個月與各國領袖並肩出席亞太經合會。做為東協主席，泰國也負責為東亞峰會選定主題，並連續兩年表示「假使美國決定有意加入東亞峰會，那麼泰國隨時做好準備去討論能幫得上忙的做法」。[154]這場會議也延期了，但是美國並未與會。

在經濟上，中國於二〇〇八年金融危機期間「露出真面目」，美國的弱勢使其進一步暴露對於鄰國的傲慢觀點。[155]據前美國大使波伊斯所述，中國的態度基本上變成：「在開始之前我把話說清楚：是你需要我們，我們不需要你。」[156]

對中國形象的某些傷害已造成，即使遠低於一九九七年的美國，而且金錢無法修復。中方與東協的貿易在二〇〇八年達到一千九百三十億美元，與二〇〇一年的四百五十億美元相較是一大躍進；自二〇〇三年起至少年年成長百分之二十。中國—東協的貿易、投資與旅遊中心成立⑮，第五屆中國—東協博覽會暨商業投資高峰會展開。金融方面，中國促成雙邊通貨交換以實現《清邁協議》的多邊化初衷，建立八百億美元的共用資金供會員國借用。從一次金融危機學到的教訓能在下一次派上用場。最終，二〇〇八年時中國對東南亞的經濟援助超過美國人。

相反地，美國助理貿易代表「認為泰國的經濟表現遜於區域競爭者……後者在改革商業法規與建立機制皆大幅進展」。[157]泰方回應時必須發揮絕佳克制力，才能在不損及美國的情況下談論中國

⑭ 指《東南亞友好合作條約》。
⑮ 指東協—中國中心（ASEAN-China Centre, ACC）。

的「進展」。誠然，較穩定的東南亞國家更能提升貿易與獲得外商直接投資，但是自塔克辛執政的七年來，美國幾未留意泰國北部的經濟門戶。也許前總理研擬政策時心懷中國，但是選擇經濟夥伴是他最民主的時刻。當小布希忙於宣稱「我們表示過支持亞太自由貿易區（Free Trade Area of the Asia Pacific）的願景」，美國在東協的貿易占比從二〇〇七年的百分之十七跌至隔年的百分之十二。[158]這使得美國在區域貿易夥伴名單又下降一名，落居第五。美國依然是東協的外商直接投資首要來源，然而無論東協倡議專案（二〇〇二年）、或是東協—美國貿易投資架構協定（二〇〇六年）皆未能改變這場經濟賽局。

約翰大使告訴泰國商務部長：「美國商業界開始視東協為單一經濟實體。」[159]美國駐清邁領事館加入來自寮國、柬埔寨與中國四川省的美國外交官，主辦探討泰北區域物流、供給與運輸的研討會。在否認中國的存在已無比龐大下，約翰的開場致詞反覆重申：「中國更常出現不代表美國的減少。」[160]領事館提到一間美國服飾公司，「儘管跟中國紡織巨人競爭」仍從一九九〇年起獲利，供其他投資人視為範例。[161]領事館表示：「泰國北部兩間大型企業的成功，證明了美國在此區域適宜耕作、價格可負擔土地的投資潛能。」[162]領事館也提及：「北部區域做為高科技製造業中心的潛力。」[163]現在是二〇〇八年，卻還只談論「潛力」。美國昭告天下己方享有聲譽優勢、在企業社會責任方面勝過中國的行徑，使其缺乏創舉相形更加令人沮喪。

在多邊化的《清邁協議》裡，美國希望確保其運作「跟國際金融機構的現有運作能真正互補……不致累贅或相互衝突」。[164]然而由中國支持，協議的本質與目的從不是補足，而是對抗。主要負責開拓協議的泰國官員直言提醒約翰：「一九九七年亞洲金融危機期間國際貨幣基金的政策弊大於利，而且無法仰賴美國等友邦提供協助。」[165]

## 龍的尾巴

泰國、中國和其他四國組成大湄公河次區域組織（Greater Mekong Subregion, GMS），簽署五年發展計畫。隨著中國的運油駁船持續沿河上溯，此計畫的重心在於能源。中國廣西自治區開始「提倡海上經濟合作、陸上經濟合作與湄公河次區域合作」。[166]然而八月河水氾濫並淹沒泰北七府，造成本地與區域對於中國的不滿。大多數泰國人說中國從上游三座水庫放水，而且中國最近在河上爆破與清污使問題加劇。雖然沙馬同意中國聲稱的責任在於強降雨，前一年中方贏得的善意因此受挫。頌猜總理支持伊洛瓦底江—昭披耶河—湄公河經濟合作戰略組織召開第三次會議，此組織由塔克辛發起，意在促進與管理中國在此區域的利益。

沙馬憶述過去擔任曼谷市長時中國城市給他的啟發，讚揚連接中國與西藏的世界最高鐵路。他也鼓吹將途經寮國、連通泰北與中國雲南省的公路完工；「我期盼開車去中國。一定很有趣。」[167]三月時，寮國至中國的路段鋪設完成，但是泰國負責的路段仍未完成，而且跨越湄公河的橋梁還沒動工。曼谷「利用這座橋做為與北京貿易協商的談判籌碼，因為中方對於道路完工顯然急切得多」。[168]途經緬甸的替代路徑同樣延宕後，有個宏偉計畫是讓兩條路在泰國北部的「中南半島樞紐（Indochina Junction）」相會（再往東延伸至柬埔寨和越南）。由於經湄公河航行這段距離出貨需時兩週，中方對陸路的興趣與投注資金隨之增加。

沙馬的外交部長論斷，美國「在全世界的這片區域漸失重要性，更別提泰國或東協，因為對美方不具任何利益。但是一察覺中國正擴張勢力，就覺得必須做點什麼……其利益在於控制中國的勢力，而非提升雙邊關係」。[169]他關於美國在亞洲不活躍的說法正確；關於美方投入「控制」中國的說法不正確。美國根本沒有採取積極策略來保護其地緣政治利益（何謂利益端視他們的認知），他們不太對於影響他們的舉動做出反應。出於撥打如意算盤的假設、卻非厚實分析而認為缺乏急迫性的想法直通天聽：小布希總統在曼谷演說時吹噓將「截然不同於過去的零和賽局心態」。[170]立基點何在？據小布希所述：「此區域的和平榮景需要中國與美國都強力干預。」[171]此論點具高度爭議——考量到當中國「強力」干預時，對於包括泰國在內的民主、人權和法治有何影響；遑論對於美國地緣政治利益的影響，無論就傳統定義或囊括相同的民主、人權與法治來看。即使中國在政變後搶占先機（中方外交官適切地以零和賽局詞彙來描述），美國三軍統帥⑯卻堅稱那是「過去」。

泰國持續參與馬六甲海峽的「天眼」計畫。美國協助在泰國林查班港周邊規劃一項聯合海上安全研討會，那是出貨至美國和新加坡的全球第二十大港。會議聚焦在「緊急應變、恐怖分子攻擊應變、危險物品（包括化學與放射線）事件應變、爆裂物處理（explosive ordnance disposal, EOD）和重大傷亡事件應變」，中國未被提及。[172]

人民民主聯盟占領曼谷機場後，突顯出烏打抛海軍基地的重要性並且開放給民航機使用。美國同意在二〇〇八年六月第二次舉辦雙邊戰略對話，但是美方特別提出要納入的議題是智慧財產權和防擴散安全倡議。縱然並未貶低戰略關係裡的經濟層面，智慧財產權（解讀為強制授權）與中國模式大相逕庭。在對話前的籌備期，阿南「評論中國政府有效運用『軟實力』……說美國在東南亞的存在至關緊要並且符合美國利益」。[173]他也提倡更緊密的美日關係，以「抵消否則將證實為勢不可擋的中國影響力」。[174]對話過後，一位「曾赴美受教育的泰國陸軍上校在國防大學讓一群美國一星軍官⑰感到震驚……他坦率直言：『泰國人體認到的區域動態關係如下：中國正在崛起；美國注意力分散／衰退；而泰國將隨之調整政策。』」[175]

## 艾比希：虛假希望和真實本色（二〇〇八至二〇一一年）

二〇〇八年底，泰國政治在二十六個月間第四度塵埃落定，每當一位總理下台、另一位就任，美國領導階層間就對於雙方關係懷抱希望。艾比希．維恰奇瓦是一位受西方教育（牛津大學）的總理，從二〇〇六年初擔任反對黨領袖且與美國大使館建立關係。約翰大使是首位拜會外交部長卡夕．批若亞（喬治城大學）的外交官，表示卡夕「對於美泰關係複雜性質的了解，將使得跟他和外交部在困難議題上合作較為容易」。[176]他形容財政部長功．恰帝卡瓦尼（牛津大學）是「了不起的人物，在經濟議題範疇十分精明，且立場對美國有利」。[177]

---

⑯ 指美國總統。

⑰ 美國一星軍官包括海、陸、空軍的准將，以及某些機關的二級少將。

上述三人全都代表早在一九四〇年代晚期就歸為「親美」的民主黨，川在黨內依然活躍。最重要的是，除了國防部長和一位副總理以外，艾比希的三十六位閣員裡有三十四位是平民出身。在美國這方面，新當選總統歐巴馬允諾將美國的注意力從中東移開，旋即自稱為「第一位太平洋總統」(first Pacific president)。[178]上任未滿一個月，國務卿希拉蕊就把亞洲定為首次海外出訪行程的目的地，此般情景從一九六一年國務卿勒斯克出訪泰國後再也未見。關於歐巴馬對手及越戰退伍軍人約翰·麥肯也許將給予更多許諾，倘若曼谷對此懷有任何疑慮業已消散。

與疑慮相反，美方從海洋兩側大舉回歸，其間夾雜許多警告信號。一九九二年至今，艾比希的政黨從未贏過大選；他藉由又一場「司法政變」及許多塔克辛陣營叛將奪權。陸軍總司令聲稱未涉入這場謀略，卻補充在他近期企圖分化沙馬政府後，「政治人物就不願聽他的意見」。[179]他屬於王后衛隊體系而非國際軍事教育與訓練畢業生，艾比希和功則年僅四十四歲且出身顯赫的泰華家族。艾比希告訴約翰，他的內閣裡有「美國熟悉的『老朋友』」，但是美國年代的世代轉移已在軍隊內外完成。[180]儘管卡夕來自舊勢力圈子，他在二〇〇五年初就從駐美大使的職位退休，為人民民主聯盟出力，後者是自一九七〇年代的民兵組織以來泰國最反民主的運動。誠然，雖然說想避免「泰國被動等待，只是在回應美國倡導的一切」，他的外交政策大多是在跟塔克辛過招。[181]至於美國這一方，選後大使館的口信是「不預期雙邊關係會發生重大改變」，這段話引發的擔憂多於安慰。[182]希拉蕊的初次出訪停留中國、印尼、日本和韓國；互簽協約且是主要非北約盟友的泰國卻被略過。

最終，以顏色為標誌的動盪局勢於艾比希治下再度興起，紅衫軍占據街頭，泰國的維安部隊則證實其政治偏頗、無能與極端。在他三十一個月的執政期間，曼谷與周圍府幾乎沒有一刻不實施緊急命令或國家安全法。二〇〇九年四月的「東協暨三國會議」遭到暴力擾亂終至延期；中國總理溫家寶根本無法抵達會場。在二〇一〇年的四十天內，至少九十人身亡、超過兩千人受傷。

## 中國消防演習

艾比希埋怨在此情勢下難以推動中泰關係，卜蜂集團的沙勒辛卻沒那麼寬容：

> 民主黨人從未跟中國合作，他們什麼也沒做。他們沒藉由官方管道推動任何事，也沒透過非官方管道。基本上他們根本不把注意力放在中國。所以很自然的，中方對於艾比希非常失望。陷入國內政治泥沼是十分薄弱的藉口。身為政府元首，你理應顧到全方位。[183]

北京從未停下腳步。為了在初期給予新政府支持，中國於二〇〇九年初取消塔克辛在香港外國記者會⑱的演說。然而泰國必須請求中方再度做出類似舉動，顯示中國持續對雙方下注。一年後中國外交官告訴美國：「出訪泰國的次數太頻繁了，不僅中央政府官員還包括地方貿易代表，現在他們不再為副部長以下的人安排維安官（control officer）。」[184]單單在二〇〇九年溫家寶總理就兩度到訪。艾比希在二〇〇九年六月、九月和二〇一〇年十一月回訪，此時「雙方就全面促進中泰關係達

⑱ 此處僅寫 press club，經查證應為香港外國記者會（The Foreign Correspondents' Club）。

成廣泛共識」。[185]外交部長卡夕在二〇〇九、二〇一〇年皆三訪中國。二〇一〇年，他在北京慶祝雙邊關係三十五週年（六月），赴上海和浙江省（八月），並於廣東新設一間泰國領事館（十二月）。眾議院議長及艾比希的兩位副總理於二〇一〇年訪中，而中國全國人民代表大會的正副議長各別訪泰。用中國外交部的話來說，上述交流「加強兩國間的政治互信，且深化互利的實際合作」。[186]

在六年內，美國大使館二度提及中國外交官素質的提升。大使「投注十七年的職涯派駐此地，而且常在本地電視亮相。至於過去沒有泰國經驗的那群人，好比使領館副館長，他們聰明、善於表達，而且愈來愈有自信在國際關係研討會上用英文發言，那曾是『西方』外交官的專利」。[187]即使波伊斯也僅待在泰王國十一年，而他是美國新規矩的（退休）例外。一位中國外交官表示：「艾比希的三十六位內閣裡，有三十人可以視為泰華。」[188]一位泰國同僚解釋：「一代代海外華人移民來我們國家，他們在艱難的時刻有所貢獻，他們全都是重要的連結關係。我們跟美國擁有同樣的連結嗎？不盡相同，不在同一個層級上……中國政府看出我們所領會議題的重要性，因為這是一種力量。」[189]

這項事實並不僅限於權力與政策核心⑲。到了二〇一〇年底，除了十二所孔子學院，十一間孔子「教室」也在泰國興建完工。全泰國各級學校裡約有兩千七百位中國教師，大多教華語。更值得關注的是泰國和中國成為彼此最大的外國學生來源，各自約一萬人。根據一筆美國大使館二〇一〇年的電文：「留中泰國學生與留泰中國學生的數目，如今超過泰國與美國之間的交流人數。」[190]由於相對華語的選修，英語仍然是必修課，大使館主張：「不過，中國在教育面漸增的軟實力，並不清楚是否減損美國的軟實力。」[191]然而，光是教育交流的反轉並未構成零和賽局的損失，關於中國的民意選擇不才是重點所在？中國大使館宣稱在泰國的六千五百萬人民裡，百分之十八擁有華人血統。一項民意調查則指出，所有泰國人之中的百分之七十判定中國是王國最親近的友邦。

＊＊＊

二〇〇六年政變的一個月後，駐曼谷的中國外交官告訴美國，唯有軍政府對平民開火才會改變他們的投機應變。然而，當軍隊撐腰的政府，而非軍隊在二〇一〇年這麼做，中國果然不為所動。艾比希憶述：「他們一直很清楚：『嘿，你們的事就是你們的事，我們希望你去處理它並且讓事態穩定下來。』他們只在乎那件事。中方表達『我們不插手』的立場，這做法對泰國來說相對容易得多，不致激怒任何人。」[192]一位反獨裁民主聯盟領袖主張，中方「不怪艾比希任何事，因為他們已經支持他了，你了嗎？」[193]儘管群眾之間持有武器，抗議人士呼籲中國大使館協助防止流血事件。「我們不想要外國人干預我們的主權」，這位領袖說，「可是至少發布聲明說別對人民開槍。但是沒有，他們從沒發布過。」[194]相反地，中國外交部在最初的流血事件後表示：「中國對於泰國的情勢深表關切。我們誠摯盼望得見泰國早日恢復社會秩序、政治穩定、經濟發展，人民享有快樂榮景。」[195]

四月底，中方派一位代表到反獨裁民主聯盟的舞台發表簡報。「緊接著騷亂（在五月）發生後」，艾比希的發言人憶述，他們「被叫去總理府，聽取（最後鎮壓）非常即時的說明」。此外

⑲ 權力核心（corridor of power）亦見直譯為「權力走廊」，指有權做出重大決策的政府機關。

「與美國相比」，中國較少接觸泰國政治高層，卻「跟最高階軍事領袖關係良好」。[196]鎮壓僅僅兩個月後，中國歡迎差瓦立將軍的「私人到訪」。[197]

約翰大使評估，在和平處理抗議方面缺乏可信度，中國干預此事的風險太大而不干預面臨的風險極低。一位中國官員反倒表示美國的干預「釀成大錯」。[198]在比較兩者時，艾比希的發言人、也是長年的國安顧問帕尼坦主張：「中國較不積極且採用間接途徑，處理這次情況時也不例外……中國非常務實，但是很熱衷於獲取資訊並做出應變。」[199]他在二〇一五年論斷：「在狀況發生後，美國和中國採取的政治立場，明顯表現出兩國的政策有多麼細緻。中方並未堅守原則，而是採取更可行、務實的做法。」[200]

## 缺乏外交手腕的往事

二〇〇九年艾比希和卡夕訪美，國務卿希拉蕊赴泰國。不過只有卡夕的行程涉及兩國，因為希拉蕊到來是要參加東協區域論壇，艾比希則為了聯合國大會而去，會後只見了美國議員和商界領袖。卡夕另於二〇一〇年出訪華府，在那不久前美國大使館「並未正面回應艾比希一再表達的願望，自從他在二〇〇八年十二月掌權後就想出訪華府」。[201]泰方也未能讓歐巴馬在二〇一〇年訪印尼途中停留泰國。

艾比希的副總理表示希拉蕊「在本地有許多粉絲」[202]，卡夕則讚揚政治事務次卿（Under Secretary of State for Political Affairs）。「但是負責亞太事務的那些人並未使我留下好印象。我認為你們在整個亞太地區的大使素質一塌糊塗，不夠適任。即使是適任者也得不到國務院的關注。」[203]若講得委婉一點，艾比希本人憶述：「其他大使館，諸如英國、中國的大使館，有原先在這裡工作過的人。他們回到泰國，能講泰語，對泰國很熟悉。最近的大使和美國大使館高層不是這種類型。我不確定泰國是不是特例。」[204]二〇〇九年到訪的寇特・坎貝爾（Kurt Campbell）尤其受到雙方批評。「你們沒有一流的東亞與太平洋事務副助理國務卿。」卡夕指出。[205]坎貝爾以天天密集召開會議聞名，卻「只把泰國視為緬甸的中途站，而非目的地來對待，此刻後者對他的老闆更具重要性」。[206]談論到坎貝爾將要營運一所有利可圖的智庫時，一位美國資深外交官主動提出「不可能從泰國身上賺錢」。[207]回過頭來，坎貝爾厭惡卡夕至極，以至於他告訴維安官唯有換一位新的外交部長他才會重回泰國，「而且在那發生之前他真的沒回去」。[208]

縱然自身在日後犯錯且造成更深遠影響，美方反覆提及從二〇〇八年中至今都沒有泰國駐華府大使。一位國務院資深官員認為泰國在最需要的時候「不嚴正看待外部參與」，提及最近一位新加坡駐華府大使已延續十二年任期。[209]與此同時，泰國埋怨擁有一百二十一位成員的泰美國會友好小組（Thai American Parliamentary Friendship Group）與國會溝通卻未獲回應。泰國也「警示中國正積極與泰國議會培養關係……泰國議員訪美的人數卻見衰退」。[210]

二〇〇九年的一項調查則指出，百分之八十六的泰國城市居民對美國抱持支持觀點，在人口規模上曼谷是泰國的第一大城，且久為親美民主黨的根據地。同年，一場學生參與、效仿市民大會（town hall meeting）的活動「獲得一面倒的正面媒體報導……原因是國務卿希拉蕊與共同主持人之間妙語詼諧，塑造輕鬆愜意的氣氛」。[211]不過希拉蕊主張「教育與學生交流是美泰間最重要的措施之一」是在虛飾數據。[212]八千七百位泰國學生在美國的學校註冊，「過去五年間或多或少停滯了……從一九九七年金融崩盤前的一萬五千人高峰下滑。」（而且少於在中國的一萬位學生。）[213]約七千五百位泰國年輕人參加美國的暑期打工旅遊計畫。只有一千五百位美國學生在泰國讀書，僅僅是中國數據的百分之十五。若比較在泰國的美國和中國教師，大使館表示「人數顯著較低」。[214]王國也有約一百四十五位和平工作團志工，但是他們的影響力已大幅衰減，肇因於「和平工作團志工的任性指導」，川的外交部長回想。[215]

＊＊＊

到了二〇〇九年，國際執法學校已培訓九千位泰國人員並追查五百起案件。新設立一批共十八所執法機構，投入「引渡與司法互助……反毒、反恐怖主義、人口販運、智慧財產權保護、洗錢、網路及其他白領犯罪」。[216]規劃訓練高達十七萬泰國警力，泰國的頂尖鑑識科學家則為了她在南疆的工作請求美國培訓。美國和泰國也宣布，歷經六年的共同實驗，有史以來最大規模的人類免疫缺陷病毒疫苗臨床試驗獲突破性成果。二〇一〇年一月強震襲擊海地（Haiti）後，美國協助泰國公民撤離並讚賞泰國醫療團隊的出動。

此外，俄羅斯軍武走私販維克多．布特一案繼續在外交方面消耗龐大時間與資本。約翰向艾比希和他的國防部長表示關切，認為一位泰國海軍上校作證表示布特在泰國商談一筆潛艦交易，背後受到金錢鼓動。美方正當指陳，不能確保程序可信「將構成雙邊關係嚴重受挫」。[217]但若出於正當、拒絕體察泰國面臨俄羅斯龐大壓力的處境，美國自身就得發動強力的引渡遊說。二〇〇九年三月美國司法部長致電後，外交部奉命佐證引渡對與美及與俄關係的影響。布特基於被逮捕過程對美國緝毒局（US Drug Enforcement Agency）提出三項刑事告訴，致使美方不得不出庭作證。大使館建議聘請時任私人法律事務所的塔克辛外交部長素拉基亞為律師。

二〇〇九年八月，法院拒絕引渡要求，美國震驚失望下立即上訴。約翰建議歐巴馬致電艾比希。他敦促美國與聯合國的高層官員在華府和紐約的泰國大使館會面。他建議華府，請求受布特販運軍火影響的其他國家聯繫泰國。他主張，基於這項裁決，泰國的南部叛亂分子可被視為政治行動者（political actors），而他們的外國供應商無法引渡至泰國。接著直指政治要害，約翰指出：「當泰國政府一度欲引渡逃亡的前總理塔克辛，法官的裁決顛覆了泰國皇家政府的立場。」[218]他論斷：「不會做出適得其反的強力干預，我們將明確表示，我們把泰國行政部門對此裁決的反應視為關係的考驗。」[219]

二〇一〇年初，美國基於跟金錢相關的新指控提出第二次引渡請求。此舉實際上抵消了對於初次裁決的成功上訴，因為要等到新的起訴獲得同樣裁決後布特才能被引渡。一架美國飛機停在曼谷的停機坪上等待。然而直到十一月第二次判決仍延宕中：「泰國政府把布特從一座曼谷監獄裡拽走，審慎移交給等候的美國官員，他們綑綁他運上飛機……泰國維安部隊持突擊步槍圍住布特匆匆押至機場，並未通知曼谷的俄羅斯大使館其公民遭到引渡。」[220]

＊＊＊

美國在二〇〇九年和二〇一〇年介入泰國政治危機，可從中得出幾個結論。首先，美國在符合某一方利益時交替得到雙方陣營的感謝與批評。一位美國資深外交官回顧，與中國形成對比，美國受到「預期要發表評論，我們因此遭到攻擊的事實就是賽局的一部分。我們無從選擇袖手旁觀，我把沒有一方感到開心的事實看作我們做對了某些事」。[221]其次是值得讚揚的一點，美方自始至終以合宜且相近的次數會見雙方陣營，並且連續四年重申反對違憲的權力變革。卡夕同意「必須為各方追求公平正義」，其觀點卻在替人民民主聯盟直言辯護。[222]反獨裁民主聯盟的領導階層日漸分歧亦顯現了民主的矛盾。而且雙方皆斷言與另一方溝通等同於為對方的動機背書，以此掩飾雙邊一致追求「完全的理解」。第三，在民主仍有可能於泰國重現的情況下，對危機做出回應符合美國的利益，即使恢復後的狀態已遭嚴重削弱。中國模式已盛行於人民民主聯盟的黃衫軍陣營，但是人民民主聯盟的紅衫軍一方仍在未定之天。假如美國的對泰政策真有民主、人權與法治的一席之地（不可否認這在小布希治下獲得反證），這場危機讓歐巴馬獲得扳回一城的證明機會。不同於從未將維護國際法納入共同利益的泰華關係，美國仍然有機會導入在北京的「秩序」和「穩定」以外的優先考量事項。由此觀之，二〇〇九年中處於風暴中心時，約翰提出「美國不是裁判，而是泰國負責可靠朋友」的主張正確無誤。[223]最終美國落入一系列誤判，範圍從本可避免的疏忽到重大後果。

在隨後五年裡，副總理素貼．特蘇班（Suthep Thaungsuban）將證實他是泰國史上平民出身的最堅定民主反對者。他告訴一位國務院官員自己在二〇〇八年底向塔克辛伸出援手，卻被斷然拒絕；塔克辛宣稱從未接獲聯繫。素貼感謝約翰對前總理的費心，徒勞地詢問約翰是否知悉紅衫軍在柬埔寨有「訓練營」，並且分享他對艾比希恐有生命危險的擔憂。他也表示「塔克辛財富雄厚，他在公關方面下的工夫扭曲了反政府運動的本質，把運動描繪成關注民主」[224]，藉此預示了自己日後的剝削利用行徑。在紅衫軍陣營，一位來訪的美國官員詢問塔克辛的政黨領袖：「國際社群要怎麼協助泰國以和平民主的方式解決政治爭端。」[225]他們的評論同樣預見了日後的事件。前任（與未來的）內閣成員差都龍・猜盛提出忠告：「大選無法為民主下定論。」[226]塔克辛的律師要求美國「一貫採用宏都拉斯原則」，當地於同年稍早發生政變。[227]約翰也再次會見塔克辛的妹妹：「縱使政治之於盈拉顯然不如其兄長一般得心應手，人們猜想她或能在黨內擁有輝煌前途。」[228]

約翰在二〇〇九年初連續兩天見塔克辛前妻時犯了錯，這並非出於她的政治或不確定的法律地位，而是他們在必定遭人目睹的五星級飯店用餐。第二頓午餐旨在澄清第一頓引起的謠言與迅速流傳的報導，卻使誤判變得更複雜。二月時他告訴媒體，塔克辛美國簽證遭撤銷的傳聞並非事實。塔克辛在電話裡告知約翰，他「或許會在接下來幾個月赴美，但是不打算公開譴責泰國皇家政府」。[229]約翰回答，他的簽證「不保證能獲得入境美國的許可。大使提醒塔克辛美泰引渡條約（US Thai extradition treaty）的存在，並建議塔克辛依自己的判斷行事」。[230]然而在四月的東協活動脫軌失序後，約翰建議美國「審慎撤銷」簽證[231]，因為已有兩項逮捕令對前總理發布，而赴美「意味著美泰關係的討論必定圍繞著塔克辛的地位」。[232]相反地，此項決策僅僅阻礙了與反對人士的關係，在更大程度上實現了約翰的擔憂，並非加以預防。甚至在約翰拒絕卡夕追查塔克辛海外動向的要求時，部長坦承他回到泰國「可能在政治上過於棘手，並補充有些人也許會試圖朝他開槍」。[233]

國務院也錯誤譴責東協活動時「抗議人士令人無法接受的暴行」，卻未承認政府安插了鼓譟挑釁的特務人員。[234]塔克辛的妹妹告訴約翰：「紅衫軍從去年四月學到了教訓，一概否認行使暴力」，不過整體而論證實了公關是一項弱點。[235]約翰建議將針對卡夕的控訴視為「泰國內務」，在兩個月後招致反效果。[236]很可能由於試圖迴避人民民主聯盟占領機場未達「恐怖主義」的程度，在反獨裁民主聯盟眼裡，美國在缺乏利益時突然顯得具有選擇性。同月，紅衫軍第三度來到清邁美國領事館外，抗議國務卿希拉蕊計畫出席艾比希主辦的東協區域論壇。超過六十人利用前總統卡特於十一月造訪國際仁人家園（Habitat for Humanity）的場合，要求歐巴馬「杯葛並且不要支持」政府。[237]

***

二○一○年三月初，大使館發布聲明表示反獨裁民主聯盟「誓言放棄動用暴力」，政府則會「行使適當的約束」。[238]與此同時，副總理素貼引述：「顯然得自美國的情報，表示抗議可能釀成暴力事件，做為搶先在曼谷援引國安法的正當理由。」[239]這項斷言完全符合泰國「負責可靠朋友」的作為，將於危機期間與事後持續困擾美國。他也宣稱美國「監聽與塔克辛相關的電話交談」。[240]反獨裁民主聯盟一度在美國大使館前聚集要求澄清，並主張「美國人傳授的機密行動（black operation）是過時把戲」。[241]

在四月十日的第一波致命衝突後，國務卿希拉蕊錄製影片呼籲和平對話：「只要你們持續走在化解政治歧見的道路上，我們仍然對美國和泰國之間堅定長久的關係懷抱信心。」[242]儘管軍隊粗糙地嘗試淨空抗議區域，美國正確指出是紅衫軍引發暴力。他們之中有一位叛變的泰國將軍，早年投入反共：「以前我送苗族反抗軍的王寶將軍（Vang Pao）去美國……我有一段跟中情局共事的過往。」[243]他給歐巴馬的訊息是：「帶聯合國進來，因為就要變得像波布、墨索里尼和希特勒那樣。」[244]九天後，國務院重申其終止暴力的呼籲，大使館則隨中國派出一位代表至核心抗議區域。「顯然要爭取反美批評且分裂國際輿論。」紅衫軍一度赴曼谷的聯合國大樓前示威遊行，要求維和部隊進駐。[245]

由於美國也讚揚艾比希的「和解藍圖」，並且敦促抗議領袖在台上譴責暴力，私下與其會面則增添額外張力。[246]其中一人憶述他們「邀請我們到樓上討論，卻再無動靜」。[247]五月初反獨裁民主聯盟提出警告，認為當局將動用最終的暴力：「假若美國把事件解讀得更仔細，他們會發現確鑿證據。」[248]聯盟發言人埋怨：

> 一位美國官員對於近期的暴力事件得知「不可置信的細節」，他認為是「中情局及其他混入民眾的線人」所蒐集。他說這位美國官員宣稱反獨裁民主聯盟改造壓縮氣體鋼瓶為炸彈，並且在鄰近建築物囤積自動武器……「大使顯然決心認為我們已經變成一支軍隊而非和平運動……美國大使館並非如他們宣稱般中立。」[249]

然而在他的同僚心目中，「我有機會跟美國大使館談話，可是我覺得他們仍然懷抱某種錯誤的看法」，認為塔克辛能在暴力事件中獲利。[250]政府本身在五月初強烈反對一位來訪的助理國務卿會見反獨裁民主聯盟的幾位領袖；卡夕和人民民主聯盟拒絕助理國務卿的邀請，約翰則被叫到外交部裡接受官方譴責。儘管這次會議的目的是敦促反獨裁民主聯盟降低緊張情勢，六個月前獲得官方樂見的接觸如今變成干預。

兩個多月來允許情勢激化，泰國的維安部隊在五月十三日至十九日間採取行動。根據一位美國外交官的精準憶述，紅衫軍在十多處地點利用削尖的竹子、帶刺鐵絲網和成堆輪胎，搭建「瘋狂麥斯⑳般」的防禦工事。[251]武裝衝突在曼谷市中心各處發生，士兵收復被占土地並逮人。就在剛剛訪問他的《紐約時報》記者數公尺之遙處，叛變的將軍被狙擊手的子彈射中頭部身亡。事實上，軍隊在「交火區」內非法使用致命武力，一小群極端抗議人士則投擲手榴彈。至少六十人身亡，大多是平民，其餘還有一千多人受傷。最後時分，紅衫軍朝幾棟重要建築物放火，生成煙硝竄入城市上空。

供在泰美國公民參與的網路「虛擬市民大會」（Virtual Town Hall）裡，大使館的維安人員表示：「當下我正在跟總理合作。軍隊正試圖讓城市重新開放，而那涉及應對紅衫軍發起的暴行。」[252]行動結束的數小時後，大使館發言人向媒體表示：「我們深深關切紅衫軍支持者針對供電基礎設施及媒體機構縱火，並且攻擊新聞記者……我們譴責此種行為，並且呼籲反獨裁民主聯盟領袖及相關的政治反對人士敦促支持者停止上述舉動。」[253]艾比希與黃衫支持者在他剩餘的十四個月任期內將保有美方的支持。美國對此暴力事件的觀點遠比事件本身更不平衡，這肇因於美國未能完整評估前一年的衝突，以及持續將軍隊的不情願混淆為「克制」。此外，如同其維安人員透露與艾比希的發言人說明的：

> 與我方合作的情報人員十分熟知本地的風險，而這體現在美國最高層級的外交官身上。關於和平解決方案與民主原則的基本思考是一致的，但不再僅限於此。當時較少討論原則，在危

機當頭之際並非壞事。我們有一條專線能隨時跟大使館高層人員通話。他們傳達對於現場狀況的關切（真正關切實際的議題），並且試圖給出良好的意見、正向的建議。我們也向他們保證政府將如何行動，維安部隊將如何行動。[254]

假使美方曾真正關切軍隊的非法「交火」區域，他們的意見遭到忽視。事後的聲明也從未提及此事。

美國也必定受到塔克辛在鎮壓前夕拒絕妥協的影響，此項協議對他極其有利，但是不包括交還他的資產。一年前他告訴約翰的話正確無誤，即紅衫軍是被「遠大於金錢的事物所驅動」，暗示了在二〇一〇年真正失去的比九十條人命還多。就像兩年前的人民民主聯盟，反獨裁民主聯盟的民主素養因為暴力而長久蒙上疑慮。[255]所持觀點真正支持民主的微小群體仍然置身於名不符實的綜合體下，而後者已背道而馳顯露本色。

六月雙方陣營皆派代表赴華府，冀望影響眾議院對於泰國的決議。艾比希表示：

塔克辛確實在美國擁有堅強的遊說團隊，而且他有能力讓對他有利的文章刊出，顯然能讓偶爾關注泰國者留下對他陣營的較佳印象。我從沒怪過，好比說，一位相信塔克辛宣傳內容的眾議員或參議員，因為那就是他們所讀到的。但是當我們費力解釋諸多事件，結果並沒有用。[256]

⑳《瘋狂麥斯》（*Mad-Max*）是美國與澳洲合拍的動作電影系列名稱，描述人類在能源短缺、秩序重組的地球求生存。

塔克辛的泰國律師希望提出「給朋友的友善建議」，並且在決議裡見到鼓勵與塔克辛協商的條款。[257]相反地，全體幾乎一致通過的決議陳述眾議院「支持泰國政府關於國家和解的五要點藍圖（5-point roadmap）目標」。[258]一個月後，一位國務院高層官員拜訪艾比希，允諾給予這項計畫行政支持。在反獨裁民主聯盟抗議人士違背原先議定的條件後，大使館拒絕接受聯盟要求撤銷決議的陳情信。塔克辛新任外國律師的笨拙發言僅僅減損他的客戶名譽，且激起美國目標受眾的反感。

最終在十二月塔克辛受邀赴華府，向美國的歐洲安全與合作委員會㉑發表關於泰國的演說，但塔克辛並未赴約。近幾個月泰國向全世界發布塔克辛的通緝令，指控他犯下恐怖主義，此外尚有原先控告罪名較可信的通緝令。泰方也表示正追查他的簽證申請，並且準備要求引渡。我們並不清楚究竟是美國預先勸告塔克辛，或是他自行評估風險。但是由一個不分黨派國會機構發出的邀請函，也不足以抵消檯面上的政治與法律不確定性。艾瑞克．約翰將在同一個月以大使身分離開泰國，談論到經過四年半以後，塔克辛不再跟他說話了。

## 水上芭蕾

從二〇〇一至二〇〇八年，泰國只有由塔克辛或軍隊主導的政府，在在加深跟中國的軍事關係。針對塔克辛的控告日趨嚴重，且無跡象顯示這股動向會在艾比希治下改變，證實上述論點的進一步證據，在於泰國陸軍總司令在新政府組建未滿兩個月時出訪中國。雙方高階人員互訪將在未來兩年半裡持續不減，而中國國防部長早在二〇〇九年十二月即予回訪。赴北京解放軍國防大學就讀的泰國官員人數亦見成長。卡夕告訴一位美國外交官：「中國軍方強力追求跟泰國軍方關係更緊密。」[259]國防部未給予必要解釋，只是告訴美國這很「自然」。[260]

在二〇〇九年蘇丹（Sudan）拒絕泰國關於人道援助的請求時，美國大使館告知華府：「泰方不打算請求美國支援此項重要部署。相反地，泰方已告訴我們，他們正在尋求中方的協助，包括物資與政治方面，好讓部署實現。」[261]同年舉行的一項民意調查，僅有百分之二的泰國人認為中國崛起的軍事力量是一種威脅。

政變後軍事預算的首次下降（把全球經濟危機偽裝成平民領導），也使採購導向較低價的中國武器與物資。關於對品質的長久不滿以及在協同工作能力方面的顧慮，使得大規模採購有所保留，但是中方的銷售配套開始囊括維修與訓練。中國持續優化泰國的防空裝備，並且提議出售武器系統和二手潛艦。正如卡夕所說明：「中方有充足資金，而且曉得該給軍隊什麼玩具。財政或經濟合作的條款欠缺民主考量。所以他們收買了泰國政治家，他們收買了泰國軍事機構。」[262]

從潛艦的共同利益觀察，最重要的是聯合演習的進展。「突擊二〇〇九」在中國舉辦，「突擊二〇一〇」辦在泰國且聚焦於反恐。二〇〇九年北京強力建議舉辦大規模雙邊演習，當時泰方的參與侷限在特種部隊。二〇一〇年十一月的新進展是「藍色突擊」（Blue Strike），這項海上演習由兩國的海軍與海軍陸戰隊參與。

---

㉑ 歐洲安全與合作委員會（Commission on Security and Cooperation in Europe）起源於一九七五年在赫爾辛基召開的會議，因此又稱為赫爾辛基委員會（US Helsinki Commission）。

## 退卻

泰國的陸軍總司令的一位副手告訴美方，他的上司「善意比較他在中國得到的對待與美國軍方的『老大哥』手法，他認為美方有時更關注於追求人權與民主方面的潛在顧慮，而非建立關係」。[263]一年後，這位總司令親自描繪「泰國軍方與其他政府單位日漸察覺，如此關係為美國帶來更大的利益」。[264]泰國比較與看重的點並不令人意外，因為在艾比希治下，中泰間的軍對軍進展顯示美泰間的相應退卻。

二〇〇九年中總司令確實在曼谷會晤美軍參謀長，並且出席夏威夷的太平洋軍事首長會議（Pacific Army Chiefs Conference）。二〇一〇年初他自行造訪華府。參與軍事首長會議的一位資深將領也在華府，政軍事務助理國務卿（assistant secretary of state for political-military affairs）和美國印太司令部指揮官則於二〇一〇年出訪曼谷。跟大使館認定的加強領域相符，卡夕「曉得在維吉尼亞州諾福克市㉒有項關於重整美國軍力的熱烈討論，諸如快速部署部隊（rapid deployment forces）、聯合指揮（joint command），更多電子戰與現代軍備，善用電腦且知識淵博的士兵」。[265]二〇〇九年與希拉蕊會晤時，卡夕告訴她：「泰國可以在聯合國的維和行動裡表現良好，可以從事反盜版，還可以在救災和人道救援時投入更多平民—軍隊承擔。你該做這類型的事來幫助強化泰國的軍事機構。」[266]儘管認為「在額外的透明度方面損失最大」，軍方持續貫徹美國資助的國防資源管理系統（Defense Resource Management System），美軍聯合顧問團則協助軍方建立一項士官計畫（non-commissioned officer program）。[267]美國也在二〇一〇年幫泰國運送醫療補給品到海地，改善維和訓練設施，並且為蘇丹的泰軍提供裝甲車輛和一般車輛。泰方耗資七百多萬美元買一艘無人飛船用於監控南疆，在價格與不切實際方面皆引人嘲笑。

軍購以另一種方式遭受打擊。二〇〇九年，已籌備價值超過二十億美元的武器與物資，美國開始「透過外國軍事銷售（Foreign Military Sales）、對外軍援、直接商業銷售（Direct Commercial Sales）和其他計畫組成能滿足泰國軍方需求的綜合計畫」。[268]繼會晤希拉蕊後，卡夕表示：

> 想要她改變軍購的條款。我們是盟國，所以我們得到的應該要比緬甸或馬來西亞人好。妳不能說我們就該跟那些小嘍囉拿到同樣的東西。我們應該得到好貨色，跟他們給台灣、韓國、以色列，或甚至埃及軍方的類似。我在檀香山跟美國第七艦隊的指揮官也這麼說。這裡頭存在某種不信任或是擔憂，唯恐泰國獲得鄰國沒有的全面優先性——為什麼不行呢？我們可是該死的盟國。[269]

泰方成立一個專門致力於增加對美軍購的委員會。在清單上居首的是三架UH-60黑鷹直升機，而且可能在七年內再增加六架。艾比希的發言人（暨安全專家）帕尼坦指出瑞典戰鬥機銷售配套包含技術在內，比F-16較佳的整體熟悉度更為重要，因此要求技術轉移。他也比照跟中方謀求潛艦的會議，宣稱他們買得起「重要的攻擊力」。[270]但儘管如此，一位空軍將領仍抱怨「愈來愈難」獲

---

㉒ 諾福克市（Norfolk）有美國最大的海軍基地。

得美國軍購。泰國外交部要求獲得更多美國對外軍援，一位來訪的國防部官員回應時允諾「最快在二〇一二年」增加。[271]就在同一個月，泰方購買以色列的塔佛突擊步槍（Tavor rifles）而非美國的M-4步槍㉓。

二〇〇九年四月，基於美國從伊拉克和阿富汗撤兵，卡夕憑著泰國的主要非北約盟友身分要求更大量的多餘國防物資㉔。七月他跟艾比希一齊向希拉蕊再提了一次，要求約翰大使將一份特定清單轉交美軍聯合顧問團。他尖銳地告知一位國務院高層官員：「泰國不能一直拒絕中國增加軍事接觸的要求，美國軍方必須更認真地重新涉入，並且『至少象徵性』回應泰國請求的多餘國防物資。」[272]陸軍總司令補充此舉「將有效扭轉，泰國在這段關係裡付出多於收穫的印象」。[273]儘管如此，美國回應至少要到二〇一四年才能供應多餘國防物資。

訓練和聯合演習的進展僅稍好一些。直到二〇一〇年，國際軍事教育與訓練的資金仍未重回政變前水準，而且「鮮少低階軍人」在美國就讀。[274]儘管前者部分歸因於全球的經費削減，後者則出於塔克辛的反國際軍事教育與訓練政策，泰國人顯然對此念茲在茲。根據國防部所述，從兩百四十萬美元掉到一百五十萬美元的衰減，「可能削弱傳統上美國與泰國軍方的緊密連結」。[275]卡夕甚至更加直指地緣政治和人口統計現實，指出國際軍事教育與訓練必須「積極提升下一代泰國軍事領袖的培育」。[276]他沮喪地回顧：「他們對泰國軍事機構的影響如此深遠。敦促他們以更文明的方式行事。」[277]國防部和國務院官員說他們會嘗試。美國與泰國持續共同參與每年約四十項雙邊或多邊軍事演習，金色眼鏡蛇仍為重心。泰方要求在演習中為即將成形的海岸巡防隊策劃訓練。二〇一一年中，美國海軍陸戰隊在泰國東海岸舉行為期十天的非致命武器訓練演習，包括在前一年曼谷砸鍋後亟需的人潮管控（crowd-control）技巧。

## 危機何在？

在艾比希的回憶裡：「跟中國的往來高度聚焦在經濟關係，所以我們大部分出訪事關界定貿易標的、投資、旅遊業，把我們的農產品送過去，以及高速鐵路。」[278]到了二〇〇九年底，泰國對中出口額已經比艾比希就職的二〇〇八年十二月高出百分之一百一十五，並且首次超過對美出口（以及日本）；中國的整體貿易額雖在兩年前超越美國，出口市場仍舊處於落後。此外，泰國對中出口占比自二〇〇二年以來翻倍，從百分之五成長至百分之十。有趣的是，美國製造商在泰國鄉間生產的電腦硬碟名列前茅；把勞務外包至東南亞後，這些公司的產品被認定為泰國出口品。另一項商品是橡膠，跟泰北農民自塔克辛在任時捨稻米轉作橡膠互為因果關係。北京回應泰國和印尼的請求，同意將收購價漲成六倍。根據財政部長功所述，他們希望得到的最高價僅及此一半。整體雙邊貿易在二〇一〇年增加百分之三十九，通貨交換亦在商討中。六月訪中期間艾比希簽署至少十八項經濟協定，美國大使館稱之為「中方關注泰方第一優先考量的例證」。[279]

---

㉓ M－4步槍（M4 carbines）又稱卡賓槍，是M－16步槍的縮短版本，適合近身作戰。

㉔ 多餘國防物資（excess defense articles）是美國國防部和海岸防衛隊界定已不再需要的用品，以減價或無償供應對美國國防安全有助益的國家。

二〇〇九年泰國在上海設立第二和第三間投資辦公室，中方對泰投資的計畫總額增加十億多美元。縱使仍舊落後日本、美國和歐盟，但中國正迅速爬升；「北京在（二〇一〇年）第一季成為泰國最大的海外投資方，於經濟面進一步表達承諾。」[280]此外，雖然中方投資人持續享有來自北京的金融兼政治（financial-cum-political）支持，他們並未獲得雙邊《友好經濟關係條約》給予美方的國民待遇㉕。中國收購泰國ACL銀行㉖，至少到二〇一五年一直是泰國最大的單一投資案。收購透過競標完成，與中國的協商過程「實質落在政府對政府的層級」。[281]功很清楚這是「我方刻意為之的決策，讓中國的一間主要銀行在泰國占有重要位置，並且允許日後的貿易與其他投資經由此銀行獲得資金」。[282]與此同時，將收購對象更名為中國工商銀行後，北京顯然「想在亞洲的一個戰略國擁有穩固立足點」。[283]相反地，「有些分析師評估，泰國在中國的投資價值是中方對泰投資的十多倍」。[284]卜蜂集團仍然占據最重要的位置，不僅在中國擁有價值六十億美元的投資，而且「在過去十年裡，設法在每任泰國政府裡至少安插一位高階經理人擔任重要部會首長」。[285]無論這些政府之間存在何種真實和佯裝的不同，進入世界最大市場並非其中之一。

## 失去市場占有率

「當這一切發生之際，」根據功所述，「泰國和美國之間徹底無聲無息，完全沒有新進展。由於金融危機，美國不太有施展空間。至多就只是維持我們都視為理所當然的十分良好關係。」[286]當時他在有線電視新聞網（Cable News Network, CNN）公開發言，建議他們「繼續相互合作，而非擔憂中國經濟崛起的可能影響」。[287]不過影響千真萬確：美國在貿易方面的落後迅速擴大，在外商直接投資方面則慢慢喪失領先地位。雖然美方持續堅稱「泰國經濟領袖了解，長期來看，尊重智慧財產權、公平的勞工待遇及良好治理……是健全經濟成長的必要之舉」，他們也能誠實待己。[288]就出口總額的反轉而言，約翰承認「十二月的數據讓一些人訝異，可是一旦回顧過去三十年的泰中經濟關係，這一天顯然無可避免」。[289]誠然，二〇〇九年十二月的泰國對美出口與去年同期相比僅成長百分之十三，從二〇〇二年至今，泰國的對美出口占比則幾乎砍半。整體而言，二〇一〇年的雙邊貿易僅成長百分之十五。

關於夭折的自由貿易協定，卡夕表示「協商不會得到任何結果」[290]，艾比希說「美國尚未傳出重啟對話的信號」。[291]艾比希也恢復了塔克辛的貿易代表身分，然而國務院必須等到己方新代表於二〇〇九年上任。約翰大使則推行一系列「會見部長」（Meet the Minister）的活動，讓他和美國企業家接觸內閣層級的官員，而且他在二〇〇九年赴泰國北部，促進跟當地政府和私人企業的經濟關係。儘管不足以讓泰國從美國的觀察名單移除，艾比希親自投入智慧財產權保護，美國「為了給予新政府必要支持」，也發起一項非例行審查以謀求進展。卡夕同意「持友好態度與藥廠商談」[292]，貿易部副部長則在華府承諾「強制授權不會是難題」。[293]二〇〇九年底泰國首肯《專利合作條約》

---

㉕ 國民待遇（national treatment）指提供外國國民等同於本國國民的待遇。

㉖ 作者此處指的應是中國工商銀行於二〇一〇年收購ACL銀行（ACL Bank Public Company Limited），收購完成後更名為工銀泰國。

（*Patent Cooperation Treaty*），修改國內的著作權法並且納入美國的智財權專家。

對泰國而言，主要的貿易議題在於美國的保護主義。儘管美國終究開始遵守世界貿易組織關於蝦進口持續性保證金的裁決，商務部長「質疑『買美貨』（Buy American）政策將如何施行，以及是否符合世界貿易組織的承諾」。[294]二〇〇九年初一位駐華府泰國外交官匯報：「新法旨在構成美國進口品的非關稅壁壘。」[295]雙方皆未質疑或匯報，美國費力「保護」其經濟的做法多能解釋泰國對中及對美出口間的差異。涉及貿易與投資在內，美國的主要顧慮在於泰國的海關法，造成美國出口商和投資人受到不公與不透明對待。儘管泰國對美國牛肉實施一項新禁令，美國基於二〇一〇年的國家出口計畫尋求對泰出口倍增。艾比希組成一個委員會來解決此議題，副總理素貼承諾透過在財政部的一位朋友給予「非正式協助」。[296]關稅局總局長適時被轉調至閒職；美國邀請他的繼任人選赴商務部演說。當美國對泰最大出口商（安麗㉗）因特定商品估價被評定兩億美元罰款，財政部長親自答應調查此事。

在二〇〇九年與二〇一〇年，美國對泰投資連續第二與第三年下跌。全球金融危機、泰國國內情勢，以及《友好經濟關係條約》優惠待遇的持續不確定性，使美國商務部的六百五十位成員失望。艾比希也限制政府人員「基於其職務性質，不得擁有跟那些美國企業相關的私人財務利益。」[297]二〇〇八年底，約翰大使前往位於東北部的可口可樂（Coca-Cola）工廠，企圖促進投資。功憶述，「汽車工業諸如福特（Ford）、克萊斯勒（Chrysler）、通用汽車（GM），在本地至關緊要，有些問題必須處理。美國國際集團（AIG）和友邦保險（AIA）有特定議題必須處理。」[298]二〇〇九年九月，艾比希在紐約舉辦「巡迴商展」招攬投資，並且為這座城市聞名的證券交易所敲響收盤鐘。[299]隨後泰國法院基於環境因素，暫停泰國灣一處龐大工業區的所有活動，包括陶氏化學（Dow Chemical）和雪佛龍（Chevron）。直到二〇一〇年底多數企業仍未復工。

## 王室政治

從二次大戰到維基解密的六十年間，美國駐泰外交官與泰國王室家族間的談話既即時且真誠，他們也以同樣的態度談論王室。因此，由於私人談話和備忘錄遭到公開而對其另眼相看是不公平的。泰國的褻瀆王室法不適用於擁有外交豁免權的外國人，至多或許僅涉及幾件案例。確切說來，是電文發布至公共領域的時間點使其享有惡名。長久以來，泰國的危機多與王室相關而不僅僅涉及政治，但是少有因子能像維基解密般揭露這項現實，且使其加劇。這批電文同時是信差與訊息，而且兩者皆蓋上美國的封章。

二〇〇八年八月小布希總統捅出婁子時，即使是泰國王室較式微的世代都不再站在美方陣營。中國國防部長定於恰逢泰王蒲美蓬生日慶典的二〇〇九年十二月訪泰，約翰亦並非唯一一位定期跟年長樞密院會面的大使。下個世代放眼東方。二〇〇九年舉辦的一項中國民調指出，詩琳通公主獲評為「『中國前十大國際友人』裡的第二號重要人物」。[300]從一九八一年起至二〇一〇年底，公開紀錄顯示她赴中三十趟，包括過去兩年間的五次出訪。一位泰國外交部官員「強調，詩琳通公主為增

㉗ 安麗（Amway）生產家用、健康、美容等產品，以直銷方式販售。

進泰中雙邊關係所從事的工作不僅止於象徵意義」。[301]中國的一間學院以她為名，招收來自兩國的學生，鑽研生物科技、替代能源和中醫學。中國也為她在北京近郊興建一處居所。久為華語的活躍、受人景仰擁護者，詩琳通樂見中國捐款為多所泰國北部大學蓋新樓，以她為名且用於中國研究。此外，朱拉蓬公主也獲任命為中國文化大使，僅二〇〇九年就訪中三趟。當年卡夕第三度訪中時出席一場公主彈奏中國樂器的表演。

相比之下，泰方雖然「深深感激」歐巴馬在二〇〇九年亞太經合會上對泰王健康的問候，所有與王室的互動皆由駐曼谷大使館執行。[302]約翰與王儲在二〇〇九初會面。除了討論美國的投資、金色眼鏡蛇和維克多．布特的案件外，他稱讚約翰在媒體、鄉間和學生族群間的能見度與活動。在一份表達順從更勝於盼望的聲明裡，他也評論「我們的世代在越戰期間長大，很容易就能了解與美國堅定結盟的戰略重要性」。[303]二〇〇九年底，詩琳通公主隨艾比希與約翰一同肯定美國和平工作團是「泰美雙邊夥伴關係歷久不衰的支柱」。[304]她提及此計畫如何實踐她個人的弱勢兒童服務。二〇一〇年中，泰國富爾布萊特委員會為促進泰美教育交流頒獎給她。

此外，約翰在二〇〇九年邀請樞密院院長炳共進兩次午餐，另有五位樞密院委員和泰王的首席私人祕書赴宴。在暴力事件發生之際，他們在聲明中感謝國務院「讓大多數泰國政治人物相信美國政府可靠且公正」。[305]他們也告知約翰，與塔克辛溝通可行方案的所有管道已關閉。約翰分別在二〇〇九年初和二〇一〇年初與炳私下談話，表達對於褻瀆王室法的關注。炳詢問，假使前任總統成為另一國的領薪顧問（如同塔克辛在柬埔寨所為），美國會怎麼做。他跟艾比希相談甚歡，卻「對紅衫軍或人民民主聯盟不抱同情」。[306]其餘三次會議的與會者包括他的外交部長和樞密院同事，後者批評艾比希「缺乏決心」[307]，卻對命定將於二〇一四年接管泰國的那位將領「懷抱更高期待」。[308]約翰在二〇〇九年二度會見王儲的政治顧問，商討塔克辛、布特和泰國警方，泰王的私人副祕書也在場。[309]參與其中一次會議的美國參議員韋伯表示，副祕書「為了『打中國牌』致歉，並指出過去十年美國降低對東南亞的關注，中國逐漸成為泰國更為重要的夥伴」。[310]

最終大使館告知華府：「未來君主制……將依舊是泰國內部論述裡最重要的角色，而泰國人大多對於外界意見充耳不聞或冷漠以對。」[311]兩個月後，在盛大的國慶日宴會上，大使館誤播泰國國歌，而非頌聖歌㉘。一位美國資深外交官表示自己「百分之一百一十確定這並非刻意放出的信號」，在大使館對外溝通後，這項可信而尷尬的差池迅速煙消雲散。[312]但是聽在具有政治敏感度的人耳裡，美國外交宴會上的國歌就像是「外界意見」，最好保持沉默。

## 民主權利

自從實驗的一九七〇年代以來，「民主」從未受到如此極致的修辭利用，亦未如此卑微地遭受踐踏。即使「泰國之春」也不曾如人民民主聯盟的「新政」和反獨裁民主聯盟的多數暴政般，這麼恆常、強硬、分歧地主張民主，而雙方陣營都已徹底信用破產。身為二〇一四年政變關鍵領袖的國防部長告訴約翰，泰國「試圖將美國視為泰國民主發展的典範」。[313]

---

㉘ 頌聖歌是泰國王室的頌歌，在一九三二年以前也是泰國國歌。

更有甚者，民主在泰國走入死胡同意在對抗美國的天真和教條主義。二〇〇九年中，卡夕告訴希拉蕊「泰國人民的想望是成為一個成熟的民主社會。美國已走過民主化的歷程……所以我想從美國得到的是學習、分享良好治理的經驗與最佳做法」。[314]同樣地，二〇一〇年反獨裁民主聯盟邀請大使館赴其中一所分布於北部和東北部的「民主學校」，並且詢問美方能否資助創設更多分校。美國忽略了屆時卡夕的民主可信度已不再，加上反獨裁民主聯盟正處於鼎盛期，是以未能考量到原色裡的灰階地帶。美方開始只以典型的政變不存在與選舉的存在來界定民主，跟他們在世上其他地方的手法一致，即使在應用上並未一視同仁。在泰國這項事實迅速成為教條，且一如往常地，將蒙蔽美國辨別細微差異、操弄以及「了解」，亦誤將民主的兩項內在要素視為其總和。誠然，約翰主張同為二〇一四年政變關鍵人物的陸軍總司令「抵抗來自四面八方的壓力要求軍方干預……支持民主陣營」。[315]這也說明了何以有些泰國人錯誤指控美國偏袒反獨裁民主聯盟，而大選時雙方皆動用「銀彈」策略。

＊＊＊

一九八四年美國學者威廉．克勞斯納（William Klausner）提出警告：「假使褻瀆王室法受到諸如政府官員、政治人物和商人等權力掮客的操縱和濫用，以求政治清算，此概念將有可能受到更多審查與批評。」[316]整整二十五年後，總理艾比希主導了現代泰國史上言論自由最急遽的衰退。儘管衰退始於二〇〇七年，且在其繼任者治下愈發惡化，艾比希執政期間是近乎直線墜落。他的聯合政府由少於七個政黨的民主黨、軍方、樞密院和人民民主聯盟，亦即網絡君主制所組成，比以易怒聞名的塔克辛更加敏感。二〇一〇年提告四百七十八起褻瀆王室法案件，是前一年數據的三倍。一年後，擁有泰美雙重國籍的一位公民被捕，原因是在美期間管理的部落格提及《從不微笑的泰王》。在艾比希執政的第三十一個月，估算有十一萬三千個網站遭禁。與此同時他告訴一位美國外交官，北京「近期與谷歌（Google）的爭論，揭露中國崛起下尤其令人擔憂的一個面向」。[317]

此外聽來皆似曾相似。南疆演變成全面爆發的武裝內戰，且泰國維安部隊有計畫地動用刑求。艾比希優先處理一位穆斯林律師在塔克辛執政時強迫失蹤的案件，但是到他下台之際事態全無改變。泰國首屈一指的鑑識科學家在北部發現一處「沒人想調查」的「殺戮刑場」（killing field）。[318]二〇〇九年反人口販運法修正通過後，泰方對於美國的二〇一〇年反人口販運年度報告埋怨道：「這不是跟友邦合作的方式。」[319]五年來艾比希不知所措：「美國以及歐洲必須對人權和民主表明立場，而每當本地發生爭議事件時，他們發布的聲明常激怒人民。這不是新鮮事，我們如此承受好一段時間了。」[320]從二〇〇四年底至二〇一〇年，大使館已為申請美國訓練或協助的泰國維安人員辦理近五百次審核。

有項自艾比希上台不久前開始，卻持續實行的措施，泰國當局取走安達曼海上羅興亞「船民」的燃料、食物和水，放任他們漂流。設法上岸者就被毆打與關押。許多人藉助偷渡蛇頭來此，其餘則是、或將成為人口販運的受害者，所有人全都迫切希望離開緬甸。艾比希誓言調查並採取法律行動，但是邊境方針仍然掌握在國安行動部隊手裡。將羅興亞人視為經濟移民的官方立場部分屬實，但即使卡夕都承認有些可能是難民，他們卻得不到遭受非人道與不法對待的正當身分。艾比希在提出區域解決方案時既明智且保守務實，詢問美國應對海地人和古巴人的做法。二〇〇九年三月約翰大使為區域刊物《伊洛瓦底》（*Irrawaddy*）撰寫一篇文章，公開反對過往與日後的遣返。在美國禁止將其餘難民強迫遣返回緬甸國界後，六月時素貼「承認泰國皇家政府有時」採取上述行徑。[321]

泰國的寮國苗族人口仍舊區分為一百五十八人在北部一處位址，六千多人在另一處，其中哪些屬於難民仍是未知數。他們在二〇〇九全數遭遣返寮國，違反國際難民法最基本的原則。外交部在四月要求美國「跳脫現有思考」，因為泰國在把他們遣返回寮國之後才安置這一百五十八人。[322]泰方也允諾保護六千人之中的「中情局戰士」，儘管如此卻準備將他們全數遣返。[323]藉由不允許美國觀察的「自願」回國，苗族人口到當年底減少約三分之一。六月時一位軍方官員告訴美國，他們「不會動用武力或強制力，但是會利用誘導或心理壓力來鼓勵苗族人返回寮國」。[324]隔月，艾比希親自告訴國務卿希拉蕊並無強迫遣返，一位美國立法代表則參訪難民營。他們警告，任何強迫遣返將導致國會掀起「軒然大波」。[325]隨後美國加入泰國與寮國當局的會談，商討可能具有難民身分的「百分之八」，這是一場人道主義的木偶戲。[326]十一月，美方果真「同意暫時先將苗人移回寮國，再安置到第三國的想法」。[327]艾比希在執行遣返前的十九天親身造訪寮國，他們誤以為至少那一百五十八人會受到保護。相反地，十二月二十八日泰國強制遣返餘下的四千三百六十九位苗人。一位大使館官員憶述：「由此可衡量美國的影響力式微，我們無法化解困境」，與寮人民民主共和國抗衡。[328]

約翰用更強烈的方式重申觀點，在《曼谷郵報》評論版的文章裡譴責此波遣返。艾比希和卡夕辦公室「早上的第一件事是致電」抗議，約翰的副手則被召去接受訓斥。[329]大使館有正當理由堅守立場，並且警告「國會會期很快就要展開，也許將有進一步的不良後果」。[330]然而三個月後，美國在十年內二度投票贊成泰國獲得聯合國人權理事會的資格，使得約翰的九百八十七字評論迴響到此為止。為了交換對方支持美國爭取理事會資格，這次投票也發生在二〇一〇年五月泰國維安部隊遂行鎮壓的前一天。

## 邊境的抉擇

在率先推行的海外政策措施之中，歐巴馬政府檢討該國過時的「緬甸政策」。美國「認為卡夕是二〇〇〇年以來在緬甸議題上最活躍的泰國外交部長」，樂見他在二〇〇九年初出訪緬甸。[331]美國欣賞他促成緬甸政府與少數民族群體的對話，並且支持美國援助社會運動和異議人士。在嚴重誤導下，他對於「有必要繼續制裁的理解」也獲贊成。[332]在聯合國人權理事會的三月會期中，他領導的外交部公開談論緬甸，並且在「悄悄主辦」亞洲自由民主聯盟（Council of Asian Liberals and Democrats）時比照辦理。[333]五月，希拉蕊讚揚泰國對緬甸的全盤政策。然而美方擔憂「泰國軍方或將再度對緬甸發動孤立策略，這是從二〇〇二年以來的第一次」。[334]大使館指出，已方會見的政府「層級是泰國公民領袖所不能及」。[335]身為主席，泰國促成在七月的東協會議上發布關於翁山蘇姬的聲明，希拉蕊也在席間。當年稍早曾訪問曼谷的美國參議員韋伯於八月再度會見艾比希，贏得其支持向中國施壓，對於緬甸即將舉辦的大選發表公開談話。泰國外交部長做出美國認為「前所未見」的舉動，於二〇〇九年底召見中國大使，不認同緬甸的武裝衝突「僅是國內事務」。[336]同一個月美國與外交部商討其政策檢討，包括希望在有條件下解除制裁。前任泰國駐緬甸大使告訴美方：「無論美國採取何種政策，緬甸政權總是占上風。美國應該跟東協全體合作。」[337]二〇一〇年十一月，在二十年來首度大選的數日前，艾比希出訪緬甸。

＊＊＊

在國際法院對柏威夏寺做出裁決的三年後，唐諾．紐克特林（Donald Nuechterlein）於一九六五年寫道：「在處理針對柬埔寨人的普遍情緒爆發時，沙立政府必須動用所能掌控的一切力量與說服力以控制情勢，並且防止異議與顛覆分子利用此事來破壞政府名聲，或是激怒政府。」[338]四十四年後，激憤之情出於編造而非實際感受，且多在上層階級的人民民主聯盟間廣為流傳，更勝於「農民」。儘管死傷人數眾多，此爭議未對艾比希構成真正威脅，僅是頌提和塔克辛之間的代理人戰爭㉙，後者花了好一段時間待在柬埔寨。由於中國和美國不得不在最低限度上考量此爭端，證明了人民民主聯盟擅長籌劃純粹用於國內消耗的「國際事件」。

事實上中國對於與此無關的一項爭端更感興趣，即它的兩個鄰國各自主張握有泰國灣的主權。這片跟中國之間未被馬六甲海峽隔開的海域蘊藏石油和天然氣，中方不可能冒險讓一座寺廟阻撓開採；柏威夏寺的爭議愈快解決，海上的議題也將隨之加快腳步。泰方要求北京鼓勵雙方和解，但是也表明不認可中方販售常規武器㉚給柬埔寨。到了二〇一〇年中，中國已協助緩和緊張態勢。

卡夕向美國提出同樣要求並獲得回應，美方希望保持中立，卻同意柬埔寨在二〇〇九年繼續聘請塔克辛擔任經濟顧問會讓情勢惡化；美國建議泰國「採取高道德標準往前邁進」。[339]泰國也獲得美國支持爭取聯合國世界遺產委員會（UN World Heritage Committee）成員資格。與中方軍售相似的是二〇一〇年中的首次美柬軍事演習，嚴重激怒了泰方。一位美國國務次卿表示：「我們不認為這對我方與泰國軍方的合作承諾會產生任何矛盾或衝突。」[340]二〇一一年二月，即此想法初次提出的兩年半後，聯合國安理會聽取雙方對於柏威夏寺的聲明，不過美國和中國皆同意東協更適合處理此議題。

最終放眼較遠處，美國樂見泰方在二〇〇九年五月發表關於朝鮮的聲明；東協和東協區域論壇又添加兩筆。做為主席，泰國准許中國提交另一種語言的東協區域論壇聲明，原始版本由美國起草。當美方得知新版本的內容來自朝鮮本身，泰方轉達若非如此，朝鮮將退出東協區域論壇與六方會談。「現在中國必須履行他們對於協議的目標。」卡夕表示。[341]由於泰國的行動「未與我方諮詢或尋求審慎的編輯」感到惱火，美國氣憤中方的施壓證實比美方更有力量。[342]希拉蕊向一位外交部官員表達她個人的失望，後者曾向她保證會是另一種結果。然而在十二月，美國支持將一架貨機上載運的三十五噸朝鮮武器充公；美國提供關鍵情報，而後獲准跟泰方一同登機察看。約翰建議歐巴馬打電話給艾比希致謝，兩天後希拉蕊在華府讚揚泰國。由於這架飛機來自前蘇聯，五人組員裡的大多數亦然，泰國當局訊問布特。從未查獲這批武器的運送地點，但是兩國都臆測是緬甸。

---

㉙ 代理人戰爭（proxy war）指兩股敵對勢力各自利用第三方（其代理人）來實際交戰。

㉚ 常規武器（conventional weapons）指不具有大規模殺傷力的武器，通常排除核武和生化武器。

## 大到不能倒

二〇〇九年中國成為東協最大的貿易夥伴，在超越美國的僅僅兩年後又趕過歐盟和日本。隔年初中國—東協自由貿易協定完全生效，此協定於二〇〇二年簽署，且於二〇〇五年部分生效。從二〇〇〇年至今，區域巨人與區域實體間的貿易已成長六倍。財政部長功告訴有線電視新聞網：「中方在外交、政治和經濟方面對待亞洲他國的態度全然正向樂觀。」[343]

跨越湄公河、連接泰國北部與寮國的橋梁工程延宕，河運仍是中國—東協的主要貿易路徑，又以橡膠為主要出口品。除了渡運貨車來代替橋梁的兩座港口外，一座新的港口工事也在二〇〇九年開工。橋梁終於在二〇一〇年初動工。此外，如同二〇〇九年十月東協高峰會上所宣告，中國同意聯合出資興建至少兩座泰—寮間的橋梁，預計在二〇一二年完工。此宣告由三國總理共同主持。泰國一側的公路興建也在艾比希治下加速。「中南半島樞紐的」另一條公路經緬甸連通泰國和中國，造價一千萬美元的新建海關大樓完工。亞洲開發銀行（Asian Development Bank, ADB）預測，二〇一五年經湄公河載運貨物的成本仍然不及任何一條陸路的半數，但是陸路／橋梁所需的時間少於河運的一半。

與樂觀趨勢抗衡的是兩種怨言與爭議，第一種關於「非官方收取的報關費用、產地法規不被遵守，以及湄公河沿岸普遍的無法治狀態」。[344]亞洲開發銀行的預測是基於與自由貿易協定㉛相較更為理智、效率導向的決策。然而當各府與地方要角推行他們自己的規則與「地方加值稅」時，導致運輸的方法手段、貨物量、消費成本產生怪異扭曲。這些常成為中國的經濟利益，但並非恆常如此，有時導致暴力事件。二〇〇九年，一群少數民族反叛人士跟緬甸軍方在湄公河上交火，造成一位中國船員死亡。加上前一年中國巡邏船遭到攻擊的事件，泰國和寮國迅速加入中、緬進行調查。

另一個問題是中國持續控制四座水壩，導致下游迎來額外的「旱季」及生態和經濟損害。「本地人宣稱水位足供預定的中國船隻下溯，但是比泰國船隻往上游航行所需水位低。中國官員反駁，指稱湄公河僅有百分之十八的水源來自中國。」[345]二〇〇九年，反對聲浪事關在沿岸二十一處地點清理岩層；大型中國船隻的需求擊敗了本地漁獲量。然而令人意外地，中國赴泰國北部出席湄公河委員會的治水論壇，與各國政府和公民社會交流。在會中報告的研究顯示將來兩座水壩的影響微乎其微，並且延後興建第三座，不情願地承認「問題將回過頭來困擾中國，導致他們丟失顏面，且在湄公河下游失去影響力」。[346]中國也在二〇〇九年底參與委員會的水力發電環境評估，且接待環評小組赴其水利防洪單位。

隔年乾旱取代了洪水，湄公河水位落至十七年來低點，泰國的兩座港口皆無法使用。中國僅有觀察員身分的湄公河委員會，首度在艾比希強烈支持下寫信給北京。中方雖然表示責怪他們「既無根據且不正確」，一位助理外交部長仍赴曼谷給予保證，大使館也罕見地召開一場新聞記者會。[347]隨後中國派出副外交部長赴泰出席湄公河委員會的一場會議，並且歡迎委員會參訪數座水壩。然而緊張態勢依舊，如同一位泰國代表所述：「中國在湄公河上游的四座水壩已經破壞了河流的生態系統。現在這個強大國家計畫於下游再興建十二座水壩。」[348]

㉛ 意指泰國與美國談判自由貿易協定時的反覆態度。

最終中國新任駐東協大使在二〇〇九年會見他的美國同僚，表示自己的國家想要擴張區域投資。隔月，中國宣告一百億美元的投資基金與借貸方案，聚焦於基礎建設、天然資源開採與通訊設備。在源起於美國的全球危機期間，此項措施同時受到需要與讚賞，亦述及一九九七年北京承諾撥款十億美元而美國轉頭無視的往事。此外還有更多，中國提供東盟國家的信用額度擴展至一百五十億美元，挹注五百萬美元給中國—東協合作基金，九十萬美元給東協暨三國會議基金。中方也捐贈三十萬噸白米給東亞緊急稻米儲糧（East Asia Emergency Rice Reserve），提議一項中國—東盟區域高產量穀物農作計畫，並且允諾籌辦培訓課程供一千位農民參加。以一位泰國外交部官員的話來描述，北京是這波危機應變的「主要角色」。[349]二〇一〇年初，《清邁協議》的八百億美元增加至一千兩百億美元，中國挹注了第二大的占比。「我們請求並且獲得了中方的支持。」功憶述。「與中國相關的最顯著事件即為《清邁協議》升級。」[350]

***

假若經濟是中國的慣用手段，卻非錦囊裡的唯一法寶。截至二〇〇九年初，中國以其他四十八項不同機制與東協交流。中國的區域大使告訴美國，分別與東協暨三國會面導致其核心成員國不安；「尊重東協在東亞體系裡的中心地位」因此顯得重要。[351]由於中國對於此實體的成功影響與滲透，第一項聲明顯得自鳴得意，第二項則是為了一己之私。一位泰國外交部官員表示，北京比往常「更不通融對待」東協，而且此區域最近拒絕了中方舉辦聯合軍事訓練的提議。[352]一位泰國將領較客觀看待二十一世紀的現實：「在寮國和柬埔寨深受中國影響下，跟北京培養良好關係對泰國亦顯得重要，以確保不致在區域裡遭到排擠。」[353]艾比希評論：「在東協的脈絡裡，由於中國崛起成為經濟強權，於是小心翼翼不去塑造即將以某種方式構成威脅的印象。但是無論如何，我們兩國軍方關係非常緊密，所以我們對於事態進展感到泰然自若。」[354]

## 錯誤的開始

二〇〇八年十一月美國大選後，總理頌猜向美國總統當選人致意：「基於你過往的東南亞經驗，我期待見到美國在你領導下提升在此區域的有意義角色……泰國決意與美國和東協盟友合作，打造更活躍且成效卓著的美國—東協夥伴關係。」[355]八個月後國務卿希拉蕊赴泰出席東協區域論壇時，她向一大群學生、媒體和官員表示：「美國回來了……歐巴馬總統跟我十分看重這塊區域。」[356]於此期間，反塔克辛的艾比希與前總理唱反調而大肆強調東協的地位，並且接任區域主席及帶領黨的民主黨祕書長。從二〇〇九年到二〇一一年中這段期間，因此成為美國在東協超越中國的最後良機。美方將從幾個穩當的政治措施起步，但是一項接手而來、計畫不周詳的經濟倡議也同時展開；前者無法長久，後者則從未談妥。

在小布希執政後期發起的泛太平洋戰略經濟夥伴關係協定（Trans-Pacific Partnership, TPP），獲歐巴馬採用做為外交政策的一個基石。然而在經濟霸權日漸掌握在北京手裡的區域，美國要求東協國家加入一個現在與未來都不納入中國的貿易協定。由於自由貿易能有效且具效率的前提是最大程度的包容（簽署雙邊與區域協定僅是更廣泛協議的暫代），排除中國顯得適得其反。考量到美國關注中國的貿易行為，將其排除在正常程序與具約束力的協議外也不合邏輯。最能彰顯此決定策略的是，納入泛太平洋夥伴關係的主要標準是具亞太經合會成員資格，而中國從一九九一年就已獲得。是中國的身分導致它被排除在外。美國打不倒對方，也無法忍受加入對方的行列。艾比希在二〇一五年做此解釋：

> 美國提出泛太平洋戰略經濟夥伴關係協定的議題，並且排除中國。泰國覺得難以參與這項進程。適當的加入邀請是歐巴馬總統稍晚訪泰時才提出，不僅為時已晚而且使我方加入面臨技術上的困難。所以我認為在這裡發生的任何轉變，都只反映了美國及其對中策略的現況。[357]

此外，一方面在海外遊說夥伴關係，歐巴馬卻在國內支持保護主義。他的駐東協大使在二〇〇九年初坦承：「在此一區域，有些人把責任怪罪在我們身上。」[358]

在此背景下，二〇〇九年底功擔任東協財政首長會議（ASEAN finance ministers meeting）首屆主席，且與美國財政部長維持良好關係，「在有此關係存在的情況下」。[359]艾比希和十位泰國部長會見美國—東協商會代表團，宣布以「入口商網」（one-start shop）來化解疑慮並從中協調。二〇〇九年約翰大使和艾比希分別為商會赴美，東協—美國高階經濟人員會議亦在曼谷舉辦。當年稍晚「商網」上線。二〇一〇年初與美國駐東協大使會面時，泰國商界領袖力促東協單一市場在二〇一五年建立前能先「重新致力於」投資。[360]商界提出的願景遠超過美國來訪者所想像，他們要求美國

「比照過去培養軍事人才的方式投入區域經濟發展」。[361]卜蜂集團的沙勒辛建議配套看待投資與貿易議題，補充「這正是中國採取的策略」。[362]

希拉蕊的首次亞洲行繞過泰國，卻赴雅加達拜訪東協的祕書長。她允諾出席東協區域論壇並簽署《東南亞友好合作條約》，皆於二〇〇九年七月兌現。前者使她儼然「論壇之星」，有別於迴避此場合的前任國務卿。[363]但是後者是在東協初次提出邀請的十七年後及中國簽署的六年後才付諸實行。會議期間希拉蕊於《曼谷郵報》刊出一篇文章，主張「美國與東南亞國家是面臨新挑戰的老朋友」。[364]她做的另一個正確舉動是承諾讓美國駐東協大使移至雅加達，意即移至東協所在地。在曼谷，表明為了平衡中國的出席，美國獲邀參與二〇〇九年中的東協國家議會大會（ASEAN Inter-Parliamentary Assembly），約翰對此持開放態度。而在延期兩年後，第三十屆美國—東協高峰會終於在十一月舉行。歐巴馬因此成為「與東南亞國協十位領袖共處一室的首位美國總統」。[365]泰國財政部長憶述：「那是中國會關注的事，因為中方領袖跟東協間沒有與之相仿的正式事件。」[366]

二〇〇九年美國提出新的湄公河下游倡議（Lower Mekong Initiative, LMI）。其首次會議隨東協區域論壇共同舉辦，聚焦在湄公河周邊的環境、健康、教育和基礎建設。關鍵之處是此倡議不僅包括泰國及其東邊鄰國，也納入緬甸和中國擔任觀察員。「中國的參與是催化劑」，美國大使館指出，「迫使會員國在討論時更聚焦且更有成效。」[367]泰國要求建立湄公河—密西西比河的雙河結盟（Mekong-Mississippi rivers partnership），中方則提議雙邊對話。卡夕指出，美國對引起中國的注意「顯然感到滿意」[368]，並提倡三邊的「湄公河高峰會」（Mekong summit）。[369]第二次和第三次湄公河下游倡議的集會辦在二〇一〇年，伴隨著許多非正式和衍生會議。美國承諾撥款七百萬美元給湄公河下游的環境專案，湄公河委員會和密西西比河委員會同意分享經驗和專業知識。然而也有兩次重大的機會錯失，泰方建議湄公河下游倡議連結至泛太平洋戰略經濟夥伴關係協定，並且／或者「促進美國對此區域的軍事協助」皆未獲理會。[370]在上述兩種情況下，可能從中方手裡收復的地緣政治進展淪為缺乏遠見與後續行動的犧牲品。在經濟和軍事方面，中國多年來充分利用湄公河；美國則滿足於環境保育的合作。

誠然，東協的條約僅讓美國獲得與此區域實體互動的第八種機制（相較之下中國擁有四十八種）。二〇〇九年與約翰會面時，外交部中國事務主任（director of Chinese affairs）「友好卻坦率地描述中國在東南亞的崛起角色，以及美國在此區域地位和影響力的衰退」。[371]儘管迎來三十週年㉜的盛大典禮和宣傳，功斷言，「到頭來真的毫無成果」。[372]二〇〇九年十二月，外交部針對中國和美國在東南亞的未來舉辦一場內部研討會。在適時轉告華府的會議內容裡，泰國專家「拿中方的魅力攻勢相較於他們定義的布希政府『迷失』年代」。[373]中國持續「追求明確、耐久、精心策劃的策略以與此區域互動，透過各層級的一再相互造訪」，而在歐巴馬治下重新展開的投入僅止於新。[374]五年後，外交部長卡夕懷抱合理的不滿回顧：

> 美國原本可以跟東協做到更多。假如做得比支持東協民主化進程更廣泛，會怎麼樣？假使你有一個富遠見的亞太事務助理國務卿，美國在東南亞的存在感和活動就會對關係更有利。但到現在為止還沒有。[375]

到了二〇一〇年初，約翰本身將惋惜「即使是同情美國的政府官員和學者，也目睹中國崛起及美國可能持續淡出的動能，除非美國採取更有力的行動參與泰國及此區域的重要事務，且堅定投入後續發展」。[376]與此同時，他重申的結論卻只為上述來日保證到來推波助瀾：「中方影響力與活動的提升，不必然意味著美國影響力的相應衰退。」[377]

## 中國南方與海洋

二〇〇九年初的東協國防首長會議（ASEAN Defense Ministers Meeting, ADMM）決定，當年稍晚的東協區域論壇將舉辦災害應變聯合演習。推動這項演習的美國卻非東協國防首長會議一員。擔心「若非如此可能由中國主導」，艾比希請求美國加入。[378]誠然，得悉中方要求參與後美國大使館通報，他們「希望能夠在美國和其他國家加入前，先行決定目標與參與成員」。[379]儘管如此，美方的態度模稜兩可。到了二〇一〇年初，東協（屆時由越南領導）仍未決定成員應邀請亦參與東亞峰會的六國，或是也包含美國和俄羅斯。無論哪種情況，中國的資格穩固；美國依然曖昧不明。二〇一〇年中希拉蕊二度出席東協區域論壇後，美國終於在十月加入東協國防首長會議，且於二〇一一年參與第二次東協區域論壇聯合演習。

戰略疏忽加劇了美方有意為之的猶豫不決，因為二〇〇九年的聯合演習聚焦於海上安全。非但

㉜ 指第三十屆美國—東協高峰會。

沒有將東協國防首長會議立即看作影響演習、向中國收復失地的機會，美國也不同意派國防部長與會。即使同年北京提議與東協聯合軍事演習（排除美國及其餘二十多個東協區域論壇成員）亦不足以激發美國的關注。儘管東協拒絕中國的提議，雙方無疑視東協區域論壇為替代選項。

而那僅是中方三次嘗試的其中兩次，二〇〇九年中國也提議單獨跟泰國舉辦大規模海上演習，而泰國是美國的協約盟國。中方想要以「藍色突擊」做到在泰國灣舉辦「跟金色眼鏡蛇相仿的兩棲」演習，利用越戰期間的梭桃邑海軍基地。[380]泰國延後演習一年，且比照金色眼鏡蛇僅限於海軍特戰隊。儘管風險甚低，一位泰國官員建議他們聚焦於人道主義的應變「以避免造成美國擔憂」。[381]拒絕中國負擔所有費用的提議時泰方也表現得曖昧，儘管向美國坦承預算限制亦為另一因素。不過如同卡夕告訴大使館的：「他們會發現很難一直拒絕下去。」[382]最精準的是一位泰國高層將領所言：「泰國無法逃避其地理現實。」[383]演習為期一週，雙方各以排／連層級投入海軍陸戰隊約一百人，以及串聯的兩棲作戰船艦。同時展開的中—泰潛艦對話（這已構成南海的差異關鍵），僅僅強調了中方的策劃與美國的被動。

與至少十五年來的政策相符，中國軍方對於東協區域論壇、東協和泰國的接觸，事關鞏固與保護其沿海地區的地緣政治利益，主要在南海。不僅數個東協國家跟中國之間競相伸張領土主權，二〇〇九年就有三件依據《聯合國海洋法公約》（*UN Convention on the Law of the Sea*）中訴的案例。已知與推估的石油和天然氣儲量是中方政策的部分驅力，僅次位於海域東北角的台灣。對北京而言，儘管演習在救災協調上具有明確、獨立的價值，其人道主義目的同時服膺一個更具戰略意義的意圖。龐大而分散的東協區域論壇可以接受這一點（演習選在菲律賓和印尼舉辦），但是較小規模的東協及各別的主權伸張者無法接受。泰方向美國坦承，身為主席，他們認為有必要拒絕中國與區域實體舉辦聯合演習的提議，以信守首要的「東協團結」。[384]

演習之於中國的次要地緣政治利益是馬六甲海峽。與馬六甲海峽連動的龍目海峽（Lombok Strait）、望加錫海峽（Makassar Strait）和巽他海峽（Sunda Strait）皆完全落在印尼境內，以此觀之，二〇一一年的東協區域論壇演習顯得格外重要。與東協的演習亦同，其中四個會員國比鄰馬六甲海峽及其關聯海峽。在這四國裡，印尼和馬來西亞兩國對南海提出主權，但是泰國和新加坡沒有提出主權，假如有一條運河穿越克拉地峽將使海峽變得不再必要，泰國和新加坡將分別成為獲益與損失最多的國家。

東協的演習延後只會讓中國與泰國的雙邊演習顯得更加關鍵。對中國而言，「藍色突擊」唯一的地緣政治目標關乎美國所掌控的馬六甲海峽。這項演習辦在二〇一〇年，且於前一年泰國仍然擔任東協主席時策劃。因此，縱使「泰國皇家政府並未懷疑」中國仍限縮演習規模，避免「被看作擺明在其他東協國家前擴張對中關係」。[385]這一點也將改變。誠然，一位泰國外交官早在二〇〇九年五月告訴美國，北京將對於全球金融危機期間的援助要求報酬，「很可能跟台灣問題相關」：「泰國能做什麼？」[386]二〇一〇年中國外交部以特有的輕描淡寫風格總結雙邊關係：「兩國間的戰略合作取得穩定進展。」[387]

最終並非上述的海上動作，而是數十年前初次提出的鐵路網絡，逐漸成為中國地緣政治方程式的相關要素。二〇〇九年泰中簽署一項了解備忘錄，以百分之五十一對四十九的合資開關經寮國連接兩國的高速鐵路。泰國新設立一間國營企業，管理這項計畫長達五十年。這條鐵路從中國雲南省出發，往南延伸至泰國東北部，南下曼谷，再沿著泰國灣沿岸往東南方行駛。另一條連通鐵路將從曼谷往南抵達泰馬國界，跟連接泰國灣和安達曼海的「陸上橋梁」四十四號公路交會。用財政部長功的話來說：「對中國來說這是我們想一起成就大事的明確信號」，而且「從中國觀點而言在戰略方面至關緊要」。[388]發言人帕尼坦證實：「安全關係十分複雜。這正是為何連通至中國很關鍵。中方想要來泰國，並且投資更多在我們的基礎建設，投資更多條現代鐵路。」[389]為什麼？因為假若未完工的公路建成，中國無需利用馬六甲海峽就能出入兩大水域。㉝石油、天然氣和貨物得以抵達泰國任一側海岸，走東西向穿越地峽（「公路至水路」），或者走南北向穿越泰國和寮國（「公路至鐵路」）。

中國提議為期三年的時間表，泰國較為謹慎，六萬多位中國工人投入興建鐵路的寮國段，哪國人民得到工作的問題隨之興起。北京要求擁有泰國境內鐵路兩端各一公里遭拒，數十年前為防止中國移民擁有土地實行的法律仍適用於所有外國人民。跟公路網絡不無相似之處，經緬甸連通泰國和中國的另一條鐵路在二〇一一年初取得原則上的共識，但是延至泰國大選後。二〇〇九年泰國和中國隨其餘二十六國首肯泛亞鐵路（Trans-Asian railway），是相關卻較不受注目的另一舉動。從他們的東南亞鐵路連結至更廣泛區域，將構成十一萬四千公里長的網絡。對中國來說，最重要的是除泰國外僅有其他三國：緬甸、孟加拉和印度，擁有難以抵達的安達曼海（或是其孟加拉灣延伸段）海岸線。

## 淡化

在二〇一〇年的東協區域論壇，希拉蕊提議調解南海的領海爭議，並開始強力提倡航行自由㉞。區域國家間並不一致樂見此遲來的必要立場。回顧過往，艾比希如此看待美國：

> 顯然提出一項議題，即東協應該在南海問題上變得更積極。而那沒有幫助。我方擔任主席時，我們認為東協的方式是正確的，任何爭議必須由主張者依據國際法和平解決。東協的角色僅是確保那別搞砸以及航道安全。但是美國企圖強行逼迫。[390]

預示了隔年對於美國「樞紐」的回應，北京將希拉蕊的提議描述為「對中國的攻擊」，並且提醒其鄰國中國是「泱泱大國」。[391]兩大全球強權皆未提及馬六甲海峽。中國無意讓美國的注意力聚焦在中方準備使其變中立的棋子；美國似乎仍未意識到這枚棋子在場上。早在二〇〇八年十二月卡夕就告訴約翰，三十億美元的款項預定給「連結暹羅灣㉟各海港至安達曼海的一項陸橋計畫使用（做為利用馬六甲海峽的替代方案）」。[392]約翰未作評論轉達華府。二〇一〇年初卡夕告訴美國印太司令部，泰國試圖「做得更多，基於其介於太平洋與印度洋之間的重要地理位置」。[393]在同一場會

---

㉝ 指南海至安達曼海。

㉞ 航行自由（freedom of navigation）係依據《聯合國海洋法公約》，指懸掛任何國旗的船隻不受其他國家干擾。

㉟ 暹羅灣（Gulf of Siam）即泰國灣的別稱。

議上，卜蜂集團的沙勒辛呼籲關注「臨安達曼海的拉廊府（Ranong）港口。假如這座港口開發成可處理高交通量，泰國就能提供中國安全無虞的替代方案，開發經緬甸連通印度洋的運輸管道。這會轉移中方在緬甸的影響力，並使泰國獲得顯著成長潛能」。[394]當時沙勒辛是前任外交高官與中國最大外資的行政副總裁，他與北京的經濟關係可比差瓦立在軍方的關係。他談話的對象是負責全世界半數面積與人口的美國海軍將領。他勾勒出一幅地緣政治現實，提供中泰戰略思考的一個指標切面，並且為美國暗指其承諾與風險。他提出興建運河橫越克拉地峽及馬六甲海峽的替代方案。至關緊要的是他建議美國做為泰國主要的投資暨勢力來源，既然前者於一九七二年首次提出興建運河，並且掌控海峽達半世紀。他以請求「美國印太司令部支持此項作為」作結。[395]印太司令部拒絕了。

泰國的海軍基地久為美國在亞洲及其他地區的利益中心。美國戰機持續利用烏打拋基地每年起降一千多次，美國船艦開抵林查班港和梭桃邑海軍基地或進行演習共達六十多次。前者包括情搜戰機，其許可的發放「視為例行公事，無需過問原因」。[396]約翰則評論：「保有此種不受約束、不經過問的出入管道需要積極介入」[397]，卡夕回想他「提供烏打拋做為國際救災中心。來自檀香山的海軍官員們前來視察兩三次，但是在我們下台後，美方就無持續作為」。[398]當時鮮少受到注意，二〇一〇年艾比希政府也批准美國的請求，讓國家航空暨太空總署（National Aeronautics and Space Administration, NASA）利用烏打拋，起降用於氣候變遷研究的純民航班機。

美國面臨的新局面是泰方希望發展一支海岸防衛隊，並且配備潛艦。就前者而言，卡夕建議額外撥一筆國際軍事教育與訓練基金，印太司令部則提議讓泰國海軍連結至美國海岸防衛隊學院（Coast Guard Academy）。帕尼坦提到為羅興亞「船民」請求協助時亦講到潛艦。雖然潛艦在平均五十公尺深的水域未必具有戰鬥效能，不過在打擊非傳統威脅（人口販運、走私、環境惡化等等）方面的用途明確。最啟人疑竇的是帕尼坦主張：「基於國家的貿易路線，以及對於泰國灣天然氣和石油平台的依賴，泰國認為潛艦至關緊要。」[399]對所有國家而言，少有貿易路線比馬六甲海峽更具價值，至於波灣的天然氣和石油平台對北京的重要程度一如曼谷。

＊＊＊

在僅有一次赴美雙邊訪問前，卡夕告訴約翰他將檢視小布希—塔克辛於二〇〇三年和二〇〇五年發表的兩次聲明：「以探究哪些內容理當保留做為架構的一部分……以及哪些內容能加入以推進關係。」[400]二〇一五年他描述自己的經驗：

> 我告訴希拉蕊，首先，這是依個別案例而定的關係，依個別議題而定。不存在夥伴關係，沒有聯合協商和聯合戰略規範我們做為協約盟國要展開什麼行動。其次這一直是回應的關係，泰方回應美國提出的一系列要求：「你願意派一支醫療團隊到塞爾維亞以示友好嗎？」「你能不能讓我們用烏打拋航空基地在途中加油，去把阿富汗和伊拉克炸個半死？」「你能不能抓住這個路過泰國的恐怖分子？」「你能不能開放審訊中心？」「你能不能在以巴問題上投票或不投票？」我告訴希拉蕊，無論你想跟我們一起做些什麼，讓我們先坐下了解彼此的立場。能對雙方的侷限有些理解將會不勝感激。[401]

卡夕回到曼谷，跟約翰著手策劃第三次雙邊戰略對話，建議將第七艦隊及「各自看待中國及其區域／世界角色的觀點」列入議程。[402]當與卡夕關係不善的美國資深外交官寇特・坎貝爾在數個月後隨希拉蕊赴泰，他要求大使館擬定一張「展望大局的戰略地圖」。[403]約翰和他的政治顧問起草一份五頁的文件，架構分為各主題領域。然而儘管數度追問，坎貝爾的回應皆為「安靜。安靜」。[404]與此同時，卡夕和約翰將人權、軍購、救災、軍民合作、維持和平、中南半島建設、教育交流，「還有終於包括緬甸」列入戰略對話議程。[405]中國依舊在列表裡，但是如同先前的戰略對話，中國面臨的關注競爭漸增。卡夕主張泰國將滿足於「初級」夥伴關係：「假使美國要說明未來在亞太區域的整體路線。」[406]

在二〇一〇年初，百分之六十九的泰國人認為美軍駐紮亞洲對於區域穩定很重要。一位來訪的國防副助理部長建議在廣泛的戰略對話外另行舉辦軍事對話。符合泰方對於部長級與會的興趣，此對話也納入中國的區域角色與崛起，以及美國近用泰國訓練設施、預先安置人道主義救災物資、區域安全隱憂、打擊跨國犯罪。心中同時揣想兩種論壇，新任印太司令部指揮官詢問「他的與談人如何看待泰國未來五至十年的戰略」。[407]遲疑不決的人仍然是坎貝爾。他的副手私下埋怨：「他無法在坎貝爾的行事曆裡撥出十分鐘來談論泰國。」[408]涉入此事的一位美國外交官描述：「他不坐下與東南亞事務副助理國務卿商討他的政策，為正經歷艱難時期的協約盟國研擬戰略架構。」[409]如同華府其他大多數人，他未能「理解一切事務皆為此繁複結構的一部分，都有可能成為這條時而痛苦難堪、時而熱情激昂道路的基石，而非像現在這般逐漸疏遠」。[410]

戰略對話最終在二〇一〇年七月舉行，由卡夕和美國政治事務次卿擔任主席。儘管他的國內政策如此，外交部長似乎真心關注中國，國務次卿的層級則比前兩次對話與會者更高。不過，儘管此一建議獲雙方同意近五年，「投入一整天商討泰國之於中國的特殊地位」並未實現。高層間的國防對話隨後舉行，中國同樣只是冗長議程上的另一個議題。

## 盈拉：新常態（二〇一一至二〇一四年）

在泰國歷史習於重演。截至二〇一一年中已歷經十八次政變企圖，並且施行自一九三二年以來的第十九部憲法。從一九一一年至今換了十二任總理。而在二〇一一年七月盈拉．欣那瓦宣誓就職總理，她是塔克辛的妹妹與替身，十年前後者首度當選總理並反覆重回鎂光燈下。她獲得百分之四十八的選票（代表塔克辛的政黨）拿下明確委任，並將同樣在槍口下去職。但是重現與既視感（déjà vu）不同。多虧她兄長在外交政策上的海洋轉向與中國的樞紐地位，盈拉的前任持續讓泰國深入北京的地緣政治勢力範圍。美方在東南亞搞砸了，跟他們真正在意的中東劣勢相仿。盈拉治下的泰國截然不同；不再變化，而是變了。跟終結塔克辛任期的政變不同，二〇一四年的政變並未反駁，而是證實此一事實。

美國把一位明日之星派往曼谷已無關緊要，那是外交機構僅有的五位「職業大使」之一，也是三十年來派駐王國的首位職業大使。國務卿宣告泰國是亞洲的「樞紐」沒有用。歐巴馬總統連任後僅十一天就將泰國定為初次海外參訪地點也沒有用。距離一九九七年金融危機事隔九個月後，當波伊斯大使敘述投入十七億美元援助，一切就已「太遲，太遲了。我們做出那樣的舉動。而且我們無法挽回」。[411]盈拉較非回歸其兄長的親中政策，毋寧更塑造了泰國在新中國世紀的樣板。到二〇一三年三月習近平在北京掌權之際，盈拉的任期已屆三分之二，泰國已為他當今在意識型態和勢力方面的奪回失土做好準備。假使二〇〇六年上演最後一次美國式政變，二〇一四年則秉持中國式政變的精神與形式。甚至比艾比希更威權，盈拉將被另一任軍政府取代，其血統與觀點長期以來跟中國模式更一致，而非美國式民主。

## 頭等艙

毫無意外，盈拉的「中國」人脈比在美國更加深厚、成熟許多，包括原先由塔克辛建立關係的中央政治局委員。她的閣員「無論真實與否皆自稱華人後代」，且在中國輸入的報紙上使用中文姓名。[412]她的外交部長回想「我們懂華語，他們把我們看作朋友或表兄弟」，他手下五百多位外交人員則是泰國首席中國學者的學生。[413]盈拉的副黨魁「幾乎每個月」前往中國，常去邊界地區也常去大城市，包括其人民政府主席亦說動盈拉出訪廣西自治區。[414]總理太常造訪中國，以至於另一位部長只能答應將會查詢紀錄以取得確切數字。至於盈拉的資助人與操偶師，「塔克辛十分活躍。他在北京說：『我們合作吧。』他並未在北京高倡民主，還差遠了，他關心的是如何做生意。所以他唱著兩種不同曲調——非常好，像是個有能力領導泰國這般國家的人。」[415]

二〇一一年十一月盈拉在一場東亞領袖會議上跟中國總理溫家寶會面，他告訴她：「中國珍惜與泰國的固有情誼。」[416]除了提議要進一步合作的許多領域外，他也在泰國遭逢歷史上最嚴重洪水之際（與中國的水壩無關）承諾提供協助。[417]隔月盈拉在泰國接待副總理習近平，來訪者表示「泰國和中國親如家人」。[418]原於二〇〇五年取得共識、至二〇一一年涵蓋十五個合作領域的兩國戰略夥伴關係，習近平提出可再延伸與加強的數個領域。隔年四月赴北京時，她簽署擴大夥伴關係至二〇一六年。

二〇一二年十一月，盈拉在曼谷新設的中國文化中心開幕式上接待溫家寶。他告訴與會者：「身為自古以來的友好鄰國，中國和泰國維持緊密聯繫並孕育厚實友誼，讓人們認識『中國和泰國是一家人』的概念。」[419]在正式的會議場合，盈拉為共產黨第十八次全國代表大會祝賀溫家寶：「表達深信中國將持續穩定進步，並且在世界上扮演更活躍的角色……泰國堅定奉行與中國友好的政策，且希望提升兩國各層級間的聯繫。」[420]溫家寶表示，北京「做好準備要協助改善泰國的華語教學，並且促進兩國間旅遊與青年交流的合作」。[421]他們以簽署文件使未來合作定案作結。

溫家寶來訪的時機值得注目，僅在歐巴馬總統離開泰國的兩天後，而這只是二〇一三年另三次會晤的前奏。首先，第一次雙邊戰略對話八月在曼谷舉行。僅在思及其他類似倡議如此繁多時感到詫異，此次對話範圍全面，且為商討擴大夥伴關係進展的第一個重要機會。第二，習近平在十月的亞太經合會上與盈拉再次碰面，這一次他是中國的新任主席。從他們上次會面以來習近平已攀至領導階層的頂點，他說：「中泰關係在政治、經濟和民意支持皆擁有厚實基礎。」[422]盈拉正為泰國二十六年來首度爭取成為聯合國安理會非常任理事國，尋求支持。

最後是一週後的關係顛峰，當時溫家寶的繼任者李克強總理成為首位在泰國國會發表演說的外國人，是八十一年來首見。出訪泰國的六位美國總統（其中有幾位來了不只一次），均不曾獲得如此榮耀，甚至是泰王蒲美蓬也僅於一九六〇年在國會上演說。時代和頌詞都變了。與會者包括卜蜂集團和盤古銀行的主席及區域大使；美國大使並未出席。李克強入場時接受起立鼓掌歡迎，隨後主張他們的人民是「同一個大家庭的成員」，而且「中國和泰國的友誼必將綻開且生根」。[423]他還表示中國會考慮回報盈拉批准中國旅客免簽證／免稅的舉動（美國自一九六六年以來仍未實現的協約義務）。泰國即將成為在中國設立最多領事館的國家。宣稱「泰國和中國注定要為彼此提供機會」，盈拉隨李克強簽署六項關於能源和天然資源、科學、文化的協定。[424]附和頂頭上司一週前的談話，李克強主張：「我治下的中國樂於與盈拉領導的泰國政府合作，推動全面戰略夥伴合作架構。」[425]他離場時又接受一次起立鼓掌。

## 艱難時期，惡劣時機

波伊斯任大使時留下的諸多足跡、約翰的多采多姿任期以及歷史上的極端暴力事件，把二〇〇八至二〇一〇年織就成許多泰國人心目中的劇烈變遷年代。對於歐巴馬執政初年充滿希望卻不樂觀，他們對於美國的看法，是在東南亞的時代已逝之國。希拉蕊宣稱美國「回來了」即承認它曾經離開。當然從泰國自身的角度，美國被視為遠遠落後中國，外交工作只是為了維護降級失色的本地與公眾顏面。如同盈拉的顧問所指出：「華府心裡有許多事，泰國久已不在美國的雷達螢幕裡。但是中國人一直在這裡。」[426]用前外交官沙勒辛的話來描述：

別把責難或稱讚算在大使頭上，華府才是正主。我以往成天造訪並且開會，至少在我的層級跟亞太事務副助理國務卿開會。我會接到國會助理、多位參議員，甚至中情局和國防部的邀約。再也不是這樣了。他們為什麼要有東亞事務局㊱？那不是個小單位。[427]

一位派駐過美國和中國的前泰國大使更加深思：

我跟美國大使館和美方的關係上溯到許久以前。我的祖父住在華盛頓特區，我的祖父母跟第一任正式大使艾德華・史丹頓是非常親密的朋友。我的父母都在美國受教育。我是家族裡第五個在華盛頓出生的成員，所以我在美國的環境裡長大，兒時在大使官邸的花園裡玩。但是關係變得愈來愈疏遠。我想有部分是因為二〇〇一年九月恐怖攻擊後美國人的煩憂，當時他們造了一座堡壘般的大使館。大使館成員不再外出見人，他們不再認識泰國人。他們只安坐在堡壘裡。他們輪替得非常快，他們不會久留本地。他們失去了聯繫，失去對於泰國現場的聯繫。以前，如果我去見我的上司，中情局分站長總是也在那裡跟他聊天。那幅場景已經消逝。我不認為中情局分站長會再受到如此熱烈歡迎，因為泰國領導階層畏懼向美國人坦誠以告，以防更多消息走漏。所以你說近期中國影響力在泰國超過美方是正確的，因為大使館被排除在外。[428]

㊱東亞事務局的全名為東亞暨太平洋事務局（Bureau of East Asian and Pacific Affairs），隸屬於國務院。

兩位官員同樣指出在二十年前他們加入外交部時，許多前任與活躍美國外交官的結婚對象是泰國人，否則就是跟這個國家有連結的人。「泰國不再擁有那樣的朋友」，他們論斷。「美國必須打造在泰國養成的新一代人，他們熟悉這個國家，然後才工作。因為他們不可能在短短幾年內了解泰國。為什麼要放棄這一點？他們早在中國之前斬獲此項利基。」[429]最終，任期跨越約翰大使及其繼任者的艾比希發言人，將美方在泰王國的「失勢」歸咎於「美國外交工作方面不夠老練」。[430]

克里斯蒂．肯尼（Kristie Kenney）理應改變這一切。她被一位國務院官員形容為「無情的操盤手」，她「想要這份工作，在內部強力遊說並且到手，因為她獲決策者視為體系內其中一位耀眼的明日之星」。[431]肯尼不僅擁有職業大使頭銜，更打破了外交工作的玻璃天花板障礙，成為第一位擔任執行祕書（executive secretary）的女性，實際上相當於國務卿的幕僚長。她也是第一位駐厄瓜多和菲律賓的女性大使，她坐擁相關經驗及絕佳的人脈網絡。考量到她的丈夫是在華府工作的助理國務卿（且同為職業大使），「她的全副生活環繞著工作，無論辦公室或家裡，都在建立人脈跟打探消息」。[432]儘管無法說流利泰語，她會變得比前大使更加適任。簡言之，肯尼有資格領導美國的重要大使館，她的行事方式大多數人做不到，而且「她想要泰國。為什麼？這是個重要的大國家，存在菲律賓曾有過的同盟關係，此關係在各種運作層次上既深且廣」。[433]

她將證明自己是一位對的大使，只是遇到錯的時代。有一點值得讚許，即使在不經意的旁觀者眼裡都昭然可見，而且經過內部消息來源證實，她「想要成為所有泰國人的大使，不只為了大使館方圓五英里內的人服務」。[434]泰國人權研究者素南．帕素（Sunai Phasuk）分析：

> 史基普．波伊斯從事的是直接的個人外交，而這跟他的時代及泰美關係的演變情況都相符。但是跟雙方陣營的菁英閉門談話再也不夠了——史基普有管道接觸到所有陣營，而且他跟每一個人談。不過那種外交的弱點在於跟地方上的感受脫節。在克里斯蒂．肯尼身上，你目睹她嘗試跨出尋常的聯絡人以外，接觸真正地方上的人。這是關係史上第一次出現「庶民外交」（people diplomacy）。[435]

因此肯尼廣為遊歷泰國，而且「絕對是試圖利用社群媒體做為外交政策工具的第一人」。[436]財政部長功憶述，她「費力造訪紅衫軍的村落」，埋怨「沒有其他人擁有像紅衫軍那樣的村落」。[437]不過塔克辛和反獨裁民主聯盟比民主黨人和人民民主聯盟更加新穎很難說是肯尼的錯；她也未限縮對於紅衫軍地區的參訪。肯尼不吝於運用臉書和推特（「推特外交」〔Twiplomacy〕）跟二〇〇九年在曼谷舉辦的研討會一致，席間國務院官員「挑戰與會者藉由我們能用的一切方法接觸所能觸及的所有人，卻警告『新媒體』是一種工具，而非一種策略」。[438]無論是否在場，肯尼在菲律賓對於這些工具的運用，設下的標準為人所樂於效仿。

問題在於，置身於一個世代一遇的騷亂之中（若考量君主制的變動是一百年一遇），泰國並非菲律賓。功繼續宣稱，肯尼的參訪「代表紅衫軍得以描繪成美國支持並接納他們的運動」。[439]雖然同樣不應為此責怪大使，「當事態超出她的掌控、泰國內部動態關係惡化時，挑戰就來了」。[440]然而她並未調適或修正，反倒加倍投入，增加赴鄉間參訪的能見度，上傳甚至更富「魅力」的照片到臉書，並且頻頻「發推特」，包括直接回覆其他用戶。未能仔細評估與慎重行事，她反而試圖變得再更易於接觸和「民主」，卻只引來反效果。肯尼不再是一位適當涉入的美國代表，她愈發被視為泰國危機的參與者。前財政部長的這番發言因此顯得再精準不過：

我對肯尼說，當然她必定意識到美國被紅衫軍當成看板人物，一如往常。那麼美國有想過為什麼是這樣嗎？而那又有多危險？忘掉對與錯，只要想他們在利用這一點而且基本上允許紅衫軍掌控這段關係，這樣有多危險。對任何看在眼裡的人來說極其明顯。美國國慶日慶典完全由塔克辛政黨的人與會，拍照然後把他們的照片上傳臉書，做這件事的並非其他任何人的代表㊲。而反塔克辛陣營累積的情緒和感觸，在察覺美國首次踏錯一步時經歷某種爆發，肯尼大使的生活型態與路線正好落入那種敘事。[441]

她的任期延長了一年只是導致傷害延續。諷刺之處在於，根據大使館人員所述，肯尼赴任時帶著大部分偏袒保守陣營的「強烈觀點」——「直到最後一刻她才放棄黃衫軍」。[442]她也「嚴謹地」想讓被視為中立；與黃衫軍領袖碰面喝咖啡，必須跟一位相同層級的紅衫軍領袖碰面喝咖啡來「刻意平衡」。[443]此外，一位顧問指出肯尼比前任更加「能夠與盈拉溝通」，外交部長表示她「並未選邊站。無論她心中在想什麼，她沒表現出來」。[444]塔克辛本人表示同意：「肯尼大使平衡雙方陣營的資訊且更能理解。她了解我的妹妹遭受政治欺壓。她也是一位女士，所以也許她更能理解她，因為她們有機會談話。我認為美國是從歐巴馬政府時期開始更能平衡了解。」[445]

這一切的背景是華府給予肯尼的支持甚至比約翰或波伊斯更少。一位美國外交官描述國務院對泰國採取「管他的路線」（fuck it approach），眼睜睜看著泰國從美國在亞洲五大協約盟國間跌到「最後一位」。[446]另一人打趣說泰國在名副其實的「亞洲次聯盟」名單裡居首。[447]坎貝爾自二〇一三年初至今仍然擔任此區域的助理國務卿。「他不了解泰國也不想加以了解」，另一位外交官表示：「既然對他而言有充足的其他議題和亮眼事物可以追求。」[448]他將被歐巴馬的國安會亞洲事務主任取代，即二〇一一年希拉蕊形塑「樞紐」的主要聯絡人。然而他的動能在此政策未能推行下昭然若揭，過往兩度提及泰國的內容也可為參照。誠然，或許關於肯尼單一舉動最令人訝異的層面，在於她的上司大膽宣稱「美國」已經參一腳。假如她的責任是誤將社群媒體「工具」當作「策略」，那麼這項過失只揭露了肯尼真正獲知的策略是多麼有限。

***

肯尼在盈拉當選總理時打電話給她，並且致電即將離職的艾比希，承諾也將跟他合作。中國媒體則報導：「問及美國是否有信心泰國不會再發生政變時，肯尼對於大選和平舉行表示肯定。」[449]根據盈拉政府的一位成員描述，「華府起初不情願」與她共事，盈拉則反過頭來認為美國不夠強烈反對五年前的政變。[450]然而盈拉跟肯尼關係深厚且與國務卿希拉蕊相處融洽，有塔克辛在華府的人脈

---

㊲ 意指做這件事的正是美國大使肯尼。

從旁協助建立信任。

二〇一一年十一月希拉蕊在一趟區域行程中造訪泰國，主張美國「忠於泰國人民且忠於泰國政府。我們對於此項結盟感到驕傲與感激。結盟帶來了成果，而現在我們必須確保結盟在未來數十年繼續為雙方人民帶來成果」。[451]數十年這個字眼可以忽略。一千萬美元的洪水救災捐款以及視察撤離設施更符合關係所需。美國也提供抽水幫浦、船隻、發電機和求生包，投入基礎設施和公共衛生，並說動可口可樂和雪佛龍捐款。「我們正在認定對泰國人民具有歷史意義的地點，以協助保護與重建代表泰國驕傲與古文化的遺跡。」[452]數日後盈拉在印尼的一場東亞領袖會議上會晤歐巴馬，並且商討「我們如何能深化並拓展兩國間的夥伴關係」。[453]她也出席二〇一二年九月的聯合國大會，前後一年的大會則因水災與街頭政治集結錯過。然而，如同一位觀察者所埋怨：「同意在聯合國的空檔時間僅僅會見泰國領袖五分鐘……歐巴馬由此表明了泰國在白宮優先名單上的位置。」[454]

兩個月後，歐巴馬在獲連任的兩週內出訪泰國。盈拉稱之為：「發布隔年泰美外交關係一百八十週年慶祝活動的絕佳場合。我要感謝歐巴馬總統和希拉蕊國務卿皆積極促進泰美關係……我們進行了成效卓著與涵蓋廣泛的討論，大多關於友好的夥伴關係。」[455]他們商議氣候變遷、災難救援、恐怖主義和人口販運。盈拉也宣布泰國終將在協商八年後加入防擴散安全倡議。「最後，我們認識到兩國間繼續進行高層級交流與磋商的重要性。基於我們漸長的夥伴關係，總統與我同意保持緊密聯繫，並且讓雙方閣員和部會機關推行我們今日商討的廣泛議題。」[456]歐巴馬回應：「泰國是美國在亞洲最老的盟友……我很開心我們達成共識為振興同盟投注一系列的努力，以迎接我們這個時代的挑戰和機會。」[457]他指出和平工作團在泰五十週年，推動了公共衛生、食糧安全和野生動物保育方面的創舉。他的結論縱然缺乏根據卻能啟迪人心：「因為我們今日達成的進展……我們使美泰同盟在未來許多年立於更加穩固的根基上。」[458]

二〇一二年美泰聯合搜索尋獲一位真主黨人（Hezbollah）和一屋滿滿的炸彈製作材料後，美國針對曼谷的「外國恐怖分子」發布旅遊警訊。然而考量到泰國經濟對於旅遊業的依賴程度，外交部長強力譴責：「關於美國的作為，我已經透過媒體表達我的失望，這是斥責美國未事先諮商泰國的一種外交手段。」[459]國防部長同樣惱怒，傳喚美國駐外武官且敦促「美國在日後類似情況發生時要需加謹慎」。[460]儘管雙方皆未為此辯解，此警訊實為透過推特發布並無助益。在海洋另一端，傳聞塔克辛在二〇一二年中新獲美國簽證的條件是禁止造訪華府。前總理本身的態度模稜兩可：「我入境美國沒困難，但是沒有正式關係，我跟政治階層的官員關係非常微薄。」[461]二〇一三年底美國吹哨者艾德華．史諾登（Edward Snowden）揭露美國大使館運作間諜活動的可能性時，也引發一片驚愕。此舉究竟針對泰國當局或市民並不清楚，但是使人回想起二〇一〇年的維基解密與監聽聲稱。泰國國家安全委員會宣布絕不會配合任何違法活動。同一個月，最終點燃政變的抗議爆發，導致盈拉無法赴美進行雙邊參訪。

＊＊＊

在二〇一二年十一月的同一週內，泰王蒲美蓬分別接見世上最有勢力的兩位領袖，即歐巴馬和溫家寶。由於國王的年紀與健康情況，會面更偏向儀式而非實質，但是哪一次接見更關乎王國的外交政策則無庸置疑。歐巴馬讚揚「一位智慧與高尚的領導者，體現這個國家的自我認同與團結」，卻完全未提及兩國關係，遑論國王一直身為最核心與長久擁護者的「同盟」。[462]逝者已矣。一位盈拉的顧問描述：

我跟美國人談話時他們很擔心，但是我不認為他們像中國人一樣有策略。因為對泰國有策略代表也必須跟君主政體往來。不僅基於政治的上層結構，還因為皇家資產管理局掌控大批企業。所以如果他們真的在乎，他們會去找王室談。[463]

溫家寶代表一國及其人民「受泰國公主的魅力吸引，並且因為她做了許多與他們相同的事而崇敬她」。[464]一位泰國將軍表示，中國「張開雙臂」歡迎詩琳通公主，因為她把自身「投入」這個國家。[465]一位中國領導人承認，她去過的地方比他更多。與朱拉蓬公主的往來也在持續增長，跟王儲的關係亦同，一年前溫家寶和習近平都見過王儲。

沙勒辛表示惋惜：「在塔克辛之前，中國人聽聞的一切泰國新聞都是關於國王和君主政體。但是不幸地現在大眾關注的是塔克辛，尤其在政治領域。你能看出他多年來擁有多少影響力，而你必須說這部分歸功於塔克辛個人的施力。」[466]

儘管不滿，這只會有利於中泰關係。塔克辛不僅堅定親中，而且他持續贏得泰國大選，使兩國皆獲完全保障。此外，盈拉治下的軍隊領導階層對中國而言是完美組合。以網絡君主制的王后衛隊派系為代表（相對於國王衛隊又重新占了上風），軍隊認同塔克辛的威權主義。到了二〇一一年，軍方的決策參照基準均分給「王室與北京」，且於二〇一四年再次接管王國時為以上兩者服務。

## 武力增強

在戰略方面意義重大的「藍色突擊」海上演習再度於二〇一二年和二〇一三年舉辦，獲兩國海軍與海軍陸戰隊參與。共三百二十位特種部隊聯軍也在停辦兩年後發動「突擊二〇一三」演習，聚焦於反恐、偵查、跳傘，以及在泰國為期兩週多的狙擊訓練。盈拉的國防部長與中國協商聯合空軍演習，將於隨後掌權的軍政府任內施行。隨兩軍幕僚長都能說流利華語的海軍和陸軍之後，這為中泰雙邊演習添加第三項領域。二〇一四年在金色眼鏡蛇的地位提升至「進階觀察員」（observer plus），為中國取得地緣戰略（geostrategic）的另一次重大進展。

帕尼坦重回國安顧問的職位，提及「在雙方國防部緊密合作十年後的關係。中方與高級將領、高階官員密切互動，從許多方面充分參與」。[467]差瓦立將軍從未遠離過這個圈子，即使最應為帕尼坦此言負責，他通常已淪為多餘的角色。雖然有高品質的裝備可選，大量低價套件仍為向北京軍購的特徵，給予百分之二十或更高的佣金構成主要誘因。國內與海外的政治利益也同樣可觀；盈拉在任期尾聲自我任命為國防部長並且鬆綁軍購開支，企圖預防政變發生。正是在她於二〇一二年四月赴北京會晤軍事高層時，雙邊戰略夥伴關係正式延展擴張。相關動作是兩國持續審核二手潛艦選項，而泰國將於二〇一四年完成梭桃邑海軍基地的新建船塢與訓練設施，跟金色眼鏡蛇軍演發生在同一個月。

＊＊＊

二〇一二年十一月在曼谷發言時，歐巴馬總統表示兩國「是協約盟國，致力於雙方共同防禦近六十年。我們身著軍裝的男男女女並肩站在一起，也一同流血」。[468]在調動拉森號驅逐艦（USS Lassen）及兩千五百軍力協助救援泰國水災的一年後，歐巴馬延續主張：「我們的軍隊已經一起訓練與演習，而且我們已是防治恐怖主義與打擊毒品販運的密切夥伴。」[469]金色眼鏡蛇依然是最大規模的軍演，而且軍方與平民消息來源同樣指其為最佳的區域演習。中國在二〇一四年新取得的「進階觀察員」身分，讓他們獲准參與一項工程專案。

新的雙邊陸軍演習於二〇一二年和二〇一三年在泰國展開，提醒人們軍對軍合作仍然是整體關係中最有力的要素。雙方各出動數百位士兵投入「哈奴曼衛士」（Hanuman Guardian）演習，在十天內從事人道援助、救災與營救訓練。二〇一三年一位美國司令官表示：「他們也將訓練改善航空維修程序、運輸與步行的步兵小組戰術、反簡易爆炸裝置技巧，以及擴展救生醫療技能。」[470]耐人尋味的是當年演習以向陸軍元帥沙立雕像獻花的典禮開場，他跟演習同是為王室代禱的守護神。司令官繼續說道：「我覺得繼續辦哈奴曼衛士演習很重要。不會像金色眼鏡蛇演習那麼大型，但是也能創造我方與泰國軍隊間更密切的經驗。」[471]一位大使館官員論斷「至少在這方面他們是專業軍人，而非穿制服的官僚」，泰方仍然重視美國的軍事訓練。[472]

與演習進展相反的則是訓練領域以外的關係退步。多年來美軍聯合顧問團的主要宗旨是促進軍事教育與交流，假如無法與泰國同僚間建立堅定的專業融洽關係，至少要能維持工作關係。然而一位熟知泰國歷史、知識且擁有人脈的退役美國上校得知，肯尼大使起初不鼓勵接觸。「請告訴我，我聽錯了。」上校回應。「我聽說自從阿富汗的事㊳以來就有問題。」[473]二〇一二年中，美軍聯合顧問團新任團長向上校抱怨，手下人員無法跟泰國高官安排介紹會議，坦承他們非但沒有聯絡人，甚至沒有電話號碼。一週後團長回報，盈拉政府拒絕協助。最終上校給了三支手機號碼和泰國四星將軍的辦公室電話，促成與三軍、軍事總部和國防部的會見安排。那位將軍預定出任部裡的常務祕書。二〇一四年初，美國印太司令部請上校給一份泰國軍方高官的側寫檔案，一如他多年前在職寫過的那種。「從二〇〇七年我去阿富汗以後他們就沒看過這類檔案了。」他說。「我們在做什麼？我們到底在做什麼？」[474]

## 連續重擊

塔克辛藉由盈拉重掌大局後，泰國政府推動他在十年前制定的經濟議題進程時不再無能（素拉育）或含糊（艾比希）。盈拉的外交部長對國際關係一無所知、卻擁有ＩＢＭ㊴工作背景和自己的公司並非巧合。一位顧問指出，盈拉從一開始允諾過中國：稻米、橡膠和鐵路。泰國的美國商會自誇擁有八百位成員，日本商會約一千五百位，台灣則是令人驚嘆的五千位。中方不願透露會員數

㊳ 指二〇〇一年的九一一事件發生後，美國在隔月對阿富汗的恐怖組織開戰。

㊴ ＩＢＭ即國際商業機器股份有限公司（International Business Machines Corporation），此處直接採用較通用的英文縮寫。

量，不過據信超過他們的競爭者。與此同時，塔克辛愈來愈常待在北京住家。沙勒辛說明：

> 他不只有打高爾夫球。不，他叫嚴彬，就高爾夫球場的老闆，去邀請領導人或跟領導人有關聯的人來打球。然後他在高爾夫球場上做生意。他在嚴彬那兒有專屬的說客，全職為他服務且非常有效率。那正是為什麼，即使你今天去中國（我昨晚才剛從上海回來），人們會問塔克辛是不是中國人。[475]

二〇一一年習近平訪泰時，泰國銀行（Bank of Thailand）和中國人民銀行同意一項三年期的通貨交換，總值人民幣七百億元。這讓兩國的出口商得以用各自的貨幣結算交易，藉此降低美元的影響力。中國總理溫家寶和李克強於二〇一二年和二〇一三年到訪皆達成經濟協議，兩國間的戰略對話則促進了進展和前景。前一次訪問時：「中國願與泰方協力合作，積極推行經濟與貿易合作的五年計畫……進一步在交通和水利等領域的基礎建設工程上合作。」[476]後一次訪問時貿易計畫已推行一年，除了著重類似的優先事項，亦涉及稻米、工程和橡膠等私部門交易。盈拉的外交部長省思「中國覺得可以利用泰國予取予求」[477]；李克強論斷「泰國更加繁榮為中國極其樂見之事」。[478]

通貨交換的重要性在於二〇〇九年中國已超越美國成為泰國最大的出口市場，且成長速度未見放緩；二〇一一年雙邊貿易成長百分之二十一。兩年後，貿易額比二〇一二年又再成長百分之十三，泰國和中國設定的貿易目標要在二〇一五年以前達到一千億美元，是二〇一〇年原設定目標的兩倍。據報導中國在二〇一三年同意進口一百萬噸稻米，事後證實為盈拉遭控貪污與爭議的來源。

盈拉主張談成大批政府對政府（government-to-government）的對中銷售，卻未能出示正式合約。不過同時她合理主張政府對政府包括中國省級和地方政府，以及較具爭議的獲國家支持之中國企業。事實上，後者有許多是泰華政治家和企業家為此目的在中國所創立，因此只在技術上算是「中國」企業。最終，「是中方告知國內的我們，他們根本沒有跟盈拉做成任何交易」，參議員克萊薩克憶述，「那你就懂了。」[479]中國發布可說帶有策略意味的一紙公開聲明，則對總理更具殺傷力。

二〇〇七年超越美國躍居第二位後，中國於二〇一四年追過日本，成為泰國最大的貿易夥伴。在投資方面，即使塔克辛早期費盡心力，二〇〇六年中國仍然僅占泰國國外投資淨額的百分之一。二〇一四年初中國成為泰國的第二大外商直接投資來源，也許是中國在泰經濟勢力的最有力說明。八年內從落敗者晉升為亞軍，中國在其近鄰投資「門戶」的手腕超越任何一個競爭者。

＊＊＊

盈拉的一位顧問憶述：「中方願意投入金錢和他們的堅定承諾，這讓泰國沒什麼好選擇，儘管我們想要有選擇。」[480]這些在美國並不存在。二〇一二年歐巴馬來訪時，盈拉指出：「在經濟領域，要為泰方與美方皆帶來成長並創造工作機會，總統和我同意加倍努力促進貿易與投資。」[481]歐巴馬說明：「我們設立的貿易與投資委員會將進一步探究能使雙方經濟同步的方式，好讓想要做貿易與想製造產品的企業家和商界人士，想要在兩國利用機會的人，將更容易得償所願。」[482]不過雙邊自由貿易協定依舊卡在二〇〇六年的時空膠囊裡；一位泰國外交官回想：「美國不再有興趣了，那真是太糟了。」[483]盈拉任期的每一年裡（這意味著連續七年），泰國仍然名列美國違反智財權的優先觀察名單，強制授權仍被理解為關鍵因素。二〇一一年雙邊貿易僅成長百分之九，使美國在王國的貿易夥伴名單上繼續遠遠落後中國和日本。

關於美國的投資，盈拉的顧問指出現有投資者十分卓越，而且認為易於在此地做生意，但是新的外商直接投資「並未到來」。[484]美國企業基於《友好經濟關係條約》續獲國民待遇，但是一位美國外交官同意，新的投資者被持續動亂報導的「CNN效應」嚇阻。回溯至二〇〇五年，塔克辛的顧問潘薩・文亞拉廷讚揚美國金百利克拉克公司（Kimberly-Clark）進駐南疆；十年後他有聲有色地談論泰北與東北部：

> 美國硬碟製造商希捷科技（Seagate）過去三十年一直在紅衫軍地區胡搞，雇用紅衫軍勞工。即使是今天，他們仍然在那裡做盡狗屁倒灶的事。這代表某些美國企業對紅衫軍的心態有著無與倫比的深入了解。於是他們就繼續生產這些垃圾，包裝起來，放進泰國國際航空的貨機，然後送往四川在那裡組裝成電腦。[485]

誠然，大使館贊同在二〇一一年水災前，泰國在美國科技業整合供應鏈裡的角色遭忽視。不過在盈拉任期內，南部新的外商直接投資淪為國內武裝衝突受害者，位於泰北和東北部的希捷仍為豁免例外。

## 十年後

二〇一二年到訪泰國時溫家寶總理評論：「儘管國際與區域情勢的背景複雜且變化劇烈，中國仍準備好要跟泰國合作。」[486]泰國外交部的一位資深成員證實他的誠意：「他們認為自己尤其必須涉入東南亞與東亞，所以他們聚焦於區域利益，特別是經濟。而當美國放眼世界，這塊區域又在哪裡？泰國不被關注。但是對中國來說我們在某處，注意力範圍內的某處。」[487]

二〇一一年十月，兩艘中國駁船在泰國境內的湄公河上遭到攻擊，導致十三位船員死亡，令人回想起二〇〇八年和二〇〇九年的慘案。全員中僅有一位在岸邊或是漂浮時被發現；大多被蒙眼、塞嘴後槍殺。駁船上除了石油和農產品等合法貨物，尚有價值一百五十萬美元的九十多萬粒甲基安非他命㊵。中方立即中止一切運輸，並且從北京派一個外交部代表團前往泰國北部。一週內，聯合調查斷定是九位泰國士兵在毒品走私搜查中「採取個人行動」。泰國陸軍總司令形容此案「高度複雜」；北京片面宣布在湄公河上聯合巡邏。[488]泰方在國土內河段維持單獨巡邏，但是派員前往雲南省的新設總部並同意分享情資。泰國士兵否認遭控罪名後，追捕波及一位緬甸毒梟，普遍認定他也身為前一次攻擊事件的幕後人物。他在二〇一二年底被捕，在中國遭到處決。歸功於這位非法惡棍並非來自中國或泰國。此項罪行僅在一開始造成兩國間的些微張力。然而聯合巡邏是中方對東南亞的又一次侵門踏戶。

㊵ 甲基安非他命（methamphetamine）即甲基苯丙胺，俗稱冰毒，是強效的中樞神經系統刺激劑。

從二〇一二年中開始的兩年間，泰國成為中國與東協關係的正式協調員（formal coordinator）。儘管此角色採輪替授予，考量到泰國十年來的「門戶」政策與實踐，北京尤其樂見由泰國擔任協調員。盈拉的一位外交部中國專家同意：「在所有東協國家裡，泰國最獲中國信任。」[489]同一個月，中國在南海議題上以語言恫嚇後，東協各國外交部長首度未在年度大會上發布新聞稿。因此泰方察覺避免在此領海爭議選邊站的機會，藉由協調員身分的部分職責提議調解。在協調員的兩年任期過後，泰方仍機巧地保留調解身分。二〇一五年，一位外交部官員透露並證實了「泰國為自身擔任此角色感到自豪，而且我們覺得到目前為止做得不錯，部分是因為我們並未涉入衝突。我們也在其中看到機會。泰國與中國擁有特殊關係」。[490]由於中國是此波衝突的要角，泰國的中立實際上意味著支持。

當年底習近平正式發布區域全面經濟夥伴關係協定（Regional Comprehensive Economic Partnership, RCEP），包括東協及其他五國（澳洲、印度、日本、紐西蘭和韓國）。此協定構成世界最大的自由貿易區，範圍涵蓋貨物、服務、投資、經濟合作、智慧財產權、競爭，以及爭議調解。協定排除美國，且目的很可能是為了與其泛太平洋戰略經濟夥伴關係協定（以下簡稱TPP）競爭；不同於TPP，區域經濟夥伴協定保護敏感產業免於更大競爭，並且較少要求政策改變。第四輪協商於二〇一四年四月展開；習近平希望協定或能在二〇一五年生效。

二〇一三年中，曼谷主辦一場「成功召開的中國—東協戰略夥伴十週年高層論壇（High-Level Forum）」。[491]中國總理李克強勾勒未來十年的兩點共識與七大合作領域，到二〇二〇年的「二加七」合作框架。兩點是戰略互信／「與鄰為善、以鄰為伴」，以及聚焦經濟發展／「雙贏結果」。[492]李克強表示，七大領域是「商業、互聯互通、金融、海上合作、安全、人民關係，以及科學與環境領域」。[493]具體而言，他提倡改善中國─東協自由貿易協定。

＊＊＊

實質上的總理塔克辛深思：「歐巴馬來泰國，國務卿希拉蕊也來泰國，所以他們了解得更深，他們擁有融洽關係。但是跟世界上發生的許多事相比，美國的優先考量仍非東協。」[494]派駐東協的一位外交部官員更為直率：「很可惜關於美國我能說的不多。我並未從那一方聽見任何具體提案，只有在東協會議上反覆重申的政治修辭。」[495]二〇一一年，希拉蕊的湄公河下游倡議成員同意一項五年行動計畫，以及線上的「虛擬祕書處」。優先事項是教育、環境、衛生和基礎建設，這仍然未與經濟或安全明顯相關。此外，基於歐巴馬專注於競選連任且中東面臨新挑戰，美國的參與逐漸縮窄。於中國及其他十五國首次召開東亞高峰會的六年後，二〇一一年美方確實終究與會，且主辦同一年的亞太經合會。然而，在二〇一二年盈拉正確形容為「歷史性」到訪緬甸後，歐巴馬未出席東亞峰會和亞太經合會，且於二〇一三年再度略過後者。[496]

「所以就我的優先事項而言，」歐巴馬在曼谷演說時表示，「第一：擴大貿易與投資……我們將共同合作，泰國亦開始為加入高標準貿易協定奠定基礎，如ＴＰＰ。」[497]盈拉並未反對：「泰國認為ＴＰＰ對未來十分重要。但是我們顧慮國家是否準備就緒，這必須透過能力建構（capacity-building）同時處理。在那之後，我們可以合作與評估。邀請其他所有國家或許會更好，因為那代表更多市場與新的市場。」[498]她說的「其他國家」是否意指中國不得而知，但TPP於二〇一四年持續排除的對象，不僅是泰國最大的貿易夥伴，到隔年更成為世界最大經濟體。因此，歐巴馬誤稱美方將「推進我們對於一個地區行使自由公平貿易的願景，而且所有國家都遵守規則行事」。[499]相反地，區域全面經濟夥伴關係協定不關心上述展望，使其排除美國在經濟與政治面同屬權宜之計。到了二〇一三年中，TPP已與十一國歷經十八輪協商，暫定於十月的亞太經合會高峰會上試探性發布。跟歐巴馬本人一樣，TPP將錯失這一天。回顧雙邊自由貿易協定，與泰國的協商在二〇一四年政變前進展甚少。

## 當你遠去

二〇一一年底，當年稍早因褻瀆王室法罪名被捕的美國人獲判監禁兩年半。美國批評這項法律時，泰國前宮廷警察長指出：「如果美國或聯合國發表這樣的意見或對此表示支持，他們應該曉得崇拜、想要保護泰王的泰國人民已做好準備，要與他們為敵並且打擊美國和聯合國。」[500]在歐巴馬隔年到訪前，褻瀆王室法的受害者們寫了一封公開信給他。在歐巴馬發表演說時，他認可泰國正採取措施處理人口販運問題，但是在盈拉任期內皆維持二級的排名。外交部抱怨美方「無法認清問題所在。每年都是另一件事。先前難道不該提嗎？」[501]美國持續提倡保護與重新安置朝鮮難民，泰國則目睹難民人數大幅增加。儘管將穩住陣腳直到政變後，泰國正面臨中方加劇施壓要逮捕並遣返數百位維吾爾族穆斯林「恐怖分子」。一位美國外交官證實，維吾爾人「排在他們名單上最前頭，我們的名單也是」。[502]一位泰國外交官同行埋怨中方「十分高壓介入，表示他們毫無疑問必須遣返。對於我們的處理方式他們非常不諒解。我們說我們想要確保他們的權利受到保護。『談什麼權利？他們是罪犯』」。[503]

＊＊＊

藉由自二〇〇五年以來的首次合法選舉上台，並且代表一個從未敗選的政黨，盈拉因此被美國視為標記著「重回民主」，甚至比二〇〇七年的沙馬為甚。二〇一一年底，希拉蕊告訴盈拉「美國堅定支持泰國平民政府，及其為了鞏固堅強民主機制、確保善治、保障法治，並且保護人權與基本自由所做的努力」。[504]盈拉回應，泰國「再度擁有成熟的民主，在七月大選與人民委任過後」。[505]一切交流基於簡化的美國觀點，即選舉等於民主，依此邏輯阿富汗和伊拉克依序在二〇〇四年和二〇〇五年獲得民主。對盈拉而言，「成熟的」民主代表只有她的陣營堅定掌權，而非另一陣營。

一年後歐巴馬到訪時，盈拉再度提及「我們對民主、人權和自由市場的共同承諾」。[506]歐巴馬回應，表示她「致力於法治，致力於言論自由……將使民主在泰國更加鞏固，並且成為整個區域的良好典範」。[507]此種情況上一次實現是在二〇〇〇年川任總理時。歐巴馬指出：「民主不是靜止不動的事物；民主是我們必須持續努力之事……所有人民必須保持警覺。」[508]泰國人民的保持警覺表現在反民主運動、支持政變、拒絕接受敗選與行使暴力上。最值得注意的是，在一席堪稱堅毅卻絕望的激勵話語中，歐巴馬隱晦承認已輸掉大局，甚至提及贏家的名字：

總理女士，主席㊶千辛萬苦使國會同意……他，而亞洲萌芽的民主能從中奪走什麼？當你遭逢如美國這般的情況時，中國的政府體制為何在此區域沒能顯得更加吸引人？而我認為體認這一點很重要，是的，民主是比其他政府體制混亂一些，但那是因為民主允許每一個人發聲。而且那種政府體制可長可久，具有正當性，而當共識最終達成時，你知道沒人被排除在對話之外。那正是我們穩定與繁榮的原因。不知何故有一種觀念是你可以走捷徑、迴避民主，而那種機制又以某種方式讓你實現經濟成長，我認為完全錯誤……到今天我們已經成功實行民主兩百年了，我認為也將在泰國成功實行，而且將在整個區域成功實行。至於另一種選項，我認為那是虛假的希望。509

回歸的塔克辛團隊並不認同美國總統的立場，他的對手也沒有。人民民主聯盟將緩慢退場，儘管在那之前，林明達宣稱美國企圖在泰國推行民選政府、人權和透明度等「三種西方觀念」。他點名做為證據的組織之中有國際特赦組織和美國外交關係協會。由艾比希前副總理素貼成立的人民民主改革委員會（People's Democratic Reform Committee, PDRC）取代了人民民主聯盟。人民民主改革委員會同樣自誇擁有錯置的「民主」，跟人民民主聯盟和反獨裁民主聯盟的不同點在於它深切反對民主，並將與持相同看法的軍方結盟。然而就跟其餘聯盟一樣，它吸引了泰國公民社會僅存的大多數人。人民民主改革委員會呼籲成立「人民議會」，由三百位保守專業人士、一百位學者和保皇人士組成。所有成員都將由人民民主改革委員會自行選擇或批准，因此不僅比人民民主聯盟的「新政」更不具代表性，而是只代表了委員會自身。委員會將通過法律並無限期推行「改革」，朝向三個階段目的。第一，推翻盈拉。第二，確保紅衫軍群體，其中從塔克辛到他的政黨到反獨裁民主聯盟，以至於住在北部和東北部的數百萬泰國人，遭永久剝奪選舉權且遭削弱。第三，透過拙劣模仿伊朗和辛巴威的選舉，自我改造成永久執政的體系。人民民主改革委員會極端反動，同時是一場前民主與後民主的運動，由泰國史上最致力於反民主的平民所領導。它看起來更像是中國的政治局，而非歐巴馬的國會。

## 無所畏懼

在盈拉治理下，北京不可能不在地緣政治上繼續超越華府。雖然這意味著十五年來全無改變，考量到美方已遠遠落後的情況仍令人詫異，他們提出的亞洲「樞紐」也同樣失敗。在盈拉執政僅三個月後宣告，樞紐明示的其中一個目標是在二〇二〇年前將百分之六十的美國海軍部署於此區域。直到三十一個月後盈拉被推翻，除了二〇一二年四月派海軍陸戰隊兩百人赴澳洲以外進展有限。「美國高度分心在對於自己的國內議題和其他地方發生的隨便什麼事。」功憶述。「阿拉伯之春的即時性與迫切程度都超越了亞洲樞紐。所以成果真的非常有限，非常令人失望。」[510]也在二〇一二年四月，為了促進長久進行的樞紐，中國和泰國又簽署一項全面戰略夥伴，中方從未失去聚焦。當年稍晚在曼谷，歐巴馬表示：

㊶指中華人民共和國主席。

當我宣布我方期盼樞紐與聚焦亞太區域，部分而言是要回應有十年我們可理解的，做為一個國家，曾經聚焦於恐怖主義問題；即伊拉克和阿富汗的情勢。這導致我認為我方在此區域並未擁有同等的存在，這裡快速成長，發展得比世界上其他任何地方更快……我們把這裡看作成長與繁榮的核心區域，而且是我們不能忽視的區域。[511]

然而樞紐對此區域，以及尤其是對中國而言，已經成為有如二〇〇六年政變之於泰國的反應：太多修辭而太少成果。據一位前泰國外交官所述，樞紐並非如此，而是「帶有重回遏制政策與冷戰軍事同盟的跡象，揚言引發一場不斷升級的區域軍武競賽，並且在創造敵國方面使其自然而然實現」。這項政策冒著上述潛在風險，卻未成就任何回報。它也造成「某些盟國間不切實際的期望」，因為美方並未準備證實那些期望符合現實。[512]樞紐的可預期政治代價遠低於美國真正扭轉的地緣政治獲益，而非大膽承諾動議卻毫無動作。

＊＊＊

希拉蕊刊在《外交政策》關於樞紐的文章筆墨未乾，中方就予以回應，美方則見退卻。盈拉的其中一位顧問憶述，中國要求更高程度參與金色眼鏡蛇「使美方十分緊張，也使得許多東協國家更加小心翼翼，甚至我們也是」。[513]然而一位美國中尉遺憾地坦率以告：「這只是讓我們聚集在一起、磨練戰略技巧與程序的另一次機會。」[514]中國適時獲得「進階觀察員」地位。中方的聲明使局勢惡化，即金色眼鏡蛇「讓此區域的安全情勢變複雜，尤其是南海上的領海爭議」。[515]自從對美國自願調解爭議提出抗議的一年半後，北京事先警告，此區域最大規模的演習不應妨礙其海上擴張。有什麼比更加敏銳「觀察」更能確保這一點？

二〇二二年二月，人民民主聯盟表示美國試圖「創造不穩定，好讓它能設置軍事基地以阻擋中國勢力」。[516]林明達宣稱美國資本家正策劃推翻泰國王室：「嘗試統治泰國以掌控此區域的天然資源，進而遏制中國。」[517]接著美國請求延長原先由艾比希批准的許可，讓美國國家航空暨太空總署利用烏打抛航空基地起降氣候變遷研究用飛機。烏打抛持續容納每月超過一百架美國軍機，包括於數個月前泰美間一項單獨協議的人道救援任務。盈拉放行美國航太總署時，艾比希建議她以獲得塔克辛的美國簽證做為回報，而且這些飛機「可能危及泰國與中國間的活躍貿易聯繫」。[518]泰國媒體更露骨，主張他們：「實際上是為了執行新的美國機密情報行動，目標針對中國。中華航空㊷、中國東方航空和中國南方航空等三條中國民航線定期使用烏打抛的設施。」[519]無論如何塔克辛都會獲得簽證；「貿易聯繫」依舊活躍。泰國的媒體較具可信度，卻不幸假設美國對中國的關注與資源大於實際情況。人民民主聯盟以此贏得民眾支持：

> 美國開發出一項計畫，可以向大氣層發射電磁波再反射回地面，在目標區域造成「天災」，做為一種摧毀敵人的新型態武器……全世界對此憂心忡忡，毫無疑問中國軍方必須與其

㊷ 作者此處將中華航空（China Airlines）納入屬於中華人民共和國的民航線。下文會再提到這條航線的根據地在台灣。

泰國同僚舉辦會談。[520]

軍方批准美方的請求，盈拉卻提交國會，導致美國航太總署在回覆最終截止日過期後撤離。十一月，歐巴馬指出美泰合作應該納入新的挑戰，「而我認為泰國經過國內水災，了解這麼做的重要性。」[521]中國在盈拉的航太總署考量裡扮演何種角色不得而知，但是中方利用烏打拋的兩條航線，其根據地位於廣東省和台灣，分別占據南海的中部海岸與最北端點。

就在讓美國航太總署期限過期的僅僅四天後，泰國開始擔任東協—中國關係的協調員暨調解員。二〇〇三年中，盈拉的外交部長要求菲律賓（美國的協約盟國）將其南海爭議與廣泛的東協—中國動態關係分開。北京立即同意與東協會談南海舉措，評論道：「中國與東協國家是親密的鄰國，我們就像是一個大家庭的成員。」[522]在八月的第一次中泰戰略對話裡商討南海議題後，兩國於兩個月後李克強總理的歷史性造訪期間簽署海上合作協議。雙邊潛艦對話也著重於與此爭議「相關」。[523]隨後艾比希的民主黨把焦點轉往一個美國網站，主張泰國雇用一間公司遊說「國會關於南海的戰略重要性」。[524]根據報導，泰國將位於東海岸的一座海軍基地提供美國使用，想換得在美國派駐更多貿易代表。民主黨人輪番批評盈拉此舉，並且要求她向美方提出抗議；她的外交部長否認這項傳聞。

三個月後、也就是泰國政變的僅僅三個月前，二〇一四年的金色眼鏡蛇演習首度在中國擔任「進階觀察員」下展開。

＊＊＊

一週後的二〇一三年十月，中華人民共和國主席習近平與總理李克強與泰國總理盈拉商議一條高速通勤鐵路。規劃在二十四小時內從雲南省開抵新加坡，路線比艾比希執政時規劃的泰國至馬來西亞邊境更長，而第一階段的終點站將設在曼谷（途經寮國）。習近平提議由中國新成立的亞洲基礎設施投資銀行（Asian Infrastructure Investment Bank）出資，因為「既然中國視泰國為區域發展重要夥伴，將謀求兩國間新一階段的合作計畫」。[525] 李克強提議鐵路可以部分由泰國農產品以物易物出資。塔克辛的回應如下：「你們想建一條高速鐵路，我們就給你高速鐵路。」[526] 沙勒辛分析：

我們最需要鐵路來載運貨物，而不是載運乘客，因為我們採用了美國的方式——公路。所以我們忽視通勤鐵路，但是在此過程中也忽視了貨運鐵路。我們最需要的是貨運鐵路，中方的優先選項則是通勤鐵路。但是這不會成功，因為你不能每一百公里才設站，你必須有密集人口。在中國這不是問題，他們有一百多座城市人口超過一百萬人。但是在泰國，多少城市有一百萬人口？一座。所以高速鐵路在這裡行不通，但是為了政治因素盈拉同意中方。這全都是政治考量。而誰在盈拉背後？[527]

政治一如既往地涉及地理位置與馬六甲海峽，位於海峽底端的是這條高鐵的終點站新加坡。中國將擁有另一條更快速的陸路途徑，在雲南省與海峽間運輸石油、天然氣和貨物。一位美國外交官指出這條鐵路將採用標準軌距，而非泰國鐵路系統的窄軌距：「它只是讓貨物從中國運出運入的管道。」[528]技術上通勤鐵路也能在危機時載運軍人。最重要的是它將成為又一條南北向路徑選項，可與「陸上橋梁」、或是來日橫跨泰國克拉地峽的運河交會，使其一路直通新加坡並非必要。

## 槍桿子裡面出政權

二〇一三年底，在發動政變的過程中出現了一件怪事。盈拉提出一項法案，為回溯至二〇〇四年的「政治犯」授予法律特赦，隨後紅衫軍和黃衫軍齊聲表示反對。原則上他們罕見團結（雙方都只想要見到對手付出法律代價），他們卻成功使法案撤回。正如俗話說「機會只留給準備好的人」，人民民主改革委員會的素貼讓他的富裕追隨者上街頭，開始呼籲軍方介入。在他們占領數棟政府建物後，盈拉頒布國安法。軍方袖手旁觀。中國外交部兩度發表聲明：「我們相信泰國政府與人民有能力處理問題。」[529]美國國務院鼓勵「所有相關人等皆和平民主地解決政治歧見，採取此一反映泰國人民意志並強化法治的方式」。[530]當盈拉呼籲提前選舉，人民民主改革委員會呼籲抵制，艾比希的民主黨㊸再度無法認同而失去能見度。十二月中，五百位人民民主改革委員會成員朝美國大使館遊行，抗議他們支持選舉，要求見肯尼，並且用一根拼湊的桿子高舉泰國國旗。一封公開信表示：「假如你們繼續頻頻『表達關注』，直接或間接，那麼我們假定你們的漸增關注主要是基於你們自己的利益。」[531]

二〇一四年二月，在大選的兩週前，盈拉在第一宗暴力引發的死亡後頒布緊急命令。總計二十八人在五個月內死亡，人民民主改革委員會誇大稱為「內戰」的種子，但在二〇一一年泰國有三千三百〇七人身亡，更別提南疆的武裝衝突。據說中國提議調解，呼籲：「所有黨派透過對話與磋商解決問題……儘速恢復國家穩定與秩序。」[532]肯尼則告訴媒體「我無意介入泰國政治」，素貼和塔克辛的律師雙雙致信歐巴馬。[533]在維安部隊忽視明顯的安全顧慮下，大選被更多暴力事件阻撓。肯尼在四月與盈拉會面，送交來自國務卿約翰·凱瑞（John Kerry）的一封信。「美國尤其不想見到權力爭奪或軍事政變。」外交部長匯報。「假如這真的發生，他們不會樂見。」[534]五月初，在法院於近六年內第三度發布命令反對塔克辛支持的總理後，盈拉終於下台。國務院回應「決議應該包含選舉與民選政府」。[535]至於維安部隊，一位國防部副部長評論「真正展現了泰國的平民—軍方關係朝正面方向演進」[536]，論斷「我們沒有理由預期泰國軍方將改變目前的立場」。[537]

一週後，在海軍聯合海上戰備訓練開始的同一天，陸軍在已實施的國安法與緊急命令外新增了戒嚴令。國務院表示：「泰國皇家陸軍宣告戒嚴令並非政變。我們期盼陸軍履行此為阻止暴力暫時行動的承諾，並且不要傷害民主體制。」[538]

確實是暫時的：在命令泰國的主要政治人物到軍營假談判兩天後，陸軍總司令巴育·詹歐查在二〇一四年五月二十二日宣告他將接管王國。這是一場終結泰國所有政變的政變，且是自一九三二年以來的第十二度政變。數日內，主要由皇后衛隊體系組成的全國維持和平秩序委員會（National Council for Peace and Order, NCPO）羈押了兩百五十多人，開始將褻瀆王室法相關案件送交軍事法

㊸ 此處作者寫素貼的民主黨疑為誤植，中譯改為艾比希的民主黨。

庭，並且宣示將「無限期」執政。[539]這次他的稱號裡沒有「民主」。

＊＊＊

國務卿凱瑞的聲明在政變後不到十一小時發布。效果就跟即時的程度同樣無害。海軍聯合海上戰備訓練半途中止，對泰軍援總額一千五百萬美元裡的三百五十萬美元遭到削減。除了已在培訓的三十三位泰國軍人外，國際軍事教育與訓練中止。美國印太司令部取消出訪泰國，並且撤回對一位將軍的邀請。國務院取消泰國警方的槍械訓練及參訪聯邦調查局。三百五十萬美元占一架F-16戰機成本的百分之十；國務院發言人的一席話無價：「我們不希望任何事在混亂中結束，但是我們認為為提早選舉設定時間表不僅可能，而且是適當的步驟。選舉沒有理由不能在短期內舉辦。」[540]

在接下來幾個月，甚至更長的時間裡這一直是美國的口號，顯現一度富含歷史、語言與文化（以及經驗）的教戰手冊簡化成一系列公式化步驟的結果。根據前一次政變發生時在曼谷服務的一位外交官所述：

> 觀察二〇〇六年與二〇一四年如何掌管訊息傳遞深具啟發意義，尤其是語言與調性。看一位對處理那種情況有非常深厚語言和文化背景、經驗豐富的資深外交官，相對於在艱難環境下擁有全球傳遞訊息經驗卻缺乏深度的人，兩者如何處事。泰國人曉得我們會做正確的事並且批評政變，但是背後的脈絡與細微差別總是存在，如今再也蕩然無存。那讓我們的許多親近友人

詫異，他們是曾景仰美國在泰國所扮演角色至少三、四十年的那群人。[541]

凱瑞的原始聲明僅有一百五十字，一位前外交官形容為通過國務院審查程序「阻力最小的一條路」。[542]到那時美方選擇有限，不得不「反射性地藉助於當X發生時我方在Y國家採用的Z措詞」。[543]

六月二日，巴育承諾在十五個月內舉辦大選的隔天，國防部長恰克·海格（Chuck Hagel）敦促他：「釋放遭羈押人士，停止對言論自由設限，並且透過自由公正的選舉立刻將權力還給泰國人民。」[544]問題不在於十五個月是否可接受或者海格本身錯了，而是他當時應該曉得泰國已見證過最後一次自由公正的選舉，另一方面美國做出要求的可信度已不再。國務院發言人宣稱「所有適用的政治槓桿、經濟槓桿」被不正確地移動，代表這些槓桿仍然存在。[545]也就是說，在最好不公開的另一舉動下，最終美國又暫緩一百二十萬美元的軍援，削減總額比二〇〇六年政變時少兩千四百萬美元。理所當然，肯尼成為一項社群媒體行動的目標，呼籲她去職。在蓄意的對比下，六月四日中國大使會見軍政府，「並向我方保證他們仍然跟泰國保持良好關係，他們希望情況將很快回歸正常。」[546]兩天後，巴育請求中方商業代表提振泰國旅遊業，表示他：「如常致力於『所有階層的』戰略夥伴關係。」[547]

值得讚揚的是美國取消雙邊哈奴曼衛士聯合軍演，並且取消邀請泰國擔任環太平洋軍事演習（Rim of the Pacific）觀察員。肯尼指出金色眼鏡蛇正在「接受審核」並且「會是華府相當高階層的困難抉擇」。[548]全國維持和平秩序委員會回應「區域安全應該被視為具延續性的重大議題」[549]；外交部表示任何取消應該「不是擔憂的主因」。[550]泰國最高司令官在同一天會晤中國大使商討更緊密的關係。中國的「進階觀察員」身分使得在二〇一五年取消金色眼鏡蛇、比二〇〇七年取消更為明智，最終演習僅僅縮減規模。再度形成對比，泰國將領於六月中到訪北京，主張「中國把泰國的政治問題看作內務」。[551]根據當月的民調顯示，百分之五十六的泰國人「完全不擔心」美國制裁，相比之下「非常擔心」的是百分之九。百分之三十三的人認為中國是最友好與最信任的外國實體，僅次於東協。

六月二十九日，一位泰國人在美國大使館外反覆大喊反美言論並遭到逮捕。「這位男子的行動不算違反政治抗議的法律禁令，」一位警察高官解釋，「因為這只是在表達憤怒。」[552]七月四日，一位女子站在同一間大使館外手持標語牌，寫著「美國日萬歲」（Long Live USA Day）。她被拘留五天後未獲說明即釋放。在此期間，肯尼否認一則媒體報導指稱巴育將軍未受邀至大使館的國慶日宴會，她謙和補充道：「我們想在教育、環境、衛生和其他社會問題方面合作。」[553]同時中國大使表示：「軍政府加強了中國對泰國的信心，特別是在經濟合作方面。」[554]中方接待樞密院的炳將軍並主辦第二次中泰戰略對話，雙雙象徵著外交政策正在轉向並且賦予其實質內容。中國「表達穩定、團結、興盛的泰國在區域和國際舞台扮演更重大的角色」。[555]回過頭來，泰國的首席代表「對於中國政府採取正面立場表達感謝，表示這有助於鞏固長期關係」。[556]面向更廣大的聽眾，他補充道：「泰國願意跟任何想合作的國家一起共事，但是艱難時刻的朋友才是真正的朋友。」[557]

# 第十章　大陸漂移

小小的暹羅如今處於某件事物的掌控之中，即使是最狡猾的外交手腕也無法使她重獲自由……由於歷史和地理的偶然，王國看似再度置身某個重大事件的中央，或許她從中脫身時已慘遭蹂躪。[1]

——亞歷山大・麥克唐諾，一九四九年

針對政變的聲明十分強硬，但是當事情發生時你會照著聲明做嗎？那是另一個問題。你做出聲明，你相信人權，你相信民主。但是假設泰國不遵守那一套。美國可以拿強硬聲明做任何事嗎？你能制裁泰國嗎？因為假使你相信這一點，但是政府不把民主還給人民，你能做任何事嗎？那是我們必須等著看的。[2]

——素拉蓬・多威差猜恭（Surapong Tovichakchaikul），二〇一五年

> 我們在談論油管的未來，在此案例即來自孟加拉灣離岸油田的天然氣，將使得中國的所及範圍超越其法定國界，延伸至其自然地理與歷史的極限。由於泰國政治的深層結構問題，造成此一原先東南亞強國扮演的區域支柱及與中國形成內在抗衡的角色愈來愈弱，因此上述情況將在東南亞發生。[3]
>
> ——羅柏．卡普蘭（Robert D. Kaplan），二〇一〇年

肯尼大使在二〇一四年十一月離開泰國，她的替代人選直到二〇一五年十月才上任，使得曼谷大使館的最高職位真空長達十一個月。在二十一世紀的亞洲大博弈中，美國任由自身在一個軍隊掌管的國家裡無人代表。這說明了歐巴馬在此區域的「跛足而行」，美國無法應付此指標性步驟以維護、更別說是展現其國家利益。同時，中國大使忙碌穿梭全城。

## 板塊運動

在國界以外，泰國逐漸擁抱中國模式要歸功於中國和美國，此模式即以控制市場經濟為後盾的威權政府。從世紀之交以來，兩國的政治推力和拉力跟泰國本土勢力和因子，諸如缺乏意識型態、有罪不受罰的文化，在激昂的天擇過程裡互動。泰國的歷史文化與中國共謀，與美國共謀，全球強權不僅提供不同的治理體制，尚有其溝通知識的願景和價值。在競選活動中、在街頭、在軍營裡，泰國呈現的結果是明顯偏好統治與被統治，而非代表與被代表。正因如此，在政變之際肯尼大使越

過她的東道主發言①：「跟大多數泰國人一樣，我們希望泰國實現其民主理想。」[4]對軍政府的抵抗幾乎不存在。一位泰國將軍在二〇一五年提出：

> 從泰國人的觀點來看，在中國出現西方式的民主會是災難，因為這個國家將淪為軍閥彼此征戰之土。對於位在中國土地邊陲的一個小國來說，能有效控制大國的強大中央政府遠遠更有利於謀求我們的需要。如今我們同時理解，僅僅仿效西方的政治體系無可避免會把我們帶回另一個政治死胡同。我們必須重新再來一遍。[5]

了解軍閥與政治家之間的差別，且未明言中國模式或美國民主，這位將軍的比較與意見十分清楚。也許因為中方沒有泰國的禁衛軍傳統，前財政部長功想像一個軍方不再治理、卻留下其治理方法的國家：

> 假使我們的政治繼續像今日一般威權，那麼你的腳本就更可能實現。我希望告訴我的祖國，我們絕不能失去脈絡。到頭來，如果有所選擇，你會更偏好美國的生活方式勝過其他任何生活方式，我甚至不會提是中國的生活方式。[6]

① 指美國大使的說話對象是泰國人民，而非泰國政府。

艾比希的外交部長卡夕沒那麼審慎：

> 過去幾個月出現了一黨專政的潛在思潮變化，對比於街頭政治上更強烈且衝突的意見辯護，提供穩定做為另一種選項。「選中國模式吧。」在泰國，一黨專政將是軍方仍舊直接或間接掌控政權以保持穩定，好讓我們能夠發展。美國能容許這種情況發生嗎？[7]

將軍的「強大中央政府」，卡夕提及（政治）穩定以實現（經濟）發展，說明了中國模式的定義及其漸增的吸引力。泰國理解這個道理，然而反過來說也成立：經濟動盪顛覆了國家。儘管泰國在包容貪污而非譴責貪污方面有別於中國，許多泰國人對於貧富差距愈來愈感到憤怒，此不均情況在東南亞最為嚴重。反獨裁民主聯盟的成員以此做為二〇一〇年示威的焦點，甚至人民民主聯盟和人民民主改革委員會也仰賴這股力量。

無論以哪種顏色為號召的泰國當局都要面對兩個迫切問題，在六千七百萬人民的王國裡，挑戰程度不比十四億人口的中國。首先要確保經濟穩定成長，理想上窮人階層的淨收益能追上不均的步伐。即使富人進展的速度較快，絕不能讓窮人的生活水準停滯太久。這將促成草根階層的示威抗議減少，藉此符合中國模式看重的發展。二〇一二年習近平的反貪腐行動部分即是為了安撫中國群眾。政變五十天後，北京提醒曼谷中國：「專注改革引領過去三十年的快速發展，並且期許中國的改革能做為此區域其他發展中國家的典範，包括泰國在內。」[8]二〇一五年，塔克辛思想的擁護者潘薩直言論斷：「二十世紀的強權再也無法定義世界的未來。世界的未來與解決方案有關。此刻務實聽明的解決方案比第七艦隊更有價值。」[9]

第二個教訓事關政治：嚴格限制集會自由、言論自由和結社自由，基於沒什麼真正成形的示威是小規模且為期短暫。這是防患於未然，做出必要反應，且符合中國模式看重的（表面上）穩定。中國從未歷經天安門廣場事件的重現，大多是因為及早強力鎮壓，如同二〇〇八年的西藏暴動。二〇一四年習近平提出依法治國方針，為此途徑找到可上溯的基本原理，而泰國的三項特別法也允許其政府在世紀之交做到同樣的事。一位泰國學者描述，在二〇一〇年的暴力衝突後，他如何開始聽聞泰國銀行家公開談論中國的「威權資本主義」，其後他們在政變前挹注資金給人民民主改革委員會：「他們以前所未有的方式做準備，因為恐懼群眾把他們的錢拿來做打擊民主的後盾。」[10]

***

泰國採用中國模式對中國本身有多重要？根據塔克辛所述：「他們根本不在乎。無論誰執政，他們跟對方做生意。他們就像企業家，他們做生意，他們不搞政治。」[11]對於選民心不在焉的功看法一致：

> 無論泰國在何種體制下運作中國都很放心。我有自信這麼說。民主黨跟中國共產黨關係十分良好。他們繼續投資我們，他們繼續投資泰國的民主體制。我想他們大概偏好我們回到民主體制，儘管他們顯然對於軍政府也沒意見。[12]

然而上述兩人都錯了，如同美方從一九九〇年代末開始就錯在忽視另一個強權。假使美國在東南亞既未現身且無利益，中國確實不會「在乎」、或甚至「偏好」泰國採民主體制。但是在地緣政治勢力競爭下，中國久已看出純粹在政治面發展關係的需要；其國際抱負有賴於適時考量泰國的國家情勢。原則上，這跟美方在中東及他處提倡民主並無不同，只是用砲艦外交（gunboat diplomacy）或外交手腕，用投資或入侵來達成。盈拉的一位顧問指出，中國「尚未」在聯合國投票上對泰國施壓，儘管其不干預政策可能是原因。[13]「中方應對泰國時手腕更加細緻。」安全分析專家帕尼坦表示。「那超越了魅力攻勢，在政治方面以另一層級的極激進手段建立關係。從二〇一四年五月二十二日的政變起，中方很快就察覺機會之門開啟。他們一直在為那樣的機會洞開做準備。」[14]

中國從世紀之交起就為威權的泰國提供「思想辯護」（intellectual cover），不僅為其授予虛假的正當性，而且給自身更佳的辯護，讓中國在泰國謀求地緣政治利益時勝過美國。多虧塔克辛的「門戶」政策，這也牽涉到整個區域。此種辯護在二〇〇六年政變後的十六個月間尤其強勁，且於二〇一四年重現後近乎排他。當中方在二〇〇六年問美國：「假使（泰國）人民接受，國際社群為什麼不該接受？」他們的發言越過了政變，宣告自身在同一個社群裡的地位。[15]藉由定義另一種良好聲譽，並且判定哪些國家符合標準，北京得以在過程中推動它自己的議題，如同華府七十年來所為。

除了極罕見的例外，中國並無在泰國提倡或犯下違反人權的獨立動機。相反地，任何一國行使威權主義帶給中國的利益，主要是其做法明顯跟美國站在對立面。對中國而言，民主、人權與法治僅是其追求利益的協商事項，但是美國自稱那些事項本身就是目的，甚至相互依存。因此，對於中國，他們同樣受制於將其戰略思考套用其他領域的零和賽局分析。在民主較顯而易見的地方，美國更可能參與且具有影響力；在威權主義強盛之處，美方更可能落敗撤守。二〇一四年政變的三週後，中國共產黨官方報紙評論：「從基輔到曼谷，街頭政治和公開衝突造成深切的哀傷……無論公開或隱身其後，美方與西方勢力涉入其中。從西亞到北非到烏克蘭到泰國，一一毫不例外遭引領走上『西方式民主』歧途。」[16]

然而，假如中國在「不干預」的假象下巧妙干預，行為必須明智。二〇一一年，在緬甸內務存在既廣且深的中方利益與勢力下，緬甸的不安情勢升高。雖然遠非北京的僕從國（client state），緬甸在軍人統治下數十年，在國外同樣高度仰賴中國的「思想辯護」。與此同時，在初次對緬甸施加經濟制裁的二十年後，美國重新考慮立場。結果是有限削弱了中國的優勢。所幸對中國而言，泰國的異議意見微弱且少見，美國並未展現出要重演勝利的跡象。

＊＊＊

一九七〇年，大衛．威爾森（David A. Wilson）觀察：「泰國政府，以及很大程度上包含泰國人民，不認同泰國是中國的『天然勢力範圍』……反對中方勢力擴張進入泰國，一如其他地方，構成美方在泰國勢力的基礎。」[17]有所改變的自然是基礎在完全崩塌前變形了。超越任何國內或國外因素（包括中國本身），美國對泰國採用中國模式，以及其外交政策移向中國的地緣政治勢力範圍負有責任。也就是說，在王國內外，美國「失去」泰國的程度大過於中國得到泰國，也大過曼谷本身主動改變治理與地緣政治的方式。「除了給予平起平坐的尊重，」塔克辛在二〇一五年說，「當中方建立一段關係，他們用心。他們用心。美國彷彿對一切都很倉促，衝進來，衝出去。他們不用心。」[18]另一位前總理憶述在最近的政變後告訴一位美國資深外交官：「你們只是在把我們更推向中國。」[19]軍政府的駐華府大使埋怨自己得設法掌控泰方的觀點，是在「做美國大使的工作」，打趣說泰國應該「擁核」好獲取美國的關注。[20]

不過，假使二十世紀末以來的美國對泰政策是王國轉向的主因，美國在世界他處的決策也扮演配角。阿南指出，制裁緬甸以及跟伊拉克開戰兩事，美國都強力施壓要求泰國給予支持。「特別是他們在安理會上對大規模毀滅性武器公然撒謊。」他說明。「我就在那一刻停止閱讀西方報紙。他們的偽善可以總結我們對美國人的憎惡。」[21]他也沒忘記違法的權力轉移：

> 我是承認我方政變是錯誤的第一人，但是我們並未獲得美方給予同樣的對待。二〇〇三年在埃及發生什麼事？他們幫助軍隊解散一個民選政府。如果你往回看，美國在瓜地馬拉，在巴拿馬，在尼加拉瓜，在多明尼加共和國，在古巴都這麼做。不過，他們繼續挑剔我們何時將有民主的時間表跟藍圖。這很荒謬。[22]

艾比希也提及埃及的政變：「美方說那是『為了恢復民主的干預』，假如花了一年的時間讓他們恢復選舉，那很好，但是在泰國就太遲了。如果巴育將軍在大選後當上總理會是如何？美方會以埃及進展的方式來看待此事嗎？」[23]帕尼坦指出：「多虧了現代傳播方式，像是網際網路，資訊網路，愈來愈多人意識到這一點。這使得大眾察覺到兩國之間真的出了問題：『為什麼我們沒有得到埃及那種待遇？』」[24]曼谷和華府的美國外交官都承認軍政府本身持續提起埃及，儘管被視為「爭議點」而輕蔑地不加理會。[25]極具說服力地，他在泰國的職權範圍幾近獨占。

信任是最顯而易見的犧牲品。功主張「美國在認真思考的泰國人心中開始喪失可信度，而那真遺憾」。[26]長期駐地的「泰國人手」卡爾．傑克森悲嘆：「對任何一位美國外交官而言，試圖在此地運作最使人困擾的是信任程度。我從未見過在泰國菁英階層間信任程度如此低落。」[27]阿南看得更遠，惋惜「我這一代泰國人仍然記得歷史上某個（表現更好的）時間點，但是我沒那麼確定新一代對此知道多少」。[28]最後是一位泰國將領：「遺憾的部分是，從我入行的五十三年來，我從未見過針對美國的抗拒和敵意如此憤恨且普遍。在往日，無論何時對於某些事總會有一些異議或不滿，負面評論出於憤世嫉俗或諷刺，相對溫和或是半開玩笑，現在他們處於憤怒與怨恨。」[29]

然而美國不應只是拒絕譴責泰國的政變，企圖藉此導正兩項錯誤，更不應稱其為「為了恢復民主的干預」。前者即加入中國的沉默行列，後者則在複述軍政府自身同樣有欠信譽的話術。如同國際社群的每一位成員，美國有權利義務去保護平民權與政治權。這一點寫入定案已久且具約束力的國際法，以及許多國家憲法裡。在二十一世紀這代表反對威權主義，即中國模式的政治層面。當一國的內務涉及國際法就不再是一國的「內務」，更別提違反人權、人道主義或難民法。身為聯合國安理會的常任理事國，肩負維護「國際和平與安全」大任，中國對上述觀念心知肚明。一如跟其他國家。誠然，塔克辛主張美國在泰國二〇一四年政變後比其他任何國家「表達更多關切且採取更多行動」，正確譴責了其他國家的過失。[30]表達關切、譴責、制裁，甚至在特殊情況下調動軍隊，這些並非「干預」而是行使責任。

解決方案隨之被問題掩蓋，並非美方的訊息站不住腳或不適當，更不致令人回想起殖民時代，如同前獨裁者塔農之女在二〇一四年所指出的。而是傳訊者從一九九〇年代末起全然失去信任，泰國人不再願意傾聽。儘管不太可能，美國嘗試跟泰國修復關係應當採取的第一步是回頭宣告埃及二〇一三年的政變是一場政變。以一位美國外交官的話來描述：「泰國人似乎得出的結論是我們沒有原則。在埃及，我們被認為擁有較大的戰略優勢，我們就加以忽視。」[31]功的看法一致：「我們的軍政府為什麼在一九七〇年代得到美國接受？答案很明顯：美國在戰略上需要泰國，而且需要泰國強盛以挺身面對共產黨威脅。所以在當時民主並不真正重要。現在需求改變了，突然間民主事關緊要。」[32]以軍政府安全顧問的身分來說，帕尼坦適切地同樣導入現實政治（realpolitik）：「這正是美國一直以來所告訴我們的。非關友誼，而是關於國家利益。所以你可以看見趨勢轉變成讓我們的國家利益更與中國相連，遵照美國所說，更與俄羅斯相連，遵照美國所說：『你應該為你的國家利益服務。』」[33]

而美國是對的：解決方案將會出現，泰國跟其他地方都一樣，只要美國決定將民主、人權、法治一貫視為國家利益對待，不僅僅如此認為或宣稱，而是投入戰略資源以維護、提升上述利益。肯尼大使宣稱「我們非常看重泰國政變的整體人權層面」，她這麼說的問題在於二十年來美國並未在關係裡十分看重人權。[34]美方從未將其視為國家利益對待。

那還不是全部。「你投入那麼多試圖說服中方要尊重人權，要以某種形式實踐民主進程。」潘薩在二〇一五年指出。「但是你允許你最親近的盟友泰國一再發生政變。中方會開懷大笑，不是嗎？」[35]對於東南亞，數十年來中方一直以國家利益、同時也是地緣政治的方式對待，包括中國模式在內。相反地，美方未能理解、遑論積極參與這場民主人權節節敗退的零和賽局。基於人權鮮少受到區域議題關注，小布希所說的「戰爭與法令下的民主」顯得自相矛盾。歐巴馬的亞洲「樞紐」確實主張：「我們做為一個國家，最強大的資產是我方價值的力量，尤其是我們對於民主人權的堅定支持。」[36]不過它最後列出六個「關鍵行動戰線」的進展，並且跟美國「利益」分開處理。[37]在聯合國獲得票數，提升軍事優勢，擴張經濟市場需藉由協商、討價還價、恫嚇，甚至空襲來確保。民主和人權僅僅是價值，「鼓勵」、「呼籲」、「敦促」，或者偶爾強加制裁。在位置具有戰略意義的泰國，美國未曾與中國競相影響泰國領導階層如何看待權力，如何對待人民以及應用法律。

***

為了鞏固在泰國及其他地區的戰略改革，美方必須做出何種結構性改變，使其想望與附加的價值轉而進入核心地緣政治利益？簡單來說，他們必須扭轉自一九九〇年代晚期以來採納的決策，顯著削弱了他們競逐影響力的能耐。跟人力、財力和智力資源最相關，每一項因素彼此造成串聯效應②。「告訴我誰是國務院或國安會裡的要角，誰是泰國的朋友」，卡爾・傑克森問道。「那是問題，真正的問題。」[38]一位退休的泰國外交官在政變不久前受命向國會議員簡報，他憶述東道主「公開譴責缺乏泰國老手」。[39]一位國務院高官埋怨「沒人想要處理民主與治理的結構問題」，導致

② 串聯效應（cascading effect）指在一連續事件中，某件單一事件對另一事件產生影響。

政策「擁有特殊利益卻無戰略利益」。[40]

在美國內部，國會應該恢復原有資金挹注美國數所大學裡尚存的泰國暨東南亞研究計畫。美國外交部門應該積極雇用就讀這些計畫的應徵者，並且支持外交人員在不同的任命之間獲取區域專門知識。應該提供泰語（或者其他區域的）語言學習，足供人員在調動前獲得近乎流利的語言能力，並且在職涯晉升中看重此能力。雖然擁有超越區域分隔（ring-fencing）技能與專業的外交人員應獲相應分派，對於有志在亞洲外交部門盡海外服務職責的人員也應設下規定。在長期職涯中多次赴相同國家「訪視」應受到鼓勵或者放寬。在可能與適當的情況下，國防部應該在軍校採納此做法，讓軍官成為區域專家（例如在美軍聯合顧問團或印太司令部）。國會應該顯著增加國際軍事教育與訓練計畫的資金，並且指定區域；修改《外交行動撥款法》使其完全豁免於政變時遭到中止。最後，如同潘薩的評論：「美方必須自我辯論且取得共識：他們想從這段關係中得到什麼？我充分明白美國沒有太多時間。北非仍然是優先事項，還有跟俄羅斯、東非和西非的權力關係。」[41]展望全球，前美國資深外交官史蒂芬·博許沃斯（Stephen Bosworth）贊同時間是關鍵，而且必須納入考量：「總統和他最看重的兩打副手，他們關切什麼？所有人都同意本世紀接下來的八十五年將更由中國主導，而非敘利亞，但是非常少人會說，『好吧，我要空出每週三下午來想一下中國』——更別說是泰國。這令人沮喪。」[42]

在泰國應研擬一項後一九九七年的計畫，致力於修復與重建領導階層的個人關係。這必然牽涉仍在政府或軍方單位裡的少數「泰國老手」到訪，例如參議員約翰·麥肯和（泰國出生的）參議員拉達·譚美·達克沃斯（Ladda Tammy Duckworth）。也應納入國會重要委員會的代表、行政機構和印太司令部，例如國務院的人口暨難民移民局（Bureau of Population, Refugees, and Migration）及軍方的軍法署（Judge Advocate General's Corps）。一位美國資深外交官評論，本書構成「第二軌道」③外展需求矛盾的少數例證，柯林頓夫婦（基金會）、卡爾·傑克森（大學）和史基普·波伊斯（商界）則是眾多聯絡人好手的其中幾位。

除了與越戰相提並論的不可抗力外，若不放眼更年輕的人才將無法形塑新一代泰國人手，非軍方背景的年輕專業人士應該帶著滿滿一盒名片，赴王國引見周知。美國同樣應邀請泰國同僚來訪，但是前往該地區應視為優先。以泰國為根據地美國「友人」的人脈與關切應獲利用與通盤考量，尤其是住在曼谷以外的那些。

為了實現更有效的「全民外交」（people's diplomacy），美國應該大舉擴展「美國資料中心」的數量、規模與範圍，並且提供可觀資金挹注泰國與區域大學的美國研究計畫。東協研究也應獲得關注與資源，此外加倍擴增教育交流。上述研究應強調以人權為出發點的計畫與機會。考量到泰國公民社會的和解狀態，美國應該「升級」其協助，並且在極其嚴格遵守的條件下給予財務支持。

在曼谷大使館服務經年的一位美國外交人員（以及罕見位於職涯中段的泰國人手）思索挑戰：「我們可以對中國有細緻的政策，展現我們在一定程度上了解戰略利益，讓我們得以應對所有問題……分成兩個層面思考運作，有時是公開與私下的對比。我們的泰國政策中曾經也存在這些，不過現在蕩然無存。」[43]塔克辛同意：「美國必須改組外交政策與外交部門。否則將會失去重要性。上

③ 第二軌道外交（Track II diplomacy）指利用非政府管道進行外交。

個月我剛去華府告訴制定政策的人，共和黨和民主黨都有，美國在外交政策上必須是一部多工的電腦，而非一次處理一項指令。」[44]

## 海上變革

「自由主義最終取決於權力：也許是一種良善的權力，但仍然是權力。」美國地緣政治分析家卡普蘭寫道。[45]權力的槓桿作用，大部分來自促進更傳統的地緣政治利益。在泰國政變後，一位美國資深外交官指出：「美國面臨的挑戰是表明支持迅速恢復民主與基本自由，同時也致力確保我們得以維繫與強化……我們長期的安全同盟。」[46]反過來說同樣屬實，更傳統的利益往往仰賴人權受到尊重保護的環境。另一位外交官承認「表達民主立場老實說傷害了我們（在泰國）傳統、直截了當的利益」。[47]

要捍衛美國在東南亞的傳統地緣政治利益，沒有單一因素比與南海相連的馬六甲海峽更具樞紐地位。論及更廣泛的區域，卡普蘭警告：

> 地緣政治跟人權議題的分離……加上無論何種情況下環繞著海軍領域的抽象程度，有助於使南海成為政策與國防分析家，而非知識階層與媒體菁英的領土。在現實主義下，有自覺地違反道德，在墮落的世界裡如常關注利益而非價值，因此將獲得勝利。[48]

卡普蘭假設美國的利益與價值將持續分離，就目前來看安全卻非必然發生。假設分離的情況成立，他論斷現實主義將戰勝人權至今準確，卻看得不夠遠。由於卡普蘭排行美國外交政策優先事項，卻未能考量此順序的國際影響。在泰國已然目睹，人權屈從於更傳統的「利益」，導致那些利益輸給中國。亦即，當人權在美國外交官和國防官員的議題上輸給現實主義，美國自身就以現實主義的術語輸給其全球競爭對手，輸掉了地緣政治。政變後中止援助亦不例外，僅是用反向方式得到相同結果。在泰國也見證到，由於缺乏審慎戰略思考與靈活外交手段，「價值」突然且有條件地獲得特殊待遇而超越「利益」，不會帶來改變。如此並非堅守那些利益，反而是把利益當作人質。所有一切停滯不前。追求民主人權本身就是一種道德與法律責任，但是同樣必須肩負地緣政治後果。

＊＊＊

十六世紀葡萄牙使節留下一句話：「無論誰是馬六甲之王，他就扼住威尼斯的咽喉。」[49] 四個世紀後，談到等同於冷戰的力量時，泰國外交部長塔那形容美國：

> 在某種程度上更加關注……印度洋，以及保護從印度洋到南海和太平洋補給線的重要性。因此，包括泰國在內，東南亞獲得新的戰略意義，並且在強權的全球競賽下漸漸成為無可忽視的因素。[50]

儘管此後衝突很快就結束，卡普蘭指出：「柏林圍牆倒塌不曾、也不能終結地緣政治，只是把地緣政治帶往新的階段。你無法只憑期盼就讓地圖上國家與帝國間的紛爭消失。」[51]然而這正是過去二十年美國在東南亞所為，期盼界定冷戰的零和動力關係消失，偏好盲目樂觀的樞紐，其中「人人都是贏家」。國務卿希拉蕊在二〇一一年的文章裡指出：「從印度洋穿越馬六甲海峽到太平洋的這片海洋，包含世界上最活躍的貿易與能源路徑」，卻未承認其爭奪現況。世界上超過半數的商船噸位穿越該海峽，每年超過六萬艘，並且載運全球貿易的三分之一。石油和液化天然氣的運量甚至更大：全世界三分之二的商業供給量。每一天，一千五百萬桶的石油運輸通過海峽，達蘇伊士運河的三倍和巴拿馬運河的十五倍之多。若納入馬六甲南方連動的龍目海峽、望加錫海峽和巽他海峽，數據會更高。四個海峽加總起來，全球海上交通的三分之一皆在此發生。

不可否認，儘管有泰國和其他區域國家的基本巡邏，美國的第七艦隊是馬六甲海峽的主要守護者。假設位於一國主權領土內，該國有放行和監控每艘船艦的自由，第七艦隊強制實行「航海自由」時反倒握有剝奪上述自由的權力。

與中國發生直接衝突、或者更可能是涉及中美盟國和利益時，第七艦隊將比其他任何武力或因素更能嚇阻不受歡迎的船艦。第七艦隊樂意在龍目海峽、望加錫海峽和巽他海峽依樣照辦（已使航程增加一週），可以威逼從塔斯馬尼亞（Tasmania）南端周圍一路終至中國港口的船隻。

二〇〇五年，國防部採用「珍珠鏈」（string of pearls）分析，主張中國正沿著海岸與水道發展經濟計畫與軍事前哨據點。珍珠鏈從中國國內的海南島開始，繼續往西穿越東南亞的海上易受攻擊地帶，終抵紅海的蘇丹港（Port Sudan）。沒有海岸比孟加拉和斯里蘭卡（跳過美國的盟友印度）更重要，接觸孟加拉灣。沒有水路比馬六甲海峽和龍目海峽更關鍵。泰國的安達曼海岸連接孟加拉灣與馬六甲海峽。自最初的「珍珠鏈」分析以來概念已有不同演變，但是考量到中國的公路和鐵路計畫，暫且不提可能興建的運河，泰國毫無疑問應該納入。

泰國的烏打拋機場也許是美國在東南亞「睡蓮」（lily pad）策略最明顯的例子——「基於隱晦而非明確安排的平民—軍事兩用設施，完全仰賴當時健全的雙邊關係。」[52]潘薩因此在修辭上質疑：「泰國軍方跟美國有改變任何半祕密關係或接觸？沒有。你們一直有權為了你們的戰略行動任意、私下使用泰國的機場和領空。那麼問題在哪裡？」[53]另一方面，「我們三十年來對軍方科技的投資，將在未來至少三十年持續獲得重大回報。」前外交官博許沃斯在二〇一五年說。「中方需要很長一段時間才能趕上。過去二十年阻止我方不受阻礙通行台灣海峽的努力獲得某種程度的成功，可想像他們能在此區域其他地方這麼做，但是需要時間與投資。」[54]在同一年希拉蕊宣布樞紐概念，國防部承諾眼前的預算刪減不會危及美國在亞洲的力量投射。

另一方面，在泰國政變發生三年後，美國海軍船艦的數量從冷戰後的六百艘降到低於三百艘。一位國防部最高層級的官員表示，樞紐「正受到重新檢視，因為坦白說這不可能發生」[55]，印太司令部人員則告訴博許沃斯：「我們的問題在於我們習慣把太平洋當成一座美國湖泊來對待，那個時代結束了，而且不會再回來。」[56]美國在馬六甲海峽的海上優勢也許有長遠的未來，但並非無限期。在泰國，「睡蓮」可能減損的美國利益，跟可能促進的相等。聽聞美國或將取消二〇一五年金色眼鏡蛇的消息，軍政府回應：「我們之於他們是通往其他國家的一個戰略位置。美國曾企圖在烏打拋建立一處基地，美國軍隊計畫全年跟泰國武裝部隊共同訓練。我們是（美國）輸不起的關鍵。」[57]這就是戰略跟不上政治發展的代價。即使是美國頂尖的分析家卡普蘭，在二〇一四年關注東南亞近海「博弈論」的十九頁篇幅章節裡，都從越南一舉跳到緬甸。他不只一次提到泰國，即中國的胡錦濤稱為解開「馬六甲困局」的關鍵。

二〇一五年，泰國政治衝突對立陣營的平民和軍方人員代表一致認為美國偏離正軌。塔克辛提出：「美國的利益是石油戰略，一種權力戰略，但是他們必須審視將要如何應對此區域的政治。來日假使發生什麼事，美國需要在這裡有朋友。」[58]他的外交部長素拉基亞意見相符：

> 東協的團結符合美國的利益，東協不睦則否。假如他們想要東協，住著六億人口的區域，扮演美國對抗中國的緩衝區，這個方法無法達成他們的目標。他們心知肚明不會跟中國打仗，中方心知肚明不會跟美國打仗。為什麼要擾亂中國造成緊張？涉入與抑制中國必須從不同的角度來看，假如情況是如此，美國的協約盟國角色將在泰國受到歡迎。[59]

在艾比希看來：「美國人正在浪費機會，假如他們把我們的優先排序放得太低就錯了。從地緣政治來說，以我國的位置跟他們結盟，對他們在這整片區域的在場與影響意義重大。」[60]他的財政部長功更進一步，指出：「泰國所處位置的絕佳優勢在於，跟其他亞洲和東協國家不同，泰國不必在美國和中國間選擇，可是美國仍然幾近強迫我們做選擇。」[61]卡夕聚焦且影射馬六甲海峽：

> 當中方進逼，美國怎麼可能保持低調什麼都不做？國務院沒有遠見，白宮、美國大使館，

或甚至美國商務部都沒有。你不能埋怨中國人，因為中國人需要南下來到溫暖的水域。他們需要削弱印度人及占據印度洋的美國。那麼美國做了什麼？沒有。[62]

最後一段話適切地來自一位將軍：「對於未來的美國全球戰略，泰國只可能被視為無足輕重。你知道伊索寓言裡講的獅子跟老鼠嗎？」[63]在那則寓言裡，一頭獅子無端放過一隻老鼠，換來有天將報答的荒謬承諾。隨後老鼠幫獅子逃出獵人的網，實現了承諾。

＊＊＊

自古以來中國人稱東南亞海域與陸地為「南海」，兩者都包含泰國。其陸地總面積由十個國家組成，略小於印度次大陸，幾乎全都是半島、群島或島嶼。根據卜蜂集團的沙勒辛所述：「中國人無疑了解東南亞的重要性，包括地理與戰略的重要性，而且他們非常重視東協。但是他們更關注美國和俄羅斯。他們看待東南亞的視角，在於其如何影響他們跟其他國家的關係。」[64]其中的重點是美國對馬六甲海峽的掌控，該處是中國的發展與國防持續仰賴的通道，至少目前如此。

幾乎從每一種角度來看，中國都是世界最大的經濟體及其最大的市場。中國也是世界最大的石油淨進口國，從一九九五年到二〇〇五年間對原油的需求翻倍。中國消耗全球石油的百分之十與全球整體能源的百分之二十。位於海峽東邊（與中國同側）的印尼預計在近數十年內仍是最大的天然氣供應國，中國絕大多數的石油則來自本區域外，經馬六甲海峽運抵。預計到二〇二〇年中國每日進口七百萬桶原油，其中百分之八十五將經過該狹窄通道。隨著世界能源需求在二〇三〇年翻倍，幾乎近半的新增消耗將來自中國和印度（位於海峽的西側，因此不需穿過海峽）。

二〇〇五年中國開始以與美國相比八比一的速度製造潛艦。五年後，中國和泰國聯合舉辦第一次「藍色突擊」海上演習時開始商議潛艦。二〇一四年北京宣布增加軍事支出的計畫，「特別注重提升國家的海上力量」，此時中國坐擁的潛艦數量已超越美國。[65]政變後一位泰國官員告訴前美國大使波伊斯：「隨便你們想對金色眼鏡蛇怎樣，如果需要的話我們有金龍④。」[66]預計在二〇二〇年代晚期，中國在西太平洋的戰艦數量將超過美國印太司令部，用博許沃斯的話來說是「擁有力量投射的藍水海軍」。[67]

據說中國從未承認美國國防部的「珍珠鏈」說法，但是在二〇一三年，習近平宣布「一帶一路」的大規模經濟願景。它包含中國北方以陸地為主的「帶」，從俄羅斯穿越中亞到歐洲，以及位於中國南方的一條海「路」，從巴布亞新幾內亞到東北非。後者沿西太平洋和印度洋穿越東南亞與南亞，亦及中東海域到紅海。泰國直接被納入。刻意賦予歷史及未來的重要性，此雙軌概念又被中國指為二十一世紀的「絲路」。「我認為習近平心中有更大的想法，」盈拉的一位顧問在二〇一五年表示，「而我不想看見泰國成為中國的一省。我們必須成為夥伴，而非當作南方省分來對待，後者可能在十、十五年後發生。沒錯這事關經濟，但是在這個國家永遠事關戰略位置。」[68]

＊＊＊

跟擁有兩千五百年歷史的《孫子兵法》相符，中國企圖不費一兵一卒在馬六甲海峽凌駕美國。儘管與泰國擁有十五年相對較深的軍對軍關係，北京遠遠投注更多政治和經濟資本以繞過海峽，勝過挑戰第七艦隊。盈拉中國團隊的一位成員在二〇一五年指出，中國人正尋求泰國協助達成他們抵達印度洋的「終極目標」。[69]他的一位同僚宣稱，因為北京視泰國為具有戰略重要性東協的中心，「別無選擇」只能跟曼谷合作。[70]二十一世紀進展至今，河流、公路和鐵路計畫，加上川未完成的「陸上橋梁」，中國有效擴展領土且無需保衛與治理。但是這將會改變，而且近在眼前。

在二〇二五年以前，一條穿越克拉地峽的運河將會在中方資金、工程與勞工下動工。運河連接泰國灣與安達曼海，將使得其他所有繞過馬六甲海峽的方案成為輔助配角。對中國而言（當然還有美國），運河是當務之急，據馬來西亞海事研究中心（Malaysia Maritime Institute）在二〇一五年指出，每年十二萬兩千六百艘船隻的海峽運量上限最遲將於二〇三〇年發生。運河完工預計需時十年，意味著施工可能更快開始；至少兩百億美元（以目前的匯率計算）的成本不會構成延遲理由，因為海峽已經開始變窄。據聞已委託超過二十五項可行性研究，最近一篇是在二〇〇五年塔克辛執政時。

泰國政變一年後，報導描述差瓦立將軍在廣州與中國當局針對又另一項研究簽署合作備忘錄。雙邊皆公告否認。軍政府表示：「周圍環境不利於此項計畫……憲法不允許分割國家。」[71]然而在二〇一五年，差瓦立的泰中文化經濟協會形容運河「勢在必行」。[72]協會的評論與習近平的「一帶一

④ 金龍是中國的軍事演習代號。

路」相應[73]，隨即獲中國共產黨邀請赴北京會面。安全顧問帕尼坦不置可否：「我們沒有足夠的實際資料來決定究竟應否執行這項計畫。」[74]塔克辛回顧這項議題的經歷時，認為隨著泰國領導階層的世代轉移而讓運河變得「可能」。「地緣政治？」他補充，「我不知道。」[75]前外交部長素拉基亞持強烈異議：

> 中國感興趣的部分原因是美國描述的「珍珠鏈」戰略。他們不必仰賴馬六甲海峽的政治脈動，那對中國人來說風險太高。但是我到現在還是對中國人說，他們應該捨棄這項議題，放棄吧。這談不成，不可能。這是經濟問題，也是政治問題，更是國家問題。開鑿運河會讓人民覺得泰國分裂成兩個國家，那是妨礙任何討論的原因。這牽涉到泰國領土的完整性，即使那更關乎觀念而非現實，在政治領域觀念就是現實。[76]

最終，泰國的藉口和拒絕是一種政治奢侈品，很快將被中國的地緣政治否定。在中國模式下，兩國都依賴持續不斷的經濟成長，他們不會考慮領土完整性，遑論環境顧慮或本地生計。標榜為商業企業的運河將成為中國的國家安全支柱，並藉由延伸與結盟也成為泰國的國安支柱。北京將做為主要出資者、興建者與政治勢力以宣示主導權，盡可能對運河施加控制，如同第七艦隊控制海峽。

至於中國毫無戒備的對手，一位美國外交官在二〇一五年吹噓，泰方「會繼續把我們留在身邊，他們要玩這一局」。[77]不過時間所剩不多，美國人輸慘了。一九七二年首次進行以運河跨越地峽的研究後，他們長達四十年未曾重新考慮此議題。亞洲最具樞紐地位的一片土地在歐巴馬的樞紐計畫裡沒有容身之處，僅僅五十公里寬。克拉地峽象徵著顯而易見的關係，構成泰國經歷漫長轉變的支點。宣告樞紐計畫時，國務卿希拉蕊明確表示：「在亞洲，他們問我們是否真的會留在這裡，我們是否可能因為其他地方的事件再度分心，我們能否做到，並且保持經濟與戰略承諾，以及我們會不會用行動支持那些承諾。答案是：我們能夠做到，而且我們將會做到。」[78]

為了顧及美國所有的地緣政治利益別無選擇。我們必須做到。

# 注釋

**序幕**

1 See Randolph 189.
2 Interview, Chalermsuk, 19 January 2015.

**導言　起點**

1 US Department of State, "Coup in Thailand", Press Statement, John Kerry, Secretary of State, Washington, DC, 22 May 2014.
2 Foreign Ministry of the People's Republic of China, "Foreign Ministry Spokesperson Hong Lei's Regular Press Conference on May 23, 2014", 23 May 2014.
3 Foreign Ministry of the People's Republic of China, "Foreign Ministry Spokesperson Qin Gang's Regular Press Conference on May 26, 2014", 26 May 2014.
4 The White House, 18 November 2012.
5 Foreign Ministry of the People's Republic of China, "Premier Wen Jiabao Holds Talks with Thai Counterpart Yingluck", 21 November 2012, http://www.fmprc.gov.cn/mfa_ eng/topics_665678/pwjamoealapovcat_665698/t992130.shtml.
6 See Pasuk and Baker, *Thailand's Crisis* 40.
7 See "Clinton: Chinese Human Rights can't Interfere with Other Crises", *CNN*, 22 February 2009.
8 Interview, Korn, 8 May 2015.
9 Interview, State Department official with responsibility for Thailand, 9 April 2015.

## 第一章

1 MacDonald 10.
2 See Surachart 29.
3 See Van Praagh 32.
4 See Kasian 267.
5 See Saner 23.
6 Darling 52.
7 See Fineman 35.
8 Kurlantzick, *The Ideal Man* 80.
9 See Nuechterlein 97.
10 Thak, *Thai Politics* 552.

## 第二章

1 See Lederer and Burdick 71.
2 Stanton, October 1954.
3 Thak, *Thai Politics* 547.
4 Ibid. 597.
5 See Van Praagh 81.
6 See Fineman 72.
7 See ibid. 116.
8 See Wilson, "China, Thailand, and the Spirit of Bandung (Part I)" 154.
9 See Anuson 56.
10 Interview, Anand, 21 January 2015.
11 See Fineman 176.
12 See Van Praagh 122.
13 Fineman 145.
14 See Wilson, "China, Thailand, and the Spirit of Bandung (Part I)" 168.
15 Stanton, October 1954.
16 See Wilson, "China, Thailand, and the Spirit of Bandung (Part II)" 105.
17 Faulder.
18 Interview, Kraisak, 12 January 2015.

19 See Anuson 88.
20 Stanton, October 1954.

### 第三章

1 See Vimol et al. 106.2.
2 See Nuechterlein 241.
3 Fineman 254.
4 See Wilson, "China, Thailand, and the Spirit of Bandung (Part II)" 126.
5 See Henderson 82.
6 Interview, Chalermsuk, 19 January 2015.
7 See Vimol et al. 106.2.
8 See Darling 187.
9 See Wilson, "China, Thailand, and the Spirit of Bandung (Part II)" 126.
10 See Connors, *Democracy and National Identity in Thailand* 70.
11 See Darling 179.
12 Interview, Kraisak, 12 January 2015.
13 See Vimol et al. 110.
14 See Randolph 49.
15 Ibid. 72.
16 Stanton, October 1954.
17 See Kien, *China and the Social World* 197.
18 See Handley 189.
19 Lane 189.
20 Randolph 16.
21 See Jackson, in Ramsay and Wiwat 107.
22 See Handley 188.
23 ASEAN, http://www.asean.org/news/item/the-asean-declaration-bangkok-declaration.
24 See Phuangkasem 16.
25 ASEAN, http://www.asean.org/news/item/the-asean-declaration-bangkok-declaration.
26 See Vimol et al. 124.
27 Ruth 25.

28 See Saner 64.
29 See Ruth 40.
30 See ibid. 79.
31 See Saner 68.
32 See Ruth 10.
33 See Saner 64.
34 See "Thailand, Laos, Cambodia, and Vietnam April 1973", A Staff Report Prepared for the Use of the Subcommittee on US Security Agreements and Commitments Abroad of the Committee on Foreign Relations, United States Senate, 1973, 8.
35 See Wiwat, in Wiwat and Warren 107.

## 第四章

1 Interview, Kraisak, 12 January 2015.
2 Interview, Anand, 21 January 2015.
3 Ibid.
4 See Handley 220.
5 McBeth 156.
6 See Shinn, in Bunge 187.
7 Sarasin, in Wiwat and Warren 134.
8 Kasian 272.
9 See M.L. Bhansoon 274.
10 Interview, Kobsak, 14 January 2014.
11 Interview, Kraisak, 12 January 2015.
12 See Chambers, "'The Chinese and the Thais are Brothers'" 608.
13 Interview, Sarasin, 6 February 2015.
14 M.L. Bhansoon 286.
15 See Van Praagh 149.
16 See Liang 13.
17 See Saner 131.
18 See Randolph 164.
19 See ibid. 179.
20 Ibid. 169.

21 See M.L. Bhansoon 215.
22 Wiwat, in Wiwat and Warren 110.
23 See Randolph 181.
24 See M.L. Bhansoon 162.
25 Interview, Kraisak, 12 January 2015.
26 See Jackson, in Jackson and Wiwat 165.
27 See M.L. Bhansoon 224.
28 See Surachart 182.
29 Interview, Warren, 5 January 2015.
30 See Van Praagh 181.
31 Interview, Former high-ranking Thai Ministry official, 2 February 2015.
32 Interview, Kraisak, 12 January 2015.
33 Interview, Former Thai foreign minister, 2 February 2015.
34 See Pavin, *A Plastic Nation* 48.
35 See Chulacheeb 96.
36 Interview, Thai general, 22 January 2015.
37 Sarasin, in Wiwat and Warren 141.
38 See Chambers, "'The Chinese and the Thais are Brothers'" 615.
39 Interview, Former member of Communist Party of Thailand, 5 January 2015.
40 Interview, Thai general, 22 January 2015.
41 See Liang 18.
42 Interview, Rosenblatt, 7 April 2015.
43 Interview, Thai general, 22 January 2015.
44 Interview, Lane, 8 April 2015.
45 45 See Randolph 218.

**第五章**

1 See Vimol et al. unnumbered.
2 Sarasin, in Wiwat and Warren 116.
3 See Van Praagh 118.
4 Jackson, in Jackson and Wiwat 172.

5 M.R. Kasem, in Ramsay and Wiwat 8.
6 Surin, in Ramsay and Wiwat 84.
7 Anonymous "Thai discussant" to Levin, in Ramsay and Wiwat 99.
8 Anand, "The United States in Asia".
9 McCargo, "Network Monarchy and Legitimacy Crises" 501.
10 See Overholt, in Ramsay and Wiwat 166.
11 Interview, Kraisak, 12 January 2015.
12 See Interview, Sulak, 11 January 2015.
13 See US Department of State, *Review of State Department Country Reports on Human Rights Practices for 1981*, Hearing before the Subcommittee on Human Rights and International Relations of the Committee on Foreign Affairs, House of Representatives, Ninety-Seventh Congress, Second Session, 28 April 1982.
14 See US Department of State, *Country Reports on Human Rights Practices for 1986*.
15 Thanat, in Jackson and Wiwat 311.
16 See Randolph 228.
17 Interview, Boyce, 4 June 2015.
18 Interview, Chalermsuk, 19 January 2015.
19 Ibid.
20 Crispin, "Thaksin's Loss".

第六章

1 Interview, Jackson, 9 April 2015.
2 Interview, Korn, 8 May 2015.
3 See Rolls 96.
4 Rolls 105.
5 Pavin, *A Plastic Nation* 4.
6 Interview, Boyce, 4 June 2015.
7 Embassy Bangkok, 06BANGKOK1767, 22 March 2006.
8 Chang Noi 227.
9 Interview, Steinberg, 9 April 2015.
10 Anand, "Address of Prime Minister Anand Panyarachun to the Foreign Correspondents Club of Thailand, 25 April 1991".
11 US Department of State, Bureau of Democracy, Human Rights, and Labor, "Thailand", *Country Reports on Human Rights Practices for 1992*,

1993.
12 See Pavin, *A Plastic Nation* 83.
13 See Kasian 277.
14 Interview, Chuan, 3 August 2015.
15 See Hinton, in Evan et al. 13.
16 Crispin, “US Slips”.
17 Anonymous “Thai discussant” to Sarasin, in Neher and Wiwat 52.
18 Interview, Kraisak, 12 January 2015.
19 Ibid.
20 Ibid.
21 Ibid.
22 Ibid.
23 See Interview, Surakiart, 4 August 2015.
24 Interview, Kraisak, 12 January 2015.
25 Ibid.
26 Interview, Senior Foreign Ministry official posted to Beijing, 2 February 2015.
27 Interview, Kraisak, 12 January 2015.
28 Ibid.
29 Interview, Senior Foreign Ministry official posted to Beijing, 2 February 2015.
30 Interview, Kraisak, 12 January 2015.
31 Ibid.
32 Ibid.
33 Rolls 103.
34 Interview, Kraisak, 12 January 2015.
35 Interview, Lane, 8 April 2015.
36 Interview, Fitts, 30 January 2015.
37 Interview, Anand, 21 January 2015.
38 Ibid.
39 Anand, “Address of Prime Minister Anand Panyarachun to the Foreign Correspondents Club of Thailand, 25 April 1991”.
40 See Buszynski 727.
41 Interview, Jackson, 9 April 2015.

42 Interview, Boyce, 4 June 2015.
43 Interview, Karuna, 29 January 2015.
44 Interview, Anand, 21 January 2015.
45 See Handley 374.
46 Interview, Panitan, 31 January 2015.
47 Rolls 103.
48 See ibid. 103.
49 Interview, Chuan, 3 August 2015.
50 Ibid.
51 Email, Panitan, 9 June 2015.
52 Interview, Chuan, 3 August 2015.
53 See Pavin, *Reinventing Thailand* 201.
54 Interview, Chuan, 3 August 2015.
55 Chambers, "'The Chinese and the Thais are Brothers'" 626.
56 Murphy, "Beyond Balancing and Bandwagoning" 11.
57 Wurfel, in Thayer and Amer 148.
58 See Chambers, "'The Chinese and the Thais are Brothers'" 627.
59 See Pasuk and Baker, *Thailand's Crisis* 171.
60 Ibid. 3.
61 Interview, Sarasin, 6 February 2015.
62 Interview, Boyce, 4 June 2015.
63 Ibid.
64 See Interview, Bhokin, 4 February 2015.
65 See Pasuk and Baker, *Thailand's Crisis* 40.
66 See Interview, Boyce, 4 June 2015.
67 Interview, Sarasin, 6 February 2015.
68 See Pasuk and Baker, *Thailand's Crisis* 6.
69 Pasuk and Baker, *Thaksin* 17.
70 Interview, Pisan, 7 April 2015.
71 Interview, Sarasin, 6 February 2015.
72 Interview, Chuan, 3 August 2015.

73 Interview, Senior Thai politician, 6 February 2015.
74 Murphy, "Beyond Balancing and Bandwagoning"12.
75 Interview, Chuan, 3 August 2015.
76 See Interview, Boyce, 4 June 2015.
77 http://www.academyordiplomacy.org/member/charles-e-cobb/.
78 Interview, Boyce, 4 June 2015.
79 Interview, Chuan, 3 August 2015.
80 Interview, Panitan, 31 January 2015.
81 "Address by His Excellency Chuan Leekpai, Prime Minister of Thailand", Council on Foreign Relations and the Asia Society, 11 March 1998, http://www.cfr.org/thailand/ address-his-excellency-mr-chuan-leekpai-prime-minister-thailand/p57.
82 See Kusuma 191.
83 See Pavin, *A Plastic Nation* 79.
84 See Kusuma 205.
85 Interview, Chuan, 3 August 2015.
86 Chambers, "'The Chinese and the Thais are Brothers'" 621.
87 Murphy, "Beyond Balancing and Bandwagoning" 12.
88 See Chambers, "'The Chinese and the Thais are Brothers'" 625.
89 See ibid. 624.
90 Interview, Chuan, 3 August 2015.
91 91 See Kusuma 196.

**橫向疏通**

1 Interview, Chuan, 3 August 2015.
2 Email, Boyce, 6 July 2015.

**第七章**

1 Embassy Bangkok, 06BANGKOK4254, 18 July 2006.
2 Interview, Pansak, 21 January 2015.
3 Ferrara 87.
4 Interview, Senior State Department official, 16 July 2015.
5 Interview, Jakrapob, 26 January 2015.

6 See Lynch 339.
7 See Pavin, *Reinventing Thailand* 93.
8 Interview, Surakiart, 4 August 2015.
9 Interview, Sarasin, 6 February 2015.
10 Embassy Bangkok, 05BANGKOK3704, 6 June 2005.
11 Interview, Abhisit, 6 February 2015.
12 Interview, Sarasin, 6 February 2015.
13 Interview, Surakiart, 4 August 2015.
14 Ibid.
15 Interview, Thaksin, 21 August 2015.
16 Ibid.
17 Interview, Sarasin, 6 February 2015.
18 Email, Jakrapob, 12 August 2015.
19 Interview, Jakrapob, 26 January 2015.
20 Interview, Surakiart, 4 August 2015.
21 "Asia Cooperation Dialogue", in Surakiart 192.
22 Interview, Surakiart, 4 August 2015.
23 McCargo and Ukrist 58.
24 Ibid. 53.
25 Interview, Foreign Ministry official with responsibility for China during the Thaksin administration, 12 March 2015.
26 Ibid.
27 Interview, Ammar, 15 January 2015.
28 Embassy Bangkok, 06BANGKOK4254, 18 July 2006.
29 Embassy Bangkok, 04BANGKOK7313, 20 October 2004.
30 See ibid.
31 See Pavin, *Reinventing Thailand* 17.
32 Interview, Sulak, 12 January 2015.
33 Interview, Sarasin, 6 February 2015.
34 See Chambers, "'The Chinese and the Thais are Brothers'" 599.
35 "Where Does Thailand Stand Now?", in Surakiart 87.
36 Embassy Bangkok, 04BANGKOK7313, 20 October 2004.

37 Ibid.
38 Embassy Bangkok, 05BANGKOK7460, 2 December 2005.
39 Interview, Two Thai Foreign Ministry officials, 5 February 2015.
40 Interview, Senior Foreign Ministry official posted to Washington, 2 February 2015.
41 See Kurtantzick, *Charm Offensive* 67.
42 Embassy Bangkok, 06BANGKOK2826, 11 May 2006.
43 Embassy Bangkok, 06BANGKOK4480, 25 July 2006.
44 Embassy Bangkok, 04BANGKOK7313, 20 October 2004.
45 Ibid.
46 See Embassy Bangkok, 06BANGKOK5705, 15 September 2006.
47 Interview, Surakiart, 4 August 2015.
48 Interview, Jakrapob, 26 January 2015.
49 Interview, Pansak, 21 January 2015.
50 Interview, Thaksin, 21 August 2015.
51 Interview, Kantathi, 20 September 2015.
52 Interview, Thaksin, 21 August 2015.
53 Ibid.
54 Interview, Foreign Ministry official with responsibility for China during the Thaksin administration, 12 March 2015.
55 Interview, Kraisak, 2 February 2015.
56 Embassy Bangkok, 06BANGKOK1372, 6 March 2006.
57 Embassy Bangkok, 05BANGKOK5791, 9 September 2005.
58 See Embassy Bangkok, 05BANGKOK7116, 16 November 2005.
59 Interview, Sarasin, 6 February 2015.
60 "Asia: A Common Agenda", in Surakiart 44.
61 Embassy Bangkok, 06BANGKOK1372, 6 March 2006.
62 See Embassy Bangkok, 04BANGKOK7313, 20 October 2004.
63 Interview, Kraisak, 2 February 2015.
64 See Embassy Bangkok, 04BANGKOK7313, 20 October 2004.
65 Ibid.
66 Ibid.
67 See Embassy Bangkok, 05BANGKOK3725, 7 June 2005.

68 See Embassy Bangkok, 04BANGKOK7313, 20 October 2004.
69 See ibid.
70 Interview, Thaksin, 21 August 2015.
71 Embassy Bangkok, 04BANGKOK7313, 20 October 2004.
72 Interview, Sunai, 30 January 2015.
73 See Embassy Bangkok, 04BANGKOK7313, 20 October 2004.
74 Embassy Bangkok, 05BANGKOK7460, 2 December 2005.
75 Embassy Bangkok, 06BANGKOK6095, 5 October 2006.
76 Interview, Panitan, 31 January 2015.
77 See Macan-Markar, "China's October Revelation".
78 Interview, Thaksin, 21 August 2015.
79 Ibid.
80 Embassy Bangkok, 04BANGKOK7313, 20 October 2004.
81 See ibid.
82 Interview, Suranand, 13 January 2015.
83 Embassy Bangkok, 04BANGKOK7313, 20 October 2004.
84 Ibid.
85 "The 57th Session of the Commission on Human Rights", in Surakiart 25–26.
86 See Pasuk and Baker, *Thaksin* 141.
87 Embassy Bangkok, 05BANGKOK5018, 4 August 2005.
88 Interview, Suranand, 13 January 2015.
89 Interview, Thaksin, 21 August 2015.
90 Ibid.
91 Wyatt 275.
92 Interview, Bhokin, 4 February 2015.
93 Interview, Thaksin, 21 August 2015.
94 See Kurtantzick, *Charm Offensive* 146.
95 Embassy Bangkok, 05BANGKOK2431, 5 April 2005.
96 Interview, Thaksin, 21 August 2015.
97 See Embassy Bangkok, 06BANGKOK2359, 24 April 2006.
98 Ibid.

99 Embassy Bangkok, 05BANGKOK2431, 5 April 2005.
100 Interview, Thaksin, 21 August 2015.
101 Embassy Bangkok, 05BANGKOK2431, 5 April 2005.
102 Embassy Bangkok, 05BANGKOK3073, 9 May 2005.
103 Interview, Thaksin, 21 August 2015.
104 See "Thaksin's Thai Recipe", *Asia Times*, 25 May 2001.
105 See Embassy Bangkok, 06BANGKOK1472, 9 March 2006.
106 See Yong Mun Cheong, in Tarling 111.
107 Interview, Sarasin, 6 February 2015.
108 See Kasit, in Montesano et al. 164.
109 Chang Noi 139.
110 Interview, Sunai, 30 January 2015.
111 See Embassy Bangkok, 06BANGKOK1472, 9 March 2006.
112 Foreign Ministry Spokesperson Qin Gang's Comment on the Current Situations of Thailand, 20 September 2006, http://www.fmprc.gov.cn/eng/xwfw/s2510/2535/ t272786.shtml.
113 See Embassy Bangkok, 06BANGKOK6095, 5 October 2006.
114 Ibid.
115 Ibid.
116 Interview, Thaksin, 21 August 2015.
117 117 Ibid.

**第八章**

1 Interview, Thaksin, 21 August 2015.
2 Embassy Bangkok, 05BANGKOK2219, 29 March 2005.
3 See Pasuk and Baker, *Thaksin* 277.
4 Interview, Surakiart, 4 August 2015.
5 "Where Does Thailand Stand Now?", in Surakiart 91.
6 See Montesano, "Thailand in 2001" 98.
7 Asia Foundation 2.
8 Interview, Surakiart, 4 August 2015.
9 Interview, Jackson, 9 April 2015.

10 Ibid.
11 Ibid.
12 Joint Statement between the United States of America and the Kingdom of Thailand, 14 December 2001.
13 "Asian Civil Society Forum", in Surakiart 269.
14 "Inquiry Into the Treatment of Detainees in U.S. Custody", Report of the Committee on Armed Services, United States Senate, 110th Congress, 2nd Session, 20 November 2008, xiii.
15 See ibid. 14.
16 See Rodriguez and Harlow 67–68.
17 See Office of Inspector General 20.
18 Email, Jakrapob, 12 August 2015.
19 See Open Society Justice Initiative 111.
20 Open Society Justice Initiative 36.
21 Rodriguez and Harlow 54.
22 Interview, Boyce, 4 June 2015.
23 Office of Inspector General 36.
24 Embassy Bangkok, 05BANGKOK6953, 4 November 2005.
25 Interview, Surakiart, 4 August 2015.
26 Interview, Pansak, 21 January 2015.
27 See Achara, "Confess on Torture".
28 Embassy Bangkok, 05BANGKOK6953, 4 November 2005.
29 Embassy Bangkok, 05BANGKOK7529, 74 December 2005.
30 Interview, Thaksin, 21 August 2015.
31 Interview, Surakiart, 4 August 2015.
32 Ibid.
33 See Ehrlich, "Thailand Takes 'Hospitable' Action".
34 Interview, Chalermsuk, 19 January 2015.
35 See Wheeler, in Chaiwat 184.
36 Dalpino, "American Views: Southeast Asia" 62.
37 Interview, Thaksin, 21 August 2015.
38 Interview, Kantathi, 20 September 2015.
39 See Napisa and Chambers, in Chambers 83.

40 See Ehrlich, "Thailand Takes 'Hospitable' Action".
41 Interview, Thaksin, 21 August 2015.
42 See Wheeler, in Chaiwat 184.
43 Interview, Kantathi, 20 September 2015.
44 Ibid.
45 Embassy Bangkok, 05BANGKOK2838, 26 April 2005.
46 Embassy Bangkok, 05BANGKOK3208, 13 May 2005.
47 Embassy Bangkok, 06BANGKOK1215, 28 February 2006.
48 See Wheeler, in Chaiwat 180.
49 See ibid. 180.
50 Embassy Bangkok, 05BANGKOK3182, 11 May 2005.
51 Embassy Bangkok, 05BANGKOK1233, 17 February 2005.
52 See Embassy Bangkok, 05BANGKOK4108, 23 June 2005.
53 See Embassy Bangkok, 05BANGKOK5965, 16 September 2005.
54 Embassy Bangkok, 05BANGKOK3203, 13 May 2005.
55 Embassy Bangkok, 05BANGKOK2062, 22 March 2005.
56 Embassy Bangkok, 05BANGKOK3203, 13 May 2005.
57 Ibid.
58 See Embassy Bangkok, 05BANGKOK2013, 18 March 2005.
59 Embassy Bangkok, 05BANGKOK7729, 19 December 2005.
60 See Wheeler, in Chaiwat 188.
61 Embassy Bangkok, 05BANGKOK3182, 11 May 2005.
62 Embassy Bangkok, 05BANGKOK1038, 9 February 2005.
63 Interview, Bhokin, 4 February 2015.
64 See Embassy Bangkok, 05BANGKOK2062, 22 March 2005.
65 See Wheeler, in Chaiwat 179.
66 See Embassy Bangkok, 05BANGKOK5393, 22 August 2005.
67 Embassy Bangkok, 05BANGKOK6524, 14 October 2005.
68 Interview, Klein, 16 January 2015.
69 Ibid.
70 See Embassy Bangkok, 06BANGKOK3231, 30 May 2006.

71 Embassy Bangkok, 06BANGKOK2826, 11 May 2006.
72 Embassy Bangkok, 06BANGKOK2338, 21 April 2006.
73 Embassy Bangkok, 06BANGKOK5610, 13 September 2006.
74 Embassy Bangkok, 05BANGKOK6524, 14 October 2005.
75 Embassy Bangkok, 05BANGKOK3313, 19 May 2005.
76 Embassy Bangkok, 05BANGKOK5791, 9 September 2005.
77 Embassy Bangkok, 05BANGKOK7529, 7 December 2005.
78 Embassy Bangkok, 06BANGKOK926, 16 February 2006.
79 Interview, Kraisak, 2 February 2015.
80 Interview, Sunai, 30 January 2015.
81 Embassy Bangkok, 06BANGKOK5463, 6 September 2006.
82 Embassy Bangkok, 06BANGKOK1176, 27 February 2006.
83 Embassy Bangkok, 05BANGKOK2536, 8 April 2005.
84 Embassy Bangkok, 05BANGKOK5020, 4 August 2005.
85 Emergency Decree on Government Administration in States of Emergency, B.E. 2548 (19 July 2005), Section 17.
86 Embassy Bangkok, 05BANGKOK5455, 24 August 2005.
87 Kyung-won, Koh, and Sobhan 8.
88 Klausner, "Transforming Thai Culture" 288.
89 "Campaign to Spread Word on US Aims", *The Nation*, 8 November 2001.
90 Interview, Jackson, 9 April 2015.
91 Embassy Bangkok, 05BANGKOK1169, 15 February 2005.
92 Interview, Cole, 13 April 2015.
93 Interview, Thaksin, 21 August 2015.
94 Interview, Brandon, 8 April 2015.
95 Interview, Boyce, 4 June 2015.
96 Embassy Bangkok, 05BANGKOK2219, 29 March 2005.
97 Interview, Boyce, 4 June 2015.
98 Asia Foundation 10.
99 Interview, Thaksin, 21 August 2015.
100 Interview, Kraisak, 2 February 2015.
101 Interview, Thaksin, 21 August 2015.

102 Interview, Panitan, 31 January 2015.
103 Interview, Cole, 13 April 2015.
104 Interview, Sarasin, 6 February 2015.
105 See Embassy Bangkok, 05BANGKOK5393, 22 August 2005.
106 Ibid.
107 Interview, Thaksin, 21 August 2015.
108 Email, Jakrapob, 12 August 2015.
109 See Pavin, *Reinventing Thailand* 234.
110 See Wheeler, "Mr. Thaksin Goes to Washington" 3.
111 See Wheeler, in Chaiwat 188.
112 Embassy Bangkok, 05BANGKOK1573, 3 March 2005.
113 See Embassy Bangkok, 05BANGKOK1527, 2 March 2005.
114 Ibid.
115 See Embassy Bangkok, 06BANGKOK1538, 13 March 2006.
116 Interview, Surakiart, 4 August 2015.
117 Interview, Kantathi, 20 September 2015.
118 Ibid.
119 Embassy Bangkok, 05BANGKOK6138, 26 September 2005.
120 Embassy Bangkok, 05BANGKOK1233, 17 February 2005.
121 See Embassy Bangkok, 05BANGKOK3208, 13 May 2005.
122 Embassy Bangkok, 06BANGKOK1471, 9 March 2006.
123 Interview, Two Thai Foreign Ministry officials, 5 February 2015.
124 Ibid.
125 Interview, Kantathi, 20 September 2015.
126 Ibid.
127 Ibid.
128 Ibid.
129 Ibid.
130 Embassy Bangkok, 06BANGKOK1119, 24 February 2006.
131 Interview, Kantathi, 20 September 2015.
132 See Embassy Bangkok, 05BANGKOK6978, 8 November 2005.

133 See Pavin, *Reinventing Thailand* 148.
134 Embassy Bangkok, 06BANGKOK4742, 4 August 2006.
135 See Embassy Bangkok, 06BANGKOK5032, 17 August 2006.
136 Interview, Kantathi, 20 September 2015.
137 Ibid.
138 Ibid.
139 "Thailand and the United States", in Surakiart 367.
140 Interview, Kantathi, 20 September 2015.
141 Embassy Bangkok, 04BANGKOK8485, 16 December 2004.
142 Ibid.
143 Embassy Bangkok, 06BANGKOK689, 6 February 2006.
144 See Embassy Bangkok, 05BANGKOK5271, 17 August 2005.
145 Embassy Bangkok, 05BANGKOK7033, 10 November 2005.
146 Embassy Bangkok, 04BANGKOK8485, 16 December 2004.
147 Ibid.
148 Embassy Bangkok, 06BANGKOK492, 26 January 2006.
149 Embassy Bangkok, 05BANGKOK1072, 10 February 2005.
150 Embassy Bangkok, 05BANGKOK1169, 15 February 2005.
151 Embassy Bangkok, 05BANGKOK1072, 10 February 2005.
152 Embassy Bangkok, 05BANGKOK5791, 9 September 2005.
153 See Embassy Bangkok, 04BANGKOK8485, 16 December 2004.
154 Embassy Bangkok, 05BANGKOK1072, 10 February 2005.
155 US Department of State, "Open Skies Agreements", http://www.state.gov/e/eb/ tra/ata/.
156 Embassy Bangkok, 04BANGKOK8485, 16 December 2004.
157 Embassy Bangkok, 05BANGKOK7033, 10 November 2005.
158 Embassy Bangkok, 06BANGKOK3354, 5 June 2006.
159 Interview, Kantathi, 20 September 2015.
160 See Embassy Bangkok, 06BANGKOK429, 23 January 2006.
161 See Embassy Bangkok, 05BANGKOK3208, 13 May 2005.
162 Embassy Bangkok, 05BANGKOK6693, 25 October 2005.
163 Embassy Bangkok, 05BANGKOK7090, 16 November 2005.

164 Embassy Bangkok, 05BANGKOK1425, 25 February 2005.
165 Embassy Bangkok, 06BANGKOK1317, 3 March 2006.
166 Embassy Bangkok, 06BANGKOK689, 6 February 2006.
167 Embassy Bangkok, 05BANGKOK1431, 25 February 2005.
168 Macan-Markar, “US Deal Rankles”
169 See Allison.
170 See Pavin, *Reinventing Thailand* 136.
171 See Embassy Bangkok, 06BANGKOK689, 6 February 2006.
172 Ibid.
173 Embassy Bangkok, 04BANGKOK8485, 16 December 2004.
174 Embassy Bangkok, 06BANGKOK3354, 5 June 2006.
175 Ibid.
176 Embassy Bangkok, 06BANGKOK4685, 2 August 2006.
177 Email, Aldis, 19 February 2017.
178 Interview, Two Thai Foreign Ministry officials, 5 February 2015.
179 Interview, Kantathi, 20 September 2015.
180 See Embassy Bangkok, 04BANGKOK7313, 16 December 2004.
181 Interview, US diplomat, 9 April 2015.
182 Ibid.
183 Ibid.
184 Embassy Bangkok, 06BANGKOK352, 19 January 2006.
185 Embassy Bangkok, 05BANGKOK7599, 13 December 2005.
186 Interview, US diplomat, 9 April 2015.
187 Crispin, “Thaksin’s Loss”.
188 Interview, Cole, 13 April 2015.
189 Embassy Bangkok, 05BANGKOK7599, 13 December 2005.
190 Embassy Bangkok, 05BANGKOK1105, 11 February 2005.
191 Embassy Bangkok, 05BANGKOK1635, 7 March 2005.
192 Ehrlich, “Thailand Joins Missile Game”.
193 Embassy Bangkok, 05BANGKOK5456, 24 August 2006.
194 Embassy Bangkok, 06BANGKOK821, 10 February 2006.

195 Interview, Thaksin, 21 August 2015.
196 Embassy Bangkok, 05BANGKOK1266, 18 February 2005.
197 Embassy Bangkok, 05BANGKOK2010, 18 March 2005.
198 Embassy Bangkok, 06BANGKOK524, 27 January 2006.
199 Embassy Bangkok, 06BANGKOK1176, 27 February 2006.
200 Interview, Pansak, 21 January 2015.
201 Interview, Sarasin, 6 February 2015.
202 Embassy Bangkok, 05BANGKOK3130, 11 May 2005.
203 See ibid.
204 Guerin.
205 Embassy Bangkok, 05BANGKOK1038, 9 February 2005.
206 See Embassy Bangkok, 05BANGKOK706, 27 January 2005.
207 Embassy Bangkok, 05BANGKOK1431, 25 February 2005.
208 Embassy Bangkok, 05BANGKOK1157, 15 February 2005.
209 Interview, Chalermsuk, 19 January 2015.
210 Interview, Thaksin, 21 August 2015.
211 Embassy Bangkok, 05BANGKOK1157, 15 February 2005.
212 Interview, Kantathi, 20 September 2015.
213 Interview, Surakiart, 4 August 2015.
214 Embassy Bangkok, 05BANGKOK7045, 10 November 2005.
215 Embassy Bangkok, 06BANGKOK1215, 28 February 2006.
216 Embassy Bangkok, 06BANGKOK3396, 6 June 2006.
217 Ibid.
218 Ibid.
219 Interview, Kantathi, 20 September 2015.
220 Interview, Surakiart, 4 August 2015.
221 Embassy Bangkok, 04BANGKOK7313, 20 October 2004.
222 Ibid.
223 Ibid.
224 See Jeerawat.
225 See Embassy Bangkok, 05BANGKOK3725, 7 June 2005.

226 Phar.
227 Embassy Bangkok, 06BANGKOK1372, 6 March 2006.
228 Embassy Bangkok, 05BANGKOK5791, 9 September 2005.
229 Embassy Bangkok, 05BANGKOK5456, 24 August 2005.
230 Embassy Bangkok, 05BANGKOK5366, 19 August 2005.
231 Embassy Bangkok, 05BANGKOK7030, 10 November 2005.
232 Ibid.
233 Embassy Bangkok, 06BANGKOK352, 19 January 2006.
234 Embassy Bangkok, 05BANGKOK7030, 10 November 2005.
235 Embassy Bangkok, 06BANGKOK793, 10 February 2006.
236 See Embassy Bangkok, 06BANGKOK351, 19 January 2006.
237 Embassy Bangkok, 06BANGKOK1236, 1 March 2006.
238 See Embassy Bangkok, 06BANGKOK1176, 27 February 2006.
239 Embassy Bangkok, 06BANGKOK793, 10 February 2006.
240 Interview, Thaksin, 21 August 2015.
241 Embassy Bangkok, 06BANGKOK3111, 24 May 2006.
242 Embassy Bangkok, 05BANGKOK7030, 10 November 2005.
243 Ibid.
244 Embassy Bangkok, 06BANGKOK1174, 27 February 2006.
245 Embassy Bangkok, 06BANGKOK2624, 4 May 2006.
246 Ibid.
247 Embassy Bangkok, 06BANGKOK5148, 23 August 2006.
248 Ibid.
249 Embassy Bangkok, 05BANGKOK3945, 15 June 2005.
250 Embassy Bangkok, 06BANGKOK2484, 28 April 2006.
251 Embassy Bangkok, 05BANGKOK1038, 9 February 2005.
252 Ibid.
253 Embassy Bangkok, 05BANGKOK2280, 31 March 2005.
254 Embassy Bangkok, 05BANGKOK7272, 23 November 2005.
255 See Embassy Bangkok, 05BANGKOK6088, 23 September 2005.
256 Embassy Bangkok, 05BANGKOK2280, 31 March 2005.

257 See Embassy Bangkok, 05BANGKOK1187, 16 February 2005.
258 Embassy Bangkok, 05BANGKOK7460, 2 December 2005.
259 Embassy Bangkok, 06BANGKOK4803, 8 August 2006.
260 Interview, Boyce, 4 June 2015.
261 Embassy Bangkok, 05BANGKOK7460, 2 December 2005.
262 Embassy Bangkok, 06BANGKOK5705, 15 September 2006.
263 See Embassy Bangkok, 05BANGKOK7460, 2 December 2005.
264 Embassy Bangkok, 06BANGKOK3608, 16 June 2006.
265 See Embassy Bangkok, 06BANGKOK4254, 18 July 2006.
266 Embassy Bangkok, 05BANGKOK7460, 2 December 2005.
267 Embassy Bangkok, 06BANGKOK4254, 18 July 2006.
268 See ibid.
269 Embassy Bangkok, 06BANGKOK3743, 23 June 2006.
270 See Embassy Bangkok, 06BANGKOK5705, 15 September 2006.
271 See ibid.
272 Ibid.
273 Embassy Bangkok, 05BANGKOK7529, 7 December 2005.
274 Embassy Bangkok, 06BANGKOK1214, 28 February 2006.
275 Embassy Bangkok, 06BANGKOK1411, 7 March 2006.
276 See Embassy Bangkok, 06BANGKOK1601, 15 March 2006.
277 Embassy Bangkok, 06BANGKOK1302, 2 March 2006.
278 See Embassy Bangkok, 06BANGKOK1825, 24 March 2006.
279 See Embassy Bangkok, 06BANGKOK1767, 22 March 2006.
280 Embassy Bangkok, 06BANGKOK1473, 9 March 2006.
281 See Fullbrook, "Smooth-sailing".
282 Embassy Bangkok, 06BANGKOK3180, 26 May 2006.
283 Embassy Bangkok, 06BANGKOK2990, 18 May 2006.
284 Embassy Bangkok, 06BANGKOK2988, 18 May 2006.
285 Ibid.
286 See McCargo, "Toxic Thaksin".
287 See Embassy Bangkok, 06BANGKOK4212, 14 July 2006.

288 Embassy Bangkok, 06BANGKOK4038, 7 June 2006.
289 Ibid.
290 Ibid.
291 Embassy Bangkok, 06BANGKOK3997, 6 July 2006.
292 Embassy Bangkok, 06BANGKOK4041, 7 July 2006.
293 Embassy Bangkok, 06BANGKOK3963, 5 July 2006.
294 Interview, Jackson, 9 April 2015.
295 Embassy Bangkok, 06BANGKOK5463, 6 September 2006.
296 Embassy Bangkok, 06BANGKOK5423, 5 September 2006.
297 Interview, Boyce, 4 June 2015.
298 Ibid.
299 Ibid.
300 Ibid.
301 Embassy Bangkok, 06BANGKOK5973, 28 September 2006.
302 Interview, Kantathi, 20 September 2015.
303 Interview, Thaksin, 21 August 2015.
304 Ibid.
305 "U.S. Concerned about Thai Coup but not Rushing to Judgment", *International Herald Tribune*, 19 September 2006.
306 Interview, Thaksin, 21 August 2015.
307 Embassy Bangkok, 06BANGKOK6395, 19 October 2006.
308 Interview, Boyce, 4 June 2015.
309 Embassy Bangkok, 06BANGKOK5800, 20 September 2006.
310 Embassy Bangkok, 06BANGKOK5811, 20 September 2006.
311 Interview, Boyce, 4 June 2015.
312 Interview, US diplomat, 9 April 2015.
313 Interview, Jackson, 9 April 2015.
314 Interview, Anand, 21 January 2015.
315 See Embassy Bangkok, 06BANGKOK5814, 20 September 2006.
316 See Embassy Bangkok, 06BANGKOK6121, 5 October 2006.
317 Embassy Bangkok, 06BANGKOK5811, 20 September 2006.
318 Embassy Bangkok, 06BANGKOK5928, 26 September 2006.

319 Embassy Bangkok, 06BANGKOK6004, 29 September 2006.
320 Embassy Bangkok, 07BANGKOK2790, 17 May 2007.
321 See Embassy Bangkok, 06BANGKOK5814, 20 September 2006.
322 Embassy Bangkok, 06BANGKOK5928, 26 September 2006.
323 See Chambers, *Knights* 232.
324 Embassy Bangkok, 06BANGKOK5973, 28 September 2006.
325 Interview, Boyce, 4 June 2015.
326 Interview, Senior Thaksin cabinet member, 20 September 2015.
327 Embassy Bangkok, 06BANGKOK5929, 26 September 2006.
328 Embassy Bangkok, 06BANGKOK5814, 20 September 2006.
329 Embassy Bangkok, 06BANGKOK5836, 21 September 2006.
330 Embassy Bangkok, 06BANGKOK5973, 28 September 2006.
331 Montesano, "Thailand: A Reckoning with History Begins" 323.
332 Embassy Bangkok, 06BANGKOK5799, 20 September 2006.
333 Ibid.
334 Ibid.
335 Embassy Bangkok, 06BANGKOK6004, 29 September 2006.
336 Crispin, "Thaksin's Loss".
337 Embassy Bangkok, 06BANGKOK6395, 19 October 2006.
338 Interview, Boyce, 4 June 2015.
339 Embassy Bangkok, 06BANGKOK5799, 20 September 2006.
340 Interview, Chalermsuk, 19 January 2015.
341 Embassy Bangkok, 06BANGKOK6442, 24 October 2006.
342 Embassy Bangkok, 06BANGKOK6095, 5 October 2006.
343 Ibid.
344 Interview, Suranand, 13 January 2015.
345 Ibid.
346 Embassy Bangkok, 05BANGKOK1921, 16 March 2005.
347 Ibid.
348 See Embassy Bangkok, 06BANGKOK6095, 5 October 2006.
349 See Chambers, "'The Chinese and the Thais are Brothers'" 623.

350 Interview, Foreign Ministry official with responsibility for China during the Thaksin administration, 12 March 2015.
351 Interview, Chulacheeb, 18 May 2015.
352 Interview, Senior Foreign Ministry official with experience in China during Yingluck administration, 22 January 2015.
353 Interview, Suranand, 13 January 2015.

**第九章**

1 Bush, "Remarks by President George W. Bush in Bangkok, Thailand".
2 See "Repression no Route to Reconciliation", *Bangkok Post*, 29 June 2014.
3 Interview, Abhisit, 6 February 2015.
4 Clinton.
5 Ibid.
6 Embassy Bangkok, 07BANGKOK756, 7 February 2007.
7 See "China, Thailand Seek Stronger Ties as Sondthi Visits China", *Xinhua*, 22 January 2007.
8 Embassy Bangkok, 07BANGKOK1265, 2 March 2007.
9 Interview, Foreign Ministry official assigned to China during the Thaksin and Surayud administrations, 12 March 2015.
10 Embassy Bangkok, 06BANGKOK7603, 27 December 2006.
11 Embassy Bangkok, 06BANGKOK7397, 14 December 2006.
12 Embassy Bangkok, 06BANGKOK7386, 13 December 2006.
13 See Embassy Bangkok, 06BANGKOK6561, 30 October 2006.
14 See Crispin, "Thaksin's Loss".
15 See Embassy Bangkok, 07BANGKOK226, 11 January 2007.
16 Embassy Bangkok, 07BANGKOK231, 11 January 2007.
17 Ibid.
18 Ibid.
19 Embassy Bangkok, 07BANGKOK179, 10 January 2007.
20 See Embassy Bangkok, 07BANGKOK940, 15 February 2007.
21 Embassy Bangkok, 07BANGKOK1598, 16 March 2007.
22 Embassy Bangkok, 07BANGKOK740, 7 February 2007.
23 Embassy Bangkok, 07BANGKOK2749, 16 May 2007.
24 Embassy Bangkok, 07BANGKOK2503, 3 May 2007.
25 Embassy Bangkok, 07BANGKOK2875, 23 May 2007.

26 Embassy Bangkok, 07BANGKOK2790, 17 May 2007.
27 Embassy Bangkok, 07BANGKOK3979, 20 July 2007.
28 Ibid.
29 Embassy Bangkok, 07BANGKOK4127, 31 July 2007.
30 Embassy Bangkok, 06BANGKOK6290, 13 October 2006.
31 Ibid.
32 Embassy Bangkok, 07BANGKOK2271, 23 April 2007.
33 Ibid.
34 See Embassy Bangkok, 07BANGKOK5459, 18 October 2007.
35 See Embassy Bangkok, 07BANGKOK1419, 9 March 2007.
36 Interview, Thai dignitary, 2 February 2015.
37 Embassy Bangkok, 07BANGKOK940, 15 February 2007.
38 Interview, Jakrapob, 26 January 2015.
39 Crispin, "Thaksin's Loss".
40 Embassy Bangkok, 06BANGKOK7386, 13 December 2006.
41 See Pavin, "Diplomacy under Siege" 452.
42 Embassy Bangkok, 06CHIANGMAI217, 12 December 2006.
43 Embassy Bangkok, 06BANGKOK3202, 26 May 2006.
44 See "Officials: U.S.–Thai FTA Talks not Given Up", *Xinhua*, 24 July 2007.
45 See Chanlet-Avery 13.
46 "Officials: U.S.–Thai FTA Talks not Given Up", *Xinhua*, 24 July 2007.
47 Interview, Kantathi, 20 September 2015.
48 Embassy Bangkok, 07BANGKOK2542, 7 May 2007.
49 See Macan-Markar, "Sparks Fly".
50 Crispin, "The Urge to Splurge".
51 See Embassy Bangkok, 07BANGKOK5234, 4 October 2007.
52 See ibid.
53 Embassy Bangkok, 07BANGKOK271, 12 January 2007.
54 Embassy Bangkok, 06BANGKOK7388, 13 December 2006.
55 See Embassy Bangkok, 07BANGKOK5036, 20 September 2007.
56 Embassy Bangkok, 07BANGKOK5126, 27 September 2007.

57 Embassy Bangkok, 07BANGKOK4644, 29 August 2007.
58 Ibid.
59 Interview, Senior State Department official, 16 July 2015.
60 Embassy Bangkok, 07BANGKOK1973, 4 April 2007.
61 See Embassy Bangkok, 07BANGKOK5569, 28 October 2007.
62 Embassy Bangkok, 06BANGKOK6395, 19 October 2006.
63 Embassy Bangkok, 06BANGKOK6324, 16 October 2006.
64 Embassy Bangkok, 06BANGKOK6442, 24 October 2006.
65 Embassy Bangkok, 07BANGKOK358, 18 January 2007.
66 Embassy Bangkok, 07BANGKOK740, 7 February 2007.
67 Embassy Bangkok, 07BANGKOK4127, 31 July 2007.
68 Ibid.
69 See Embassy Bangkok, 07BANGKOK3499, 25 June 2007.
70 Embassy Bangkok, 07BANGKOK3755, 9 July 2007.
71 Chang Noi 230.
72 Embassy Bangkok, 07BANGKOK5585, 30 October 2007.
73 Embassy Bangkok, 06BANGKOK7359, 10 December 2006.
74 Foreign Ministry of the People's Republic of China, Foreign Ministry Spokesman Qin Gang's Remarks on Thailand's General Election, 26 December 2007, http://www. fmprc.gov.cn/eng/xwfw/s2510/2535/t393199.shtml.
75 See Horn.
76 "Thai New PM Stresses to Enhance Thai–Sino Relationship", *Xinhua*, 31 January 2008.
77 See Crispin, "The Thai Military's".
78 Interview, Sarasin, 6 February 2015.
79 Embassy Bangkok, 07BANGKOK6158, 14 December 2007.
80 Interview, Senior US embassy official who served under John, 10 April 2015.
81 Interview, Boyce, 4 June 2015.
82 Interview, US diplomat, 9 April 2015.
83 Yamamoto, Pranee, and Ahsan 56.
84 Embassy Bangkok, 08BANGKOK3298, 5 November 2008.
85 Embassy Bangkok, 08BANGKOK3659, 16 December 2008.
86 See Embassy Bangkok, 08BANGKOK340, 1 February 2008.

87 Ibid.
88 See Embassy Bangkok, 08BANGKOK609, 26 February 2008.
89 Embassy Bangkok, 08BANGKOK382, 6 February 2008.
90 Embassy Bangkok, 08BANGKOK1632, 28 May 2008.
91 Embassy Bangkok, 08BANGKOK1290, 28 April 2008.
92 See Ehrlich, “US Helps Thailand”.
93 Embassy Bangkok, 08BANGKOK2243, 1 August 2008.
94 Bush, “Remarks by President George W. Bush in Bangkok, Thailand”.
95 Crispin, “US, Thailand”.
96 See Embassy Bangkok, 08BANGKOK3119, 16 October 2008.
97 Embassy Bangkok, 08BANGKOK3167, 21 October 2008.
98 Embassy Bangkok, 08BANGKOK3191, 22 October 2008.
99 Embassy Bangkok, 08BANGKOK3209, 24 October 2008.
100 Embassy Bangkok, 08BANGKOK3492, 26 November 2008.
101 Embassy Bangkok, 08BANGKOK3640, 15 December 2008.
102 Embassy Bangkok, 08BANGKOK3632, 12 December 2008.
103 See Crispin, “The Thai Military’s”.
104 Embassy Bangkok, 08BANGKOK3119, 16 October 2008.
105 Embassy Bangkok, 08BANGKOK1670, 2 June 2008.
106 Embassy Bangkok, 09BANGKOK213, 28 January 2009.
107 Embassy Bangkok, 08BANGKOK2591, 29 August 2008.
108 Interview, Foreign Ministry official with experience in China after the Thaksin administration, 12 March 2015.
109 Interview, Noppadon, 18 June 2015.
110 Embassy Bangkok, 08BANGKOK1006, 31 March 2008.
111 Embassy Bangkok, 08BANGKOK1218, 22 April 2008.
112 Embassy Bangkok, 08BANGKOK1006, 31 March 2008.
113 Embassy Bangkok, 08BANGKOK2999, 2 October 2008.
114 Bush, “Remarks by President George W. Bush in Bangkok, Thailand”.
115 Embassy Bangkok, 08BANGKOK606, 26 February 2008.
116 Interview, Foreign Ministry official with experience in China after the Thaksin administration, 12 March 2015.
117 Ibid.

118 Crispin, “US, Thailand”.
119 Embassy Bangkok, 08BANGKOK2343, 1 August 2008.
120 Embassy Bangkok, 08BANGKOK2643, 5 September 2008.
121 Embassy Bangkok, 08BANGKOK2619, 3 September 2008.
122 Ibid.
123 Embassy Bangkok, 08BANGKOK429, 8 February 2008.
124 Embassy Bangkok, 08BANGKOK3492, 26 November 2008.
125 Embassy Bangkok, 08BANGKOK3143, 17 October 2008.
126 Embassy Bangkok, 08BANGKOK3317, 6 November 2008.
127 Interview, Thaksin, 21 August 2015.
128 See Embassy Bangkok, 08BANGKOK968, 27 March 2008.
129 Embassy Bangkok, 08BANGKOK609, 26 February 2008.
130 Interview, Sunai, 30 January 2015.
131 Interview, Noppadon, 18 June 2015.
132 Embassy Bangkok, 08BANGKOK2269, 25 July 2008.
133 See ibid.
134 Ibid.
135 Ibid.
136 See ibid.
137 Embassy Bangkok, 08BANGKOK609, 26 February 2008.
138 Embassy Bangkok, 08BANGKOK2269, 25 July 2008.
139 Interview, Noppadon, 18 June 2015.
140 Embassy Bangkok, 08BANGKOK1254, 24 April 2008.
141 Embassy Bangkok, 08BANGKOK3099, 16 October 2008.
142 Embassy Bangkok, 08BANGKOK1293, 28 April 2008.
143 Crispin, “What Obama Means”.
144 Embassy Bangkok, 08BANGKOK835, 14 March 2008.
145 Embassy Bangkok, 08BANGKOK724, 7 March 2008.
146 Embassy Bangkok, 08BANGKOK835, 14 March 2008.
147 Ibid.
148 Embassy Bangkok, 08BANGKOK609, 26 February 2008.

149 Embassy Bangkok, 08BANGKOK1327, 30 April 2008.
150 Embassy Bangkok, 08BANGKOK1283, 28 April 2008.
151 Embassy Bangkok, 08BANGKOK2259, 24 July 2008.
152 Embassy Bangkok, 08BANGKOK1283, 28 April 2008.
153 Ibid.
154 Ibid.
155 Interview, Boyce, 4 June 2015.
156 Ibid.
157 Embassy Bangkok, 08BANGKOK1006, 31 March 2008.
158 Bush, "Remarks by President George W. Bush in Bangkok, Thailand".
159 Embassy Bangkok, 08BANGKOK904, 21 March 2008.
160 See Embassy Bangkok, 08CHIANGMAI52, 28 March 2008.
161 Embassy Bangkok, 08CHIANGMAI35, 5 March 2008.
162 Embassy Bangkok, 08CHIANGMAI28, 26 August 2008.
163 Embassy Bangkok, 08CHIANGMAI60, 17 October 2008.
164 Embassy Bangkok, 08BANGKOK3336, 7 November 2008.
165 Ibid.
166 Fu-kuo Liu.
167 See "Thai New PM Stresses to Enhance Thai–Sino Relationship", *Xinhua*, 31 January 2008.
168 McCarten, "Roadblocks".
169 Interview, Noppadon, 18 June 2015.
170 Bush, "Remarks by President George W. Bush in Bangkok, Thailand".
171 Ibid.
172 Embassy Bangkok, 08BANGKOK1733, 6 June 2008.
173 Embassy Bangkok, 08BANGKOK487, 14 February 2008.
174 Ibid.
175 Embassy Bangkok, 10BANGKOK269, 2 February 2010.
176 Embassy Bangkok, 08BANGKOK3757, 29 December 2008.
177 Embassy Bangkok, 08BANGKOK3747, 24 December 2008.
178 See Allen.
179 Embassy Bangkok, 08BANGKOK3778, 30 December 2008.

180 Embassy Bangkok, 08BANGKOK3700, 19 December 2008.
181 Embassy Bangkok, 08BANGKOK3707, 22 December 2008.
182 Embassy Bangkok, 08BANGKOK3341, 10 November 2008.
183 Interview, Sarasin, 6 February 2015.
184 Embassy Bangkok, 10BANGKOK269, 2 February 2010.
185 Foreign Ministry of the People's Republic of China, 22 August 2011, http://www.fmprc.gov.cn/eng/wjb/zzjg/yzs/gjlb/2787/.
186 Ibid.
187 Embassy Bangkok, 10BANGKOK269, 2 February 2010.
188 Crispin, "US Slips, China Glides".
189 See ibid.
190 Embassy Bangkok, 10BANGKOK310, 4 February 2010.
191 Ibid.
192 Interview, Abhisit, 6 February 2015.
193 Interview, Weng, 6 January 2015.
194 Ibid.
195 Foreign Ministry of the People's Republic of China, 12 April 2010, http://www.fmprc.gov.cn/eng/xwfw/s2510/2535/t678881.shtml.
196 Interview, Panitan, 31 January 2015.
197 Crispin, "US Slips, China Glides".
198 See ibid.
199 See ibid.
200 Interview, Panitan, 31 January 2015.
201 Embassy Bangkok, 10BANGKOK269, 2 February 2010.
202 See Embassy Bangkok, 09BANGKOK1305, 1 June 2009.
203 Interview, Kasit, 23 January 2015.
204 Interview, Abhisit, 6 February 2015.
205 Interview, Kasit, 23 January 2015.
206 Interview, Senior State Department official who served under Campbell, 11 April 2015.
207 Interview, US diplomat, 9 April 2015.
208 Ibid.
209 Interview, Senior State Department official posted to Bangkok during the Abhisit administration, 16 July 2015.
210 Embassy Bangkok, 09BANGKOK1196, 15 May 2009.

211 Embassy Bangkok, 09BANGKOK1763, 24 July 2009.
212 See ibid.
213 Embassy Bangkok, 10BANGKOK310, 4 February 2010.
214 Ibid.
215 Embassy Bangkok, 09BANGKOK2860, 9 November 2009.
216 Embassy Bangkok, 09BANGKOK706, 20 March 2009.
217 Embassy Bangkok, 09BANGKOK385, 13 February 2009
218 Embassy Bangkok, 09BANGKOK2002, 13 August 2009.
219 Embassy Bangkok, 09BANGKOK1998, 13 August 2009.
220 Ehrlich, "Bout Finally Gets the Boot".
221 Interview, Senior State Department official posted to Bangkok during the Abhisit administration, 16 July 2015.
222 Embassy Bangkok, 09BANGKOK888, 7 April 2009.
223 Embassy Bangkok, 09BANGKOK1817, 24 July 2009.
224 Embassy Bangkok, 09BANGKOK1305, 1 June 2009.
225 Embassy Bangkok, 09BANGKOK1841, 30 July 2009.
226 Ibid.
227 Ibid.
228 Embassy Bangkok, 09BANGKOK3003, 25 November 2009.
229 Embassy Bangkok, 09BANGKOK865, 3 April 2009.
230 Ibid.
231 Embassy Bangkok, 09BANGKOK1132, 7 May 2009.
232 Ibid.
233 Embassy Bangkok, 09BANGKOK1223, 20 May 2009.
234 See Askew, "Confrontation and Crisis in Thailand, 2008–2010" 54.
235 Embassy Bangkok, 09BANGKOK3003, 25 November 2009.
236 Embassy Bangkok, 09BANGKOK1653, 10 July 2009.
237 See Embassy Bangkok, 09CHIANGMAI172, 16 November 2009.
238 See Crispin, "Bombs Away".
239 Crispin, "Bloody Desperation".
240 See Crispin, "Bombs Away".
241 See ibid.

242 See Pavin, in Montesano et al. 253–254.
243 See Ehrlich, “On Guard”.
244 See ibid.
245 Crispin, “Why Thailand’s Reds”.
246 See Askew, “The Ineffable Rightness of Conspiracy” 82.
247 Interview, Weng, 6 January 2015.
248 See Crispin, “US Slips, China Glides”.
249 Crispin, “Why Thailand’s Reds”.
250 Interview, Weng, 6 January 2015.
251 Interview, Senior State Department official posted to Bangkok during the Abhisit administration, 16 July 2015.
252 See Ehrlich, “Revelations”.
253 See Pavin, in Montesano et al. 254.
254 Interview, Panitan, 31 January 2015.
255 Embassy Bangkok, 09BANGKOK865, 3 April 2009.
256 Interview, Abhisit, 6 February 2015.
257 See Murphy, in Montesano et al. 210.
258 See Pavin, in Montesano et al. 263.
259 Embassy Bangkok, 09BANGKOK2851, 6 November 2009.
260 Embassy Bangkok, 10BANGKOK186, 23 January 2010.
261 Embassy Bangkok, 09BANGKOK934, 9 April 2009.
262 Interview, Kasit, 23 January 2015.
263 Embassy Bangkok, 10BANGKOK269, 2 February 2010.
264 Embassy Bangkok, 10BANGKOK197, 25 January 2010.
265 Interview, Kasit, 23 January 2015.
266 Ibid.
267 Embassy Bangkok, 09BANGKOK1720, 16 July 2009.
268 Embassy Bangkok, 09BANGKOK213, 28 January 2009.
269 Interview, Kasit, 23 January 2015.
270 Embassy Bangkok, 10BANGKOK411, 18 February 2010.
271 Embassy Bangkok, 10BANGKOK259, 1 February 2010.
272 Embassy Bangkok, 10BANGKOK269, 2 February 2010.

273 Embassy Bangkok, 10BANGKOK197, 25 January 2010.
274 Embassy Bangkok, 10BANGKOK186, 23 January 2010.
275 Embassy Bangkok, 10BANGKOK259, 1 February 2010.
276 Embassy Bangkok, 10BANGKOK411, 18 February 2010.
277 Interview, Kasit, 23 January 2015.
278 Interview, Abhisit, 6 February 2015.
279 Embassy Bangkok, 10BANGKOK269, 2 February 2010.
280 See Crispin, "US Slips, China Glides".
281 Interview, Korn, 8 May 2015.
282 Ibid.
283 Ibid.
284 Embassy Bangkok, 10BANGKOK286, 3 February 2010.
285 Ibid.
286 Interview, Korn, 8 May 2015.
287 See Embassy Bangkok, 10BANGKOK286, 2 February 2010.
288 Ibid.
289 Ibid.
290 Embassy Bangkok, 08BANGKOK3707, 22 December 2008.
291 See "Thai PM Says Not Sure When Thai–U.S. FTA Talks to Resume", *Xinhua*, 23 September 2009.
292 Embassy Bangkok, 09BANGKOK23, 7 January 2009.
293 Embassy Bangkok, 09BANGKOK527, 3 March 2009.
294 Embassy Bangkok, 09BANGKOK370, 13 February 2009.
295 See ibid.
296 Embassy Bangkok, 09BANGKOK1305, 1 June 2009.
297 Embassy Bangkok, 09BANGKOK1574, 2 July 2009.
298 Interview, Korn, 8 May 2015.
299 See Embassy Bangkok, 09BANGKOK2401, 21 September 2009.
300 Embassy Bangkok, 10BANGKOK269, 2 February 2010.
301 Ibid.
302 Embassy Bangkok, 09BANGKOK2962, 20 November 2009.
303 See Embassy Bangkok, 09BANGKOK206, 27 January 2009.

304 Embassy Bangkok, 09BANGKOK2860, 9 November 2009.
305 Embassy Bangkok, 09BANGKOK1166, 13 May 2009.
306 Embassy Bangkok, 09BANGKOK865, 3 April 2009.
307 Embassy Bangkok, 10BANGKOK192, 25 January 2010.
308 Ibid.
309 See Embassy Bangkok, 09BANGKOK567, 5 March 2009.
310 See Embassy Bangkok, 09BANGKOK23, 7 January 2009.
311 Embassy Bangkok, 09BANGKOK1200, 15 May 2009.
312 Interview, Senior State Department official posted to Bangkok during the Abhisit administration, 16 July 2015.
313 Embassy Bangkok, 10BANGKOK411, 18 February 2010.
314 Interview, Kasit, 23 January 2015.
315 Embassy Bangkok, 10BANGKOK298, 4 February 2010.
316 Klausner, "Law and Society" 136.
317 Embassy Bangkok, 10BANGKOK413, 18 February 2010.
318 See Embassy Bangkok, 09BANGKOK291, 4 February 2009.
319 See Embassy Bangkok, 09BANGKOK2355, 16 September 2009.
320 Interview, Abhisit, 6 February 2015.
321 Embassy Bangkok, 09BANGKOK1305, 1 June 2009.
322 See Embassy Bangkok, 09BANGKOK2041, 18 August 2009.
323 See Embassy Bangkok, 09BANGKOK650, 16 March 2009.
324 Embassy Bangkok, 09BANGKOK1485, 19 June 2009.
325 Embassy Bangkok, 09BANGKOK3018, 30 November 2009.
326 See Embassy Bangkok, 09BANGKOK2041, 18 August 2009.
327 Embassy Bangkok, 09BANGKOK3018, 30 November 2009.
328 Interview, State Department official, April 2015.
329 Embassy Bangkok, 10BANGKOK114, 14 January 2010.
330 Ibid.
331 Embassy Bangkok, 09BANGKOK1653, 10 July 2009.
332 Embassy Bangkok, 09BANGKOK888, 7 April 2009.
333 See Embassy Bangkok, 09BANGKOK841, 2 April 2009.
334 Embassy Bangkok, 09BANGKOK721, 23 March 2009.

335 Ibid.
336 Embassy Bangkok, 09BANGKOK2464, 28 September 2009.
337 Embassy Bangkok, 09CHIANGMAI151, 13 October 2009.
338 Nuechterlein 250.
339 Embassy Bangkok, 09BANGKOK2962, 20 November 2009.
340 See McCoy, "US and Cambodia".
341 Embassy Bangkok, 09BANGKOK1939, 7 August 2009.
342 Embassy Bangkok, 09BANGKOK1842, 30 July 2009.
343 See Embassy Bangkok, 10BANGKOK286, 3 February 2010.
344 Embassy Bangkok, 09CHIANGMAI67, 19 May 2009.
345 McCartan, "Manhunt".
346 Embassy Bangkok, 09BANGKOK2682, 20 October 2009.
347 See Roughneen.
348 See ibid.
349 See Embassy Bangkok, 09BANGKOK1190, 14 May 2009.
350 Interview, Korn, 8 May 2015.
351 Embassy Bangkok, 09BANGKOK528, 3 March 2009.
352 See Embassy Bangkok, 10BANGKOK259, 1 February 2010.
353 Embassy Bangkok, 10BANGKOK186, 23 January 2010.
354 Interview, Abhisit, 6 February 2015.
355 See Embassy Bangkok, 08BANGKOK3298, 5 November 2008.
356 See Embassy Bangkok, 09BANGKOK1763, 24 July 2009.
357 Interview, Abhisit, 6 February 2015.
358 See McDermid.
359 Interview, Korn, 8 May 2015.
360 Embassy Bangkok, 10BANGKOK379, 12 February 2010.
361 Ibid.
362 Ibid.
363 See Embassy Bangkok, 09BANGKOK1842, 30 July 2009.
364 See Jakkapun and McDermid.
365 McCartan, "A New Courtship".

366 Interview, Korn, 8 May 2015.
367 Embassy Bangkok, 09BANGKOK2682, 20 October 2009.
368 See Embassy Bangkok, 09BANGKOK1939, 7 August 2009.
369 Embassy Bangkok, 09BANGKOK2851, 6 November 2009.
370 Embassy Bangkok, 10BANGKOK413, 18 February 2010.
371 Embassy Bangkok, 09BANGKOK1190, 14 May 2009.
372 Interview, Korn, 8 May 2015.
373 Embassy Bangkok, 10BANGKOK269, 2 February 2010.
374 Ibid.
375 Interview, Kasit, 23 January 2015.
376 Embassy Bangkok, 10BANGKOK269, 2 February 2010.
377 Ibid.
378 Embassy Bangkok, 10BANGKOK186, 23 January 2010.
379 Embassy Bangkok, 09BANGKOK2851, 6 November 2009.
380 Ibid.
381 Embassy Bangkok, 10BANGKOK269, 2 February 2010.
382 Embassy Bangkok, 09BANGKOK2851, 6 November 2009.
383 Embassy Bangkok, 10BANGKOK186, 23 January 2010.
384 See Embassy Bangkok, 09BANGKOK1190, 14 May 2009.
385 Ibid.
386 See ibid.
387 Foreign Ministry of the People's Republic of China, 22 August 2011, http://www.fmprc.gov.cn/eng/wjb/zzjg/yzs/gjlb/2787/.
388 Interview, Korn, 8 May 2015.
389 Interview, Panitan, 31 January 2015.
390 Interview, Abhisit, 6 February 2015.
391 See Roughneen.
392 Embassy Bangkok, 08BANGKOK3757, 29 December 2008.
393 Embassy Bangkok, 10BANGKOK413, 18 February 2010.
394 Ibid.
395 Ibid.
396 Embassy Bangkok, 09BANGKOK213, 28 January 2009.

397 Embassy Bangkok, 09BANGKOK1662, 13 July 2009.
398 Interview, Kasit, 23 January 2015.
399 Embassy Bangkok, 10BANGKOK411, 18 February 2010.
400 Embassy Bangkok, 08BANGKOK3707, 22 December 2008.
401 Interview, Kasit, 23 January 2015.
402 Embassy Bangkok, 09BANGKOK1223, 20 May 2009.
403 Interview, US diplomat, 9 April 2015.
404 Ibid.
405 Embassy Bangkok, 09BANGKOK1939, 7 August 2009.
406 Ibid.
407 Embassy Bangkok, 10BANGKOK413, 18 February 2010.
408 Interview, US diplomat, 9 April 2015.
409 Ibid.
410 Ibid.
411 Interview, Boyce, 4 June 2015.
412 Interview, Kobsak, 14 January 2015.
413 Interview, Surapong, 13 May 2015.
414 Interview, Bhokin, 4 February 2015.
415 Interview, Sarasin, 6 February 2015.
416 Foreign Ministry of the People's Republic of China, "Wen Jiabao Meets With His Thai Counterpart Yingluck", 19 November 2011, http://www.fmprc.gov.cn/mfa_eng/ topics_665678/wjbdyldrhy_665726/t879333.shtml.
417 Ibid
418 See Singh, "China and Thailand".
419 Foreign Ministry of the People's Republic of China, "Premier Wen Jiabao Holds Talks with Thai Counterpart Yingluck", 21 November 2012, http://www.fmprc.gov.cn/mfa_ eng/topics_665678/pwjamoealapovcat_665698/t992130.shtml.
420 Ibid.
421 Ibid.
422 Foreign Ministry of the People's Republic of China, "President Xi Jinping Meets with Prime Minister Yingluck Shinawatra of Thailand", 6 October 2013, http://www.fmprc.gov.cn/mfa_eng/topics_665678/xjpfwynmlxycx21apec_665682/t1085654.shtml.
423 See Achara, "Thai–Chinese Rail Link Tipped".
424 See ibid.

425 See ibid.
426 Interview, Suranand, 13 January 2015.
427 Interview, Sarasin, 6 February 2015.
428 Interview, Former Thai ambassador to the US and China, 2 February 2015.
429 Interview, Two Thai Foreign Ministry officials, 5 February 2015.
430 Interview, Panitan, 31 January 2015.
431 Interview, State Department official with responsibility for Thailand, 9 April 2015.
432 Ibid.
433 Interview, US diplomat, 9 April 2015.
434 Interview, State Department official with responsibility for Thailand, 9 April 2015.
435 Interview, Sunai, 30 January 2015.
436 Interview, US diplomat, 9 April 2015.
437 Interview, Korn, 8 May 2015.
438 Embassy Bangkok, 09BANGKOK 2554, 6 October 2009.
439 Interview, Korn, 8 May 2015.
440 Interview, US diplomat, 9 April 2015.
441 Interview, Korn, 8 May 2015.
442 Interview, State Department official with responsibility for Thailand, 9 April 2015.
443 Interview, State Department official, April 2015.
444 Interview, Surapong, 13 May 2015.
445 Interview, Thaksin, 21 August 2015.
446 Interview, State Department official with responsibility for Thailand, 9 April 2015.
447 Ibid.
448 Interview, US diplomat, 9 April 2015.
449 See "US Ready to Cooperate with New Thai Gov't: Envoy", *Xinhua*, 5 July 2011.
450 Interview, Senior member of Yingluck's government, 13 January 2015.
451 Ministry of Foreign Affairs of Thailand, "Remarks Hillary Rodham Clinton Secretary of State Government House Bangkok, Thailand", 16 November 2011.
452 Ibid.
453 The White House, 18 November 2012.
454 Kavi, "China–Thailand Ties".

455 The White House, 18 November 2012.
456 Ibid.
457 Ibid.
458 Ibid.
459 See Ehrlich, "US, Thailand Tussle".
460 See ibid.
461 Interview, Thaksin, 21 August 2015.
462 The White House, 18 November 2012.
463 Interview, Suranand, 13 January 2015.
464 Interview, Sarasin, 6 February 2015.
465 Interview, Retired Thai general, 22 January 2015.
466 Interview, Sarasin, 6 February 2015.
467 Interview, Panitan, 31 January 2015.
468 The White House, 18 November 2012.
469 Ibid.
470 Richardson, Staff Sgt. Kyle J., "Hunaman Guardian Opening Ceremony", US Army, 21 June 2013.
471 Ibid.
472 Interview, State Department official, April 2015.
473 Interview, Cole, 13 April 2015.
474 Ibid.
475 Interview, Sarasin, 6 February 2015.
476 Foreign Ministry of the People's Republic of China, "Premier Wen Jiabao Holds Talks with Thai Counterpart Yingluck".
477 Interview, Surapong, 13 May 2015.
478 See Achara, "Thai–Chinese Rail Link Tipped".
479 Interview, Kraisak, 2 February 2015.
480 Interview, Suranand, 13 January 2015.
481 The White House, 18 November 2012.
482 Ibid.
483 Interview, Two Thai Foreign Ministry officials, 5 February 2015.
484 Interview, Suranand, 13 January 2015.
485 Interview, Pansak, 21 January 2015.

486 Foreign Ministry of the People's Republic of China, "Premier Wen Jiabao Holds Talks with Thai Counterpart Yingluck".
487 Interview, Two Thai Foreign Ministry officials, 5 February 2015.
488 See Winchester.
489 Interview, Senior Foreign Ministry official with experience in China during Yingluck administration, 22 January 2015.
490 Interview, Two Thai Foreign Ministry officials, 5 February 2015.
491 "China, Thailand Convene First Strategic Dialogue", *Xinhua*, 19 August 2013.
492 ASEAN–China Centre, "ASEAN and China", http://www.asean-china-center.org/english/2010-06/23/c_13365143_2.htm.
493 The State Council, The People's Republic of China, "Take China–ASEAN Relations to a New Height", Remarks by H.E. Li Keqiang, Premier of the State Council of the People's Republic of China at the 17th ASEAN-China Summit, Nay Pyi Taw, Myanmar, 13 November 2014.
494 Interview, Thaksin, 21 August 2015.
495 Email, Thai Foreign Ministry official with responsibility for ASEAN, 25 January 2015.
496 The White House, 18 November 2012.
497 Ibid.
498 Ibid.
499 Ibid.
500 See "Visit: We have to Fight even the US and UN", *Prachatai*, 21 December 2011.
501 Interview, Two Thai Foreign Ministry officials, 5 February 2015.
502 Interview, State Department official, April 2015.
503 Interview, Two Thai Foreign Ministry officials, 5 February 2015.
504 Ministry of Foreign Affairs of Thailand, "Remarks Hillary Rodham Clinton Secretary of State Government House Bangkok, Thailand", 16 November 2011.
505 Ibid.
506 The White House, 18 November 2012.
507 Ibid.
508 Ibid.
509 Ibid.
510 Interview, Korn, 8 May 2015.
511 The White House, 18 November 2012.
512 Kobsak.
513 Interview, Suranand, 13 January 2015.
514 See Yang.

515 See ibid.
516 See "The US is Behind all Political Turmoil in Thailand", *Prachatai*, 6 February 2012.
517 See "Sondhi L: US Capitalists behind Campaign to Overthrow Monarchy", *Asian Correspondent*, 13 February 2012.
518 Trajano.
519 Cole and Scacchitano.
520 See "PAD Discloses US Plan for U-Tapao Airport", *Prachatai*, 25 June 2012.
521 The White House, 18 November 2012.
522 See Ten Kate.
523 See Heifetz.
524 Post Reporters, "Democrats Urge Protest over US Naval Base Claims", *Bangkok Post*, 15 December 2013.
525 See "Yingluck, Xi Strengthen Bilateral Project Alliance", *Bangkok Post*, 7 October 2013.
526 Interview, Sarasin, 6 February 2015.
527 Ibid.
528 Interview, State Department official, April 2015.
529 See "China Hopes for Political Stability in Thailand", *Xinhua*, 11 November 2013.
530 See "US, Germany Call for Calm", *Bangkok Post*, 11 December 2013.
531 See Paritta.
532 See Thanida, "Decree Spurs Flurry of Travel Warnings".
533 See Wassana and Achara, "Kenney Stays Out of Crisis".
534 See Wassana, "US Cautions Govt Against Coup, Chaos".
535 See "US Urges Restraint in Thailand following Premier's Ouster", *Xinhua*, 7 May 2014.
536 See Beattle.
537 See ibid.
538 US State Department, "Statement by State Department Spokesperson Jen Psaki: Thailand".
539 See Fuller.
540 See "US Unimpressed by Year-long Road Map to Elections", *The Nation*, 31 May 2014.
541 Interview, State Department official, 9 April 2015.
542 Interview, Former State Department official, 16 July 2015.
543 Interview, US diplomat, 9 April 2015.
544 See Post reporters and *Agence France-Presse*, "Uni Alumni Blast US 'Meddling' in Coup", *Bangkok Post*, 2 June 2014.
545 See Jory.

546 See LeFevre and Pracha.
547 See "NCPO Boosts China Trade Ties", *Bangkok Post*, 7 June 2014.
548 See Campbell.
549 See "Thailand Urges U.S. to Reconsider Plan to Relocate Cobra Gold Military Exercise", *Xinhua*, 25 June 2014.
550 See "China Steps Into the Breach", *The Nation*, 26 June 2014.
551 See Jory.
552 See "Police Say Anti-American Protest not Violation of Martial Law", *Khaosod English*, 29 June 2014.
553 See Wassana and Achara, "US Embassy Snubs Top Brass Over Invites".
554 See "China Steps into the Breach", *The Nation*, 26 June 2014.
555 Foreign Ministry of the People's Republic of China, "The Second Round of China–Thailand Strategic Dialogue Held in Beijing", 12 July 2014, http://www.fmprc.gov.cn/ mfa_eng/wjbxw/t1175118.shtml.
556 See "Prem Gets an Invite to Visit China", *The Nation*, 12 July 2014.
557 See ibid.

**第十章**

1 MacDonald 215.
2 Interview, Surapong, 13 May 2015.
3 Kaplan, *Monsoon* 208.
4 See "Repression No Route to Reconciliation", *Bangkok Post*, 29 June 2014.
5 Email, Thai general, 25 December 2014.
6 Interview, Korn, 8 May 2015.
7 Interview, Kasit, 23 January 2015.
8 "Prem Gets an Invite to Visit China", *The Nation*, 12 July 2014.
9 Interview, Pansak, 21 January 2015.
10 Interview, Baker, 6 January 2015.
11 Interview, Thaksin, 21 August 2015.
12 Interview, Korn, 8 May 2015.
13 Interview, Suranand, 13 January 2015.
14 Interview, Panitan, 31 January 2015.
15 See Embassy Bangkok, 06BANGKOK6442, 24 October 2006.
16 See "Beijing Blames Thai Example", *Bangkok Post*, 10 June 2014.

17 Wilson, *The United States and the Future of Thailand* 163.
18 Interview, Thaksin, 21 August 2015.
19 Interview, Former Thai prime minister, 1 February 2015.
20 Interview, Pisan, 7 April 2015.
21 Interview, Anand, 21 January 2015.
22 Ibid.
23 Interview, Abhisit, 6 February 2015.
24 Interview, Panitan, 31 January 2015.
25 Interview, State Department official with responsibility for Thailand, 9 April 2015.
26 Interview, Korn, 8 May 2015.
27 Interview, Jackson, 9 April 2015.
28 Interview, Anand, 21 January 2015.
29 Email, retired Thai general, 29 January 2015.
30 Interview, Thaksin, 21 August 2015.
31 Interview, State Department official, April 2015.
32 Interview, Korn, 8 May 2015.
33 Interview, Panitan, 31 January 2015.
34 See Campbell.
35 Interview, Pansak, 21 January 2015.
36 Clinton.
37 Ibid.
38 Interview, Jackson, 9 April 2015.
39 Interview, Kobsak, 14 January 2015.
40 Interview, Senior State Department official, 16 July 2015.
41 Interview, Pansak, 21 January 2015.
42 Interview, Bosworth, 27 May 2015.
43 Interview, US diplomat, 9 April 2015.
44 Interview, Thaksin, 21 August 2015.
45 Kaplan, *The Revenge of Geography* 11.
46 "Repression no Route to Reconciliation", *Bangkok Post*, 29 June 2014.
47 Interview, State Department official, April 2015.

48 Kaplan, *Asia's Cauldron* 16–17.
49 See Kaplan, *Monsoon* 7.
50 Thanat, in Jackson and Wiwat 310.
51 Kaplan, *The Revenge of Geography* 10.
52 Kaplan, *Monsoon* 11.
53 Interview, Pansak, 21 January 2015.
54 Interview, Bosworth, 27 May 2015.
55 See Heydarian.
56 Interview, Bosworth, 27 May 2015.
57 See Wassana, "US Threats".
58 Interview, Thaksin, 21 August 2015.
59 Interview, Surakiart, 4 August 2015.
60 Interview, Abhisit, 6 February 2015.
61 Interview, Korn, 8 May 2015.
62 Interview, Kasit, 23 January 2015.
63 Email, senior Thai general, 29 January 2015.
64 Interview, Sarasin, 6 February 2015.
65 See Heydarian.
66 Interview, Boyce, 4 June 2015.
67 Interview, Bosworth, 27 May 2015.
68 Interview, Suranand, 13 January 2015.
69 Interview, Senior Foreign Ministry official with experience in China during Yingluck administration, 22 January 2015.
70 Interview, Bhokin, 4 February 2015.
71 See Jeerawat.
72 See ibid.
73 See ibid.
74 See ibid.
75 Interview, Thaksin, 21 August 2015.
76 Interview, Surakiart, 4 August 2015.
77 Interview, State Department official with responsibility for Thailand, 9 April 2015.
78 Clinton.

# 資料來源


Achara Ashayagachat, "Confess on Torture, Activists Urge", *Bangkok Post*, 7 February 2013. Achara Ashayagachat, "Thai–Chinese Rail Link Tipped", *Bangkok Post*, 12 October 2013.

Alagappa, Muthiah, ed., *Asian Security Practice: Material and Ideational Influences*, Stanford, Stanford University Press, 1998.

Algie, Jim, et al., *Americans in Thailand*, Bangkok, Editions Didier Millet, 2014.

Allen, Mike, "'America's First Pacific President'", *Politico*, 13 November 2009.

Allison, Tony, "Thailand, US Inch Ahead on Trade Accord", *Asia Times*, 14 January 2006.

Anand Panyarachun, "The United States in Asia: Changing Perceptions", Keynote Address, Hilton Hotel, Bangkok, 11 July 1985.

Anand Panyarachun, "Address of Prime Minister Anand Panyarachun to the Foreign Correspondents Club of Thailand, 25 April 1991", *Management, Reform, and Vision: A Selection of Speeches by Prime Minister Anand Panyarachun, April–November 1991*, The Secretariat of the Prime Minister, Office of the Prime Minister, Government House, Thailand.

Anuson Chinvanno, *Thailand's Policies towards China, 1949–54*, London, St. Antony's College, Palgrave Macmillan, 1992.

Armacost, Michael H. and J. Stapleton Roy, "Overview", *America's Role in Asia*, San Francisco, Asia Foundation, 2004.

Askew, Marc, "Confrontation and Crisis in Thailand, 2008–2010"; Marc Askew, ed., *Legitimacy Crisis in Thailand*, Chiang Mai, Silkworm Books, 2010.

Askew, Marc, "The Ineffable Rightness of Conspiracy: Thailand's Democrat-ministered State and the Negation of Red Shirt Politics"; Montesano, Michael J., Pavin Chachavalpongpun, and Aekapol Chongvilaiwan, eds., *Bangkok May 2010: Perspectives on a Divided Thailand*, Singapore, Institute of Southeast Asian Studies, 2010.

Ball, Desmond and David Scott Mathieson, *Militia Redux:* Or Sor *and the Revival of Paramilitarism in Thailand*, Banglamung, White Lotus Press, 2007.

Bangkok Embassy: WikiLeaks, Thailand, Embassy Bangkok and Chiang Mai cables, 2004–2010, http://www.wikileaks.org

Beattle, Victor, "US 'Reasonably Confident' no Military Coup in Thailand", *Voice of America*, 14 May 2014.

Belanger, Julie and Richard Horsey, "Negotiating Humanitarian Access to Cyclone-affected Areas of Myanmar: A Review", *Humanitarian Practice Network*, December 2008.

Bush, George W., "Remarks by President George W. Bush in Bangkok, Thailand", Office of the Press Secretary, 7 August 2008.

Bunge, Frederica M., ed., *Thailand: A Country Study*, Foreign Area Studies, The American University, February 1980.

Buszynski, Leszek, "Thailand's Foreign Policy: Management of a Regional Vision", *Asian Survey*, Vol. XXXIV, No. 8, August 1994.

Campbell, Charlie, "The U.S. is Freezing the Thai Junta out of Military Exercises", *Time*, 26 June 2014.

Central Intelligence Agency, "Overview of CIA-Congress Interactions Concerning the Agency's Rendition-Detention-Interrogation Program", 2014.

Chambers, Michael R., "'The Chinese and the Thais are Brothers': The Evolution of the Sino-Thai Friendship", *Journal of Contemporary China*, Vol. 14, No. 45, November 2005, 599–629.

Chambers, Paul, ed., *Knights of the Realm: Thailand's Military and Police, Then and Now*, Banglamung, White Lotus Press, Bangkok, 2013.

Chang Noi, *Jungle Book: Thailand's Politics, Moral Panic, and Plunder, 1996–2008*, Selected Columns, Seattle, University of Washington Press, 2009.

Chanlett-Avery, Emma, "Thailand: Background and U.S. Relations", Congressional Research Service, 19 December 2008.

Chaturon Chaisang, *Thai Democracy in Crisis: 27 Truths*, The Institute of Democratization Studies, Bangkok, A.R. Information & Publication Co. Ltd., 2009.

Chulacheeb Chinwanno, [*35 Years of Sino-Thai Diplomatic Relations, 1975–2010: Past, Present and Future*], Bangkok, Openbook Press, 2004.

Clinton, Hillary, "America's Pacific Century", *Foreign Policy*, 11 October 2011.

Cole, John and Steve Sciacchitano, "Baseless Controversy over Thailand's U-Tapao", *Asia Times*, 22 June 2012.

Connors, Michael K., *Democracy and National Identity in Thailand*, Copenhagen, NIAS Press, 2007.

Connors, Michael K., "Thailand: Four Elections and a Coup", *Australian Journal of International Affairs*, Vol. 62, No. 4, December 2008, 478–496.

Crispin, Shawn W., "Thaksin's Loss, US's Gain", *Asia Times*, 9 February 2007.
Crispin, Shawn W., "The Urge to Splurge in Thailand", *Asia Times*, 3 November 2007.
Crispin, Shawn W., "The Thai Military's Democratic Nightmare", *Asia Times*, 16 November 2007.
Crispin, Shawn W., "US, Thailand, a Conflicted Alliance", *Asia Times*, 8 August 2008.
Crispin, Shawn W., "What Obama Means to Bangkok", *Asia Times*, 7 November 2008.
Crispin, Shawn W., "Bloody Desperation for Thailand's Reds", *Asia Times*, 17 March 2010.
Crispin, Shawn W., "Why Thailand's Reds beat a Retreat", *Asia Times*, 8 May 2010.
Crispin, Shawn W., "Bombs Away in Thailand", *Asia Times*, 2 April 2010.
Crispin, Shawn W., "US Slips, China Glides in Thai Crisis", *Asia Times*, 20 July 2010.
Dalpino, Catharin, "American Views: Southeast Asia", *America's Role in Asia*, Asia Foundation, 2004.
Dalpino, Catharin, "US-ASEAN Relations: With a New White House and Congress", Discussion paper for US-Thai Think Tank Summit, Bangkok, 13-14 October 2008.
Darling, Frank C., *Thailand and the United States*, Washington, DC, Public Affairs Press, 1965.
Ehrlich, Richard S., "Thailand Joins the Missile Game", *Asia Times*, 6 November 2003.
Ehrlich, Richard S., "Thailand Takes 'Hospitable' Action on Iraq", *Asia Times*, 1 October 2003.
Ehrlich, Richard, "US Helps Thailand Rub Out Fake Passports", *Asia Times*, 26 June 2008.
Ehrlich, Richard S., "On Guard on Bangkok's Front Lines", *Asia Times*, 11 May 2010.
Ehrlich, Richard S., "Revelations of a US Securocrat", *Asia Times*, 29 September 2010.
Ehrlich, Richard S., "Bout Extradition Stuck on the Runway", *Asia Times*, 27 August 2010.
Ehrlich, Richard S., "Bout Finally Gets the Boot from Thailand", *Asia Times*, 18 November 2010.
Ehrlich, Richard, "US, Thailand Tussle Over Terror Plot", *Asia Times*, 18 January 2012.
Emails to author from: Aldis, William, 19 February 2017; Boyce, Ralph "Skip", 6 July 2015; Jakrapob Penkair, 12 August 2015; Kent, George, 8 June 2015; Panitan, 9 June 2015; retired Thai general, 29 January 2015; senior Thai general, 29 January 2015; Thai general, 25 December 2014.
Evan, Grant, Christopher Hutton and Kuah Khun Eng, eds., *Where China Meets Southeast Asia: Social & Cultural Change in the Border Regions*, Bangkok, White Lotus Press, 2000.
Faulder, Catherine, "A Childhood Spent in the Dragons' Den", *Bangkok Post*, 19 July 2015.

Ferrara, Federico, *Thailand Unhinged: Unraveling the Myth of a Thai-style Democracy*, Jakarta, Equinox Publishing, 2010.

Fineman, Daniel, *A Special Relationship: The United States and Military Government in Thailand, 1947–1958*, Honolulu, University of Hawai'i Press, 1997.

Foreign Ministry of the People's Republic of China: Press Statements 2006-2014.

Fu-kuo Liu, "China's embrace leaves US in the cold", *Asia Times*, 16 May 2008.

Fullbrook, David, "Smooth-sailing for Thai Economy", *Asia Times*, 18 February 2005.

Fuller, Tom, "Thai General Says Coup has King's Backing", *New York Times*, 27 May 2014.

Funston, John, "Political Reform in Thailand: Real or Imagined?", *Asian Journal of Political Science*, Vol. 8, No. 2, December 2000, 89–108.

Funston, John, ed., *Divided Over Thaksin: Thailand's Coup and Problematic Transition*, Singapore, Institute of Southeast Asian Studies, 2009.

Guerin, Bill, "The Not So Ugly Americans", *Asia Times*, 11 January 2005.

Handley, Paul M., *The King Never Smiles: A Biography of Thailand's King Bhumibol Adulyadej*, New Haven, Yale University Press, 2006.

Heifetz, Justin, "Yes, We Have No Submarines", *Bangkok Post*, 9 February 2014.

Henderson, William, ed., *Southeast Asia: Problems of United States Policy*, Cambridge, MA, MIT Press, 1963.

Heydarian, Richard Javad, "New Ties, New Risks in the South China Sea", *Asia Times*, 27 March 2014.

Hewison, Kevin, R. Robinson, and G. Rodan, eds., *Southeast Asia in the 1990s: Authoritarianism, Democracy & Capitalism*, St. Leonards, Allen & Unwin, 1993.

Horgan, Denis, *The Bangkok World*, West Hartford, Bluefoot Books, 2013.

Horn, Robert, "Thailand's PM Proxy: Samak", *Time*, 19 December 2007.

Ivarsson, Soren and Lotte Isager, eds., *Saying the Unsayable: Monarchy and Democracy in Thailand*, Copenhagen, NIAS Press, 2010.

Jackson, Karl D. and Wiwat Mungkandi, eds., *United States–Thailand Relations*, Berkeley, Institute of East Asian Studies Press, 1986.

Jakkapun Kaewsangthong and Charles McDermid, "Clinton Talks Tough in Thailand", *Asia Times*, 26 July 2009.

Jeerawat Na Thalang, "Kra Canal Dream Still Far From Reality", *Bangkok Post*, 7 June 2015.

Jory, Patrick, "China: Winners from Thailand's Coup", *Asia Sentinel*, 20 June 2014.

Kaplan, Robert D., *Monsoon: The Indian Ocean and the Future of American Power*, New York, Random House, 2010.

Kaplan, Robert D., *The Revenge of Geography: What the Map Tells Us About Coming Conflicts and the Battle Against Fate*, New York,

Random House, 2012.

Kaplan, Robert D., *Asia's Cauldron: The South China Sea and the End of a Stable Pacific*, New York, Random House, 2014.

Kasian Tejapira, "The Misbehaving Jeks: The Evolving Regime of Thainess in Sino-Thai Challenges", *Asian Ethnicity*, Vol. 10, No. 3, 13 November 2009.

Kavi Chongkittavorn, "China-Thailand Ties to Turn Strategic", *China Daily*, 12 October 2013.

Kavi Chongkittavorn, "Thai-US relations in multilateral dimensions"; Refreshing Thai-US Relations, Institute of Security and International Studies and the American Studies Program conference, Chulalongkorn University, Hua Hin, 9 January 2009.

Khien Theeravit, "The Indochina Issue"; Ramsay, Ansil and Wiwat Mungkandi, eds., *Thailand-US Relations: Changing Political, Strategic, and Economic Factors*, Berkeley, Institute of East Asian Studies Press, 1988.

Kien Theerawit, [*China and the Social World*], Bangkok, Duangkamol Press, 1976.

Klausner, William J., *Transforming Thai Culture: From Temple to Drums to Mobile Phones*, Bangkok, Siam Society, 2004.

Klausner, William J., "Law and Society"; *Thai Culture in Transition: Collected Writings of William J. Klausner*, The Siam Society, Bangkok, 2002.

Kobkua Suwannathat-Pian, *Thailand's Durable Premier: Phibun through Three Decades, 1932–1957*, Singapore, Oxford University Press, 1995.

Kobsak Chutikul, "New US Secretary of State Kerry Can Thwart Slide to War", *Bangkok Post*, 6 February 2013.

Koh, Tommy, "The United States and Southeast Asia", America's Role in Asia, Asian and American Views: Recommendations for U.S. policy from both sides of the Pacific, 2008, The Asia Foundation, 2008.

Kulick, Elliott and Dick Wilson, *Thailand's Turn: Profile of a Dragon*, New York, St. Martin's Press, 1992.

Kurlantzick, Joshua, *Charm Offensive: How China's Soft Power is Transforming the World*, New Haven, Yale University Press, 2007.

Kurlantzick, Joshua, *The Ideal Man: The Tragedy of Jim Thompson and the American Way of War*, Hoboken, John Wiley & Sons, 2011.

Kusuma Snitwongse, "Thai Foreign Policy in the Global Age: Principle or Profit?", *Contemporary Southeast Asia*, Vol. 2, No. 23, August 2001.

Kyung-won, Kim, Tommy Koh and Farooq Sobhan, "Asian Views: Overview", *America's Role in Asia*, Asia Foundation, 2004.

Lane, Charles Dennison, *People's War and the United States in Southeast Asia: A Study in Social Philosophy*, PhD dissertation, University of Hong Kong, April 1994.

Lederer, William J. and Eugene Burdick, *The Ugly American*, New York, W.W. Norton & Company, 1958.

LeFevre, Amy Sawitta and Pracha Hariraksapitak, "Thai Junta Claims Support from China, Vietnam Amid Western Unease", *Reuters*, 4 June 2014.

Liang Chi Shad, "Thailand's Foreign Policy: An Analysis of its Evolution since World War II", July 1977.

Lynch, Daniel C., "International 'Decentering' and Democratization: The Case of Thailand", *International Studies Quarterly*, Vol. 48, Issue 2, June 2004, 339–362.

Macan-Markar, Marwaan, "China's October Revelation", *Asia Times*, 28 October 2003.

Macan-Markar, Marwaan, "US Deal Rankles with Thais", *Asia Times*, 14 April 2005.

Macan-Markar, Marwaan, "Sparks Fly as China Moves Oil up the Mekong", *Asia Times*, 9 January 2007.

MacDonald, Alexander, *Bangkok Editor*, New York, The MacMillan Company, 1949.

McBeth, John, *Reporter: Forty Years Covering Asia*, Singapore, Talisman Publishing, 2011.

McCargo, Duncan, "Network Monarchy and Legitimacy Crises in Thailand", *The Pacific Review*, Vol. 18, No. 4, 2005, 499–519.

McCargo, Duncan, "Toxic Thaksin", *Foreign Affairs*, 27 September 2006.

McCargo, Duncan and Ukrist Pathmanand, *The Thaksinization of Thailand*, Copenhagen, Nordic Institute of Asian Studies Press, 2005.

McCartan, Brian, "Roadblocks on the Great Asian Highway", *Asia Times*, 23 January 2008. McCartan, Brian, "Manhunt is on for Mekong Robin Hood", *Asia Times*, 7 April 2009.

McCartan, Brian, "A New Courtship for Southeast Asia", *Asia Times*, 19 November 2009. McCoy, Clifford, "US and Cambodia in Controversial Lockstep", *Asia Times*, 31 July 2010. McDermid, Charles, "Protectionism is a Dirty ASEAN Word", *Asia Times*, 3 March 2009.

M.L. Bhansoon Ladavalya, *Thailand's Foreign Policy Under Kukrit Pramoj: A Study in Decision-Making*, Ann Arbor, University Microfilms International, 1980.

Ministry of Foreign Affairs of Thailand, "Remarks Hillary Rodham Clinton Secretary of State Government House Bangkok, Thailand", 16 November 2011.

Montesano, Michael J., "Thailand: A Reckoning with History Begins", *Southeast Asia Affairs*, January 2007, 311–339.

Montesano, Michael J., "Thailand in 2001: Learning to Live with Thaksin?", *Asian Survey*, Vol. 42, No. 1, January/February 2002.

Montesano, Michael J., Pavin Chachavalpongpun and Aekapol Chongvilaiwan, eds., *Bangkok May 2010: Perspectives on a Divided Thailand*, Singapore, Institute of Southeast Asian Studies, 2010.

Mulder, Niels, *Thai Images: The Culture of the Public World*, Chiang Mai, Silkworm Books, 1997.

Murphy, Ann Marie, "Beyond Balancing and Bandwagoning: Thailand's Response to China's Rise", *Asian Security*, Vol. 6, No. 1, 2010, 1–27.

Murphy, Ann Marie, "Compulsory licensing in U.S.-Thai relations: A new type of intellectual property dispute"; Refreshing Thai-US Relations, Institute of Security and International Studies and the American Studies Program conference, Chulalongkorn University, Hua Hin, 9 January 2009.

Narumit Sodsuk, [*The Diplomatic Relations between Thailand and the People's Republic of China*], Bangkok, Thai Wattana Phanit Press, 1981.

Neher, Clark D. and Wiwat Mungkandi, eds., *US–Thailand Relations in the New International Era*, Berkeley, University of California Press, 1990.

News outlets: *Asia Sentinel, Asia Times, Asian Correspondent, Associated Press, Bangkok Post, Bloomberg, China Daily, CNN, Far Eastern Economic Review, Financial Times, Foreign Policy, Khaosod English, Los Angeles Times, Phuket Wan, Politica, Prachatai, New York Times, Reuters, South China Morning Post, Straits Times, The Guardian, The Nation, Time, Voice of America, Washington Post, Xinhua.*

Nostitz, Nick, *Red v. Yellow, Volume 1: Thailand's Crisis of Identity*, Bangkok, White Lotus Press, 2009.

Nuechterlein, Donald, *Thailand and the Struggle for Southeast Asia*, Ithaca, NY, Cornell University Press, 1965.

Office of Inspector General, "Special Review: Counterterrorism Detention and Interrogation Activities (September 2001-October 2003)", Central Intelligence Agency, 2003-7123-IG, 7 May 2004.

Office of the Press Secretary, The White House, "Joint Statement Between President Bush and Thai Prime Minister Thaksin Shinawatra", Washington, DC, 19 September 2005.

Open Society Justice Initiative, *Globalizing Torture: CIA Secret Detention and Extraordinary Rendition*, Open Society Foundations, 2013.

Owen, Norman G., ed., *The Emergence of Modern Southeast Asia: A New History*, Singapore, Singapore University Press, 2005.

Panitan Wattanayagorn, "Thailand"; Pal Singh, Ravinder, *Arms Procurement Decision Making Volume I: China, India, Israel, Japan, South Korea and Thailand*, Oxford, Oxford University Press, 1998.

Paritta Wangkiat, "Demonstrators March to US Embassy, City", *Bangkok Post*, 20 December 2013.

Pasuk Phongpaichit and Chris Baker, *Thailand's Crisis*, Chiang Mai, Silkworm Books, 2000.

Pasuk Phongpaichit and Chris Baker, *Thaksin*, Chiang Mai, Silkworm Books, 2009.

Pasuk Phongpaichit and Sungsit Phiriyarangsan, *Corruption & Democracy in Thailand*, Chiang Mai, Silkworm Books, 1996.

Pavin Chachavalpongpun, "Diplomacy under Siege: Thailand's Political Crisis and the Impact on Foreign Policy", *Contemporary*

*Southeast Asia*, Vol. 31, No. 3, 1987.

Pavin Chachavalpongpun, *A Plastic Nation: The Curse of Thainess in Thai-Burmese Relations*, Lanham, MD, University Press of America, 2005.

Pavin Chachavalpongpun, *Reinventing Thailand: Thaksin and His Foreign Policy*, Singapore, Institute of Southeast Asian Studies, 2010.

Pavin Chachavalpongpun, "The Necessity of Enemies in Thailand's Troubled Times", *Asian Survey*, Vol. 51, No. 6, November–December 2011, 1019–1041.

Peleggi, Maurizio, *Thailand: The Worldly Kingdom*, London, Reaktion Books, 2007.

Phar Kim Beng, "China Mulls Oil Pipelines in Myanmar, Thailand", *Asia Times*, 23 September 2004.

Phuangkasem, Corrine, *Thailand's Foreign Relations, 1964–1980,* Singapore, Institute of Southeast Asian Studies Press, 1984.

Ramsay, Ansil and Wiwat Mungkandi, eds., *Thailand–US Relations: Changing Political, Strategic, and Economic Factors*, Berkeley, Institute of East Asian Studies Press, 1988.

Randolph, R. Sean, *The United States and Thailand: Alliance Dynamics, 1950–1985*, Institute of East Asian Studies, University of California Berkeley, 1986.

Reynolds, Craig J., ed., *National Identity and Its Defenders: Thailand Today*, Chiang Mai, Silkworm Books, 2002.

Richardson, Staff Sgt. Kyle J., "Hunaman Guardian Opening Ceremony", US Army, 21 June 2013.

Rodriguez, Jr., Jose A., and Bill Harlow, *Hard Measures: How Aggressive CIA Measures After 9/11 Saved American Lives*, New York, Threshold Editions, 2012.

Rolls, Mark G., "Thailand's Post-Cold War Defence Policy and Security Programme", *Contemporary Security Policy*, Vol. 15, No. 2, 1994.

Roughneen, Simon, "US Dips into Mekong Politics", *Asia Times*, 14 August 2010.

Ruth, Richard A., *In Buddha's Company: Thai Soldiers in the Vietnam War*, Honolulu, University of Hawai'i Press, 2011.

Saner Chantra, "A Study in Thai–China Relations, 1945–75: From Outright Hostility to Tentative Friendship", Master of Arts in Diplomacy and World Affairs Thesis, Occidental College, Los Angeles, May 1976.

Scappatura, Vince, "The US 'Pivot to Asia', the China Spectre, and the Australian–American Alliance", *The Asia-Pacific Journal*, Vol. 12, Issue 36, No. 3, 6 September 2014.

Singh, Teshu, "China and Thailand: Analyzing Xi Jinping's Visit", Institute of Peace and Conflict Studies, 24 January 2012.

Sirin Phathanothai, *The Dragon's Pearl: Growing Up Among China's Elite*, New York, Simon & Schuster, 1994.

Skinner, G. William, Charnvit Kasetsiri and Phanni Chatphonlarak, [*Chinese Society in Thailand: An Analytical History*], Bangkok, The

Foundation for Promotion of Social Sciences and Humanities Textbooks Project Press, 1986.
Sng, Jeffrey and Pimpraphai Bisalputra, *A History of the Thai-Chinese*, Bangkok, Editions Didier Millet, 2015.
Sorasak Ngamcachonkulkid, *Free Thai: The New History of the Seri Thai Movement*, Chulalongkorn, Institute of Asian Studies, Chulalongkorn University, 2010.
Stanton, Edwin F., "Spotlight on Thailand", *Foreign Affairs*, October 1954.
Stanton, Edwin F., *Brief Authority: Excursions of a Common Man in an Uncommon World*,
New York, Harper & Brothers Publishers, 1956.
Surachart Bamrungsuk, *United States Foreign Policy and Thai Military Rule 1947–1977*, Bangkok, Editions Duangkamol, 1988.
Surakiart Sathirathai, *Forward Engagement, Thailand's Foreign Policy*, Collection of Speeches by Dr. Surakiart Sathirathai, Minister of Foreign Affairs of Thailand, Volume 1: 2001–2002; Volume 2: 2003–2004, Bangkok, Ministry of Foreign Affairs, 2003; 2004.
Tarling, Nicholas, ed., *The Cambridge History of Southeast Asia: From World War II to the Present*, Vol. Two, Part Two, Cambridge, Cambridge University Press, 1999.
Teddy Spha Palasthira, *The Last Siamese: Journeys in War and Peace*, Bangkok, The Post Publishing Company Limited, 2013.
Ten Kate, Daniel, "China Agrees to Asean Sea Talks Amid Philippines Warning", *Bloomberg*, 1 July 2013.
Terwiel, B.J., *Thailand's Political History: From the 13th Century to Recent Times*, Bangkok, River Books, 2011.
Thak Chaloemtiarana, ed., *Thai Politics: Extracts and Documents, 1932–1957*, Social Science Association of Thailand, 1978.
Thak Chaloemtiarana, *Thailand: The Politics of Despotic Paternalism*, Ithaca, NY, Cornell University Press, 2007.
Thanet Aphornsuvan, "The United States and the Coming of the Coup of 1947 in Siam", *Journal of the Siam Society*, Vol. 75, 1987.
Thanida Tansubhapol, "Decree Spurs Flurry of Travel Warnings", *Bangkok Post*, 24 January 2014.
Thayer, Carlisle and Ramses Amer, eds., *Vietnamese Foreign Policy in Transition*, Singapore, ISEAS, 1999.
The White House, Office of the Press Secretary, "Remarks by President Obama and Prime Minister Shinawatra in a Joint Press Conference", 18 November 2012.
Thongchai Winichakul, *Siam Mapped: A History of the Geo-Body of a Nation*, Chiang Mai, Silkworm Books, 1994.
Trajano, Julius Cesar I., "Old Allies, New Dynamics in US Pivot", *Asia Times*, 31 August 2012.
Ukrist Pathmanand, "A Different Coup d'Etat?", *Journal of Contemporary Asia*, Vol. 38, No. 1, February 2008, 124–142.
US Senate Select Committee on Intelligence, "Executive Summary", *Committee Study of the Central Intelligence Agency's Detention and Interrogation Program*, 2014.

US State Department: Country Reports on Human Rights Practices 1978-1993, and Press Statements 2006-2014.

Van Praagh, David, *Alone on the Sharp Edge: The Story of M.R. Seni Pramoj and Thailand's Struggle for Democracy*, Bangkok, Editions Duang Kamol, 1989.

Vichitvong Na Pombhejara, *Pridi Banomyong and the Making of Thailand's Modern History*, Bangkok, Siriyod Printing Co., 1980.

Vimol Bhongbhibhat, Bruce Reynolds and Sukhon Polpatpicharn, eds., *The Eagle and the Elephant: 150 Years of Thai-American Relations*, Bangkok, United Production, 1982.

Warrick, Joby, and Peter Finn, "Internal Rifts on Road to Torment", *Washington Post*, 19 July 2009.

Wassana Nanuam, "US Cautions Govt Against Coup, Chaos", *Bangkok Post*, 9 April 2014. Wassana Nanuam, "US Threats to Relocate CG 2015 Fall Short", *Bangkok Post*, 1 July 2014.

Wassana Nanuam and Achara Ashayagachat, "Kenney Stays Out of Crisis, Calls for Peaceful Solution", *Bangkok Post*, January 2014.

Wassana Nanuam and Achara Ashayagachat, "US Embassy Snubs Top Brass Over Invites", *Bangkok Post*, 5 July 2014.

Wheeler, Matthew, "The USA, the war on terror, and the violence in southernmost Thailand"; Imagined Land? The State and Southern Violence in Thailand, Chaiwat Satha-anand, ed., Tokyo University of Foreign Studies, Research Institute for Languages and Cultures of Asia and Africa, 2009.

Wheeler, Matthew Z., "Mr. Thaksin Goes to Washington", Institute of Current World Affairs Letters, 10 July 2003.

Wilson, David A., "China, Thailand, and the Spirit of Bandung (Part I)", *The China Quarterly*, No. 30, April–June 1967.

Wilson, David A., "China, Thailand, and the Spirit of Bandung (Part II)", *The China Quarterly*, No. 31, July–September 1967.

Wilson, David A., *The United States and the Future of Thailand*, New York, Praeger Publishers, 1970.

Wimon Wiriyawit, ed., *Free Thai: Personal Recollections and Official Documents*, Bangkok, White Lotus Press, 1997.

Winchester, Michael, "Deadly Fog on the Mekong", *Asia Times*, 5 November 2011.

Wiwat Mungkandi and William Warren, eds., *A Century and a Half of Thai-American Relations*, Chulalongkorn, Chulalongkorn University Press, 1982.

Wyatt, David K., *Thailand: A Short History*, Chiang Mai, Silkworm Books, Second Edition, 2004.

Yamamoto, Tadashi, Pranee Thiparat, and Abul Ahsan, "Asian Views 2001", *America's Role in Asia*, Asia Foundation, 2001.

Yang Dingdu, "US Touts Asia-Pacific Military Presence with Cobra Gold", *Xinhua*, 14 February 2012.

Yuangrat Wedel and Wedel, Paul, *Radical Thought, Thai Mind: The Development of Revolutionary Ideas in Thailand*, Bangkok, Assumption Business Administration College, 1987.

# 附錄　泰國歷任總理列表[1]

| | 任期 | 黨派 | 備考 |
|---|---|---|---|
| 披耶・馬奴巴功 | 1932.6.28-1933.6.21 | 無黨籍 | 君主立憲後獲選首任總理 |
| 披耶・帕鳳 | 1933.6.21-1938.12.16 | 軍人 | |
| 披汶・頌堪 | 1938.12.16-1944.8.5 | 軍人 | 因自由泰運動黨人發動政變下台 |
| 寬・阿派旺 | 1944.8.6-1945.8.31 | 軍人 | |
| 他威・汶耶革 | 1945.8.31-1945.9.17 | 自由泰運動 | |
| 西尼・巴莫 | 1945.9.17-1946.1.31 | 自由泰運動 | |
| 寬・阿派旺 | 1946.1.31-1946.3.24 | 軍人 | 第二度擔任總理 |
| 比里・帕儂榮 | 1946.3.24-1946.8.23 | 自由泰運動 | |
| 探隆・那瓦沙瓦 | 1946.8.23-1947.11.8 | 軍人 | |
| 寬・阿派旺 | 1947.11.1-1948.3.1 | 軍人 | 在披汶支持下發動政變，第三度擔任總理 |
| 披汶・頌堪 | 1948.3.1-1957.9.17 | 軍人 | 第二度擔任總理，因沙立發動政變而流亡國外，結束近二十年的統治 |

① 編按：本表由編輯製作，方便讀者查找歷任泰國總理。

| | | | |
|---|---|---|---|
| 乃朴・沙勒辛 | 1957.9.21-1958.1.1 | 無黨籍 | |
| 塔農・吉帝卡宗 | 1958.1.1-1958.10.20 | 軍人 | |
| 沙立・塔納勒 | 1959.1.8-1963.12.8 | 軍人 | |
| 塔農・吉帝卡宗 | 1963.12.9-1973.10.14 | 軍人 | 第二度擔任總理，因學運下台，流亡美國，泰國進入「民主實驗」時期 |
| 訕耶・探瑪塞 | 1973.10.14-1975.2.15 | 無黨籍 | |
| 西尼・巴莫 | 1975.2.15-1975.3.14 | 民主黨 | 第二度擔任總理 |
| 克里・巴莫 | 1975.3.14-1976.4.20 | 社會行動黨 | 西尼的弟弟 |
| 西尼・巴莫 | 1976.4.20-1976.10.6 | 民主黨 | 第三度擔任總理，軍人發動政變，「民主實驗」時期結束 |
| 塔寧・蓋威謙 | 1976.10.6-1977.10.20 | 無黨籍 | |
| 克利安薩克・差瑪南 | 1977.10.20-1980.3.3 | 軍人 | |
| 炳・廷素拉暖 | 1980.3.3-1988.8.4 | 軍人 | |
| 恰差・春哈旺 | 1988.8.4-1991.2.23 | 軍人 | |
| 順通・空頌蓬 | 1991.2.23-1991.3.2 | 軍人 | |
| 阿南・班雅拉春 | 1991.3.2-1992.4.7 | 無黨籍 | |
| 蘇欽達・甲巴允 | 1992.4.7-1992.5.24 | 軍人 | |

| | | | |
|---|---|---|---|
| 米猜・雷初攀 | 1992.5.24-1992.6.10 | 無黨籍 | 代理 |
| 阿南・班雅拉春 | 1992.6.10-1992.9.23 | 無黨籍 | 第二度擔任總理 |
| 川・立派 | 1992.9.23-1995.5.24 | 民主黨 | |
| 班漢・西巴阿差 | 1995.5.24-1996.12.1 | 國民黨 | |
| 差瓦立・永猜裕 | 1996.12.1-1997.11.9 | 軍人 | |
| 川・立派 | 1997.11.9-2001.2.9 | 民主黨 | 第二度擔任總理 |
| 塔克辛・欣那瓦 | 2001.2.9-2006.9.19 | 泰愛泰黨 | |
| 頌提・汶雅叻格林 | 2006.9.19-2006.10.1 | 軍人 | |
| 素拉育・朱拉暖 | 2006.10.1-2008.1.29 | 軍人 | |
| 沙馬・順達衛 | 2008.1.29-2008.9.9 | 人民力量黨 | |
| 頌猜・旺沙瓦 | 2008.9.9-2008.12.2 | 人民力量黨 | |
| 差瓦立・參威拉恭 | 2008.12.2-2008.12.15 | 無黨籍 | 代理 |
| 艾比希・維恰奇瓦 | 2008.12.15-2011.8.5 | 民主黨 | |
| 盈拉・欣那瓦 | 2011.8.5-2014.5.7 | 為泰黨 | 首位女總理，塔克辛的妹妹 |
| 尼瓦塔隆・汶頌派訕 | 2014.5.7-2014.5.22 | 為泰黨 | 代理 |
| 巴育・詹歐查 | 2014.5.22- | 軍人 | 政變後上台 |

【Visum】MV0006

**泰國**：美國與中國間的角力戰場，在夾縫中求存的東南亞王國

**Thailand:** Shifting Ground between the US and a Rising China

作　　者❖班傑明·札瓦基（Benjamin Zawacki）
譯　　者❖楊芩雯
封面設計❖兒　日
排　　版❖張彩梅
校　　對❖魏秋綢
總　編　輯❖郭寶秀
責任編輯❖邱建智
行銷業務❖許芷瑀

發　行　人❖凃玉雲
出　　版❖馬可孛羅文化
104台北市中山區民生東路二段141號5樓
電話：02-25007696
發　　行❖英屬蓋曼群島商家庭傳媒股份有限公司城邦分公司
104台北市中山區民生東路二段141號11樓
客服服務專線：(886) 2-25007718；25007719
24小時傳真專線：(886) 2-25001990；25001991
服務時間：週一至週五9:00～12:00；13:00～17:00
劃撥帳號：19863813　戶名：書虫股份有限公司
讀者服務信箱：service@readingclub.com.tw
香港發行所❖城邦（香港）出版集團有限公司
香港灣仔駱克道193號東超商業中心1樓
電話：(852) 25086231　傳真：(852) 25789337
E-mail：hkcite@biznetvigator.com
馬新發行所❖城邦（馬新）出版集團 Cite (M) Sdn. Bhd.(458372U)
41, Jalan Radin Anum, Bandar Baru Seri Petaling,
57000 Kuala Lumpur, Malaysia
電話：(603) 90578822　傳真：(603) 90576622
E-mail：services@cite.com.my
輸出印刷❖中原造像股份有限公司
初版一刷❖2019年9月
定　　價❖520元

ISBN：978-957-8759-80-0

城邦讀書花園
www.cite.com.tw


國家圖書館出版品預行編目（CIP）資料

泰國：美國與中國間的角力戰場，在夾縫中求存的東南亞王國／班傑明·札瓦基（Benjamin Zawacki）著；楊芩雯譯. -- 初版. -- 臺北市：馬可孛羅文化出版：家庭傳媒城邦分公司發行, 2019.09
面；　公分 --（Visum；MV0006）
譯自：Thailand: Shifting Ground between the US and a Rising China
ISBN 978-957-8759-80-0（平裝）
1.外交　2.國際關係　3.泰國
578.382　　108011466

THAILAND: SHIFTING GROUND BETWEEN THE US AND A RISING CHINA by BENJAMIN ZAWACKI